우리는 기후 변화에도 적응할 것이다

Adapting to Climate Change

우리는 기후 변화에도 적응할 것이다

환경경제학의 관점에서

초판 1쇄 인쇄일 2021년 11월 25일   초판 1쇄 발행일 2021년 11월 30일

지은이 매슈 E. 칸 | 옮긴이 김홍옥
펴낸이 박재환 | 편집 유은재 | 마케팅 박용민 | 관리 조영란
펴낸곳 에코리브르 | 주소 서울시 마포구 동교로15길 34 3층(04003) | 전화 702-2530 | 팩스 702-2532
이메일 ecolivres@hanmail.net | 블로그 http://blog.naver.com/ecolivres
출판등록 2001년 5월 7일 제201-10-2147호
종이 세종페이퍼 | 인쇄·제본 상지사 P&B

ISBN 978-89-6263-233-0 03300

우리는
기후 변화에도
적응할 것이다

매슈 E. 칸 지음 | 김홍욱 옮김

환경경제학의 관점에서

에코리브르

차례

머리말: 왜 적응인가   007

01   기후과학 예측에 관한 미시경제학적 관점   033

02   일상적 삶의 질   059

03   가난한 사람들 보호하기   097

04   공공 인프라 업그레이드   123

05   기후 변화는 경제 생산성을 위협할까   149

06   도시의 부동산 보호하기   183

07   적응을 용이하게 하는 빅데이터 시장   225

08   부동산 분야의 재해석   263

09   적응을 촉진하는 법률과 규정의 재해석   283

10   농업 생산의 혁신(브라이언 케이시, 놀런 존스와 공동 집필)   307

11   적응을 돕는 세계화와 국제 무역   339

맺음말: 적응의 연료, 인적 자본   355

주   371

참고문헌   389

감사의 글   429

옮긴이의 글: 우리는 어떻게든 기후 위기에 적응할 것이다   433

찾아보기   439

머리말: 왜 적응인가

1980년 생물학자 폴 에를리히(Paul Ehrlich)와 경제학자 줄리언 사이먼 (Julian Simon)이 유명한 논쟁을 벌였다. 에를리히는 인구가 줄곧 증가하면 천연자원의 과잉 소비를 초래하고 1인당 식량 소비량이 급감할 것이라고 주장했다. 사이먼은 자원의 희소성이 커지면 인간의 창의성이 촉발되고 그 도전을 적극적으로 다루려는 유인이 생긴다며 맞섰다.

때는 2020년으로 훌쩍 뛰었고, 우리는 다시금 실존적 질문을 제기하는 커다란 위험에 맞닥뜨렸다. 코로나19(covid-19) 위기는 현재의 생활 방식에 안주하는 우리 삶을 향한 일종의 경종이다. 감염 가능성을 낮추기 위한 사회적 거리 두기 등의 조치에 따른 경제 혼란과 일상 붕괴는 세계 경제를 송두리째 뒤흔들었다. 예기치 못했고 당연히 대비 태세도 되어 있지 않았던 충격에 세계가 얼마나 재빠르게 적응할 수 있는지 깨달았다는 점이 그나마 희망이라면 희망이다. 하지만 우리가 미래의 위협에 얼마나 신속하게 대응할지는 여전히 알 수 없는 문제로 남아 있다.

코로나19 팬데믹이 한껏 기승을 부리는 바람에 기후 변화 문제는 잠시 뉴스에서 뒷전으로 밀려났다. 하지만 그 문제가 사라진 것은 아니다. 이 책은 줄리언 사이먼의 핵심적 가설을 다시 논의해보려는 시도다. 즉, 인간 적응력은 역사를 거치며 점차 커졌으므로 인간의 창의성이 기후 위기를 감소시키는 데 긴요한 역할을 하리라는 가설 말이다.

기후 변화 위기에 대처하기

기후 충격은 부유한 사람과 가난한 사람을 가리지 않고 모든 이에게 영향을 끼친다. 2017년 12월, 캘리포니아주 남부를 휩쓴 수차례의 산불이 주택을 파괴하고 대기를 오염시켰다. 화재를 모두 진화하고 난 뒤, 나무들이 사라진 언덕에 쏟아진 폭우가 진흙 사태를 촉발해 몬테시토(Montecito) 언덕에 자리한 주택 대여섯 채가 거짓말처럼 사라졌다. 이듬해 마일리 사이러스(Miley Cyrus)와 로빈 시크(Robin Thicke) 같은 유명 인사도 캘리포니아주 남부에서 일어난 울지 화재〔Woolsey Fire: 최초 발화 지점이 울지캐니언(Woolsey Canyon)이어서 붙은 이름—옮긴이〕로 집을 잃었다.[1] 아울러 멀홀랜드 고속도로(Mulholland Highway)에서 조금 떨어진 세미놀스프링스(Seminole Springs) 이동 주택 공원에서도 주택 100여 채가 화재로 소실되었다. 거주민 관리자 더그 올슨(Doug Olson)이 〈로스앤젤레스 타임스(Los Angeles Times)〉에 말했다. "거기서 수많은 가난한 사람이 집을 잃었다. 참혹한 비극이다."[2]

우리에게는 기후 변화 위기에 대처할 수 있는 두 가지 주된 전략이 있다. 첫째, 온실가스 배출량 저감을 통해 그 위협을 줄일 수 있다. 요컨대 저감(mitigation)은 극히 위험한 기후 변화 시나리오가 펼쳐질 가능성을 낮추는 일종의 보험 증서다. 둘째, 새로운 위협에 대응해 우리가 살아가는 방법을 바꿈으로써 그에 적응(adaptation)할 수 있다.

이 책은 그중 두 번째 전략에 초점을 맞춘다. 즉, 기후 변화가 제기하는 도전이 점차 심각해질 때조차 우리가 삶을 어떻게 변화시킬 수 있는지, 그리고 개인·기업·정부가 기후 변화에 따른 새로운 위협에 어떻게 적응할 수 있는지 탐구한다.

우리가 알고 있는 바에 따르면, 기후 위기가 상당할뿐더러 증가 일로인 상황에서 합리적 전략은 저감과 적응을 동시에 구사하는 것이다. 하지만 적어도 단기적으로는 세계의 1인당 소득이 증가함에 따라 전 지구의 온실가스 배출량도 덩달아 늘어날 것이다. 개발도상국에서 살아가며 더 나은 삶을 추구하는 수십억 명의 입장에서는 이러한 소득 증가가 반가운 일이다. 하지만 현재의 기술을 고려하건대 지속적인 배출은 기후 변화라는 도전을 더욱 악화할 것이다. 따라서 앞으로 사람들의 생활 수준 향상을 보장하는 데 적응은 한층 더 중요해진다.

저감 과제

온실가스 배출량을 낮추려면 전기를 생산하고, 주택과 작업장에 냉난방을 실시하고, 운송 서비스에 전력을 공급하는 데 소비하는 화석 연료(석탄과 천연가스)를 줄여야 한다. 하지만 전 지구적 화석 연료 사용은 꾸준히 상승세를 타는 중이다. 개발도상국의 에너지 소비는 최근 몇십 년 동안 급증했다.[3] 중국과 인도 그리고 여타 개발도상국에서 에어컨, 자가용, 공장 가동을 위한 에너지 요구가 커짐에 따라 온실가스 배출량은 한층 늘고 있다. 만약 중국이 2070년에 미국과 같은 비율로 자동차를 소유한다면,

대략 10억 대의 자동차가 그 나라 도로를 누비고 다닐 것이다. 그 자동차들이 휘발유나 화석 연료로 구동하는 발전소에서 생산한 전기를 쓴다면, 운송 부문은 온실가스 배출량이 급증하는 데 기여하는 주된 요소가 될 것이다.

국제 차원에서 환경에 미치는 영향을 반영해 화석 연료에 과세하는 제도는 없다. 따라서 모든 소비자는 화석 연료 소비가 남에게 부과하는 사회적 비용 따위는 개의치 않는다. 대기가 공공 재산임을 고려할 때 '공유지의 비극(tragedy of the commons)'이라 알려진 경제적 과제가 대두된다. 모든 국가는 자국을 뺀 다른 모든 국가가 배출량을 줄이기 위해 큰 대가를 감수하는 조치를 취하길 바란다. 이러한 무임승차자(free-rider) 문제가 없지 않지만, 그럼에도 각국은 기후 변화 과제를 완화하기 위해 국제적 조약 협상에 기대왔다. 이러한 외교적 노력은 굵직한 국제적 사건들로 결실을 맺었다. 그 정점이 2015년 12월 파리 기후 회의(Paris Climate Conference)다. 190개국이 참가한 이 회의에서는 기후 변화에 대한 파리 협약이 체결되었다.[4] 하지만 광범위한 언론의 관심과 찬사를 이끌어냈음에도 그 협약은 분명한 집행 규정을 제대로 담아내지 못했다. 중국과 인도를 비롯한 몇몇 주요국은 자국의 실제 탄소 배출량 수준이 아니라 탄소 집약도(carbon intensity: 국민총생산, 즉 GNP 1달러당 온실가스 배출량)를 줄이는 데 주력해왔다. 이에 따르면 어느 나라에서 국민소득이 40퍼센트 상승하는 동안 온실가스 배출량이 20퍼센트 증가할 경우, 그 나라의 총 탄소 배출량이 늘어남에도 탄소 집약도는 오히려 줄어드는 결과가 나온다. 이러한 한계를 염두에 두고 2018년 8월 〈이코노미스트(Economist)〉는 "세계는 기후 변화를 상대로 벌이는 싸움에서 패하고 있다"는 제목을 단 머리기사를 내보냈다. "낙관론자들은 탈탄소화에 가까워지고 있다고 큰소

리치지만, 국제 목표치에 도달하고 그것을 집행하는 일의 복잡성을 감안하건대 탈탄소화는 어림도 없는 과제로 드러나고 있다."[5]

전 지구적 차원에서 이산화탄소 농도가 얼마나 상승할지는 여전히 미지수다. 1958년 4월, 지구의 대기 중 이산화탄소 수치는 317ppm이었다. 이 수치는 지난 60년 동안 꾸준히 늘어서 2020년 4월에는 416ppm을 기록했다. 세계 차원의 이산화탄소 수치는 개발도상국의 화석 연료 소비가 증가함에 따라 앞으로 몇십 년 동안 계속 늘어날 게 분명하다.

미국과 서유럽에서는 많은 젊은이가 기후 변화 문제에 깊은 우려를 표시하고 있다. 그레타 툰베리(Greta Thunberg) 같은 환경 운동가에게서 영감을 받은 무수한 젊은이들이 자국의 탄소 저감 노력이 미온적인 것은 선출직 관리들 책임이라고 성토한다. 새로운 젊은이 세대가 꾸준히 기후 변화 문제를 우선 과제로 삼는다면, 점점 더 많은 선진국 유권자들이 기후 과제를 강조함에 따라 시간이 가면서 정치적 변화를 꾀할 수 있다.

특히 배터리 저장 기술이 상당한 진척을 보인다면, 전기 자동차 확산이 대기 중 이산화탄소량의 지속적 증가세를 돌려놓을 수 있다. 아울러 태양 에너지, 수력 에너지, 풍력 에너지 같은 재생 가능 청정에너지원에 의한 전력 생산 비율이 늘면, 세계 경제의 탄소 집약도는 줄어들 것이다. 경제학자들 사이에서는 탄소세(carbon tax) 도입이 이러한 에너지 전환을 가속화할 것이라는 주장에 대해 광범위한 동의가 이루어지고 있다.[6]

하지만 진보 운동의 전개와 젊은이들의 노력에도 불구하고, 세계적으로 지금껏 탄소세를 실시한 정부는 거의 없다. 또한 경제학자들도 '총량 설정 및 균등 비용 보전제(cap and dividend)' 같은 정책을 시행하도록 선출직 관리들을 설득하지 못했다. 온실가스 배출량에 과세한 다음, 그렇게 거둔 세수를 화석 연료를 가장 많이 소비하는 이들에게 돌려주는 정책이다. 여기서 관건은 화석 연료 부문에 종사하는 이들, 자산 가치가 화석 연료 사용과 연관되어 있는 이들(이를테면 휴스턴의 부동산 소유자들), 혹은 화석 연료에 의존해 살아가는 이들의 실질 소득을 줄이지 않으면서 탄소 배출량에 가격을 매기는 정책 제안서를 설계하는 일이다. 이러한 개인들은 단기적으로는 탄소에 가격을 매기는 조치로 손해를 볼 테고, 지금까지는 탄소세 도입에 극력 반대해왔다.

프랑스의 '노란 조끼 시위(Gilets Janues protests: 정부의 유류세 및 자동차세 인상에 반대하며 2018년 10월 21일 프랑스에서 처음 시작된 이후 이탈리아·벨기에·네덜란드 등 주변국으로 번진 대규모 시위를 말한다. 시위대는 이러한 조세 개혁이 중산층과 노동 계급에만 부담을 지운다며 항의했다—옮긴이)'는 시골 사람들이 운송과 난방 서비스를 위해 화석 연료에 크게 의존한다며, 그들은 자신이 낼 에너지세를 인상하는 정책에 반대할 것이라고 강조했다. 이와 비슷하게 석탄 및 석유 관련 작업자처럼 화석 연료의 추출과 유통에 종사하면서 소득을 얻는 이들도 에너지 기업의 주식을 소유하고 있는 이들과 마찬가지로, 탄소에 가격을 매기는 정책에 반대하고자 하는 금전적 동기를 지닌다. 일반적으로 화석 연료 경제에 금전적 이해관계가 걸린 집단은 기후 변화를 완화하려는 새로운 정책에 반대하는 경향이 있다. 미국 의회의 진보주의자들은 이런 현실에 가로막혀서 최근까지도 탄소에 가격을 매기는 제도의 도입을 제안하지 못했다. 그들은 대신 자동차 연비 개선 같은 규제를 통해 저탄소 경제를 촉진하는 데 주력해왔다. 예컨대 캘리포니아 같은 여러 주는 반드시 재생 가능 동력만으로 생산한 전기의 법적 할당 비율을 크게 올려놓았다.

개발도상국은 시종 세계 차원의 배출량을 규제하는 국제적 기후 협약을 수용하고 집행하는 조치보다 자국의 경제 발전을 우선시한다. 개발도상국의 탄소 배출량이 꾸준히 늘어난다면, 향후 몇십 년 동안은 기후 변화에 대한 적응이 국제 어젠다에서 핵심 이슈가 될 것이다. 따라서 우리는 기후 변화가 제기하는 위협을 줄이기 위해 개인·기업·정부가 어떻게 시장을 통해 상호 작용하는지 이해할 필요가 있다.[7]

기후 변화 적응: 미시경제학적 관점

기후 변화에 대한 적응을 연구하는 미시경제학적 접근법은 시장과 인적 자본이 새로운 위협에 대처하는 데서 맡는 역할을 강조한다. 시장은 다양한 개인 간 거래를 촉진한다. 그러한 거래의 가치는 개인이나 기업이 좀더 심각한 충격에 직면했을 때 더욱 빛을 발한다. 개인은 자신이 시장에 참여할 수 있다는 사실을 알게 되면, 시장에서 이득 보는 기술을 개발하려는 동기를 가진다. 시장 가격은 어떤 재능·재화·서비스가 희소한지 알려주는 신호다.

이 책은 부동산·노동·자본·식량·보험 등을 포함한 다채로운 시장이 적응을 촉발하는 데 어떤 역할을 담당하는지 조명한다. 예컨대 농업을 다룬 장(10장)은 농부의 빅데이터 수집이 어떻게 그들로 하여금 기후 충격에 더욱 잘 대처하게 함으로써 일기가 나쁠 때 거둬들이는 농산물이 양과 질 면에서 피해를 덜 입도록 돕는지 논의한다. 이런 예가 실증적으로 보여주듯, 우리는 대자연(Mother Nature)이 휘두르는 주먹을 속수무책으로 얻어맞고만 있는 수동적 피해자가 아니다. 충격을 미리 점칠 수 있다면, 아니 최소한 부분적으로라도 예측할 수 있다면, 우리는 가뭄이나 폭염 같은 충격이 실제로 발생했을 때 한층 잘 대처하고 고생도 덜할 수 있다.

우리 각자는 목표·재능·지식에서 차이가 나므로 변화에 대처하는 능력도 저마다 다르다. 기후 적응을 연구하는 미시경제학적 접근은 이 점을 인정한다. 거시경제학자들은 흔히 이른바 평균적 인간에 주목하지만, 미시경제학자들은 분배 효과에 분명한 관심을 기울인다. 우리는 상이한 인구 집단이 어떻게 부상하는 위협에 대처하는지 주목한다. 소득 불평등에 대한 관심이 증가하는 시대에 상이한 집단들이 새로운 위협에 어떻게 대처하는지 이해하는 작업은 반드시 필요하다.

부유한 사람들은 새로운 위협에 대응하도록 돕는 제품을 더 많이 사용할 수 있다. 젊은 사람들은 평생에 걸친 많은 경험을 축적하지도, 어디엔가 뿌리내리지도 않았기에 대체로 나이 든 사람보다 유연하다. 교육적 투자는 개인들이 인적 자본을 기를 수 있도록 거든다. 개인의 향상된 기술과 지식은 다시 문제 해결을 촉진하고, 전에는 겪어보지 못한 상황을 다루는 데서 상상력을 확장하게끔 돕는다.

평등하고 공정한 사회는 그 사회에 속한 어떤 집단의 경우 변화에 대처하는 능력이 떨어진다는 것을 인식하고 있다. 그런 집단의 예에는 변화를 알아차리지 못하는 사람들, 적응에 도움을 주는 상품을 사용할 만한 경제력이 없는 사람들, 자신이 속한 현재의 지역과 공동체에 마냥 의지하고 있는 사람들, 그리고 나날의 일상을 변화시키고 싶어 하지 않는 사람들이 포함된다.

학문적 연구, 상이한 대처 전략을 가지고 실시한 실험, 그리고 인적 자본의 축적은 저마다 사람들이 새로운 위험에 적응하도록 돕는 데 핵심 역할을 맡는다. 아마추어가 체스 두는 법이나 운전하는 법을 익히는 것처럼, 새로운 도전에 적응하는 기술을 단련하는 것도 일종의 투자다. 그렇게 하는 데는 비용이 들지만, 이는 기후 위기가 증가하는 시기에 위험에 덜 노출되도록 함으로써 편익을 제공하기도 한다.

2018년 윌리엄 노드하우스(William Nordhaus)는 기후 변화의 경제학과 관련해 선구적인 연구를 수행한 공로로 노벨 경제학상을 수상했다. 노드하우스는 거시경제학적 성장과 기후 변화 간 상관관계를 연구하기 위해 선도적으로 수학적 모델을 사용했다. 또한 거시경제학 모델을 이용해 탄소세의 비용-편익을 탐구함으로써 상이한 정책 옵션 사이의 트레이드오프(tradeoff: 질과 양 면에서 어느 한쪽을 늘리면 다른 한쪽은 그만큼 줄어드는 것—옮긴이)를 명료화하고자 애썼다. 노드하우스는 세계의 평균 기온이 상승하는 데 따른 기후 변화는 경제 성장을 늦추는 요인으로 작용하며, 경제 성장은 기후 변화라는 도전을 더욱 어렵게 만든다고 주장했다. 그는 세계의 경제 성장과 기후 변화 간 피드백을 연구하기 위해 방정식 체계를 활용함으로써 기후 변화라는 도전을 경감하기 위한 최적의 세금 정책을 알아내고자 노력했다.

노드하우스 모델에서 중요한 방정식은 기후 변화와 경제적 피해(흔히 평균인의 소비 상실로 측정한다)의 관계를 드러내는 피해 방정식이다.[8] 그는 핵심 모델의 수학을 단순화하기 위해 원인(기후 변화)은 늘 동일한 결과를 낳는다고 가정한다. 한마디로, 이 모델은 사실상 적응이 일어나지 않는다고 본다.

나는 노드하우스의 작업을 기반으로 기후 변화로 인한 피해가 적응 덕분에 시간이 가면서 줄어든다고 주장한다. 대기 중 온실가스 수준이 전반적으로 늘어나는 상황에 직면하고 있음에도 개인·기업·정부는 발전하는 미시경제학 덕분에 우리가 불러일으킨 문제에 점점 더 잘 적응하고 있다.

환경경제학 분야에서 연구를 진행하는 많은 독립 학자들은 이러한 대담한 주장을 널리 검증하고 있는 중이다. 급성장하는 이 분야는 지난 10년 동안 엄청난 발전을 거두었다. 많은 젊은 학자들이 빅데이터를 이용해 기후 조건이 경제 생산성과 삶의 질에 어떤 영향을 끼치는지 탐구한 결과다. 연구의 상당 부분은 창의적 설계를 사용해 기후와 관련한 통계적 인과관계를 살펴본다. 이 책은 그 분야의 통찰을 참고하고 종합한 결과다.

나는 2010년에 《기후와 도시(Climatopolis)》를 출간했다. 기후 변화에 직면한 미국 도시들의 미래를 다룬 책이다. 이 책에서 나는 숙련된 전문직 종사자들이 어떤 도시에서 살고 일하기로 결정한다면 그곳은 번창할 거라고 주장했다. 삶의 질이 하락하는 도시는 두뇌 유출을 겪고 점점 더 가난해지므로 과세 기반을 잃는다. 이처럼 숙련 노동자를 키우고 유치하고 보유하기 위한 경쟁은 기후 회복 탄력성(climate resilience)에 투자하려는 유인을 도시들에 제공한다. 이 책 《우리는 기후 변화에도 적응할 것이다(Adapting to Climate Change)》는 이러한 주제를 좀더 깊이 들여다본다.

지난 10년 동안 환경경제학자들은 내가 《기후와 도시》에서 제기한 것 같은 주장을 연구하기 위해 지역 코드화한(geocoded: 주민의 연령·소득 등 인구 통계에 기초한—옮긴이) 새로운 데이터를 활용하는 데 상당한 진척을 거두었다. 이를테면 우리가 잘 아는, 대입을 앞둔 고등학교 2학년생이 치르는 PSAT 시험을 생각해보자. 연구자들은 그 직전 해 좀더 더운 날들에 노출된 뒤 PSAT를 치른 학생들이 이 표준화 시험에서 더 낮은 점수를 받는다는 결과를 얻어냈다.[9] 이는 기후 피해 함수(climate damage function)를 측정하는 하나의 창의적 사례다. 교실에서 무더위에 노출되는 학생은 학습량이 줄어든다.

하지만 이러한 연구 결과는 불변의 물리 법칙이 아니다. 연구자들은 무더위가 학습에 끼치는 부정적 영향이 에어컨을 활용하는 학교에서는 사라진다는 것을 알고 있다. 가난한 학군에 들어선 공립 학교는 중앙에서 작동하는 에어컨이 없을 수 있다는 점을 고려할 때, 이 결과는 형평성과 관련해 시사하는 바가 많다. 이러한 구체적 사례에서 적응 가설은 만약 공립 학교가 에어컨 설치 자금을 지원받는다면 날씨로 인한 불이익이 사라질 거라고 가정한다. 학교에 에어컨이 없는 가난한 학생들에게 어떤 비용이 발생하는지 규명한 연구들은 그러한 인프라의 설치 가능성을 높인다. 2020년에 볼티모어는 바로 그 같은 프로그램에 수백만 달러를 투자했다. 낙관적 적응 가설은, 일단 에어컨을 설치하면 최근 지독한 무더위를 경험한 지역의 학교에서조차 학생들의 학습이 지속될 거라고 가정한다.

에어컨 사례는 이 책의 주요 주제를 잘 보여준다. 가정·기업·정부는 양적 연구를 진행하는 학자들에 힘입어 빅데이터를 통해 기후 변화가 야기하는 과제들이 무엇인지 알아낼 수 있다. 이러한 과제 진단은 적응을 가속화하는 데 필요조건이지 충분조건은 아니다. 이 같은 지식으로 무장한 의사 결정권자는 비용 효과적 해법을 찾아내려는 강한 동기를 가진다. 이런 식으로 반복해서 환자가 왜 아픈지 진단하고 치료법을 찾아가면 적응력이 커진다.

더 많은 인적 자본을 획득하고, 실험을 수행하고, 새로운 시장을 창출하면서 경제가 시종 변화한다는 점으로 보건대 우리는 기후 조건과 경제적 결과 사이에 고정 불변의 인과관계는 존재하지 않음을 알 수 있다. 그렇다기보다 우리가 어떻게 사회를 만들어가느냐에 따라 기후 변화가 삶의 질에 영향을 끼치는 양상은 달라진다. 시간이 흐르는 동안 기후 효과에 적응하는 우리의 능력은 점차 커진다. 새로운 위험에 적응하려면 비용이 많이 들 수도 있지만, 그 비용은 시간이 지나면서 서서히 줄어든다.

이러한 낙관적 견해는 2018년 윌리엄 노드하우스와 노벨 경제학상을 공동 수상한 폴 로머(Paul Romer)의 연구 결과와 잘 맞아떨어진다. 내인성(endogenous, 內因性) 기술 변화에 관한 그의 연구는 시장경제학의 지식 축적 및 발견의 중요성을 강조한다. 누군가가 일단 어떤 아이디어를 발견하면〔마이크로소프트 워드(Microsoft Word)의 창안을 떠올려보라〕, 다른 사람들은 그것을 낮은 가격에 채택할 수 있고, 따라서 그들의 생산성은 증가한다.

기후 변화의 위험에 관한 인식이 커지면 자연재해를 막을 수 있는 건축 자재에서부터 좀더 강력한 에어컨에 이르기까지 적응을 위한 시장이 성장한다. 이런 의미에서 사람들의 건강 및 삶의 질에 대한 위협, 기업의 수익성에 대한 위협은 해결책을 고안해낼 수 있는 이들에게는 새로운 도전이자 기회다. 오늘날 우리 경제를 규정하는 특징은 새로운 재화의 지속적 도입이다. 구글(Google), 휴대폰, 또는 우버(Uber)를 떠올려보라. 나는 로머의 미시경제학적 관점에 기반을 두고 오늘날 경제는 나날이 계속되는 일련의 작고도 미묘한 조정을 통해 회복 탄력성을 갖춰가고 있다고 주장한다.

에어컨 시장이 하나의 예다. 실외 온도가 증가함에 따라 좀더 강력한 에어컨에 대한 수요는 날로 늘어난다. 이러한 총수요(aggregate demand: 한 경제 내에서 일정한 시간과 가격 수준 아래 최종 재화 및 서비스의 수요 총합—옮긴이)는 기업들로 하여금 그 수요를 충족하는 제품을 만들어내도록 촉구하는 시장을 창출한다. 이러한 대량 생산은 '규모의 경제'로 귀결되고, 이는 결국 생산 제품의 단위당 단가를 낮춘다. 마침내 저소득층도 그 제품을 사용할 수 있게 된다. 사람들은 이렇게 적응 친화적인 제품을 구매함으로써 극심한 기후 사건으로 인한 고통을 덜 겪는다. 빅데이터를 활용하는 학자들은 기상 이변에 따른 피해가 가난한 사람들에게 더욱 가혹한지 여부를 엄밀하게 검증할 수 있다. 만약 이게 사실이라면, 자본주의가 가장 취약한 사람들을 떠오르는 위협으로부터 보호해주는 생산적 역할을 담당할 수 있다는 뜻이 된다.

기후과학과 기후경제학의 통합

이것은 기후과학에 관한 책이 아니다. 나는 당연히 기후과학 공동체가 기후 예측 모델을 더욱 정교화하는 데 부단히 진전을 이루리라 믿는다. 그러한 모델은 경제에 중요한 함의를 지니는 다양한 질문에 답을 제공한다. 가령 어떤 기후 모델은 2070년 여름에 캘리포니아주 버클리(Berkeley)시가 섭씨 32도 이상의 더운 날을 며칠이나 경험할지 예측하는 데 쓰일 수도 있다.

오늘날을 기준으로 2070년 버클리의 여름 날씨는 무작위 변수다. 우리는 앞날을 내다봄으로써 가능한 결과가 어느 범위에 속하는지와 관련해 최상의 추정치를 얻어낼 수 있다. 경제학·심리학·사회학 등의 사회과학에서 점점 더 많은 문헌이 인간은 언제 어떻게 이 세상과 자신이 마주친 위험에 대한 신념을 업데이트하는지 주목한다. 우리 가운데 2020년에 코로나19가 세계를 휩쓸 거라고 점친 사람은 거의 없다. 앞으로 우리는 미래의 팬데믹이 낳는 위험을 과대평가할까, 아니면 그런 비극이 두 번 다시 일어나지 않으리라는 틀리기 십상인 믿음에 그저 안주하게 될까?

부상하는 기후 위험에 대한 기대를 형성하는 데서도 같은 문제가 제기된다. 기후과학자들은 이런 위험에 대해 대중에게 교육하고 있을 때조차 새로운 위험들에 관해 깨닫는다. 정치적 양극화, 소득 양극화 시대에 전문가의 신뢰성은 의심을 받아왔고 가짜 뉴스라는 골치 아픈 문제가 불거졌다. 상당 비율의 대중이 환경과학자의 예견이 정확함에도 그들의 말을 귓등으로 듣는다면, 민주주의 사회는 떠오르는 위협에 맞선 자기 보호에 투자하지 않을 것이다.

반면 개인·기업·정부가 전문가의 의견에 귀를 기울인다면 적응은 가속화할 수 있다. 두 노벨상 수상자는 사람들이 미래에 대한 자기 신념을 어떻게 업데이트하는지에 관한 논의에서, 근본적인 불확실성에 직면했을 때 그들이 어떤 선택을 하는지 알아보는 소박한 접근법을 제안했다.[10] 둘의 출발점은 사람들이 위험을 회피하는 경향이 있으며, 세계가 어떻게 굴러가는지 (특히 위험이 변화하고 있을 때) 자신들이 확실하게 알지 못한다는 사실을 알고 있다는 것이다. 이 이론은 개인들이 확고한 결정 규칙에 따라 선택한다고 가정한다. 그 규칙은 최악의 시나리오에 직면했을 때 가능한 한 최선의 선택을 하는 데 중점을 둔다. 이런 소박한 의사 결정자들은 부상하는 위험으로부터 스스로를 보호하는 데 더 많은 시간과 노력을 투자한다. 자신이 마주한 새로운 위험에 대해 잘 알고 있지 못하다는 것을 알기 때문이다.

그런가 하면 부상하는 행동경제학 분야는 우리가 서서히 커지는 위험을 어떻게 평가하는지와 관련해 그와는 다른 내러티브를 제공한다. 행동경제학자들은 미래의 위험을 예측하는 데 있어 사람들이 흔히 (세간의 이목을 끄는 최근 사건 같은) 두드러진 정보에 집중하고, 자신의 세계관에 도전하는 정보는 무시하는 잘못을 저지르곤 한다고 가정한다. 개인들은 위험에 처한 부동산을 사들일 가능성이 농후하다. 이런 구매자들은 스스로가 어떤 위험에 노출되어 있는지 모른 채 마냥 뿌듯해할 수도 있다. 행동경제학의 관점은 새로운 위험에 적응하는 우리의 능력에 좀더 비관적이다. 기후 변화는 신고전주의 경제학과 행동경제학이 구체화한 이념을 검증하기에는 위험 부담이 큰 주제다.[11]

부상하는 기후 위기에 대한 가정의 적응

부모는 자녀를 행복하고 안전하고 편안하게 길러서 그들이 제구실하는 어른으로 성장할 수 있도록 노력한다. 가정은 안전한 지역에 거주하기, 경보 장치 설치하기, 목적의식적 활동(가령 호신술 강좌 수강)에 참여하기 같은 시장 인풋(input)을 구매함으로써, 그리고 시간을 쏟아부음으로써 기대하는 바를 이뤄낸다.

기후 변화는 가족의 건강과 삶의 질에 새로운 위험으로 다가온다. 이러한 위험을 인식하는 가족은 그에 대처하기 위해 냉방이 용이한 주택에 거주하기에서 좀더 안전한 지역으로 이사하기에 이르기까지 점점 더 다양한 적응 전략을 구사한다. 부유한 가정은 가난한 가정보다 더 많은 전략을 동원할 수 있다.

그 어떤 개인적 수요도 기업의 연구 개발 유형을 좌우하지는 못한다. 설사 그 개인이 빌 게이츠(Bill Gates)라 해도 말이다. 하지만 새로운 제품에 대한 총수요는 혁신에 영향을 끼친다. 해마다 혁신가들은 다이어트 콜라, 테슬라 전기 자동차, 아이폰 같은 새로운 제품을 내놓는다. 이러한 발명품은 유도된(directed) 기술 변화의 사례다. 혁신가들은 수요가 있고, 따라서 수익성이 있으리라 기대되는 혁신에 집중한다. 이러한 새로운 제품이 처음 시장에 출시되면 오직 부유한 사람들만 그것을 살 수 있다. 하지만 시간이 경과하면서 생산 비용이 줄어들기 때문에(주로 세계적인 생산과 공급에 힘입어) 더 많은 사람이 그 제품을 구매할 수 있게 된다. 다시 한번 에어컨에 대해 생각해보자. 시간이 흐르면서 에어컨의 질 보정 가격(quality-adjusted price)이 떨어진 결과, 에어컨을 사용할 수 있는 가구가 점점 더 많아졌다. 각 가정은 에어컨을 가동함으로써 극심한 무더위에 노출되는 상황을 줄일 수 있고, 이는 무더위가 낳는 피해를 낮추고 삶의 질을 높인다. 이런 간단한 예는 기후 피해 함수가 개인들이 취한 행동에 따라 어떻게 달라지는지 잘 보여준다.

기후 변화 적응을 연구하는 데서 미시경제학적 접근은 변화에 대처할 때 누가 이득을 누리는지, 어떻게 개인은 그러한 능력을 키울 수 있는지 탐구한다. 예컨대 특정 도시와 그 도시 내에서 가능한 특정 여가 활동을 사랑하는 사람들은 도시 특이적(city-specific) 기후 충격에 발 빠르게 대응하기 어렵다. 다른 곳으로 이사 가는 것을 내켜 하지 않을 테니 말이다. 스키를 좋아해서 다른 여가 활동으로 갈아타길 꺼리는 사람은 해당 지역의 겨울 기온이 자꾸만 영상으로 올라가면 남들보다 잃는 게 많아진다. 기후 변화의 영향을 평가하는 데서도 대체(代替) 의향을 드러내는 것과 동일한 문제가 불거진다. 당신의 식생활을 예로 들어보자. 당신이 딸기와 말린 자두를 똑같이 즐겨 먹는데, 기후 변화로 (아마도 기르는 데 물이 많이 들기 때문에) 딸기 가격이 오른다고 치자. 이 경우 당신은 딸기 대신 말린 자두를 먹을 수 있으므로 고통을 덜 겪는다. 대체 의향이나 능력이 부족한 사람은 기후 변화가 과거의 일상과 소비 습관을 교란하므로 더 큰 불편을 경험한다.

소득 불평등과 집요한 가난은 계속해서 중요한 사회적 이슈다. 연구에 따르면, 소득은 점점 더 고집스럽게 현상 유지 경향을 드러낸다는 것을 알 수 있다. 부유한 가정의 자녀들은 점점 더 부유해지고, 가난한 가정의 자녀들은 더욱더 가난해지는 것 같다.[12]

기후 변화는 이러한 불평등 문제를 한층 악화한다. 가난한 사람들은 기후 위험을 상쇄하도록 돕는 제품을 소비할 여력이 거의 없다. 이들 집단은 가장 위험한 장소에 들어선 형편없는 주택에서 살아가고, 가장 위험한 직종에서 일하며, 의료를 비롯한 기타 자원에 거의 접근하지 못한다. 3장은 가난한 사람과 가난한 지역이 기후 변화에 어떻게 영향을 받는지 살펴본다.

공공 인프라 과제

극단적 기후 사건이나 자연재해가 닥치면, 흔히 공공 인프라는 그것을 제대로 감당하지 못한다. 주요 도시에서 사람들은 평소 일을 하거나 휴가를 즐기거나 쇼핑을 하기 위해 비행기·기차·자동차로 이동한다. 그리고 가정과 기업에 끊임없이 서비스를 제공하는 전력망에 의존한다. 깨끗한 물과 적절한 하수 처리는 나날의 삶에 필수 불가결한 요소다.

수십억 달러를 투자한 도시 설비망은 한번 구축하면 업그레이드하기가 지극히 번거로울뿐더러 비용도 많이 든다. 하지만 우리의 내구적 인프라 상당수는 오늘날 기준으로 볼 때 위험이 노출된 장소에 위험이 노출된 방식으로 지어졌다. 토목 엔지니어들은 이러한 위험을 진단하고, 그 인프라의 업그레이드에 투자하도록 제안할 수 있는 전문 지식을 가지고 있다. 하지만 이러한 설비 개선에는 비용이 많이 든다. 인프라 업그레이드 비용(cost)은 당장 발생하지만, 그로 인한 회복 탄력성 편익(benefit)은 미래에나 누릴 수 있다. 이 점을 감안하건대 시야가 한정된(가령 임기 제한에 영향을 받으므로) 선출직 관리들은 올바른 동기를 갖기 어렵다. 예컨대 그들은 오직 이상 강우 사태처럼 극단적 기후 사건이 발생할 때에만 유용한 프로젝트에 미리 세금을 투자하는 일에 도무지 열의를 보이지 않는다.

점차 무더워지는 세상에서 생산성 유지하기

아마존(Amazon)이 제2본사를 어디에 지을지 결정하려 했을 때 많은 주요 도시가 유치전에 뛰어들었다. 세상을 떠들썩하게 만든 이 결정은 도시들이 경제적 이득을 노리면서 서로 다툴 때 구속받지 않는 기업이 어디에 자리 잡을지 결정하는 방식을 잘 보여준다. 샌프란시스코는 이러한 기업들을 유치하고 보유해왔기에 평균 봉급 수준이 높다. 내가 지난 20년 동안 다룬 연구 주제 가운데 하나는 생활 수준 높은 도시가 숙련된 직원과 그들을 고용하는 기업을 끌어들인다는 것이었다. 어떤 도시가 살기 힘든 곳으로 전락하면 주요 고용주들은 그곳을 떠난다. 혹은 그곳으로 들어오겠다는 결정을 내리지 않는다. 낮은 생활 수준은 경제 발전에 반하는 전략이다. 따라서 도시 지도자들은 생산적인 기업들이 각축을 벌이는 시장에서 경쟁력을 유지할 수 있도록 그 도시를 업그레이드하려는 강력한 동기를 지닌다.

개인·기업·국가 차원의 데이터를 이용한 경험적 연구는 우리가 무더위나 자연재해 같은 극단적 기후 조건에 노출될 때 생산성이 떨어진다는 것을 실증적으로 보여주었다. 이러한 연구는 미국 경제의 미래 생산성에 직접적 함의를 제공한다.

기업의 관리자들은 기후 조건이 생산성에 영향을 끼친다는 것을 인식하면, 기후 충격으로부터 기업을 보호해줄 조치를 취할 수 있다. 적응 전략에는 기업을 좀더 안전한 장소로 이전하거나, 생산 설비를 개선하거나, 기온이 높아지는 오후 시간대를 피해 작업 일정을 짜는 것 따위가 담긴다. 각각의 전략은 비용이 들지만 다른 한편 편익을 제공한다. 코로나19 팬데믹으로 경제 혼란이 가중되는 와중에 많은 기업은 직원들이 통신 시설을 이용해 재택근무해도 예전과 똑같은 생산성을 유지할 수 있다는 소중한 교훈을 얻었다. 코로나19 위기가 가르쳐준 값진 교훈은 바로 가치 있는 인적 자본이야말로 미래의 자연재해에 적응하는 비용을 낮춰줄 것이라는 사실이다.

어떤 상장 기업이 새로운 기후 과제를 적극적으로 다루지 않아서 기대 수익이 줄어들면, 그 기업의 주가는 떨어진다. 이 경우 자산 가치 손실을 겪게 된 주주들은 기업 지도자에게 행동하도록 압력을 가한다. 이기심이 회복 탄력성을 조성하는 이러한 예는 자본주의가 어떻게 적응을 촉진하는 데 이해관계를 지닌 기득 집단을 창출해내는지 잘 보여준다.

아마존·구글을 비롯한 하이테크 기업들은 고도로 수익성이 높으며, 그들이 고용한 숙련 노동자에게 근사한 처우를 제공한다. 하지만 수천만 명에 달하는 미국 노동자는 테크놀로지 분야에 종사하지 않는다. 5장에서는 그 밖의 기업들은 새로운 기후 위협에 직면할 때 어떻게 행동할 가능성이 있는지 탐구한다. 가령 작은 기업과 큰 기업, 부실한 관리자를 둔 기업과 강력한 관리자를 둔 기업, 이 중 어떤 기업이 새롭게 부상하는 위험에 적응하는 데 더 이점이 있을까?

오늘날 미국 경제는 대부분 도시나 그와 가까운 교외 지역을 중심으로 펼쳐진다. 하지만 수백만 명의 사람은 여전히 도시 밖에서 자원 및 추출 부문에 종사한다. 5장에서는 특화한 단일 산업 도시(어업 지역 같은)의 생산성이 기후 변화에 어떻게 영향을 받는지 논의한다. 이러한 장소들은 하나의 경제 부문에 주력하는 식으로 위험한 도박을 벌여왔다.

부동산 시장과 새로운 기후 위기

기후과학 모델을 개발한 이들은 이상 기온, 해수면 상승, 무더위, 자연재해에 따른 위험 증가의 지리적 특성을 예견했다. 2017년과 2018년 캘리포니아주에서 발생한 산불과 진흙 사태가 실제로 보여주었다시피, 심지어 천국에 버금가는 지역조차 고통을 겪을 수 있다. 유력 매체들은 마이애미 일부가 오늘날 범람 위험에 직면해 있다고 밝히는 기사를 심심하면 내보낸다. 부동산 데이터베이스 기업 질로(Zillow)는 2100년이 되면 해수면 상승으로 위험에 처할 미국의 연안 부동산이 총 8000억 달러어치에 이를 것이라는 추정치를 내놓았다.[13]

　부동산 가격은 어느 도시, 어느 동네냐에 따라 천차만별이다. 주택이 들어선 입지가 입주자의 지역 노동 시장 기회, 출퇴근 거리, 가족의 일상적 생활 편의 시설 접근성 따위를 결정한다. 생활 수준이 높은 지역은 부동산 가격도 덩달아 비싸다. 6장에서는 주택 시장이 어떻게 도시에서 부상하는 기후 변화에 대처할지 탐구한다. 미국 성인의 64퍼센트가 주택 소유주이므로, 우리 대부분은 자신이 살아가는 특정 도시와 동네의 향후 전망이 좋으리라고 낙관하는 경향이 있다. 이상 고온, 홍수, 산불 같은 기후 위험은 부동산 시세를 낮춤으로써 부동산 소유자의 자산 가치를 떨어뜨릴 수 있다.

대다수 가정에서 주택은 첫손에 꼽히는 자산이다. 이 자산의 가치는 한 가정의 부를 결정하는 데, 특히 은퇴했을 때는 그들의 소비를 결정하는 데 가장 중요한 요소다. 누군가의 집이 기후 충격 탓에 가치가 크게 떨어질지도 모를 가능성은 사람들로 하여금 위험을 고려하도록 만들고, 새로운 주택을 구입할지 아니면 그 집의 위험 노출을 낮추는 조치를 취할지 고민하도록 이끄는 강력한 유인이다. 이처럼 부동산 회복 탄력성에 대한 요구는 그것을 용이하게 해주는(즉, 화재나 홍수로부터 주택을 보호해주는) 시장 제품을 공급할 수 있는 기업들에 동기를 부여한다. 혁신(innovation)이 부상하는 기후 위험으로부터 부동산을 보호하는 데 효과적일지 여부는 미래의 기후 변화 비용을 결정하는 핵심 요소다.

적응 진전의 가속화

이 책 전반부는 저마다 다른 경제 부문이 기후 변화에 어떻게 영향을 받는지 살펴본다. 후반부는 미래에 초점을 맞추고 적응을 촉진하는 새로운 추세를 탐색한다. 경제학자들은 시장 가격이 어떤 재화가 상대적으로 희귀한지 알려준다는 이유에서 자본주의의 진화적 속성을 찬양한다. 양과 질 면에서 증가 일로인 빅데이터는 우리가 오늘날 직면한 도전을 실시간으로 파악하도록 도움을 준다.

빅데이터 혁명이 어떻게 적응을 촉진하느냐는 7장에서 다룰 주제다. 2017년 12월, 로스앤젤레스의 토마스 화재〔Thomas Fire: 최초의 발화 지점 중 한 곳이 벤투라(Ventura) 카운티에 있는 토마스 아퀴나스 칼리지(Thomas Aquinas College)인 데서 붙은 이름—옮긴이〕는 내가 사는 집으로부터 불과 6.5킬로미터밖에 떨어지지 않은 곳에서 발생했다. 나는 트위터 피드(Twitter feed: 블로그의 글을 트위터로 자동 전송해주는 프로그램―옮긴이)를 통해 그 산불의 경로며 동네의 소개(疏開) 상황에 대해 실시간으로 업데이트되는 정보를 받아보았다. 이 정보는 나의 걱정을 덜어주었고, 내가 계획을 세울 수 있도록 도왔다. 빅데이터 혁명은 아마존 같은 영리 추구 기업들이 특정 제품에 대한 수요를 예측하는 데 기여한다. 이러한 예측 가능성은 물품 목록 축적과 성질 급한 소비자를 위한 익일 배송(우리나라는 로켓 배송, 새벽 배송, 총알 배송 등 초고속 배송이 일반적이지만, 미국에서는 배달 서비스가 느려터져서 익일 배송이 우리의 총알 배송 격이다―옮긴이) 물류를 용이하게 해준다. 빅데이터 혁명은 사람들이 제가 마주한 실시간 난제에 대한 정보를 게시함에 따라 정부가 시민의 우려에 발 빠르게 대처하도록 돕는다. 또한 정부가 시민의 우려를 본격적으로 다루는 다양한 서비스를 가지고 실험해보도록 독려한다.

8장은 어떻게 해서 임대를 늘리도록 (그리고 주택 소유를 줄이도록) 장려하는 조치가 적응을 촉진하는지에 대해 다룬다. 주택 소유는 수십 년 동안 아메리칸드림의 핵이었다. 그럼에도 많은 가정이 증가하는 기후 변화 위기에 직면한 단 한 곳에 자산 대부분을 투자하기로 결정하면서 점점 더 위험한 베팅이 되어가고 있다. 젊은이에게 세 들어 사는 선택을 장려하면 여러 가지 소중한 적응 방법이 가능해진다. 얽매이지 않는 세입자는 장소 기반 위험이 점차 늘어난다는 사실을 알게 되었을 때 좀더 쉽게 이사할 수 있다. 또한 세 사는 사람들의 자산 포트폴리오를 한층 다채롭게 꾸밈으로써 자연재해 같은 장소 기반 충격으로부터 부를 보호해준다. 주택 담보 대출 이자 상환액 공제(mortgage interest deduction)를 서서히 폐지하고 주택 소유주에게 귀속 임대료에 대해 세금을 내도록 요구하면, 오늘날처럼 주택 소유를 장려하는 정부 보조금을 일부 아낄 수 있다.

기후 변화에 발맞춰 희소 자원(가령 토지)을 '최고 최선의 이용(highest and best use: '최유효 이용'이라고도 한다—옮긴이)' 상태로 전환하려는 적응 노력은 정책적 장애물에 부딪힌다. 9장에서 나는 적응 과정을 한층 가속화할 새로운 토지 사용과 도시의 교통 규칙을 제안한다. 도시의 이동 속도를 생각해보자. 속도는 도로 조건, 대중교통에 대한 투자, 자동화 차량에 대한 규정 같은 교통 정책의 결과물이다. 만약 당신이 도시를 고속으로 이동할 수 있다면, 직장과 문화적 기회 가까이에 사는 일은 가치가 덜해질 것이다. 상대적으로 낮은 비용을 지불하고 고속으로 이동할 수 있는 극단적 예로서 당신은 앵커리지(Anchorage: 미국 알래스카주 남부의 항구 도시—옮긴이)에 거주하며 뉴욕에서 직장 생활을 할 수 있다. 고속 이동 능력은 사람들이 살 수 있는 대안적 장소의 선택지를 늘려준다. 또한 그들이 다양한 위험에 적응하도록 돕는다.

　기후경제학 연구는 그간 농업 부문이 기후 변화 적응에 굼떴다고 주장한다.[14] 식량 생산은 실외에서 이루어지고, 따라서 다른 경제 부문보다 기후 변화에 더 크게 노출되어 있다. 여러 연구는 농경지가 무더위나 가뭄 같은 일기 조건에 더없이 민감해질 수 있음을 실증적으로 보여주면서, 농업 부문의 생산성이 기후 변화에 심대한 영향을 받는다고 지적한다. 나는 10장에서 농업 부문의 잠재적 적응 방안을 논의한다. 거기에는 농사를 실내에서 짓는 방법, 농업 활동을 다른 장소로 이전하는 조치, 각기 다른 토지에서의 생산성을 알아보기 위해 빅데이터를 이용한 실시간 추적·관찰하기 따위가 포함된다.

　세계화로 인해 노동·재화·자본이 국경을 넘나들면서 흐르고 있다. 트럼프 행정부는 이주 비용을 강조해왔다. 하지만 이 장소에서 저 장소로 이주하는 능력은 중요한 적응 전략이다. 그것은 또한 가족이 더 나은 생활 수준을 제공하는 목적지를 찾아 나설 경우 중요한 투자 결정이기도 하다. 최근에는 수많은 국제 난민이 더 부유하고 더 안전한 지역으로 이주하기 위해 안간힘을 쓰고 있다. 이주는 태어난 나라에서 고통받는 이들로서는 절실한 적응 전략이다. 하지만 상이한 문화권 출신의 수많은 난민이 한 나라에 유입되면, 이주는 저항을 촉발할 소지가 있다. 최근 여러 나라들이 국제 이주를 막는 장벽을 세웠다. 11장에서는 국가 간 장벽을 넘어 이주하고 싶어 하는 사람들과 새로운 이민자를 받아들일 용의가 있는 국가들 간 거래가 이득을 낳도록 해주는 국제 규정을 어떻게 설계할지 논의한다. 국제 이주 장벽이 낮아지면 기후 위기 적응은 더욱 촉진될 것이다. 이주를 전문적으로 연구하는 학자들은 국제 이주가 "통상(trade)에 이득"을 준다고 강조한다. 예컨대 마이클 클레멘스(Michael Clemens)는 열린 국경 아래서는 세계의 국내총생산(GDP)이 2배로 늘어날 수 있다고 가정한다.[15] 나는 국가 간 노동 무역에 대해 논의하면서 세계화한 식량과 자본 시장이 어떻게 적응을 용이하게끔 하는지 살펴본다. 국제 무역과 관련해 벽과 장애물은 적응을 방해한다.

기후 변화 적응을 연구하는 미시경제학적 접근법은 개인의 선택, 시장 경쟁의 역할, 그리고 인적 자본의 역할에 집중한다. 사람들은 자신이 어디서 살지, 어떻게 살아갈지, 어떤 노동 시장에 참여할지, 그리고 어떤 자산이나 제품을 구매할지 선택한다. 그와 같은 개개인은 이러한 선택이 가족의 건강과 안전에 어떤 영향을 미칠지 고려하고자 하는 강력한 유인을 가진다. 기후 변화의 위험이 점차 현저해짐에 따라, 각 가정은 스스로를 보호하는 조치를 취할 가능성이 커진다. 또한 시장의 제품 공급업체들은 그러한 제품을 제공함으로써 수익을 창출할 기회를 노린다.

경쟁은 소비자가 시장을 선택하고, 새로운 틈새시장에 파고든 기업들이 개발하고 출시한 새로운 제품에 접근하도록 보장한다. 농민들은 변화하는 기후 상황에 적응하기 어렵다면, 자기 땅을 더욱 잘 이용할 법한 다른 농부에게 팔아넘길 수 있다. 만약 상장 기업이 회복 탄력성에 투자를 게을리 하고 장소 기반 충격에 고전함으로써 기후 변화 상황에서 실적이 저조하다면 어떻게 될까? 기업의 주가는 내려가고, 기업 담보 차입 매수 회사(leveraged buyout firm: 차입이나 채권 발행을 통해 조달한 자금으로 기업을 인수한 후, 그 기업의 가치를 높여 되팖으로써 수익을 챙기는 회사—옮긴이)들이 주식을 사들여 경영진을 대체할 것이다. 자산 시장에서의 이 같은 경쟁적 위협은 기업의 지도자 집단이 부상하는 위협을 시종 예의 주시하고 탐지하도록 독려한다.

이 책 전반에 걸쳐 나는 인적 자본이 우리의 문제 해결력을 촉진하는 데 중대한 역할을 한다고 강조한다. 또한 인적 자본은 그 소지자의 소득을 올려줄 뿐 아니라 사람들이 더욱 건강해지도록, 그리고 계속되는 변화에 적응할 수 있는 자녀를 기르도록 도와준다. 개발도상국 국민들이 교육에 점점 더 부지런히 투자함에 따라 인적 자본은 전 세계적 차원에서 한층 불어나고 있다.

거대한 경주

전 세계의 온실가스 배출량은 계속 증가 일로에 있다. 하지만 우리가 부상하는 위협에 더욱 잘 적응함에 따라 거대한 경주가 펼쳐지고 있다. 이 책에서 나는 환경경제학자들이 개인·기업·정부가 새로운 위협에 어떻게 대처하는지에 관해 알아낸 내용을 소개한다. 이러한 연구는 만약 우리가 미래에 적응하는 데 실패한다면 얼마나 큰 고통을 겪게 될지와 관련해 중요한 통찰을 제공한다.

1980년에 줄리언 사이먼은 "자원 등의 발견은 아마 무한할 것이다. 우리는 더 많이 발견할수록 더 많이 발견할 수 있게 된다"고 말했다. 이 책의 모든 장에는 개인적·집단적 회복 탄력성을 구축하는 데서 인적 자본과 인간의 창의성이 담당하는 역할에 대한 사이먼의 낙관이 깔려 있다.

기후과학 예측에 관한 미시경제학적 관점

우리는 기후 변화가 장차 우리 삶의 질에 어떤 영향을 미칠지 알지 못한다. 우리 가운데 미래를 예측하는 데 재능이 있는 이는 거의 없다. 2030년에 슈퍼볼(Super Bowl: 미국 프로 미식축구 챔피언 결정전－옮긴이)에서 어느 팀이 우승할지, 혹은 2032년에 누가 대통령으로 선출될지 같은 미래 사건은 오늘날에는 그저 무작위 변수일 뿐이다. 뉴잉글랜드 패트리어츠(New England Patriots)는 2030년에 우승할 수도 있지만, 그렇지 못할 수도 있다. 현재 선수 가운데 2030년에도 계속 그 팀에서 뛰고 있을 이는 거의 없을 테고, 아마 새로운 코치를 영입할 가능성이 많으리라는 점을 고려하면, 오늘의 상황을 토대로 미래에 그 팀의 우승 가능성을 점치는 것은 지극히 난망한 일이다.

대통령 선거 결과와 카드 게임이라는 두 가지 상이한 유형의 무작위 변수에 대해 생각해보자. 2015년에는 2016년에 치르는 대통령 선거의 결과를 알 수 없었다. 그때 도널드 트럼프(Donald J. Trump)가 승리할 거라고 점친 전문가는 거의 없었다. 일부 전문가는 그가 이길 가망은 전혀 없다고 단언하기까지 했다.

이러한 예측 문제를 라스베이거스의 도박꾼이 직면한 문제와 비교해보자. 노련한 라스베이거스의 블랙잭(blackjack: 총 21점이 되도록 카드를 모으는 게임—옮긴이) 선수들은 현재의 카드 합이 17일 때 또 하나의 카드를 요구할경우, 그 총합이 21을 넘길 확률[즉, 버스트(bust)할 확률을 말한다. 카드를 하나더 받았는데, 즉 히트(hit)를 쳤는데, 총합이 21을 초과하면 버스트해 게임에서 지고 베팅금액을 잃는다—옮긴이)이 어느 정도인지 예측할 수 있다. 이 선수들은 다음번 카드(그 카드의 값은 무작위 변수다)가 4 이하일지 그렇지 않을지 예측하기위해 자신의 과거 경험 혹은 친구나 인터넷에서 배운 내용에 의존한다.

블랙잭 게임 상황과 달리, 증가하는 전 세계 온실가스 배출량에 따른미래 위험을 파악하는 데서 날씨에 얽힌 우리의 과거 경험은 그리 요긴한 정보가 못 된다. 캘리포니아주 버클리는 지난 100년 동안 6월 날씨가섭씨 40도 이상인 날을 단 한 차례도 경험하지 못했다. 그럼에도 이처럼긴 과거의 시계열에 비추어 그 도시가 2040년에도 그 같은 더위를 경험할 가능성이 전무하다고 예측하는 것은 잘못이다. 이런 의미에서 기후과학자들은 움직이는 과녁을 노리고 있다고도 볼 수 있다. 대중은 이들 전문가에게 장차 무슨 일이 일어날지를 한 치의 오차도 없이 예측하도록요청한다. 만약 전문가들이 미래에 대해 그들 역시 확신하지 못하고 있다고 솔직하게 고백한다면, 대중은 그들을 실력 없다고 깔볼까 아니면 그들의 겸손을 알아줄까? 새로운 위협을 다루는 데서 만약 부정확한 모델에 기반해 예측치를 내놓는 전문가를 무턱대고 신뢰한다면 우리는 커다란 위험에 빠지게 된다.

변화하는 상황에 적응하는 능력은 기후 상황이 달라지고 있다는 사실을 인식하지 못한다면 제대로 꽃피기 어렵다. 위험이 일어날 것 같지 않다고 믿는 사람들은 새로운 위험에 대처하는 능력이 떨어진다. 코로나19 팬데믹은 세계 모든 국가에 말도 못 하게 많은 비용을 안겨주고 있다. 그 충격에 전혀 준비되어 있지 않았기 때문이다.[1] 1918년 발발한 스페인독감(Spanish Flu)을 겪은 게 너무 오래전 일이라 많은 나라에서 코로나19의 위험을 과소평가했다는 게 통설이다. (스페인독감은 20세기에 가장 크게 유행하고 치명률도 높았던 혹독한 감염병이다. 전 세계 인구의 약 1~3퍼센트에 달하는 수천만 명이 사망했다—옮긴이.) 반면 대만 같은 아시아 국가들은 비교적 최근이랄 수 있는 2003년 사스(SARS) 감염병을 겪어서 코로나19 팬데믹에 대한 대비가 비교적 잘되어 있었다.

이 장은 기후과학자와 개인·기업·정부의 구성원 간에 이루어지는 상호 작용을 탐색한다.

예보의 발달

계산력과 기후과학의 발전 덕택에 적어도 단기적인 일기 예보는 날로 정확해지고 있다. 연구자들은 〈네이처(Nature)〉에 발표한 논문에서 이렇게 주장한다. "지난 40년 동안 과학적·기술적 발전에 힘입어 일기 예보 기술은 크게 발달했다. 일례로 3일에서 10일까지 미리 내다보는 예보 기술은 10년마다 1일씩 늘어났다. 다시 말해, 오늘날 6일 후 예보는 10년 전의 5일 후 예보만큼 정확해졌다."[2] 토네이도 예측의 경우, 새로운 기후 모델은 좀더 정확한 지역을 제공하고 있으며, 좀더 빠르게 사용 가능하다. 예컨대 오늘날에는 토네이도의 강도를 타격 18분 전에 예측해 널리 알릴

수 있다. 늘어난 시간 덕택에 사람들은 피난처를 구할 시간적 말미를 조금 더 확보하게 되었다.[3]

기후 모델에 대해서는 과거의 기온 변동과 홍수 사건을 예측한 능력에 기반해 그 수준을 가늠해볼 수 있다. 우리는 2000~2015년 시기에 어느 특정 장소가 심각한 폭염을 겪었는지, 또는 물난리를 겪었는지 이미 알고 있다. 따라서 2000년도 이전 데이터를 사용해 기후 모델들을 벤치마킹함으로써 2000~2015년 동안 그 모델들의 재난 예측이 실제로 실현되었는지 확인해볼 수 있다. 만약 어느 기후 모델이 그 기간 동안 주요 재난이 일어날 가능성을 낮게 점쳤는데 그런 사건이 실제로 일어났다면, 우리는 그 모델의 수준에 이의를 제기할 수 있다.[4]

기후 모델을 개발한 이들이 진척을 보임에 따라, 그들 가운데 일부는 동료 평가(peer-review)를 받는 학술지에 연구 결과를 발표하는 데 만족할 테고, 또 어떤 학자들은 소식지를 판매함으로써 수익을 거두려 할 것이다. 금융 부문과 부동산 부문에서도 많은 분석가가 단기 미래를 예측하고〔이를테면 "내년에는 다우존스 산업평균지수(Dow Jones Industrial Average: 다우존스사가 매일 발표하는 뉴욕 주식 시장의 평균 주가—옮긴이)가 20퍼센트 상승할 것이다"〕, 자신의 예측치에 대해 설명하는 보고서를 발표한다. 이들은 양질의 예측치를 제공한다는 평판을 얻기 위해 서로 경쟁한다. 자동차와 식당 같은 다른 시장에서는 양질의 제품(메르세데스를 생각해보라)이 프리미엄 가격을 요구함에도 꾸준히 고객이 몰린다.

기후 예측 정보에 대한 수요가 늘어남에 따라 그런 서비스를 제공하는 기업〔예컨대 퍼스트 스트리트 재단(First Street Foundation), 주피터(Jupiter), 코스털 리스크 컨설팅(Coastal Risk Consulting, CRC), 그리고 포 트웬티 세븐(Four Twenty Seven, 427)〕의 수도 점차 늘고 있다. 일례로 CRC의 경우, 단독 주택 보고서는 49달러에, 다가구 주택이나 상업용 주택 보고서는 499달러에 판매한다. 이러한 기후 위기 모델링업체는 강력한 컴퓨터의 도움을 받아서 공간적 위험 데이터를 활용하며, 새로운 기후 위기의 지리적 분포를 예측하기 위해 기후과학자를 고용한다. CRC는 확인된 기후 위험을 보완하는데 기여하는 컨설팅 및 엔지니어링 기업을 부동산 소유주와 이어주는 알선 서비스도 제공한다.

이렇듯 기후 위험 모델을 개발하는 이들이 장소 특이적(location-specific) 예측을 제공하는 상황에서, 대중은 어떻게 그 예측의 수준을 가늠할 수 있을까? 기후 위험 예측의 수준을 확인하기 위해 서로 대등한 기후과학 전문가들은 각 기후 예측 집단이 사용하는 방법론과 데이터 소스를 연구하도록 허락받을 수 있어야 한다.

최근의 미국 역사는 자연재해가 모종의 뚜렷한 지리적 패턴을 띤다는 것을 보여준다. 2018년 5월, 〈뉴욕 타임스(New York Times)〉는 동일 지역이 반복적으로 공격받는다고 보고했다. "지난 16년 동안 루이지애나주 일부는 자그마치 여섯 차례나 허리케인의 공격을 받았다. 샌디에이고 인근 지역은 세 차례 연거푸 유독 사나운 산불 시기를 거치면서 쑥대밭이 되었다. 켄터키주 동부의 어느 마을은 연방 정부가 지원을 보장할 정도로 심각한 폭풍우를 아홉 차례 넘게 얻어맞았다."[5]

연방재난관리청(Federal Emergency Management Agency, FEMA)은 1959~2018년 시기를 아우르는 데이터베이스를 구축했다. 미국에서 극심한 자연재해를 겪어 재난이 선포된 카운티(county)를 목록화한 자료다.[6] 이 데이터를 살펴보면 지리적 패턴이 뚜렷하게 드러난다. 그 기간 동안 모든 홍수 관련 재난의 7퍼센트가 아이오와주의 카운티들에서 발생했다. 반면 뉴욕주의 카운티들에서는 그 수치가 2.3퍼센트에 그쳤다. 어떤 유형의 자연재해가 어떤 지역에서 발생할지 말해주는 예측 가능성은 우리가 미래 사건에 대처하도록 돕는다.

미래의 기후 위험 예측

가장 큰 난제는 고조되는 위험이 과연 '언제' 닥칠지 예측하는 일이다. 많은 사람이 마이애미 일부가 심각한 해수면 상승에 직면해 있다고 우려한다. 우리는 누구라도 범람 위험에 처한 지역을 딱 꼬집어낼 수 있다. 그럼에도 그 위험이 2030년, 또는 2060년, 또는 그보다 훨씬 더 미래에 그 장소들에서 정말로 심각해질지 어떨지는 알지 못한다. 시기 문제는 정말이지 풀기가 까다롭다. 미래 위험에 대한 기후과학 예측은 전적으로 세계 경제의 총 온실가스 배출량 증가 여부에 달려 있다. 이는 다시 우리가 어떤 유인과 규정을 마련하느냐에 좌우된다. 따라서 탄소 저감 정책을 시행하는 것과 관련한 오늘날 논쟁은 기후과학의 예측에 영향을 준다.

예컨대 어떤 예보는 이렇게 예측한다. "전 지구의 평균 해수면은 계속 상승할 것으로 예상된다. 그 정도는 앞으로 15년 내에 10센티미터에 이르고, 2100년이 되면 30~120센티미터에 달할 것이다. 2100년에 240센티미터나 상승하는 상황도 완전히 배제할 수는 없다. 미국 동부 연안과 멕시코만 연안에서는 해수면 상승이 세계 평균보다 더 높을 것이다."[7] 하지만 이 예측치는 세계의 이산화탄소 농도 수준이 2100년에 얼마가 될지에 대한 가정에 따라 달라진다. 만약 우리가 용케 온실가스 배출량을 대폭 줄일 수 있다면 해수면 상승에 대한 이 같은 예보는 미래 결과를 과대평가한 꼴이 된다.

오늘날의 우리가 무슨 수로 2100년의 세계 이산화탄소 농도 수준이 어떻게 달라질지 예측할 수 있겠는가? 2100년은 지금으로부터 자그마치 80년 후다. 80년 전 시대, 즉 1940년대 초를 한번 돌아보라. 프랭클린 루스벨트가 대통령인 호랑이 담배 피던 시절이다. 당시 사람들로서는 오늘날 우리가 마주한 도전과 기회를 예측할 재간이 없었다.

먼 미래의 전 세계적 이산화탄소 농도를 정확히 얻어내려면 2100년도까지 해마다 얼마나 많은 사람이 지구상에서 살아갈지, 그리고 그들의 1인당 평균 이산화탄소 배출량이 얼마일지 예측할 수 있어야 한다. 아울러 매년 세계의 총소득을 산출해야 한다. 연구자들이 해마다 소득 1달러당 온실가스 배출량(탄소 집약도)을 예측할 수 있다면, 연간 생산되는 온실가스 배출량의 흐름을 추정하는 게 가능하다. 매년 세계 경제가 만들어내는 추가적 온실가스 배출량은 1달러당 평균 온실가스 배출량에 세계의 총소득을 곱한 값이다.

인구 추이와 1인당 소득을 예측하기란 어렵다. 경제학자들은 인구학자들이 미래의 세계 인구 증가를 과대평가한다고 지적해왔다. 그들의 인구학 모델이 인적 자본, 도시화, 그리고 여성의 노동 시장 기회 같은 역할을 과소평가하기 때문이라는 것이다. 사람들은 교육을 더 많이 받고 도시로 이주하면서 점차 아이를 적게 낳는 경향이 있다.[8] 오늘날 예기치 않은 코로나19 팬데믹으로 세계 전역이 경기 침체를 겪고 있는 데서도 알 수 있듯, 미래 소득을 예측하는 것 역시 까다로운 일이다. 거시경제학자들 사이에서는 미국과 중국·인도 등 각국의 경제 성장률 기대치에 대해 의견이 분분하다.

연구자들은 세계 인구와 1인당 소득 변동에 대해 믿을 만한 예측치를 내놓고 있으면서도, 필시 미래의 탄소 집약도 예측이라는 난제를 붙들고 내내 씨름할 것이다. 탄소 집약도는 우리가 미래에 어떤 기술을 사용할지, 어떤 공공 정책을 시행할지에 따라 달라지기 때문이다. 예컨대 미국의 국민총생산 1달러당 이산화탄소 배출량이 2050년에 얼마가 될지 점치는 문제를 생각해보자. 답은 우리가 전기를 생산하거나 기본적인 교통 서비스를 제공하기 위해 어떤 에너지원을 사용할지에 좌우된다. 또한 그때 저탄소 에너지 대비 화석 연료의 가격이 얼마인지에 달려 있다. 그때의 화석 연료 가격에는 전체적인 수요 공급, 그리고 특정 국가가 탄소세를 시행하고 있는지 여부가 반영될 것이다. 만약 톤당 탄소세가 매년 0달러라면 그 경제의 탄소 집약도는 톤당 탄소세가 50달러인 경우보다 높을 것이다.

인구와 1인당 소득이 온실가스 배출량에 끼치는 영향력은 그 경제가 사용하는 기술에 좌우된다. 오늘날 교통 부문은 온실가스 배출량에서 큰 몫을 차지한다. 많은 자동차와 트럭과 비행기가 화석 연료를 사용하기 때문이다. 만약 미래에 전기 자동차가 여객마일(passenger miles)의 주된 공급자이고 풍력이나 태양력 같은 재생 가능 에너지원으로 만든 동력을 연료로 쓴다면, 교통 부문의 온실가스 배출량은 대폭 줄어들 것이다.

미래의 온실가스 배출량을 정확하게 예측할 수 있다 해도, 연구자들은 여전히 그 온실가스 수준이 어떻게 평균 기온, 허리케인의 강도, 그리고 강우의 분포 같은 다양한 기후 측정치에 영향을 미칠지 점치는 데 고전할 것이다. 우리는 이를 '기후 민감도 매개 변수(climate sensitivity parameter)'라고 부른다.[9] 〔정부간기후변화위원회(Intergovernmental Panel on Climate Change, IPCC) 보고서에서 말하는 평형 기후 민감도(equilibrium climate sensitivity)는 대기의 이산화탄소 농도가 2배로 증가한 후의 평형 상태에서 지구 표면 온도의 연평균 변화를 말한다—옮긴이.〕 미래 배출량과 관련한 이런 애매성은 미래에 대한 적잖은 불확실성이 기후과학 예측에 내포되어 있음을 뜻한다.

　오늘날 기후과학자들은 핵심적 매개 변수에 관한 확신 부족을 어떻게 자신들이 개발한 기후 모델에 통합할 것이냐 하는 문제로 골머리를 앓고 있다. 기후학자 주디스 커리(Judith Curry)는 이렇게 썼다. "[기후 모델을] 그저 단순하게 예측 장치로 간주해선 안 된다. 대신 시나리오 생산자, 복잡계(complex system) 행동에 대한 통찰의 원천, 그리고 활발한 의사 결정 체제에서 비판적 사고를 돕는 도구로 간주해야 한다. 이러한 시각 전환은 기후 모델 사용자들이 의사 결정에 가장 큰 도움을 줄 모의실험 유형이나 기후 모델 정보를 어떻게 인지하고 사용할지에 시사점을 제공한다."[10] 이는 소박한 표현이다. 대중은 전문가들이 정확한 예측치를 내놓았으면 하고 기대하지만, 커리는 일어날 수 있는 미래 시나리오에 대한 우리의 상상력을 확장하고자 한다.

　과학적 예측의 정확성과 관련해, 새로운 코로나바이러스가 일으킨 사망자 수를 추정하는 데서도 비슷한 문제가 불거졌다. 그 팬데믹이 만연한 와중에 대중은 만약 사회적 거리 두기나 경제 봉쇄 같은 조치를 취하지 않을 경우 얼마나 많은 이들이 그 바이러스로 인해 사망할지 예측하는 공공 의료 모델을 기대했다. 감염 전문가들이 모델을 써서 그에 대한 예측치(가령 사망자 200만 명)를 내놓자, 정책 입안자들은 그 불확실한 추정치를 사실로 받아들여 (이를테면 강제적 경제 봉쇄 같은) 의사 결정을 내리기 시작했다. 이러한 과학과 정책의 상호 작용이 경제와 생활 수준에 더 나은 결과를 안겨주려면, 한편으로 과학자들은 자신의 메시지가 정책에 어떤 영향을 미치는지 인식해야 하고, 다른 한편으로 정책 입안자들은 과학자가 자연법칙에 대해 확신하지 못하고 있다는 사실을 이해해야 한다.

기후 변화의 경제적 피해 예측

미시경제학자들은 기후 변화가 우리 경제에 어떤 영향을 미치는지 추정하고자 노력한다.[11] 그들은 상당한 독창성을 발휘하면서 농업 생산량, 자살률, 그리고 트윗이나 판사의 법정 판결에서 드러나는 감정 등 많은 웰빙(well-being) 지표에 대한 데이터를 수집해왔다.[12] 2017년 논문이 한 가지 예다. "우리는 실외 온도가 전문적 의사 결정자들(미국의 이민 담당 판사들)이 내리는 중차대한 결정(이민 판결 같은)에 어떤 영향을 미치는지 분석한다. ······판결하는 날 온도가 섭씨 5도가량 높아지면 이민 신청자에게 유리한 판결이 나올 가능성이 6.55퍼센트 감소한다."[13] 이러한 관찰 연구는 과거의 기후 조건이 상이한 웰빙 지표에 어떤 영향을 미쳤는지 규명하는 데 유용하다. 무작위로 자격 갖춘 일부 참가자(실험군)에게는 약물을 투여하고 다른 참가자(대조군)에게는 그렇게 하지 않음으로써 약물 임상 실험을 실시하는 연구자와 달리, 기후 연구자들은 관찰 데이터를 가지고 작업한다. 그들은 대자연이 캘리포니아주 버클리 같은 온대 지방에 극심한 폭염을 선사하는 자연 실험을 벌이길 기다리고, 그런 다음 그 사건이 낳은 결과를 연구한다. 이런 연구를 통해 그들은 "만약 그 기후 사건이 일어나지 않았다면 농업 생산성, 자살률, 판사의 판결이 어떻게 되었을까"라고 묻는다. 이 질문에 답하기 위해, 연구자들은 평상시의 기후 조건이 지속되는 시기에 연관 결과의 추이를 살핀다. 이는 그 기후 사건이 낳은 피해를 알아내기 위한 기준이 된다. 인과(因果) 연구는 경제·웰빙의 결과와 기후 패턴 간 역사적 상관관계를 측정하는 데 유용하다.

나는 다양한 데이터 세트를 사용해 기후 조건이 개인에게 어떤 영향을 끼치는지 연구해왔다. 일례로 트위터 중국판에서 얻은 데이터를 가지고 무덥거나 대기 오염이 심한 날에는 (그들의 소셜 미디어 게시 내용에 표현된 대로) 사람들 기분이 가라앉는다는 것을 증명해 보였다.[14] 또 다른 프로젝트에서는 중국 법정 사건의 지속 시간이 대기가 나쁜 날 더 길다는 것을 확인했다.[15] 나와 공동 저자들은 그에 대해 대기 오염이 사람들의 의사 결정을 더디게 만드는 데 따른 결과라고 해석했다. 또 다른 공동 연구에서는 지난 수십 년 동안의 국가 간 데이터를 사용해 극심한 무더위와 그 나라의 경제 성장 간 관계를 규명했다.[16]

이상 기후와 경제적 결과의 상관관계에 대한 과거의 일부 추정치는 내호기심을 강하게 자극했다. 우리가 장차 적응에 실패한다면 인류가 직면하게 될 도전을 부각해주기 때문이다. 오늘날 환경경제학계에 몸담은 많은 젊은 학자는 이처럼 과거의 상관관계를 이용해 미래 결과를 내다본다. 나는 그들 상당수와 이런 접근법이 과연 타당한지에 대해 입씨름을 벌여왔다. 내가 보기에 과거 추정치를 기반으로 미래를 예측하는 방법은 무작정 적응은 없다고 가정하며, 따라서 **최악의** 시나리오를 제시한다. 이러한 예측은 의사 결정권자들에게 적응 조치를 취하지 않을 경우 미래에 직면할 비용 정보를 제공하는 데는 유용하다. 하지만 실제로 일어날 미래를 예측하는 데 적합한 지침은 아닌 듯하다. 이런 논쟁은 그저 학문적인 데 그치는 게 아니다. 개인·기업·정부가 학습하고 행동을 업데이트할 능력이 있다는 현대 경제학의 핵심 개념을 구현하고 있기 때문이다.

기후 변화의 피해를 예측하는 근본적인 3단계 방법론을 분석해보자. 연구팀이 과거의 데이터를 써서 지난달 실외 온도가 화씨 75도(약 섭씨 24도—옮긴이)를 넘을 경우, 1도 오를 때마다 학생의 수학 SAT(대학 입학 자격시험) 평균 점수가 5점씩 떨어진다고 가정했다 치자. 1단계에서 연구팀은 데이터를 이용해 환경적 조건과 우리가 관심을 갖는 결과 간 역사적 관련성을 추정한다. 2단계에서는 미래의 기후 변화에 관한 기후과학 예측치를 가져온다. 어느 특정 기후 모델이 미래에는 4도 더 따뜻해지리라 예측했다고 치자. 3단계에서 사회과학자들은 자신의 1단계 추정치와 기후과학의 2단계 추정치를 한데 아우른다. 위의 예에서 기후경제학자들은 미래에 기후 변화로 인해 SAT 점수가 20점 낮아질 거라고 예측한다.

3단계 예측은 기온과 SAT 점수 간 **과거 상관관계**(기울기 −5)가 미래에도 계속 유지되리라는 가정에 기반을 둔다. 만약 세계의 기온이 미래에 4도 올라간다면, 그리고 추가되는 1도가 각각 시험 점수를 5점씩 떨어뜨린다면, 그러한 기후 변화로 학생의 점수는 지구 온난화가 일어나지 않을 때 받을 점수보다 20점이나 낮아진다.

이는 **아무 적응도 일어나지 않는다**면 우리 미래를 좀더 정확히 예측한 결과가 될 것이다. 하지만 어찌 그런 일이 가능하겠는가? 만약 자녀들이 무더위로 고생하고 연구자들이 이러한 사실을 실증적으로 연구해 문서화해놓았다면, 갈수록 더 부유해지고 냉방 기술이 날로 개선되고 저렴해지는 경제에서는 더 많은 사람이 그러한 적응 기술에 투자할 것이다. 이는 미래의 연구자, 예컨대 2050년의 연구자는 SAT 시험 응시자들이 최근 높은 실외 온도에 노출되었다 하더라도 성적이 떨어지지 않는 결과를 보게 될 거라는 의미다. 이것이 바로 적응의 증거다. 과거에 드러났던 무더위 노출과 시험 점수 간의 **부적**(negative) 상관관계는 사라진다.

환경경제학자들은 미래의 기후 피해 함수가 오늘날 존재하는 것과 동일하리라는 가설을 암묵적으로 받아들이는데, 이에는 분명 아이러니가 존재한다. 과거의 사실에 비추어 미래를 추정하는 추론법은 '사람들은 유인(incentives)에 반응한다!'는 미시경제학의 핵심 논리에 배치된다. 게임 규칙이 변하는 것처럼 사람들은 자신의 행동을 바꾼다. 환경경제학 연구는 실제로 우리가 이상 기후로 인해 이미 직면하고 있는 결과들에 대한 상상력을 확장함으로써 그 과정을 가속화한다. 대중 매체는 이러한 연구를 적극적으로 다룬다. 2019년 내가 실시한 연구는 〈뉴욕 포스트(New York Post)〉에 소개되었다![17]

3단계 접근법은 실행하기 쉽다. 그리고 예측 문제를 단순화한다. 시간이 가면서 기술의 질과 가격이 어떻게 달라지느냐 하는 까다로운 문제를 다루지 않기 때문이다. 갈수록 적응 친화적 제품이 경제적으로 점점 더 감당 가능해지면, 더 많은 소비자가 그것을 살 수 있는 선택지를 갖는다. 이는 이상 기후가 야기하는 피해를 완화하도록 돕는다. 기후 변화의 경제적 영향을 예측하는 3단계 접근법은 분명 대단히 흥미로운 예측치를 내놓는다.

어떤 연구는 극심한 무더위가 폭력의 위협에 기여한다는 가설을 검증한다.[18] 만약 이 가설이 옳다면, 기후 변화는 세계 최빈국 가운데 일부에서 폭력과 사망을 증가시킬 것이다. 연구자들은 1981년부터 2002년까지 사하라 사막 이남 아프리카 국가들의 국가 차원 데이터를 수집한다. 각국에서 내전이 발생하고 있는지도 살펴본다. 그들은 추가로 강우량과 평균 여름 기온에 관한 데이터를 모은다. 그리고 날씨가 무더워지는 여름에는 내전 위험이 증가한다고 가정한다. 이러한 극단적 기후 조건은 물에 접근하는 일을 어렵게 만들고, 작물이 성장하지 못하도록 방해한다. 시골 사람들은 점차 희소해지는 자원을 서로 차지하려고 다툼을 벌인다.

연구자들은 가까운 과거에 여름이 더 무더운 해에는 이 지역에서 내전 위험이 늘어난다는 사실을 실증적으로 입증한다. 프로젝트의 두 번째 단계에서, 그들은 20가지 대순환(general circulation: 대기 및 해수의 전 지구적 규모의 운동—옮긴이) 기후과학 모델을 기반으로 하는 기후 예측치를 사용해 이 지역의 각국이 2030년에 기온 상승을 어느 정도 경험하게 될지 예측한다. 프로젝트의 세 번째 단계에서 그들은 과거 무더위와 내전 위험 간의 관련성을 보여주는 역사적 추정치를 써서 그것을 예상되는 기온 상승분과 결합한다. 이는 그들이 기후 변화로 인한 내전 가능성의 증가에 관해 얻어낼 수 있는 최고의 추정치다. 프로젝트 마지막 단계에서는 과거 내전에서의 연간 평균 사망자 수를 알아낸 다음, 거기에 기후 변화가 유발한 내전 위험 증가율을 곱한다. 이것이 기후 변화로 인해 그 지역에서 미래에 닥칠 거라 예측되는 사망자 수 증가에 대해 그들이 내놓을 수 있는 최선의 수치다. 그들은 기후 변화가 사하라 사막 이남 아프리카 국가들에서 연간(2030년에) 3만 9455명의 전사자를 추가로 발생시킬 거라고 예측한다.

이 중요한 연구는 과거의 데이터(1981년부터 2002년까지)에서 얻어낸 추정치를 기초로 수치를 계산하려는 의지가 미래 예측에 어떻게 활용되는지 보여준다. 과거의 데이터를 토대로 미래를 예측할 때, 그들은 암묵적으로 과거의 상관관계가 미래에도 줄곧 유지되리라 가정한다. 과거의 상관관계를 기초로 한 이런 추정법은 필시 노벨상 수상자 로버트 루커스(Robert Lucas)의 이름을 딴 루커스 비판(Lucas critique: 전적으로 과거 데이터에서 관찰한 관련성을 기반으로 경제 정책 변화의 효과를 예측하는 것은 유효하지 않다는 비판—옮긴이)에 직면하게 된다.[19] 루커스 비판은, 사람들은 게임 규칙이 바뀌면 새로운 규칙 아래서 가능한 한 최선을 다하기 위해 자기 행동을 바꾼다고 가정한다.

과거에 드러난 어떤 상관관계는 역설적으로 미래에 그 상관관계를 약화하는 데 기여할 수 있다. 이 특정 예에서 루커스 비판의 힘을 알아보기 위해, 기후 변화로 내전 현장에서 매년 3만 9000여 명이 추가로 사망할 거라고 예측한 2009년 논문이 언론에 대서특필되고 있다고 가정해보자.

만약 이런 무시무시한 결과가 널리 공표된다면, UN이나 게이츠 재단 (Gates Foundation) 같은 기관은 무더위가 기승을 부리는 기간이 다가오면 평화를 추구하기 위한 선제 조치를 취하려는 동기를 갖게 된다. 기후 변화가 아프리카 대륙에서 높은 수준의 폭력을 유발하지 않을까 우려한 유엔 감시 기구들의 평화 유지 노력이 늘어날 가능성도 있다. 또한 게이츠 재단은 가난한 농부들이 더위 증가와 가뭄 위험에도 작물을 재배할 수 있도록 돕기 위해 유전자 변형 작물을 나눠주는 데 기여할 수도 있다. (과거에 드러난 무더위와 폭력의 관련성을 이해한 데 힘입은) 이러한 적응 전략은 미래에 그 같은 상관관계를 낮춰준다. 이런 예는 이 책의 핵심 주제를 잘 보여준다. 그러므로 역사가 잘못된 전철을 밟지 않도록 과거의 상관관계를 실질적으로 증명하는 작업은 정말이지 중요하다. (블로그나 트윗을 통해 널리 퍼져나간) 연구 결과는 경각심을 일깨우는 폴 리비어〔Paul Revere: 1734~1818. 미국의 은세공업자로, 독립 전쟁 당시 렉싱턴 전투(Battle of Lexington)와 콩코드 전투(Battle of Concord)에서 전령 역할을 함으로써 영국의 공격에 맞서 민병대가 승리하는 데 공을 세웠다. 그의 활약은 미국 시인 헨리 워즈워스 롱펠로(Henry Wadsworth Longfellow)의 시 〈폴 리비어의 말 달리기(Paul Revere's Ride)〉에도 등장할 정도로 유명하다—옮긴이〕 같은 역할을 한다.

예상한 충격 vs. 예상치 못한 충격에 적응하기

2개의 상이한 시나리오를 생각해보자. 먼저, 기후과학자들이 우리가 심각한 기후 위기에 직면해 있다고 예측하고, 그러한 예측이 정확한데도 대중은 그들의 경고를 무시하기로 결정한다고 치자. 이 경우 대중은 그 사건에 미처 준비를 못 한 터라, 극단적 기후 사건이 발생하면 커다란 고통을 겪을 수 있다. 이제 그와 정반대 경우를 생각해보자. 기후과학자들이 갑작스러운 기후 변화가 시작되고 있음을 예측하고, 대중은 그들의 예측을 믿고 주택을 재설계하거나 좀더 강력한 에어컨을 구매하는 등 고비용의 자기 보호 조치에 관심을 기울인다고 가정하자. 만약 대중이 믿은 기후과학자들이 실제 위협을 부풀린 거라면, 대중은 결국 그럴 가치가 없었던 것으로 드러난 예방 조치(이를테면 버클리에서 좀더 강력한 냉방 장비를 설치하는 조치 같은)를 취하느라 돈을 허비할 것이다. 여기서 드러나는 비대칭에 유의하라. 사람들은 결국 과장된 것으로 밝혀진 최악의 시나리오를 믿었을 때보다 정확한 최악의 예측치를 무시했을 때 더 큰 고통에 시달린다.

이러한 예는 우리 각자가 미래에 대한 신념을 형성할 때 어떻게 전문가의 조언과 우리 자신의 경험을 아우르는지 잘 보여준다. 미래에 대한 기대는 현재의 선택에 영향을 끼친다. 피닉스(Phoenix: 애리조나주의 주도—옮긴이)에서는 매년 여름 시민들이 날씨가 지독하게 더울 거라고 예측한다. 절대 다수의 사람들은 이렇듯 미리 예측할 수 있는 사건에 대해서는 잘 대처하게 마련이다. 에어컨을 이용하고, 대체로 실외의 여름 무더위를 피할 수 있기 때문이다. 소득 불평등이 커지는 시기에 가난한 사람들은 충격에 대처하는 능력이 떨어진다. 그 사실을 미리 내다보는 자선 단체나 지방 정부는 무더운 시기에 취약 계층을 보호하는 노력을 강화할 수 있다.

반면 폭염 같은 기후 충격이 뜻하지 않은 것일 때, 사람들은 더 큰 고통에 휩싸인다. 비근한 예가 2010년 여름 모스크바를 덮친 폭염이다. 그러한 사건에 전혀 대비하지 못한 모스크바 시민들은 방심한 상태에서 허를 찔렀으며 수천 명이 목숨을 잃었다. 이 사건이 일어난 뒤 에어컨 판매량이 치솟았다. 이듬해 여름에도 비슷한 폭염이 되풀이되었다면, 아마 사망자는 훨씬 더 줄었을 것이다. 이것이 적응 가설의 핵심적인 시험이다. 대자연은 거듭해서 동일한 타격을 가하므로, 우리는 경험을 쌓고 새로운 기술과 개선된 시장 제품을 사용해 그 충격을 더욱 잘 다루게 된다. 그 충격은 이제 덜 충격적이 된다!

모스크바의 폭염 사례는 사람들이 뜻밖의 상황에 맞닥뜨릴 때 어떻게 자기 신념을 업데이트하는지와 관련해 중요한 이슈를 제기한다. 그 사건 이후 얼마나 많은 이가 폭염이 점차 잦아질 거라고 예측할까? 얼마나 많은 이가 그 같은 이례적인 사건을 두 번 다시 발생하지 않을 단순한 불운쯤으로 간주할까? 시간이 지나면 그 충격의 강도는 약해질까? 모스크바가 향후 30년 동안 한 번도 폭염을 겪지 않는다면, 2040년에 모스크바 사람들은 에어컨 설치라는 값비싼 투자를 돈 낭비로 여겨서 더 이상 에어컨을 보유하지 않게 될까? 혹은 2010년 여름의 사건에 대한 기억이 강렬하게 남아서 내내 경계를 늦추지 않을까? 나는 저마다 다른 사람들이 미래에 대한 자기 기대를 어떻게 형성하느냐 하는 문제를 규명하기 위해 이런 질문을 던져본다.

사람들은 어떻게 미래에 대한 기대를 형성하는가

경제학에서 반복되는 한 가지 논쟁은 사람들이 미래 사건의 발생 가능성에 대한 기대를 어떻게 형성하는지 탐구한다. 내가 대학원생이던 1980년대 말에 '합리적 기대(rational expectations)' 학설은 사람들이 있을 법한 미래 시나리오에 대해 최선의 추정 결과를 내놓으려 가능한 정보를 총동원한다고 가정했다. 이런 시각에 입각한 모델은 직관적으로 사람들을 〈스타트렉(Star Trek)〉에 나오는 논리적인 스포크 씨(Mr. Spock)로 여겼다. 하지만 최근 몇 년 사이 신념 형성과 관련해 그와는 다른 이론들이 등장했다.

급성장하는 행동경제학 분야는 많은 사람이 변화하는 세상에 대한 자기 신념을 어떻게 업데이트하는지와 관련해 좀더 비관적으로 예측하는 대안적 내러티브를 제공한다. 2017년 리처드 탈러(Richard Thaler)는 심리학과 경제학에서 얻은 통찰을 한데 버무린 연구를 수행한 공로로 노벨 경제학상을 수상했다.[20] 행동경제학자들은 사람들이 과오를 저지르는 경향이 있다고 밝힌다. 그들은 심리학 문헌의 도움을 받아 다수의 사람이 조급한 특성을 띠며, 따라서 장기 편익을 위해 단기 비용을 감수하는 것을 그다지 달가워하지 않는다고 주장한다. 어떤 사람들은 자신의 세계관에 도전하는 유관 정보를 외면함에 따라 인지 부조화(cognitive dissonance)로 고통받는다. 또 어떤 사람들은 한사코 일을 미루고 그로 인해 위험 노출을 줄여주는 자기 보호 조치를 취하는 데 굼뜨다. 이러한 특성은 개인들이 부상하는 날씨 패턴을 파악하지 못하게 막아서 더 많은 위험에 노출되게끔 내몬다. 일을 차일피일 뒤로 미루는 개인들에게, 환경과학과 대중 지원 활동은 온실가스 배출량이 꾸준히 늘어날 경우 우리가 직면할지도 모를 겁나는 시나리오를 부각함으로써 더없이 유용한 역할을 한다.[21] 상상력은 우리가 미래에 있을 법한 으스스한 시나리오를 미리 그려보도록 도움으로써 적응을 촉진한다.

노벨상 수상자 허버트 사이먼(Herbert Simon)은 모종의 문제에 대한 새로운 해법을 생각해내고 이행하는 데는 비용이 많이 들기 때문에, 사람들은 흔히 경험 법칙(rules of thumb)을 따르곤 한다고 주장했다. 이 경우 개인들은 새로운 과제에 느려터지게 적응한다.[22] 이들은 미래에 대한 자신의 기대를 형성할 때 과거 경험에 의존하는 경향을 보인다. 예컨대 70세 남성은 여름에 기온이 섭씨 35도 이상 넘어가는 경우가 얼마나 잦은지 따질 때, 지난 50년간의 자기 기억에 의존하게 마련이다. 그로서는 이것이 이듬해 여름 날씨가 섭씨 35도보다 높아질 가능성이 어느 정도인지에 대한 최선의 추측이다. 기후 변화를 겪지 않는 세계에서라면 미래 예측에 참고할 만한 나무랄 데 없는 경험 법칙이다. 사이먼의 이론을 토대로 할 때, 이러한 개인은 스스로 새로운 정보를 처리하는 일에 큰 대가가 따르므로, 변화하는 기후 위기에 관한 신념을 업데이트하는 데 게으르다. 만약 이들이 미래에 위기가 닥칠 가능성이 과거와 같은 정도라고 믿는다면, 변화하는 날씨 패턴에 허를 찔리기 쉽다. 이들은 기후 변화를 심각한 주제라고 믿지 않기에 자기 예방 조치를 취하거나 온실가스 저감법을 지지하는 선출직 관리를 지지할 가능성이 낮다. 그릇된 세계관을 지닌 사람들은 자기 보호에 대한 투자를 등한히 함으로써 무엇보다 자기 자신을 곤경에 빠뜨린다. 또한 회복 탄력성을 구축하기 위한 전반적인 공공재 수준을 지나치게 낮게 제공하는 정책에 투표함으로써 사회에도 해를 끼친다.

금융경제학 연구는 금융 투자자들이 추론적(extrapolative) 기대에 기초해 의사 결정을 내린다고 주장해왔다.[23] 이 모델은 사람들이 미래 세계가 과거 세계와 비슷하리라 믿는다고, 따라서 충격적 사건이 일어나면 그 뉴스에 과잉 반응을 보인다고 예상한다. 이럴 경우 적응은 서투른 정지와 어설픈 출발이라는 특색을 띤다. 다시 말해, 사람들은 변화하는 상황에 너무 느리게 반응하고, 그 결과 심각한 충격이 닥치면 겁에 질린 채 허둥대는 것이다.

연구자들은 교육 성취 수준이 낮은 사람은 미래에 대한 기대감을 형성하는 데 체계적인 실수를 저지를 가능성이 있음을 실증적으로 보여준다.[24] 이 연구 결과는 두 가지 함의를 지닌다. 첫째, 정책 입안자들로 하여금 어떤 인간 집단이 새로운 위협을 예견하는 능력이 부족해 더 큰 위험에 빠지는지 확인하는 데 도움을 준다. 둘째, 인적 자본 육성 전략이 교육받은 사람의 수를 늘려서 미래 충격에 직면했을 때 좀더 회복 탄력성을 갖추도록 하는 부가적 이점을 제공한다는 걸 암시한다. 각국이 소득 불평등 심화 문제를 해결하고자 고심할 때 질 좋은 교육에 대한 접근은 소득 격차를 완화하는 역사적으로 입증된 전략이다. 사람들이 더 많은 교육을 받음으로써 미래에 펼쳐질지 모를 시나리오를 좀더 정확하게 예측할 수 있다면, 교육은 회복 탄력성 증가라는 또 한 가지 이점을 부여할 것이다.

기후 변화 회의론자의 추가적 위험?

다원화한 우리 사회에서, 어떤 이들은 기후 변화 문제를 진정으로 우려하는가 하면, 또 어떤 이들은 그것이 급박한 위협이라고 믿지 않는 듯하다. 객관적으로 좀더 많은 위험을 직시하고, 자신이 정말로 그런 위험에 처해 있음을 점차 인식해가는 사람들은 한층 기꺼이 회복 탄력성 강화에 돈을 투자할 것이다. 수해를 막기 위해 집을 스틸트(stilt: '죽마' 또는 '기둥'이라는 뜻으로, 그 위에 지은 집을 죽마집, 거미집, '스틸트 가옥'이라 부른다. 뒤에서도 그냥 '스틸트', '스틸트 가옥'으로 옮긴다―옮긴이) 위에 얹는 조치가 한 가지 예다. 그들은 또한 회복 탄력성을 키우고 온실가스 배출량 감축에 도움을 주는 공공 정책을 지지할 공산이 크다. 여기서 우리가 연구해야 할 문제는 상이한 사람들이 유동적인 목표에 관해 어떻게 학습할지 이해하는 것이다. 친구들의 의견, 정부의 발표, 현재의 사건, 뉴스원(news source)은 저마다 개인이 변화하는 세상을 학습하도록 거드는 데 어떤 역할을 할까?

우리가 겉으로 어떤 신념을 옹호하는 것은 무엇보다 자신의 진정한 세계관 때문일 것이다. 동기화한 신념을 고수하는 까닭에 대한 두 번째 설명은 사람들이 동료 집단의 신념에 동조하려 애쓰기 때문이라는 것이다. 예일 대학의 신출내기 1학년생을 떠올려보라. 만약 그 학생이 "기후 변화가 우리의 안녕에 중기적으로 진정한 위험을 제기한다고는 믿지 않는다"고 공공연하게 밝힌다면, 그는 배척당할 소지가 많다. 이런 의미에서 당신의 신념은 당신이 어떤 집단에 속할지, 나날의 상호 작용에서 어떻게 처신할지 규정하는 일종의 명예 훈장이다.

증가하는 위험을 인지하는 것에 관해 말하자면, 기후 위험이 크지 않다고 공개적으로 발언하는 이른바 기후부인론자들이 제가 직면한 위험을 조사하기 위해 집에서 사적으로 부지런히 구글 검색을 해보는지는 알 수 없는 일이다. 이 경우 그런 개인들은 흔히 인정받는 것보다 더 많은 정보를 알고, 따라서 더 잘 준비되어 있을 것이다. 동기화한 신념(이를테면 진보주의자에게 유리한 사실을 포용하는 양 보이고 싶지 않은 공화당원) 때문에, 사람들은 개인적으로는 새로운 위험으로부터 자기 가족을 보호하는 방어적 조치를 취하면서도, 공개적으로는 그와 배치되는 입장을 표명하곤 한다.

폭스 뉴스(Fox News)나 〈월스트리트 저널(Wall Street Journal)〉 같은 언론 매체가 소비자로 하여금 기후 변화 문제를 듣고 싶어 하지 않거나 대수롭지 않게 여기도록 유도하는지는 확실치 않다. 사람들은 자기가 듣는 내용을 완전히 **믿지** 않는 채로도 뉴스원의 시청을 즐길 수 있다.[25] 뉴스 소비자는 또한 친구 및 자녀들과 상호 작용하기도 하고, 개인적으로 웹사이트 검색을 거치기도 한다. 이러한 독자적 정보원도 개인의 세계관에 영향을 끼친다.

위험 회피

전 지구적 온실가스 배출량이 증가하도록 내몬 우리의 집단적 선택은 일종의 도박이다.[26] 룰렛처럼 운에 좌우되는 게임을 벌일 때, 우리는 그 승률을 알고 있다. 하지만 지금 우리가 뛰어든 기후 게임의 승률에 대해서는 오리무중이다. 끔찍한 시나리오가 펼쳐질 가능성은 전 지구적 온실가스 배출량이 부단히 늘어남에 따라 시간이 갈수록 커지고 있다.

위험을 싫어하는 사람은 결코 요행을 바라면서 모험에 뛰어들지 않는다. 경제학자는 사람들이 도박하는지 여부(즉, 주식에 투자하는지, 아니면 좀 더 안전하나 수익이 낮은 채권에 투자하는지)를 관찰함으로써 그들의 위험 선호를 측정한다. 위험 회피 정도를 정확히 밝히기 위해 우리는 흔히 한 벌의 제비뽑기를 사람들에게 요청하기도 한다. 가령 내가 당신에게 한편으로 200달러를 딸 수 있는 안전한 제비뽑기, 다른 한편으로 400달러를 딸 가능성 50퍼센트에 0달러를 딸 가능성 50퍼센트인 위험한 제비뽑기를 제안한다고 치자. 두 제비뽑기는 기대 수익이 200달러로 동일하지만, 후자가 한층 위험하다. 만약 당신이 위험한 제비뽑기 쪽을 고른다면 당신은 위험을 사랑하는 사람임을 드러내는 셈이다. 이제 나는 안전한 제비뽑기에 140달러를 거는 식으로 첫 번째 제비뽑기를 조정해 게임을 바꾼다. 그래도 당신이 여전히 제비뽑기 2보다 제비뽑기 1을 선호한다면, 나는 당신이 지독하게 위험을 회피한다는 것을 알아차린다.

우리는 위험과 관련한 사람들의 감각이 저마다 다르다는 것을 알고 있다. 그럼에도 경제학자들은 그 이유를 설명하는 데 곤란을 겪어왔다. 일부 연구는 또래와 사회적 선호의 역할에 주목한다.[27] 형성기인 십대 시기가 어른이 되었을 때의 선호를 결정한다고 보는 설도 있다. 예컨대 1930년대 대공황을 거치면서 성장한 이들은 위험을 유독 싫어하고, 따라서 수익률은 낮지만 위험 역시 낮은 자산을 보유하는 쪽을 선호한다. 경제가 호황을 누리든 불황에 허덕이든 매년 2퍼센트의 수익을 낳는 미국 재무부 채권이 그에 해당한다.[28]

사람들은 기대 수익이 연간 비용보다 적음에도 생명 보험을 구매하고 저위험 포트폴리오를 보유하는 식의 시장 선택을 통해 자신의 위험 회피를 드러낸다. 예컨대 한 여성이 자기가 그해에 사망하면 100만 달러를 가족에게 지급하는 1년짜리 생명 보험을 1000달러에 구매한다고 치자. 그 여성의 나이 및 기타 인구통계학적 특성을 감안해 만약 보험계리사가 그녀의 사망 확률이 1만 분의 1이라고 예측하면, 그 보험의 기대 가치는 0.0001×100만, 즉 100달러가 된다. 그런데 그녀는 거기에 1000달러를 지불했다. 이 보험을 구매하는 걸 보면서 우리는 그녀가 위험을 지독하게 싫어한다는 것을 확인할 수 있다.

나는 연구를 통해 부유한 사람일수록 광업처럼 죽거나 다칠 가능성이 높은 직종에 종사하길 꺼리는 경향이 있음을 알아냈다.[29] 이는 가난한 사람이 범죄나 오염에 노출된 주택에서 살아가는 등 더 많은 위험을 떠안는다는 것을 말해준다. 이는 환경 정의라는 심오한 문제를 제기한다. 나는 이 문제를 3장에서 다룰 참이다. 위험 노출에서 드러나는 빈부 간 불평등을 완화하는 공정한 방법은 상대적으로 안전한 장소에 더 많은 주택을 짓는 것이다. 10장에서 논의하겠지만, 미국의 '토지 용도 지역제(land zoning)' 법규는 흔히 주택을 몇 채 지을 수 있는지에 제한을 둔다.

로드맵

전문가들이 기후 체계가 어떻게 작동하는지 이해하는 데 있어 서로 입장을 한데 수렴하고 그 새로운 지식을 우려하는 (혹은 믿는) 대중과 공유한다면, 우리는 개인 차원으로든 사회 차원으로든 기후 변화에 좀더 쉽게 적응할 수 있다. 우리가 마주한 문제는 과학자들이 좀 나아지기는 했지만 여전히 부상하는 위험에 대해 확신하지 못하고 있다는 사실이다. 대중 가운데 일부는 과학을 따르고 있으나, 일부는 기후 변화를 대수롭지 않게 여기는 것도 문제다. 환경론자들은 그런 기후회의론자를 섣불리 기후부인론자라고 몰아붙이곤 한다. 그에 대한 대안적 가설은 이른바 기후회의론자 가운데 일부가 자신의 정체성과 관련한 개념, 혹은 동료나 이웃에 대한 동조 때문에 공개적으로 그 같은 견해를 피력한다는 것이다. 이 경우 그런 개인들은 설사 새롭게 부상하는 위험을 기후 변화 탓으로 돌리지는 않는다 해도, 그로부터 스스로를 보호하기 위해 개인적 조치를 취하는 문제를 고려한다. 이로 보아 사람들이 공적 영역에서 어떻게 처신하는지와 사적 시장에서 어떻게 행동하는지는 다를 소지가 있음을 알 수 있다. 이들을 겉과 속이 다른 사람이라고 폄훼할 생각은 없다. 대신 나는 그들이 새로운 위험을 상쇄하려 시장의 힘을 믿는 사람들이라고 생각한다. 회복 탄력성을 키우는 상품(에어컨이 한 가지 예다)의 시장 가격이 시간이 흐를수록 점차 저렴해짐에 따라 적극적인 적응자 무리는 늘어날 것이다.

이 책은 자본주의가 어떻게 행동 변화를 촉진함으로써 우리로 하여금 기후 변화 문제에 적응하도록 돕는지에 초점을 맞춘다. 이어지는 4개 장에서 나는 가정, 기업, 지방 정부가 부상하는 기후 위험에 어떻게 대처하는지 살펴볼 것이다. 여기서 경제학자의 몫은 상품·자본·토지 시장이 어떻게 수요와 공급의 변화에 발맞춰 적응하는지 연구하는 것이다. 시장은 구매자와 판매자가 각자의 목적을 추구하면서 사용할 수 있는 기회의 범위를 넓혀준다.

일상적 삶의 질

코로나19가 창궐하면서 수많은 사람이 감염병이라는 건강상의 위험에 노출되었다. 그뿐만 아니라 경제적 위험과도 마주했다. 수백만 명이 일자리를 잃고, 영세 자영업자들은 손님이 끊긴 탓이다. 팬데믹 위험과 경제적 봉쇄가 어우러져 빚어내는 느닷없는 충격은 무탈하던 일상이 얼마나 빠르게 무너질 수 있는지 잘 보여준다. 이 장에서 우리는 사람들이 자기 자신과 가족을 위험으로부터 보호할 수 있는 여러 가지 방안을 모색해볼 것이다.

자연재해 위험

최근 몇십 년 동안 자연재해로 목숨을 잃은 사람은 수천만 명을 헤아린다. 기후과학자들은 대체로 기후 변화가 허리케인·홍수·산불 등의 원인이라고 믿는다. 하지만 개인과 국가들이 점점 더 부유해지면서 자연재해로 인한 사망자 수는 줄고 있다.[1] 부자들은 공공재(public goods)에도, 스스로를 위험으로부터 더욱 잘 보호해주는 사적재(private goods, 私的財: 공공재에 대비되는 사적 재화나 서비스—옮긴이)에도 지불할 수 있는 자원을 지닌다. 그들은 홍수나 폭풍우의 피해를 더욱 잘 피할 수 있는 고급 주택에서 산다. 토네이도 지대(地帶)라 해도 부자들의 집은 폭풍우로 인해 지붕이 날아가는 경우가 드물다. 사람들은 부유해질수록 위험을 피하는 데 더 많은 관심을 기울인다. 나는 공동 연구를 통해 1940년부터 1990년까지 50년 동안 미국에서 광업이나 건설업 같은 고위험 산업에 종사하는 노동자는 위험 수당 명목으로 더 많은 임금을 받았음을 확인했다.[2] 부자들은 어느 때든 범죄율이 낮은 지역에서 살아가고, 위험이 덜한 신상품을 구매한다. 시간이 흐르면서 더 많은 미국인이 높아진 교육 성취로 인적 자본을 구축함에 따라 부유해졌다. 학교 교육을 통해 인적 자본을 갖춘 사람들은 문제를 더욱 잘 해결하고, 뉴스와 정보를 좀더 기민하게 분석할 수 있다. 대중이 더욱 정교한 뉴스 기사를 요구하면, 블룸버그(Bloomberg: 미국의 경제 정보 통신사—옮긴이), 〈뉴욕 타임스〉, 〈월스트리트 저널〉 같은 정보 공급원은 수준 높은 뉴스를 전달하기 위해 더 많은 자원을 투자할 것이다. 이런 정제된 정보는 교육받은 개인들이 떠오르는 도전과 관련한 최신 동향을 파악하도록, 그리고 가족의 안녕·자산·생계에 영향을 미칠지도 모를 새로운 위험을 더욱 잘 예측하도록 돕는다. 이런 의미에서 1주일에 7일 하루 24시간 내내 이어지는 실시간 언론 매체의 증가는 적응을 용이하게 해준다.

재난이 발생하면 가정의 경제 사정과 그 재난에 영향받은 이들이 입을 장기적인 정신적 상처와 관련해 중요한 이슈가 불거진다. 연구자들은 대출을 안고 있는 주택 소유자들이 재난 피해를 당한 뒤 어떻게 대응하는지 조사했다.[3] 그 결과 보험에 가입한 가정이나 그 지역이 쇠락해간다고 믿는 주택 소유자들은 대출 잔액을 모두 갚고 이사하는 경향이 있음을 확인했다. 그 밖의 사람들은 장차 자신의 대출금에 대해 채무 불이행하는 선택지를 가진다. (7장에서 나는 부동산 소유자들이 자연재해가 일어나기 전과 후 그에 어떻게 반응하는지 논의한다.)

자연재해가 일어난 뒤 공동체 성원들이 재건에 팔을 걷어붙일 때, 조립식(modular) 건설 기술의 발달은 건축 시간을 단축시킨다. 조립 기술은 몇 년이 아니라 불과 6개월 만에 주택을 재건할 수 있는 가능성을 열어준다. 재난이 발생한 뒤 이제 땅주인들이 미래에는 재난 위험이 더욱 커질 거라고 판단한다면 어떻게 할까? 그들은 오래 지속되는 값비싼 구조물을 지으려 하지 않을 것이다.[4]

이주

우리는 새로운 기후 위험의 지리적 특성을 좀더 잘 이해하게 되었다. 그에 따라 일부 사람들은 위험으로부터 벗어나기 위해 이주를 결심할 수도 있다. 우리 모두는 어디서 살아갈지, 새로운 장소로 이사 갈지 말지 결정한다. 그리고 이 같은 중대 결정을 내릴 때면 가능한 장소들을 놓고 비용-편익을 저울질한다. 도시경제학자는 사람들이 장소(마이애미냐 휴스턴이냐)를 선택할 때는 그곳의 노동 시장 전망, 부동산 가격, 그리고 삶의 질과 세금 제도를 따져본다고 말한다. 직업 시장과 삶의 질이 좋고 세금이 낮은 게 특징인 도시는 부동산 가격이 높을 것이다. 왜냐? 그 도시의 부동산 가격이 낮다면 다들 그곳으로 몰려들 테고, 그렇게 되면 부동산 가격이 올라가기 때문이다. 어떤 지역에서 삶의 질이 높으냐에 대해서는 사람마다 생각이 다를 수 있다. 일광욕을 즐기는 사람은 미니애폴리스보다 마이애미를 더 쳐줄 테고, 크로스컨트리 스키가 취미인 사람은 그와 반대일 것이다. 미국인은 온화한 겨울, 낮은 오염도, 위험이 낮은 지역에 대한 취향을 드러내왔으니만큼 그런 지역들은 부동산 가격이 비싸다. (이에 대해서는 6장에서 더 상세히 논의할 것이다.) 사람들은 일단 살아갈 도시를 정하고 나면 동네와 주택을 고른다. 일상생활에서 사람들은 주어진 장소의 주택 가격, 직장까지의 출퇴근 거리, 쇼핑 장소까지의 이동 시간, 공립 학교 수준, 그리고 범죄율과 오염 정도를 고려한다.[5]

커지는 기후 변화 위험은 미국 최대 도시들의 순위를 재편할 것이다. 어떤 도시는 다른 곳들보다 더 큰 도전에 직면할 테니 말이다. 사람들이 좀더 안전한 장소로 이사하기 시작하면, 이들 지역의 부동산 가격이 늘어나는 수요로 인해 한껏 치솟을 수 있다. 이는 환경적 젠트리피케이션 (environmental gentrification: 수요 변화가 야기한 부동산 가격의 동학)에 대한 우려를 자아낸다. (젠트리피케이션은 도심 인근의 낙후 지역이 활성화하면서 외부인과 돈이 유입되고 임대료가 상승한 결과 본래 살던 사람들이 타지로 밀려나는 현상을 말한다 — 옮긴이.) 경제 논리에 따르면 이러한 이주가 어느 정도의 파급 효과를 가져올지는 공급에 달려 있다. 상대적으로 안전한 특정 장소에서 살아가려는 사람들이 늘어나면, 부동산 개발업체들이 그곳에 더 많은 주택을 지어 공급할 수 있는가? 아니면 '토지 용도 지역제' 정책이 그러한 새로운 건설을 가로막는가? 좀더 안전한 지역에 적용되는 엄격한 '토지 용도 지역제'는 그 지역에서의 부동산 가격이 상승한다는 의미로 해석되고, 가난한 사람들이 그곳으로 이주할 가능성을 낮춘다. 이 문제는 아래에서 다시 살

퍼보겠다.

안전한 장소와 주택의 공급은 자연·지리적 특성(땅의 지세와 고도)에 의해서뿐 아니라 민간 부문 개발업체(건물을 어떻게 지을 것인지)와 정부 정책(용도 지역제 법규와 토목 계획)에 의해 결정된다. 여기서 지적할 핵심 이슈는 정부 규정이란 고정 불변한 게 아니라는 점이다. 미래의 기후 변화 효과를 판단하는 데 과거의 데이터를 사용하는 이들은 암묵적으로 정부 규정이 시간이 지나면서 점차 회복 탄력성에 도움을 주는 쪽으로 달라진다고는 생각지 않는다.

인구통계학자와 경제학자는 성인 커플의 유유상종 선호가 증가함에 따라 지식 수준이 높은 사람은 역시 그런 짝과 살아가고, 교육받지 못한 사람은 또한 그에 걸맞은 짝과 맺어지는 경향이 있음을 지적했다. 나는 2000년 고학력자의 장소 선택을 다룬 공동 집필 논문에서, 대도시에서 살아가기로 결정한 이른바 막강 커플(power couples)의 경향성을 연구했다.[6] 이러한 도시들은 지역 노동 시장이 커서 두 사람이 고도로 전문화한 직종에 종사할 수 있는 직업 기회를 풍부하게 제공한다. 그 결과 두 사람이 이사하고도, 커플로 남아 있기 위해 경제적 기회를 포기하는 일 따위는 벌어지지 않는다. 교육받은 커플 두 사람 모두 같은 장소에서 번듯한 직장을 잡을 수 있게 되면, 그 가구의 총소득은 한층 높아진다. 부유한 사람들은 고급 제품을 구매할 경제력이 있으며, 이는 그들 삶의 질을 개선하고 그들 자신을 위험으로부터 보호해준다. 이런 예는 가족마다 어떤 선택을 하느냐에 따라 위험 노출 정도가 판이하게 달라진다는 것을 보여준다. 만약 커플들을 임의로 함께 살도록 배정한다면, 가난한 가구의 수가 줄어들기 때문에 기후 정의에는 한층 부합할 것이다. 가정의 소득은 기후 위험으로부터 가족원을 보호하는 데 중요한 역할을 한다. 부자들은 더욱 안전한 지역의 더욱 안전한 가옥에서 살아가고, 위험 노출 가능성을 줄이기 위해 주택을 업그레이드할 경제력이 있기 때문이다.

이주 비용

이주 비용이 부담되는 이들은 현재 살고 있는 장소를 떠날 가능성이 낮다. 이 비용은 자연재해가 빈발하고 무더위 위험이 큰 지역에서 거주하는 사람들의 적응을 가로막는다. 이사 가기 어려운 사람들은 하는 수 없이 그 장소에 매여 산다. 이런 의미에서 장소 기반 충격은 거기에 붙박여 사는 이들에게 영향을 준다. 비용 부담이 없는 사람들은 만약 어느 장소가 심각한 충격으로 고전할 위험이 커지거나 최근에 심각한 충격을 겪었다면, 언제든지 이사할 수 있는 선택지를 가진다.

휴스턴에서 아파트에 세 들어 사는 가족을 생각해보자. 그 가족은 댈러스에 좋은 친구들이 있고, 어른들 역시 거기서 일자리를 구할 수 있으므로 댈러스로 이사 가는 게 손쉽다. 이 가족은 휴스턴을 덮친 충격〔이를테면 허리케인 하비(Harvey)〕으로 인해 거의 고통을 겪지 않는다. 셋집에 사니 설사 충격으로 건물이 파손된다 해도 재산상의 손실을 입지 않는다. 이 경우 그 가족의 노동 시장 기술과 인적 자본, 사회적 네트워크, 자산 포트폴리오는 그들이 휴스턴을 덮친 충격에 쉽게 대처하도록 해준다. 툴툴 털고 일어날 수 있는 능력이야말로 그 가족에게 융통성을 부여한다. 융통성은 기후 위험이 증가함에 따라 한층 더 중요해진 가치다.

반대 사례로서, 한 곳에 뼈를 묻기로 작정하고 수십 년 동안 같은 도시 같은 공동체에서 내내 살아가는 가족이 있다고 해보자. 이 가족은 그들의 공동체가 계속 번영하리라는 데 장기적 내기를 하고 있는 셈이다. 장소에 기반한 이러한 내기는 그 가족에게 심리적 이익은 제공할지 몰라도, 다른 한편 그들을 장기적 위험에 더 많이 노출시킨다. 기후 변화가 장소 기반 위험을 키울 때 이주할 선택지가 없기 때문이다.

이주에는 비용이 많이 들기 때문에, 젊은 사람들은 나이 든 사람보다 더 쉽게 이주할 수 있는 듯하다. 새로 선택한 지역에서 장기적으로 일하고 배우는 데 더 많은 시간을 들임으로써 이득 볼 기회가 있기 때문이다. 이주자들은 삶의 질이 상이한 새로운 지역 노동 시장으로 자신과 가족을 이동시킨다. 젊은 사람들은 가능한 이주 후보지를 놓고 고용 조건과 직업 기회, 그리고 그곳에서 누리게 될 삶의 질이 어떨지를 토대로 서로 비교해보려는 강력한 동기를 가진다. 심지어 젊은 사람들 간에도 결코 살아본 적 없는 장소에서 마주할 미래 위험을 예측하는 능력은 저마다 다르다. 최근 연구들은 가능한 위험 노출을 예견하는 데 영향을 주는 인지적 기술과 상상력의 중요성을 강조한다.[7] 이 연구들은 인지적 기술과 상상력이 부족한 사람들은 미래에 맞닥뜨릴 장소 기반 충격을 과소평가하는 경향이 있으며, 따라서 자기 스스로를 더 많은 위험에 노출시킬 거라는 비관적 예측을 내놓는다. 이 경우 기후 변화는 불평등을 심화한다.

경제학자들은 이주 비용에 대해 독특한 방식으로 사고한다. 무엇보다 이사를 하기 위해서는 짐을 싸고 부치는 데 돈이 든다. 하지만 우리는 그 외에도 현재의 삶터를 떠남으로써 잃어버리는 무형의 요소들까지 고려한다. 수전이 휴스턴에서 같은 동네에 13년 동안 살았다고 치자. 이로 보아 그녀는 그곳에서 사는 데 가치를 두고 있음을 알 수 있다. 게다가 수전이 지금 사는 동네에는 그녀가 소중하게 여기는 몇 가지 특징(feature)이 있다고 치자. 이를테면 직장까지 이동 시간이 짧고, 다니는 교회가 지척에 있고, 마음에 드는 식당도 몇 군데 개척했다. 이사하기 위해 고려하고 있는 후보지에서 그와 비슷한 조건을 찾으려 한다면, 그녀는 딱 맞아떨어지는 비슷한 장소를 찾아내는 데 어려움을 느낄 것이다. 바로 '차원의 저주〔curse of dimensionality: 데이터의 특징(feature)이 너무 많아 알고리즘의 성능이 저하되는 현상—옮긴이〕'라고 알려진 현상이다. 살 수 있는 다른 후보지들은 인근에 좋은 식당들은 있지만 직장과의 출퇴근 거리가 멀고 교회에 가려 해도 더 긴 시간을 이동해야 한다. 이 경우 그녀는 원래 살던 동네와 거의 일치하는 장소를 물색하느라 애를 먹는다. 따라서 자연재해의 위험을 비롯해 불쾌한 기후 문제가 그 동네를 점점 더 별 볼 일 없게 만든다 해도 그곳을 떠날 가능성이 적어진다. 휴스턴에서, 수전은 자기 동네가 살기에 최적의 공간이라고 느꼈다. 이렇듯 뿌리를 깊이 내린 사람은 기후 위험이 증가한다 해도 이사할 것 같지 않다.

수전은 어떻게 해서 현재 사는 장소와 잘 맞게 되었을까? 그녀는 애초부터 지금 자신이 사는 동네가 제공하는 지역적 특성에 대한 선호를 가지고 있었을까? 아니면 살아가면서 점차 그것들을 알아보고, 지역 특이적 사회 자본을 키워서 지금처럼 뿌리내리고, 그곳에 남는 데 대해 강한 선호를 지니게 되었을까? 지역 특이적 자본을 구축한 사람들은 새로운 장소로 이사 가면 그것을 잃게 되리라는 걸 알고 있다. 그들은 전출을 꺼리고, 그 결과 자연재해 같은 장소 기반 충격으로 인해 피해 입을 위험에 더 크게 노출된다.

경제학 언어로 말하자면, 수전은 '한계(margin)'와 한참 멀다. 다음의 예를 생각해보라. 당신은 스타벅스 커피라면 사족을 못 쓴다. 커피 한 잔에 12달러까지 지불할 의향이 있을 정도다. 그렇다면 스타벅스가 커피값을 2달러에서 2.40달러로 올린다 해도 당신은 계속 그곳을 애용할 것이다.

이 경우 당신은 '한계'에 있지 않다. 하지만 스타벅스가 커피값을 2달러에서 13달러로 껑충 올린다면 당신은 더 이상 그 가격을 감당할 수 없다.

장소 기반 애착은 사람들이 기꺼이 이주할 가능성을 낮춘다. 뉴올리언스의 역사와 문화를 사랑하는 거주민들은 그 도시가 지독한 충격을 겪고 있어도 웬만해서는 그곳을 떠나려 하지 않는다. 이러한 주장을 뒷받침하는 증거가 바로 2005년 그 도시를 강타한 허리케인 카트리나(Katrina)라는 자연 실험이었다. 일부 가족은 그 충격이 야기한 파괴 때문에 그 도시를 등졌다. 그런데 기왕의 삶터를 떠난 사람들 상당수가 휴스턴 같은 도시로 이주한 뒤 (이후의 미국 국세청 소득 신고서 데이터가 보여준 결과에 따르면) 소득이 증가했다. 이 연구는 사람들이 뉴올리언스에 눌러앉음으로써 (그들이 휴스턴으로 이사했을 때 벌어들일 수 있는 부가 소득이라는 측면에서) 은연중에 대가를 치르고 있음을 암시한다. 경제 논리에 따르면, 그들의 사회적 유대감과 뉴올리언스 지역 문화에 대한 사랑이 자신들의 보유 기술을 제대로 보상해주지 않는 장소에 그들을 묶어놓았다고 할 수 있다.[8]

생활 주기에 걸친 변화 대처

중년층과 노년층은 새로운 기후 위기에 적응하는 데서 젊은 사람들보다 더 큰 도전에 직면할 것이다. 중년층은 진즉부터 한 지역에 붙박여 살아왔다. 그 장소와 직장의 근접성, 자녀들이 다니는 학교, 부모님 및 친구들에 대한 접근성, 오락적 기회 등을 저울질하면서 트레이드오프를 통해 신중하게 결정을 내린 결과다. 이제 어딘가로 이사해야 할 경우, 그들은 이 모든 차원에 걸쳐 비슷한 특성을 제공하는 또 다른 도시를 찾아내는 데 어려움을 겪는다.

시애틀에 살고 있는 프랭크를 예로 들어보자. 50세인 그는 그 도시에서 25년 동안 살았다. 프랭크는 아마존에 근무하며, 그 지역에서 살아가는 친구들과 잘 지내고 있다. 그의 여가와 스포츠 취미는 모두 시애틀의 계절과 깊이 관련 있는 것들이다. 그는 그곳에 뿌리내렸고, 지역 친구들이 있으며, 그 장소와 연결되어 있다. 프랭크가 그다음으로 살고 싶어 하는 도시(아마 샌프란시스코나 보스턴)도 시애틀에는 도무지 댈 게 못된다. 모든 사람이 현재 살고 있는 장소를 거의 완벽하게 대체하는 두 번째 선택지를 가지고 있다면, 기후 변화에 적응하는 일은 한결 쉬울 것이다. 미래에 시애틀의 여름이 더 이상 시원하지 않다면, 프랭크는 자신의 여가 생활을 바꿔야 할 것이다. 시애틀은 여전히 시애틀이겠지만 기후 변화는 그 도시의 속성을 바꿔놓을 테고, 그는 '나의 오래된 시애틀'에 쉽사리 접근할 수 없을 것이다.

〈뉴욕 타임스〉의 칼럼니스트 티머시 에건(Timothy Egan)이 시애틀에 관해 들려준 말을 생각해보자. "토박이 시애틀 시민으로서, 나는 노상 해가 쨍쨍 내리쬐는 장소에서 살아간다는 게 어떤 것인지 궁금했다. 그런데 이제 그와 비슷한 뭔가를 경험하고 있는지라 마치 낯선 땅에 와 있는 것처럼 기분이 언짢다. 오늘 시애틀 서쪽 올림픽산맥에서 불이 났다. 전형적으로 지상에서 가장 비가 많이 내리는 장소 중 하나인 숲 지대에서 말이다."[9] 경제학자에게 여기서 핵심적 질문은 이것이다. 그가 기후 변화 탓에 잃어버린 것은 무엇인가? 에건은 '나의 오래된 시애틀'을 되살리기 위해 무슨 일을 기꺼이 할 수 있는가? 그의 관점에서 볼 때, 미국의 나머지 지역들 가운데 그의 시애틀을 비슷하게라도 대체해줄 만한 도시는 없다. 그는 자신의 과거에 대한 감상벽을 드러내고 있다.

한 가족의 인구통계학적 구조는 그 가족의 이주 능력을 결정하는 데 모종의 역할을 담당한다. 흔히 젊은 가족 구성원은 나이 든 부모를 돌보고, 조부모는 손자 손녀를 보살핀다. 이러한 세대 간 상호 작용은 하나의 가족을 특정 장소에 묶어놓는다. 젊은 엄마는 친정엄마가 아이들을 돌봐주는 데 의존한다. 그럴 사정이 안 되면 시장에서 타인으로부터 자녀 돌봄 서비스를 구해야 한다. 만약 친정엄마가 친구들도 있는 데다 오랜 세월 뿌리내리고 살던 지역을 떠나고 싶어 하지 않고 젊은 엄마는 친정엄마가 자녀를 돌봐주길 간절히 바란다면, 그 젊은 엄마 역시 그 지역에 매여 살게 된다.

진행 중인 한 연구는 노인의 정신적 명민함에 대해 다룬다.[10] 나이 든 사람들은 절약한 돈을 어디에 투자할지, 자신의 의료 문제와 주택 자산을 어떻게 다룰지와 관련해 중요한 결정을 내린다. 일부는 기억력 상실로 고생하고, 일부는 알츠하이머 진단을 받기도 한다. 이런 질환을 겪는 사람들은 새로운 위험에 대처하는 능력이 현저히 떨어진다. 이 같은 상황은 그 자녀들(주로 딸들)에게 추가적 비용을 부과한다. 매일매일의 활동을 통해 그들을 일일이 도와야 하기 때문이다.[11]

이 사례는 도시 내 교통 속도라는 이슈로 귀결된다. 예컨대 싱가포르에서는 사람들이 언제든 시속 40마일(약 65킬로미터)의 속도로 이동할 수 있다. '혼잡 통행료 징수제(road congestion pricing)'를 시행하기 때문이다. 러시아워처럼 하루 중 수요가 많은 시간대에는 교통 혼잡 부담금이 늘어난다. 이 제도는 일부 사람들이 대중교통을 이용하도록 유도함으로써 도로 사용량을 낮춘다. 그 결과 피크타임에도 도로 속도가 줄지 않는다. 만약 젊은 여성의 친정엄마가 기꺼이 시속 40마일로 편도 30분 거리를 이동해 손자 손녀를 돌봐준다면, 이는 젊은 엄마와 친정엄마가 서로 20마일 떨어진 곳에 살면서도 그런 관계를 유지할 수 있다는 의미다. 도시 안에서 더 빠른 속도로 움직일 수 있으면, 지리적 위치에 대한 가족의 선택지가 늘어난다.

당신이 살아가고 일하는 도시의 거주민들과 나누는 우정은 당신을 그 지역에 묶어준다. 이러한 유대는 자연재해가 일어났을 때 당신이 적응하는 데 도움을 준다. 친구들이 당신을 돌보기 위해 나서고, 살아남기 위해 팀으로 움직이기 때문이다. 한편 지역 친구들은 당신을 그 지역에 옭아매는 역할도 한다. 이렇게 되면 당신의 위험 노출 정도는 더욱 커진다. 사람들은 이웃과 친해지면 그 지역 사회에 눌러앉을 가능성이 높다. 이사 가면 새로운 친구를 사귀는 데 다시금 비용이 발생하기 때문이다. 친구들과 지역에서 맺은 유대는 장소 기반 위험에 대처하는 능력을 떨어뜨릴 소지가 있다. 자신이 사는 곳에서 친구를 두루 사귄 사람은 객관적으로 볼 때 더 안전한 장소로 이사할 가능성이 낮기 때문이다.[12] 물론 모두에게 좋은 해법은 살기에 안전한 장소(이를테면 좀더 높은 지대)를 구하는 것과 더불어 당신의 사회적 네트워크 가까이에 남는 쪽이다.

자기가 사는 지역의 문화와 생활 편의 시설을 너무 좋아해서, 혹은 가족이나 친구들이 가까이 있기 때문에 그곳에 뿌리내린 사람들에게, 최근의 기술적 혁신은 최고의 노동 시장에서 살지 않는 데 따른 불이익을 줄여준다. 지금으로부터 20여 년 전인 2000년만 해도 뉴올리언스에 터 잡고 사는 사람들은 보스턴에서 좋은 일자리를 제의받으면 대체로 고향에 대한 의리 때문에 이를 거부했다. 보스턴으로 이주했다면 벌어들였을 부가 소득을 포기한 것이다. 높은 소득은 부분적으로 부가적 자원으로 부가적 안전과 회복 탄력성을 구매할 수 있으므로 더 나은 삶의 질을 부여한다. 따라서 그들은 내내 손해를 보았다. 하지만 2020년에 통신 시설을 이용한 재택근무, 그리고 줌(Zoom) 같은 웹 기반 회의 기술의 향상은, 특히 교육받은 노동자들에게, 자기 집에서 일할 수 있는 흥미진진한 가능성을 열어주었다. 이는 뉴올리언스에 자리 잡은 사람들이 그 도시에 살면서 보스턴에 있는 회사를 위해 일함으로써 두 세계 모두에서 잘해낼 수 있다는 의미다. 이 경우 정보 기술은 거주 지역과 직장 소재지가 멀리 떨어져 있어도 무방하도록 해준다.[13] 좀더 교육받은 사람들이 재택근무, 즉 원격근무를 할 가능성이 많음을 보여주는 연구 결과는 주목할 만하다. 이 이슈는 현재진행형인 코로나19 팬데믹 상황에서 불거졌다. 예컨대 대학교수들은 집에서 줌으로 강의를 진행할 수 있게 되었다. 반면 식료품 가게에서 일하는 점원처럼 교육 수준이 높지 않은 노동자는 일을 하러 직장으로 직접 출근해야 하고, 그에 따라 더 많은 감염 위험에 노출되고 있다. 이러한 사실은 위험 발생기에 어떻게 기존의 불평등 간극이 더욱 벌어지는지 보여준다.

기술 혁신이 모든 사람에게 공평하게 이익을 안겨주지 않는다는 것은 분명하다. 하지만 통신 시설을 이용한 재택근무 능력은 많은 흥미로운 적응 가능성을 열어준다는 사실에 유의할 필요가 있다. 그 능력이 고려할 수 있는 상이한 선택지를 크게 늘려주기 때문이다. 이를테면 위험을 극도로 싫어하지만 통신 시설을 통해 재택근무를 할 수 있는 사람은 안전한 곳으로 이사 가서 그보다 더 위험한 환경에 자리 잡은 직장을 위해 일할 수 있다.

건강에 미치는 기후 변화의 영향 완화

오염이나 무더위에 대한 노출 여부는 우리가 어디에 사는지, 얼마나 많은 시간을 야외에서 보내는지, 실내의 열기와 오염을 줄이기 위해 얼마나 많은 투자를 하는지에 달려 있다.

야외의 대기 오염 수준이 높아도, 사람들은 공기청정기나 마스크 등을 구입해 활용함으로써 위험 노출을 줄일 수 있다. 중국의 도시들은 대체로 대기 오염이 심하다. 중국의 많은 도시 거주민은 대기 오염으로부터 스스로를 보호하기 위해 타오바오(Taobao: 아마존의 중국판)라는 인터넷 플랫폼(platform: 디지털 네트워크를 기반으로 상품 및 서비스 거래를 중개하는 서비스―옮긴이)에서 제품을 구매한다. 나는 공동 저자들과 함께 2014년 한 해 동안 타오바오가 중국 35개 도시 거주민에게 판매한 에어마스크 및 공기청정기의 1일 매출액에 관한 데이터를 살펴보았다. 마스크는 저렴하다. 공기청정기는 더 효과적이지만 비싸다. 우리는 소비자를 하류층·중산층·부유층이렇게 3개 소득 집단으로 분류했다. 그 결과 모든 소득 집단이 대기 오염도가 높은 날 마스크를 더 많이 구매했다는 것, 특히 부유층은 공기청정기를 구매하는 경향이 크다는 것을 확인했다. 중국의 도시 거주민들은 대기 오염이 심한 날 마스크와 공기청정기를 구입하는 데 더 많은 돈을 들인다. 하지만 우리는 이들 제품이 대기 오염을 얼마나 효과적으로 보완해주는지, 그 결과 얼마나 질병을 막아주는지는 아직껏 알지 못한다.[14] 향후 연구는 이 점을 다루어야 할 것이다. 중국 도시들의 대기 오염 증가가 시간 경과에 따라 과거보다 (하류층에서든 부유층에서든) 질병을 덜 일으키는지 여부를 조사하는 것이다. 만약 실외 대기 오염과 질병에 걸린 사람 수 사이의 상관성이 시간 경과에 따라 줄어든다면, 이는 대기 오염이라는 위협에 적응하는 능력이 증가했음을 드러내는 직접적 징표일 것이다.

기후 변화는 평균 기온을 상승시킴으로써 '실외 대기 오염(ambient air pollution)' 수준을 크게 올려놓는다.[15] 증가 일로인 이 위험을 상쇄하기 위해 사람들은 대기 오염이 심하고 무더운 날에는 야외에서 보내는 시간을 줄여야 한다. 실내 직종에 종사하는 사람은 야외에서 일하는 사람보다 적응력이 높다. 교육 수준 높은 사람이 실내 직종에 종사할 가능성이 많은데, 이는 기후 변화가 삶의 질과 관련해 불평등을 더욱 키울 수 있음을 시사한다.

기온 상승은 또한 부정적 감정과도 관련이 있다. 어느 독창적 연구는 수십억 건의 트위터 트윗에 표현된 소셜 미디어 내용을 이용해 이 사실을 밝혀냈다.[16] 소셜 미디어의 모든 트윗은 저마다 다르다. 하지만 언어학자들은 주어진 트윗에 '감정 점수(sentiment score)'를 매기기 위해 사람들이 쓰는 단어들로 코딩한 정보를 사용하는 알고리즘을 개발했다. 감정 점수는 개인의 기분이 좋은지 나쁜지 말해준다. 이 측정 항목을 기반으로, 연구는 대기 오염이 심하고 무더운 날에는 사람들 기분이 좋지 않음을 확인했다. 내가 최근에 진행한 연구도 중국의 소셜 미디어 데이터를 활용해 유사한 패턴을 발견했다.[17] 또 다른 연구는 미국과 멕시코에서 기온 상승이 두 나라의 자살률 증가와 관련이 있음을 보여주었다. 미국의 결과는 국가 차원에서 수집한 데이터에 기반을 둔 것이었다. 연구자들은 상이한 연도에 양국의 자살률을 살펴본 결과, 이 변수와 그 나라의 기온 변화가 상관관계를 보였다고 밝혔다.[18]

이 세 가지 상관성 연구는 각각 과거에 이상 기후 상황이 낳은 경제적 피해를 보여준다. 이러한 새로운 지식은 미래에 사람들이 비슷한 피해를 겪지 않도록 돕는다. 중요한 사회과학적 질문은, 사람들이 극도의 무더위가 어떤 영향을 미치는지 인식하고 있는가 하는 것이다. 무더위에 민감한 사람들이 그 영향을 더욱 잘 이해한다면, 그들은 그런 조건에 노출되는 정도를 줄이고자 본인의 행동을 변화시킴으로써 이득을 누릴 것이다. 이렇게 볼 때 우리는 결코 고스란히 당하고만 있는 피해자가 아니다! 행동 변화가 얼마간 비용을 낳는다 해도, 이 연구는 그에 따른 편익이 있음을 보여준다. 이러한 상관관계를 드러내는 연구들은 적응을 위한 행동 변화에 불을 지핀다. 이로 판단하건대 미래의 연구자들은 무더위가 지금보다 트위터에서 드러나는 감정에 영향을 덜 미친다는 사실을 확인할 수 있을 것이다. 왜 그럴까? 트위터 연구는 극도로 무더운 날 사람들의 기분이 더 나빠진다는 것을 보여준다. 사람들이 이 연구 결과를 접한다면(아마도 트위터 피드를 이용해서!), 그리고 이것이 그들로 하여금 무더운 날에는 긴장을 풀기 위한 조치를 취하도록 이끌어준다면(그들은 자신이 더위에 맥을 못 춘다는 것을 인식하고 있으므로), 향후 날씨가 더울 때 그들은 화가 덜 날 테고, 미래의 연구도 실외 무더위와 분노의 상관관계가 적어지는 결과를 얻을 것이다. 이는 적응의 직접적 증거다. 사람들이 생물학적 조건이 달라져서 무더위를 견딜 수 있게 된 것이 아님에 유의하라. 여기서 진정한 동학은 외려 그 반대다. 사람들은 연구를 통해 자신이 무더위를 이겨내기 어렵다는 사실을 알게 되므로, 스스로를 보호하는 사전 대책을 마련할 테고, 이는 그들로 하여금 우리가 지금 예상하는 도전을 피하도록 돕는다.

앞으로는 이 중요한 연구가 시간이 가면서 자살 경향성과 관련해 카운티 같은 집단 차원보다 개인 차원의 자료를 모으는 방향으로 확대될 것이다. 연구자들은 개인 차원의 데이터에 접근함으로써 어떤 인구 하위 집단이 어느 주어진 시점에 정서적 위기를 겪는지(아마도 실직했거나 배우자와 헤어졌거나 해서), 그리고 무더위와 대기 오염 수준이 높아짐에 따라 아예

벼랑 끝으로 내몰리는지 밝혀낼 수 있다. 이 사례는 미묘한 가설을 빅데이터 혁명에 힘입어 검증할 수 있음을 분명하게 보여준다. 우리 사회가 다원적인 만큼 특정 유형의 사람들은 무더운 날 극도의 위험에 몰리는 반면, 다른 인구 통계 집단은 거의 위험을 겪지 않을 수도 있다. 이런 의미에서 평균적 인간이란 없다. 내가 시카고 대학에 다닐 때 교수님 한 분은 이런 말씀을 곧잘 하셨다. "여러분이 머리는 오븐 안에 있고 두 발은 냉장고 안에 있다면, 평균적으로 보아 '괜찮은' 거다." 교수님은 우리가 대체로 허구인 평균적 인간이 아니라 주어진 원인의 분배 효과에 주목하도록 애쓰셨다.

이 점이 중요하다. 즉, 미시경제학적 관점에서 바라본 적응 문제의 핵심은 서로 다른 사람들이 동일한 도전에 어떻게 대처하는지 이해하는 것이다. 높은 실외 무더위 수준과 자살 위험 증가의 관련성을 밝혀낸 연구로 돌아가보자. 어느 때든 연간 자살자 수가 전체 인구의 작은 일부임을 고려하면, 특정 순간 위험에 몰린 사람은 오직 소수 인간 집단에 그칠 것이다. 하지만 공정한 사회란 가장 커다란 위험에 직면한 사람들을 찾아내 그들에게 정신 건강 자원을 쏟아붓는 사회다. 이 같은 노력은 취약한 개인들이 새로운 기후 위험에 적응하도록 돕는다. 페이스북은 그 플랫폼에서 사람들이 사용하는 언어에 토대를 두고 자살 위험군을 프로파일링(profiling: 어떤 개인의 심리적·행동적 특성을 분석해 특정 상황이나 영역에서의 행동을 예측하는 것—옮긴이)한다.[19] 이 페이스북 지표와 실외 대기 오염 및 실외 기온 간 상관관계를 알아보는 통계적 연구는 날씨 패턴이 변화함에 따라 시간이 가면서 어떻게 한 사람의 기분이 달라지는지 수량화할 수 있었다. 이러한 통찰은 공공 의료 전문가들이 취약한 이들을 보호하기 위한 개입 조치를 도입하는 데 쓰일 수 있다. 사전 대책을 꾀하는 노력은 극심한 무더위와 자살 위험의 상관관계를 낮춰준다.

이 사례는 자살과 무더위의 과거 상관관계를 드러내는 연구들이 미래에 그 상관관계가 약화하는 데 기여하리라는 것을 보여준다. 만약 우리가 그 연구로부터 교훈을 얻고 최고 위험군에 자원을 투여한다면 말이다. 기온 상승이 자살률을 오직 약간만 높여준다면, 그리고 이러한 상관관계가 공공 의료에 종사하는 공무원에게 제대로 알려지지 않는다면, 우리는 부상하는 위험을 알아차리지 못할 테고, 사회 역시 그에 올바로 대처할 것 같지 않다. 반면 믿을 만한 연구가 극심한 무더위와 폭력이 강한 연관성을 띤다는 것을 보여준다면, 이는 공공 의료 담당자들이 그런 날에 취약한 이들을 보호하는 선제 조치를 취하도록 안내할 수 있다. 그들을 직접 접촉하거나, 특정 개인한테 연락을 취해보도록 그의 가족 및 친구들을 슬그머니 독려하는 식으로 말이다. 이런 의미에서 기온 상승은 폭력 증가에 직접 영향을 끼치기도 하지만, 국가가 그것을 미리 내다봄으로써 예방 조처를 취할 가능성을 키우기도 한다. 폭염이 덮치는 시기에 정신 건강 관리를 더욱 많이 받으면, 회복 탄력성 투자가 늘면서 기온 상승과 폭력의 상관관계가 줄어들 것이다. 과거에 무더위와 자살률이 상관관계를 보였다는 사실을 이해하면, 친구나 공공 의료 종사자들이 좀더 많은 선제적 지원 활동을 벌일 테고, 이 모든 노력이 어우러져서 무더위와 자살의 상관관계는 낮아질 것이다.

우리는 결코 기후 변화 앞에서 속절없이 당하기만 하는 수동적 피해자가 아니다. 과거에 이상 기후로 어떤 피해를 입었는지 이해한다면, 우리는 앞으로 위험 노출을 줄이기 위한 새로운 저비용 전략을 고안해낼 수 있다. 예측되는 위험에 대한 이 같은 적응적 대응은 기후 변화에 따른 사회적 비용을 줄여준다.

무더위 속에서 건강 유지하기

에어컨이 널리 보급되기 전인 과거에는 극심한 무더위에 노출되면 사망률이 높아졌다. 연구자들은 인도와 미국의 데이터를 이용해 극도의 무더위와 사망률의 상관관계가 시간이 갈수록 낮아지고 있음을 확인했다.[20] 뉴욕의 장기적 추세를 다룬 공공 의료 연구는 그 도시의 거주민이 극심한 무더위에 대처하는 능력이 날로 커졌음을 보여준다.[21] 이는 이제 과거보다 심하게 무더운 날 더 적은 사람이 사망한다는 의미다. 이런 추세를 낳은 가장 결정적인 원인은 에어컨 사용의 증가다. 시간이 흐르면서 에어컨 사용이 확대된 것은 주로 소득 상승, 설비 가격 하락, 그리고 무더위 노출이 어떤 결과를 낳는지에 대해 더욱 잘 인식하게 된 점 등이 합세한 결과다.

낙관론자들은 이러한 긍정적 적응 추세에 대해 언급할 수 있을 것이다. 하지만 여전히 많은 도시 거주민은 에어컨을 제대로 사용하지 못하고 있다. 미국의 15개 주요 도시에 대한 조사는 적응 조치가 이루어지지 않으면, 미래에 지구 온난화가 무더위 관련 사망 위험을 높일 수 있다고 결론 내렸다.[22]

기후가 온화한 캘리포니아주 버클리에서, 8월의 평균 최고 온도는 약 섭씨 22도다. 버클리에서 에어컨이 널리 보급되지 않았던 1950년 이전에 지은 대다수 주택에는 에어컨이 없다. 그 지역의 선선한 여름을 감안할 때 에어컨 설치를 가치 있는 투자라 여길 법한 사람은 거의 없다. 하지만 여름 기온이 서서히 올라가고 있으므로 에어컨을 설치하지 않겠다고 버티는 사람은 위험한 도박을 하는 셈이다. 우리 장모님도 버클리에서 에어컨 없는 집에 살고 계신다.

새크라멘토(Sacramento: 캘리포니아주의 주도─옮긴이)는 버클리와 가깝다. 기온이 좀더 높은 이 도시에서는 대다수 가정에 에어컨이 설치되어 있다. 새크라멘토 시민이 버클리 시민과 선호에서 차이가 나는 것은 아니다. 다만 그들은 더운 여름과 관련해 기대하는 바가 다르다. 1장에서 다룬 주제인 기대로 돌아가보면, 새크라멘토 사람들은 여름이 더울 거라고 기대하며, 그에 대비하기 위해 선제 조치를 취해왔다.

버클리가 일상적인 기온이 달라지면서 무더운 날〔가령 화씨 85도(섭씨 약 29.5도─옮긴이)가 넘는 날〕이 점차 늘고 현재 새크라멘토의 기온 분포와 비슷해지면, 우리 장모님도 에어컨을 설치할 가능성이 커진다. 이 경우 버클리의 기후가 변화하고 있다는 기대는 장모님으로 하여금 기후 위험으로부터 자신을 보호해주는 제품에 투자하도록 이끈다. 이러한 동학은 기후가 점차 따뜻해지는 시기에 장모님이 주로 단기적으로 위험에 대처할 것임을 말해준다. 하지만 너무 번거롭기 때문에 에어컨을 달기 위해 집을 레트로피트(retrofit: 리모델링에 추가적으로 뭔가 보태는 것을 의미한다. 단순히 디자인만 바꾸는 게 아니라 단열이나 환기·냉난방 등과 관련한 기능을 부가해 업그레이드하는 것이다─옮긴이)하지는 않을 것이다. 만약 장모님이 집을 젊은 가족에게 판다면, 그 새로운 가족은 에어컨을 장착할 가능성이 매우 높다. 레트로피트는 1회성 고정 비용 투자로 향후 몇십 년 동안 가족에게 편익을 제공하기 때문이다. 이러한 예는 주택 시장에서의 거래가 사실상 부동산의 회복 탄력성을 키울 것임을 보여준다. 신규 구매자가 회복 탄력성 인프라를 업그레이드할 가능성이 크기 때문이다. 이렇듯 시장은 회복 탄력성을 돕는다.

버클리의 노후 주택과 관련한 레트로피트 결정과 도시화가 꾸준히 진행되고 있는 중국의 에어컨 설치율을 비교해보면 꽤나 흥미롭다. 많은 기후 변화 모델은 중국의 일부 지역에서 극도로 무더운 날씨가 늘어나리라고 예측한다. 중국의 신규 주택은 거주민을 이상 기후로부터 보호하기 위한 최신형 에어컨을 갖추고 있다. 오늘날 중국의 도시 가정은 평균 1.2대의 에어컨을 보유하고 있다. 더 부유한 도시에서는 그 비율이 훨씬 높다. 더 많은 건물에서 중앙냉방을 하는데, 이는 사람들을 폭염의 피해로부터 막아준다.[23]

세 번째 사례 연구는 파키스탄의 카라치(Karachi)다.[24] 이 도시는 극도로 무더운데도 에어컨 구비율이 낮다. 에어컨을 가동하려면 전기가 드는데, 카라치의 전력망이 불안정하고 믿을 수 없어서다. 에어컨 같은 주요 사적재가 전기를 투입 요소로 요구하고 전기가 공적 영역에서 공급될 때, 대중은 스스로를 지키기 어려워진다. 사적으로 자기 보호를 할 수 있는 능력이 전력망이라는 공공 인프라의 질에 좌우되기 때문이다. 그런데 단 하나의 공공 기관이 그것을 독점하도록 허락하면 위험이 따른다. 경쟁 결여는 믿을 만한 제품을 생산하고자 하는 유인을 떨어뜨리기 때문이다. 풍력 발전, 태양력 발전, 그리고 더욱 저렴해진 백업(backup) 발전기를 통해 전력 생산의 분권화가 실현됨에 따라 전력 신뢰성 이슈는 잦아들었다. 어쨌거나 전력 신뢰성은 가정의 적응을 촉진하는 데서 핵심적 문제다.

피드백 고리

점점 무더워지는 세상에서 에어컨 사용이 증가하는 데 따른 우려는 이렇다. 즉, 우리가 에어컨에 전력을 공급하기 위해 더 많은 전기를 소비하면 피드백 고리가 형성되어 결국 온실가스 배출량이 늘어나리라는 것이다. 이 동학은 기후 변화에서 저감 문제를 더욱 어렵게 만든다. 한 연구는 멕시코에서 점점 더 많은 중산층이 미국 중산층의 가전제품 보유율을 따라잡게 되면, 주거 부문의 총 전기 소비량이 급등할 것임을 보여주었다.[25] 하지만 주거 부문은 전체 전기 소비에서 15퍼센트를 차지할 뿐이라는 사실에 유의할 필요가 있다. 상대적으로 작은 경제 부문에서는 설사 전기 소비가 크게 증가한다 해도 탄소 저감 문제를 꼬이게 만들지 않을 것이다.

에어컨을 이용해 무더위 증가에 적응하는 사적 비용이 어느 정도인지 측정하려면, 연구자는 이 내구재를 보유하는 데 따른 연간 비용과 그 설비를 가동하는 데 드는 전력 비용을 알아야 한다. 또한 사적으로 이득을 주는 이 활동의 사회적 비용을 측정하려면, 가외의 전기 소비에 따른 탄소 배출량을 추산해야 한다. 재생 에너지원을 이용해 전력을 생산할 수 있다면 사회적 비용은 낮아진다. 반면 석탄을 연료로 삼는 발전소에서 전력을 생산한다면 사회적 비용은 올라간다. 경제학자들은 전기 자동차를 모는 데 따른 사회적 비용을 연구해왔다.[26] 그들은 석탄으로 전력을 생산하는 오하이오주 같은 지역에서는 차라리 전통적인 휘발유 자동차를 모는 쪽이 테슬라 같은 전기 자동차를 모는 쪽보다 대기 오염이 덜할 수도 있음을 확인했다.

전체 전력 생산량에서 풍력이나 태양력 같은 재생 가능 에너지원으로 전력을 생산하는 비율은 점차 커지고 있다. 전 지구 차원에서 재생 가능 에너지원으로 전력을 생산하는 비율이 늘자, 기후 위험에 적응하는 데서 원원 전략을 꾀할 가능성이 높아졌다. 다른 한편, 우리가 새로 온실가스를 배출하는 속도도 늦출 수 있게 되었다. 석탄의 단계적 철수(그리고 전기의 전력원으로서 재생 에너지와 천연가스의 증가)는 전기 자동차 운행, 에어컨 사용에 따른 부정적 '외부 효과〔externality: 어떤 시장 참가자의 경제적 행위가 다른 사람들에게 발생시키는 의도치 않은 비용(cost)이나 편익(benefit)을 의미한다. '외부성'이라고도 한다—옮긴이〕'가 시간이 가면서 줄어든다는 것을 암시한다. 세계 최대 개발도상국인 중국과 인도에서 전기 소비량과 전력원(가령 석탄 vs. 재생에너지)의 증가는 전 세계의 온실가스 동학을 결정하는 데 중추 역할을 담당한다. 최근까지만 해도 두 나라가 생산한 전력의 70퍼센트 이상이 석탄 연료를 사용하는 발전소에서 만들어졌다. 재생 에너지를 통한 발전에서 세계적으로 기술 진보가 이루어지고 있으며, 중국과 인도에서 더 많은 중산층이 석탄 연료 발전소로 인한 대기 오염에 영향을 받게 되었다. 그러자 두 나라는 석탄 연료 발전소에서 벗어나려는 움직임을 보이고 있다.[27] 상황이 이렇게 펼쳐지면 에어컨 의존에 따른 사회적 비용은 줄어든다.

기상 이변 상황에 적응하기

연구에 따르면, 사람들이 극심한 무더위에 노출된 경험을 지닌 지역(피닉스나 라스베이거스를 떠올려보라)에서는 각 가정과 지방 정부가 혹서에 대비하기 위해 꾸준히 투자를 해온 것으로 드러났다. 연구자들은 이럴 경우, 이상 기온으로 인한 고생이 훨씬 덜해지고 사망자 수도 줄어든다면서 이렇게 밝혔다. "1992~2011년의 외생적 기온 변화와 모든 노령 메디케어 (Medicare: 미국의 노인 의료 보험 제도—옮긴이) 수혜자에 관한 데이터를 분석한 결과, 무더운 날씨가 사망자 수에 미치는 영향은 더운 지역보다 추운 지역에서 훨씬 더 크다는 것, 그리고 추운 날씨가 사망자 수에 미치는 영향은 그와 정반대라는 것(즉, 추운 지역보다 더운 지역에서 훨씬 더 크다는 것)이 드러났다. 우리는 이런 이질성(heterogeneity)이 과거의 기후 적응 때문이라고 본다. 한 가지 적응 기제인 에어컨의 효과는 무더위가 초래한 사망자 수와 관련한 지역적 이질성을 거의 모두 설명해준다. 하지만 추위가 초래한 사망자 수에서는 그렇지 않다."[28]

피닉스 지역의 부동산과 주택은 극심한 여름 무더위에는 준비되어 있지만, 극심한 추위에는 그렇지 않다. 버몬트주의 경우는 반대다. 그 주의 부동산 소유자들은 피닉스의 경험을 통해 배움으로써 미래에 예상되는 무더위를 다루는 비용 효과적 전략을 찾아낼 수 있다. 예전부터 추운 장소들은 미래에 좀더 더워지리라 전망되므로, 무더운 도시들이 그들의 자본 스톡을 어떻게 계획해왔는지 조사함으로써 오늘날의 적응 전략에 대해 배울 수 있다. 이제 버몬트 같은 곳이 극심한 무더위와 극심한 추위를 동시에 겪고 있다면, 양쪽 극단에 대비하는 건물을 지어야 한다는 새로운 과제가 대두할 것이다.

이 과제에 대한 공급 측면의 해법은 전국적인 주택 건설업체들이 더 많은 주택을 짓는 것이다. 전국 차원의 건설업체 KB 홈(KB Home)은 웹페이지에 자사가 공급하는 주택의 에너지 효율 특성을 장점으로 내세운다.[29] 전국적인 주택 건설업체는 다양한 기후 조건에서 건물을 짓는다. 이렇게 축적된 '실행을 통한 학습(learning by doing)'에 힘입어 특정 지역에 거주하는 가족이 기후 위험에 피해를 입지 않도록 보호하는 주택을 건설하는 것이다. 이러한 예는 인적 자본과 '실행을 통한 학습'이 적응을 촉진한다는 것을 보여준다. 건축 관련 과제는 기후 변화로 인해 혹서와 혹한을 경험하게 될 지역에서 불거질 것이다. 건축업자와 건축 엔지니어들은 혹서에 대비하기 위한 주택이 혹한을 다루는 데서는 불리한지(비용 상승이라는 측면에서) 여부를 놓고 고심해야 한다.

극심한 대기 오염의 급증

기후 변화 탓에 미국 서부에서 가뭄의 위험이 증가했다. 지난 수십 년 동안 수백만 명이 캘리포니아·유타·네바다를 비롯한 서부 주들로 이주한 결과, 가뜩이나 부족한 물의 수요가 더욱 늘어났다. 또한 무더위와 가뭄의 조합은 서부 지역에서 심각한 산불의 위험을 높여놓았다. 더 많은 사람이 화재 위험 지대에서 살아감에 따라 산불이 빚어내는 대기 오염에 노출될 위험도 커졌다. 2017년 12월과 2018년 11월 서부 캘리포니아에서 일어난 화재는 전국적 뉴스거리였다. 로스앤젤레스 거주민들은 2017년 12월 4일 시작된 산불로 심각한 수준의 대기 오염에 직면했다. 나는 환경보호청 샌타바버라(Santa Barbara) 카운티 지부가 어느 '대기 질 추적 관찰 사무소'에 제공한 데이터를 이용해 12월 5일부터 그 지역의 대기 오염 수치가 껑충 치솟았으며, 그러한 수치가 산불이 시작되고 열흘 만에 정상으로 돌아왔음을 확인했다.

어쨌거나 그처럼 연기로 자욱한 날에는 하루하루의 삶이 찌뿌둥하다. 실내에 머물면 얼마간 보호받을 수 있지만, 연기는 꾸역꾸역 주택과 사무실로 스며든다. 2017년 말 그런 나날이 이어지는 동안, 로스앤젤레스에 머물고 있던 나는 두통에 시달렸다. 이런 불쾌한 사건의 사회적 비용을 측정하기 위해 우리는 그 같은 나날 동안 경험하는 가외의 사망 위험과 질병 위험을 측정할 수 있다. 하지만 그러한 건강상 비용은 사회적 손실을 과소평가하기 십상이다. 겉으로 아무런 증상을 드러내지 않는 나 같은 사람도 그런 나날에는 나름대로 고생을 하기 때문이다. 대기 오염의 비용을 측정하는 또 한 가지 방법은 간단하게 산불에 영향받은 사람들을 대표하는 표본을 추출해 조사하는 것이다. 그들 가운데 얼마나 많은 사람이 대기 오염에 노출되지 않기 위해 기꺼이 돈을 지불할 의향이 있는지 알아보는 조사다. 캘리포니아 남부에서 살아가는 수백만 명은 모두 이러한 상실에 노출되어 있으므로 사회적 총비용이 높아질 소지가 있다.

서부 지역 산불이라는 확산 일로의 난제는, 이 같은 환경 조건에서 삶의 질을 개선하는 제품을 공급하기 위해 혁신할 수 있는 기업에는 절호의 기회다. 가정에 비치한 공기청정기를 생각해보라. 거실에 놓인 알렌 브리드스마트 FIT50(Alen BreatheSmart FIT50) 공기청정기는 포괄 면적이 최대 속도에서 900제곱피트에 이른다.[30] 그 제품은 가격이 549달러이고, 0.3미크론(micron: 1미크론은 100만 분의 1미터 ─옮긴이)보다 작은 입자를 99퍼센트 제거한다고 광고한다.[31] 만약 이 제품이나 그 비슷한 제품이 광고 문구처럼 효과적이라면 산불이 야기한 피해를 줄이는 데 기여할 것이다. 연구자들은 경험 연구를 통해 경제적 피해 함수 개념으로 되돌아가 이 주장을 검증해볼 수 있다. 연구를 진행하는 팀이 공기청정기를 무작위로 일부 가구에는 나눠주고, 나머지 가구에는 나눠주지 않았다고 가정해보자. 전자는 실험군이고 후자는 대조군이다. 연구팀은 성인 노동자의 생산성과 십대의 시험 점수 같은 주요 결과 지표를 추적하고, 산불이 이어지는 동안 실험군과 대조군에 속한 가정의 결과를 비교할 수 있다. 만약 제품이 광고에서 밝힌 것만큼 효과적이라면, 실험군 가정은 생산성 감소를 겪지 않을 테고, 대조군 가정(화재 연기에 대비가 덜 된)은 좀더 고생할 것이다. 평균적 수행 격차(실험군 가정의 평균 생산성에서 대조군 가정의 평균 생산성을 뺀 수치)는 자기 보호에 투자한 데 따른 이득의 주요 측정치다. 결과를 측정하고 나면 연구자들은 그 정보를 대중과 공유할 수 있다. 사람들은 자신이 얻게 될 사적 편익이 비용을 능가한다면 정부 보조금 없이도 기꺼이 그런 장비를 구입할 것이다. 이 예는 어떻게 연구가 적응을 북돋우는지 보여준다. 시장 제품이 확실히 효과적임을 실제로 입증할 수 있다면, 더 많은 사람이 그걸 살 것이다. 또한 더 많은 이가 그런 제품(이 경우는 알렌 브리드스마트 FIT50 공기청정기)을 소유한다면, 생산성과 실외 대기 오염의 부적 상관관계는 줄어들 터다. 이 사례는 시장이 우리를 위험으로부터 막아주는 데서 생산적 역할을 수행할 수 있음을 보여준다.

여가와 기후 변화

대다수 미국인은 주중이나 주말에 여가를 대여섯 시간씩 즐긴다. 기후 변화는 우리가 여가 시간을 이용하는 방식에 어떤 영향을 미칠까? 미니애폴리스의 경우를 생각해보자. 기후 변화는 그 지역의 겨울 기온을 올려놓을 것이다. 따뜻해진 겨울은 사망 위험을 줄여주지만, 크로스컨트리 스키어 같은 여러 집단에게서 실외 겨울 여가의 기회를 앗아갈 수도 있다.[32] 스키가 취미인 이들에게는 기후 변화로 눈이 녹으면 미니애폴리스에서 삶의 질이 떨어진다. 여기서 중요한 미시경제학적 질문은 그들이 무엇으로 스키를 대체할 것이냐, 그들이 선택한 새로운 활동은 어떻게 스키와 유사한 대체품이 될 수 있느냐다. 미니애폴리스에 눈이 덜 오는 미래 세계에서는 젊은이들로 이루어진 다음 세대가 새로운 여가 활동을 찾아낼까? 여가와 관련한 기후 변화 비용은 새로운 취미가 크로스컨트리 스키를 얼마나 잘 대체해주느냐 하는 문제를 중심으로 따져볼 수 있다. 젊은 세대는 스키 경험이 적으므로 이전 세대보다 적응 비용이 낮을 것이다. 몇십 년 후면 노년에 접어들 중년 세대에게 자신들이 계속 스키를 탈 수 있을지, 그렇지 못하다면 그것을 무엇으로 대체할지는 여전히 알 수 없는 문제다. 그들은 차선책이 텔레비전 시청인데, 만약 텔레비전을 싫어한다면 차선책이 요가일 때보다 고충이 더할 것이다. 크로스컨트리 스키라면 사족을 못 쓰는 50세 남성은 요가에서 새로운 열정을 발견할지도 모른다. 만약 여가 활동의 주된 즐거움이 친구들과 어울리는 쪽이라면, 요가 교실에 같이 다니자고 친구들을 꼬드길 재간이 있을 경우 스키에서 요가로 갈아타는 비용은 크지 않다. 스키에서 얻는 50세 남성의 즐거움이 친구들과 함께 땀을 내고 근력을 강화하는 데 기초한다면, 실내에서 비슷한 대체물을 발견할 수 있다. 그러나 그 남성이 진짜로 오직 크로스컨트리 스키만 고집하고 다른 어떤 것에도 시큰둥하다면, 더 이상 스키를 탈 수 없게 될 경우 커다란 고통에 빠진다. 여기서 요점은 과거에 가장 좋아하던 선택이 더는 가능하지 않을 때 우리가 무엇을 잃게 될지 고려하는 것이다. 유연한 사람은 자신이 원래 즐기던 여가 활동과 비슷한 대체물로서 다른 취미를 찾아내거나, 아니면 시간과 노력을 투자해 그런 대체물을 개발할 것이다.

기후 변화는 지리적 장소의 특성을 바꿔놓는다. 한 장소에 오랫동안 기거해온 사람들은 그 지역의 특성이 달라지면 그렇지 않은 사람들보다 더 큰 고통을 겪는다. 이제 더는 존재하지 않는 장소에만 자신을 맞춰왔기 때문이다. 미래에 겨울 기후가 따뜻해지고 얼음이 꽁꽁 언 상태를 유지하지 못해 캐나다에서 스케이트 타기가 어려워진 경우를 생각해보자. 어떤 남성이 〈뉴욕 타임스〉에서 말했다. "제가 어릴 적 야외에서 스케이트를 타던 시절과 지난 5년 동안은 영판 달라요. ……우리 아이들, 손자 손녀들은 과연 실외 아이스링크에서 스케이트를 탈 수 있을까요? 아마 아니겠죠. 그건 이제 사라질 운명의 전통일지도 모르겠어요."[33] 이 남성은 손자 손녀도 자신이 과거에 즐기던 것과 비슷한 활동에 접근할 수 있기를 희망한다. 그는 자신이 과거에 누리던 것들이 점차 사라지고 있어 속상하다. 하지만 이런 감상으로부터 곧장 자신의 손주들이 캐나다에서 더 따뜻해지는 겨울에 할 수 있는 게 아무것도 없으리라는 주장으로 비약하는 건 무리다. 구글도 인터넷도 존재하기 전을 돌아보면, 나는 유튜브가 내 아들의 인생에서 그토록 중요한 위치를 차지하게 될 줄은 미처 몰랐다.

캐나다인 부모가 자녀들이 사회적 기술을 개발하고 운동하길 원하지만, 이제 스케이팅은 이용하기 어려워진 상황을 생각해보자. 만약 이럴 경우 야구 같은 어떤 것이 그에 근접한 대체물이 될 수 있느냐 하는 문제를 제기해볼 수 있다. 많은 대안이 널린 세상에서 차선책은 건강과 안락을 누리려는 목적에 비추어 유사한 대체물일 게 틀림없다. 대다수가 대안으로 쉽게 다른 여가 활동을 찾아낸다면, 그들은 변화한 상황에서 잃는 게 거의 없다.

어느 때든 청년층·중년층·노년층, 이렇게 3개 연령 집단이 더불어 살아간다. 중년층과 노년층은 과거의 미니애폴리스를 기억할 테고, 자신의 미니애폴리스가 사라져가면 뭔가 허전할 것이다. 하지만 청년층은 과거의 미니애폴리스에서 살아본 적이 없기에 그걸 아쉬워하지 않는다.

여가 활동을 대체하는 능력은 동일 가족 내에서도 세대에 따라 다를 것이다. 아버지와 아들이 있다고 해보자. 아버지는 조깅을 즐기는데, 극도로 무더운 날에는 그 활동을 할 수 없다. 아들은 컴퓨터 게임을 여간 좋아하는 게 아니다. 더운 날 아들은 집에 머물면서 게임 경기를 시청한다. 무더위로 인해 아버지는 여가 기회를 잃지만 아들은 아니다.

여가 기회의 상실이라는 점에서 기후 변화가 부과하는 가외 비용은 사람마다 다르다. 실내에서 경기하는 체스 선수를 생각해보라. 체스 선수의 여가는 극도의 무더위로부터 보호받는다. 반면 조깅을 즐기는 사람은 심한 무더위에 노출될 테고 커다란 불편을 겪는다. 우리 시대에는 사람들의 즐거움이 야외 조건에 좌우된다.

야외 기후 조건을 예측할 수 있다면, 사람들이 해당 지역 상황에 적응하기 위해 본인 일정을 조정하는 게 가능하다. 무덥고 다습한 도시 국가 싱가포르는 기온이 뚝 떨어지는 늦은 밤이 되면 활기를 찾는다. 여름 기온이 높은 유럽 국가들에서는 시에스타(siesta: 낮잠—옮긴이)라는 문화가 있어서 하루 중 가장 무더운 시간을 피할 수 있다. 우리는 극심한 기후 조건이 초래하는 비용을 줄이는 방법으로, 일정을 예측되는 기상 이변에 맞추어 재조정할 수 있다. 오늘날 일기 예보는 주어진 장소에서 접하게 될 7일치의 정확한 날씨를 우리에게 제공한다. 이러한 예보는 우리가 좀 더 쾌적할 때 야외에서 시간을 보내는 식으로 계획을 세우도록 돕는다. 야외 운동을 즐기는 테니스 선수는 다른 많은 선수들도 비슷한 계획을 세우므로, 그런 때 코트를 예약하는 데 곤란을 겪을 것이다. 만약 코트를 할당해주는 시장이 있다면, 그것을 가장 가치 있게 여기는 사람들은 운동을 이어나갈 수 있다. (하지만 그렇게 하려면 돈을 지불해야 한다.)

나는 나날의 일상에서 무더위에 대처하기 위해 실외 시간을 조정한다. 베벌리힐스 농부 장터(Beverly Hills Farmers Market)는 일요일 오전 8시부터 오후 2시까지 개장한다. 찌는 듯이 무더운 날에는 장을 보러 나오는 손님들이 바깥 날씨가 선선할 때인 오전 8시쯤 일찌감치 장터에 도착한다. 그런 날이면 베벌리힐스의 부자들은 골프 회동을 더 시원한 날, 혹은 나중의 티오프타임(tee-off time: 경기 시작 시간을 의미하는 골프 용어—옮긴이)으로 미룬다. 이는 사람들이 기후 노출 정도를 줄이기 위해 자신의 여가나 쇼핑 계획을 변경할 것임을 말해준다. 미래 세계는 자동 주행 차량과 드론을 사용할 것으로 기대된다. 그러니만큼 우리는 조만간 기계가 사람들에게 물건을 배달해줌에 따라 이상 기후가 이어지는 동안 실내에서 더 많은 시간을 보냄으로써 기후 조건에 덜 노출되는 상황을 그려볼 수 있다. 코로나19 팬데믹이 보여준 또 한 가지 희망은 많은 기업이 드론 테크놀로지에 뛰어들고 있어 머잖아 드론의 배달 장면을 볼 수 있을 거라는 점이다.[34]

식품 소비와 기후 변화

2014년 평균적인 미국인 가족은 소득의 10퍼센트를 식품에 소비했다.[35] 부유한 사람은 가난한 사람보다 식품에 대한 소비 비중이 낮다. 이는 식품 가격이 큰 폭으로 올라도 그들의 구매력에는 별달리 영향을 주지 않는다는 의미다. 가난한 사람이 소득 가운데 더 많은 몫을 식품에 소비한다는 것을 감안할 때, 공정한 사회는 기본 식료품 가격을 추적·관찰함으로써 가격이 급등하지 않도록 관리할 것이다. 만약 소비자가 오직 현지에서 키운 작물만 구매한다면, 기후 변화는 그들의 식생활에 지대한 영향을 미칠 수 있다. 국내적으로도 국제적으로도 수송 비용이 낮다면, 사람들은 지역에서 생산하지 않는 제품을 소비할 수 있다. 만약 캘리포니아주에서 아보카도 작황이 좋지 않다면, 그 주는 멕시코에서 그 작물을 수입하면 된다. 안목 있는 식량 소비자들이야 신토불이를 외칠지도 모르겠다. 하지만 대다수 사람에게 멕시코에서 수입한 농산물은 캘리포니아 아보카도에 버금가는 대체품일 것이다.

어디서도 아보카도를 구하지 못하게 된 캘리포니아 소비자의 극단적 사례를 생각해보자. 이 사람은 먹는 일로 고통받을까? 이 중요한 질문에 대한 답을 결정하는 것은 대체 가능성이다. 아보카도는 많은 비타민(비타민 C, E 그리고 K)과 영양소를 함유한 훌륭한 식품이다. 소비자는 아보카도의 가격 정보를 보고 그 값을 지불할 가치가 있는지 따져본다. 합리적 소비자는 영양적 내용과 그것의 맛을 다른 식품들과 비교한다. 만약 작황이 나빠서 아보카도 가격이 가령 당근 가격에 비해 올라간다면, 그에게는 아보카도 말고 당근을 더 많이 사 먹으려는 동기가 생긴다. 이런 식의 대체는 그가 아보카도의 근사한 대체물이라고 여길 정도로 당근을 좋아할 경우에 한할 것이다. 캘리포니아 품종의 아보카도라면 사족을 못 쓰지만, 당근처럼 그것을 거의 대체해줄 다른 식품 선택지가 없는 사람은 (무더위와 가뭄이 이어져서) 그 농산물 가격이 급등할 경우 더 큰 불편을 겪는다. 하지만 이처럼 다른 식품으로 대신하길 극구 꺼리는 사람은 아주 없지야 않겠지만 극히 드물다. 만약 어떤 사람이 기꺼이 사과를 먹는 것으로 대체한다면, 그는 기후 충격으로 아보카도 가격이 오르는 상황에 쉽사리 적응할 것이다.

식품 운송비가 저렴한 우리 시대에는 다른 먼 곳의 생산자로부터 식품을 구입하는 능력을 발휘해 도시 소비자를 농산물 가격 폭등으로부터 보호할 수 있다. 로스앤젤레스 거주민이 다른 주의 농산물을 구매할 수 없는 경제 구조에서는 캘리포니아에서 날씨가 매우 나쁜 시기에 신선한 과일과 채소의 가격이 치솟는다. 제품들의 주 및 국가 간 수송이 원활한 경제에서는 로스앤젤레스의 소비자에게 그런 농산물을 수송할 만큼 대풍작을 거둔 멕시코나 여타 지역의 농부들이 이득을 볼 기회가 생긴다. 자본주의의 '보이지 않는 손(invisible hand)'은 멕시코 농부들이 로스앤젤레스 거주민과 무역하도록 영향을 미친다. 이런 무역은 구매자와 판매자 모두에게 이익을 안겨준다.

적응을 거드는 '유도된 혁신'

수백만 미국 가정과 전 세계 수억 명의 사람이 새로운 적응 해법을 추구함에 따라, 그들의 대처를 돕는 제품을 고안할 수 있는 기업들에는 거대한 시장이 열리고 있다. 혁신이 이루어지면서 갈수록 실행 가능한 일련의 대처 전략이 늘고 있다. 다음번 일론 머스크(Elon Musk: 남아프리카공화국 출신의 미국 기업가로, 전기 자동차 기업 테슬라의 CEO. 여기서는 '혁신적 기업가'의 대명사로 쓰였다—옮긴이)는 해결할 문제가 무엇인지 귀신같이 찾아낼 것이다. 이윤 동기는 그가 무엇에 우선순위를 두어야 하는지 판단하는 데 도움을 준다.

채식주의 기반이되 프라이드치킨 같은 맛을 내는 제품을 출시하기 위한 켄터키 프라이드치킨의 시도가 한 가지 비근한 예다.[36] 최근에 나는 채식주의자를 위한 임파서블 버거(Impossible Burger)를 처음 먹어보았는데, 지글지글 구운 고기 맛을 풍기는 게 제법 그럴듯하다는 것을 알게 되었다. 이 같은 영리 추구 기업들은 새로운 제품을 고안하고 출시하기 위해 자본을 투자하는 위험한 조치를 취했다. 기업이 이렇게 하는 것은 오직 시장 조사를 통해 제품에 대한 수요가 충분함을 예측할 때에 한한다. 만약 고기를 적게 먹으면서도 그 맛만큼은 실컷 즐겼으면 하는 소비자가 충분히 많다면, 영리 추구 기업은 그 같은 욕구를 구현한 새로운 제품을 만들어내려는 유인을 갖는다. 켄터키 프라이드치킨이 채식주의자를 위한 프라이드'치킨'을 팔기 시작하자, 각 가정은 자신들에게 익숙한 맛을 계속 누리면서 식생활을 바꿀 수 있게 되었다. 기후 변화 탓에 소고기와 닭고기 민스(mince)를 생산하는 데 더 많은 비용이 든다 치자. 위의 사례는 시장 혁신이 어떻게 소비자로 하여금 입맛을 바꾸지 않고도 식품을 사먹을 수 있도록 만드는지 보여준다. 이 경우 영리 추구 기업은 (그들 자신의 이기심 충족을 꾀함으로써) 소비자들이 육류 생산을 위해 소나 닭을 사육하는 데 드는 비용의 증가에 적응하도록 돕는다.

시장 수요는 혁신의 방향을 안내한다. 제약 회사는 치료제의 시장 수요가 큰 질병을 위한 신약 개발에 노력을 집중한다.[37] 만약 어떤 질병에 걸려서 고생하는 사람이 얼마 없을 경우 제약 회사는 그 질병의 치료제를 개발하기 위해 고정 비용을 투자하고 위험을 감수하려는 동기를 거의 갖지 못한다. 반면 기후 변화에 의해 점차 강력해지는 폭염으로 사람들이 심각한 집단적 피해를 입을 거라고 예측된다면 어떨까? 아마 해법을 찾아낼 수 있는 기업들에는 수익성 높은 틈새시장이 열릴 것이다. 영리 추구 기업이 설계하는 데 많은 사전 고정 비용이 드는 새로운 제품 개발에 뛰어들려면, 무엇보다 시장이 충분히 크다는 확신이 서야 한다. 무더위를 해결해주는 어떤 제품에 대한 총수요가 크지 않다면, 그리고 그것의 바탕을 이루는 연구의 시행이 지나친 모험이라면, 위험 중립적(risk-neutral) 기업은 돌이키기 어려운 투자 결정을 차일피일 미룰 것이다. 이런 의미에서 기업가들은 미래에 기후 적응을 위한 혁신적 제품의 시장이 클 거라고 예상할 경우, 그 시장에 뛰어들어 새로운 제품을 고안하려는 동기를 갖는다.

이로 보아 기후 변화 적응과 관련해서는 숫자의 위력이 있음을 알 수 있다. 당신의 집만 폭우로 곰팡이가 피었다면, 곰팡이 제거용 신제품을 개발하는 일에 어떤 기업도 관심을 기울이지 않을 것이다. 반면 기후 변화로 인한 폭우 때문에 수백만 명이 그 문제에 부딪힌다면 어떨까? 기후 변화는 예상되는 문제를 충분히 일으켜서 기업이 해결책을 모색하는 위험하고도 값비싼 과정에 뛰어드는 게 이득이라고 판단하도록 안내함으로써 혁신을 촉발한다. 휴스턴을 덮친 허리케인 하비가 물난리를 일으켜 수천만 가정에 난감한 곰팡이 피해를 안겨주었다. 일부 기업가들이 여기서 떠오르는 기회를 미리 예견할 수 있다면, 인간은 창의성을 발휘해 해결책을 찾아내고야 말 것이다. 이 새로운 아이디어 가운데 일부가 지난한 시행착오 과정을 거쳐 결국 시장에 해법을 내놓는다.

인구 대다수가 돈 낭비라고 생각해서 이러한 제품을 찾지 않는다면, 적응에 초점을 맞춘 기업가적 활동은 일어나기 어렵다. 만약 기후회의론자가 다수라면 이들 제품에 대한 총수요가 적어서 기술 혁신이 이루어지지 않을 것이다. 적응 친화적 제품에 대한 총수요는 낮고 그런 제품의 개발에 드는 비용은 높다면, 기업가들이 그 시장에 진입할 가능성은 별로 없다.[38] 반면 충분한 수의 사람들이 기후 변화 문제를 우려하고, 따라서 그에 대처하도록 돕는 시장 제품을 요구한다면, 오늘날의 기후회의론자 또한 이득을 볼 것이다. 그들 역시 차후에 적응을 촉진해줄 새로운 제품을 구매할 수 있는 선택지를 가질 테니 말이다. 경제학자는 개인들이 수요 법칙에 반응할 것이라고 예측한다. 평균 비용을 낮추는 국제 공급망과 규모의 경제 덕에 적응 친화적 제품의 가격이 내려가면 그들도 그러한 제품을 취할 가능성이 커진다.

이러한 논리는 기후부인론자의 수가 많아지면 적응 혁신을 저해해 전반적인 경제의 적응이 느려질 수 있음을 말해준다.[39] 다음과 같이 가정해보자. (1) 경제가 100명으로 이루어져 있고, 그중 절반은 기후 변화 문제를 무시한다. (2) 중요한 기후 변화 문제는 극심한 무더위로 인한 사망이다. (3) 기후 변화를 인정하는 나머지 50명은 질 좋은 에어컨을 구입하기 위해 기꺼이 1000달러를 지불하려 한다. 이런 가정 아래서는 에어컨 제조사가 거둬들일 수 있는 최대 수익이 5만 달러다. 만약 에어컨을 개발하고 생산하는 데 드는 비용이 7만 달러라면, 그 회사는 2만 달러를 손해 보게 되므로 그 일에 뛰어들지 않을 것이다. 만약 100명 모두가 기후 변화를 인정한다면, 그 제조업체는 에어컨 제작에 돌입할 것이다. 그에 따른 수입 10만 달러가 원가 7만 달러를 상회하기 때문이다.

미국 경제에 드리운 심각한 소득 불평등 문제를 고려할 때, 우리는 슈퍼 부자들이 기술 변화를 추동하는 데서 특별한 역할을 담당한다는 것을 짐작할 수 있다. 2018년 6월, 빌 게이츠는 백신을 시골 지역으로 수송할 때 차갑게 유지되도록 보장하는 새로운 테크놀로지를 자신의 블로그에 소개했다.[40] 그는 이 혁신에 자금을 쏟아부었다. 부분적 이유는 백신을 필요로 하는 사람들에게 수송할 때 그것이 훼손되지 않도록 보장할 필요가 있으리라고 예측했기 때문이다. 이러한 냉각 수송 기술은 적응의 연료가 되어준 혁신의 또 다른 예다. 게이츠는 자신의 개인적 부와 세계적 삶의 질을 개선하고자 하는 열망을 한데 버무려서 개인적으로 이러한 혁신이 일어나도록 도울 수 있었다.

제약 회사는 수익이 거의 나지 않기 때문에 아프리카의 가난한 나라 국민을 위해 신약을 개발하려는 동기가 턱없이 약하다. 개발경제학자들은 이에 대해 꾸준히 우려를 표명해왔다.[41] 기후 위험을 완화하기 위한 '유도된 혁신(induced innovation)'에서도 동일한 논리가 적용된다. 앞으로 수억 명의 사람이 극심한 무더위와 해수면 상승 같은 '유사한' 문제에 직면한다면, 해결책에 대한 총수요로부터 새로운 시장 기회가 생겨날 것이다. 반면 특정 지역에서 살아가는 수억 명의 가난한 사람이 중구난방의

'지역 특이적' 문제에 부딪힌다면, 영리 추구 기업이 그 문제들을 풀기 위해 혁신 노력을 기울이려는 유인은 적어진다. 해법에 대한 총수요가 대단치 않은 수익을 낳을 테니 말이다. 이럴 경우 게이츠 재단 같은 비영리 기관이나 여타 개발 기구들이 회복 탄력성 해법을 성공리에 도입하는 기업에 재정 지원을 약속하는 역할을 할 수 있다.

새로운 제품이 제조·출시되면 기업들은 시장 점유율을 놓고 서로 다툰다. 이러한 경쟁은 제품 가격을 떨어뜨려 소비자에게 득이 된다. 가격이 하락하면 훨씬 더 가난한 사람들도 그 제품을 구매할 수 있다. 에어컨에서 휴대폰·냉장고에 이르는 주요 적응 친화적 제품의 질 보정 가격 (quality-adjusted price)은 하나같이 시간이 갈수록 급락했다.[42]

여기서 연구를 통해 답해야 할 문제는, 이러한 신제품이 우리가 마주한 새로운 위험을 얼마나 효과적으로 상쇄해주느냐 하는 것이다. 실외 무더위와 사망률의 상관관계를 약화하는 데서 광범위한 에어컨 보급이 어떤 역할을 맡는지 밝힌 연구가 중요한 낙관적 사례다.[43] 휴대폰 보급은 사람들이 사회 관계망을 맺고, 믿을 만한 뉴스원, 지방 정부의 조치를 파악하도록 하는 데서 결정적 역할을 하는 신기술의 또 다른 예다. 휴대폰을 통해 얻는 실시간 정보는 위기 시에 장기적인 선택과 그에 필요한 지식을 사람들에게 제공한다. 낙관론자들은 찢어지게 가난한 사람도 오늘날에는 휴대폰을 가지고 있다고 강조할 것이다. 다음 장에서는 기후 변화가 가난한 이들에게 어떤 삶의 질 문제를 제기하는지 따져보려 한다.

가난한 사람들 보호하기

기후 변화는 가난한 사람들이 진즉부터 직면하고 있던 위험을 더욱 악화시킨다.[1] 가난한 사람들은 허름한 구조물이 모여 있는 위험한 장소에서 살아가고, 양질의 의료 서비스에 접근하기도 어렵다. 따라서 자연재해를 겪으면 사망 위험이 커진다. 2017년 9월, 푸에르토리코에 엄청난 피해를 안긴 허리케인 마리아(Maria)를 예로 들어보자. 심각한 정전 사태가 발생했을 때, 병원에 입원해 있던 가난하고 병든 사람들은 의료 단절로 고통당했고, 그 결과 그 지역의 사망률이 치솟았다. 이 사례는 위험이 피해를 키우는 데 어떤 영향을 미치는지 보여준다. 허리케인 마리아는 도로를 비롯한 주요 인프라를 망가뜨리고 전기를 사용할 수 없게 만든 거대한 충격이었다. 이 충격은 건강한 사람보다 병든 사람을 더욱 큰 고통 속으로 몰아넣었다.

기후 변화는 불평등 문제를 더욱 심화하는 것 같다. 미국인 상당수는 현금화하기 쉬운 예금 계좌에 잔고가 거의 없다. 질병·실직·자연재해 같은 충격이 발생하면, 가난한 사람들은 지출을 늘려야 하는 갑작스러운 필요(예컨대 새로 입주한 아파트의 한 달 임대 보증금을 지불할 필요)가 생길 경우 소비를 완충해줄 예금이 없다. 캘리포니아주에서 2018년 11월 산불이 발생했을 때, 일부 사람들은 살던 집이 불타 하룻밤 사이에 노숙자가 되었다. 가난한 사람들에게는 자신의 생활을 재건하고 새로 살아갈 장소를 마련하려 애쓰는 단기적 과도기를 무사히 넘게 해줄 자원이 없다. 중대 자연재해가 발생한 뒤에는 연방 정부가 개입해 피해 지역에 상당액을 쏟아붓는다. 이 돈은 실업 보험과 공공 의료비 지급에 쓰인다.[2]

코로나19 팬데믹 와중에 가난한 사람들은 더 많은 고통을 겪는다. 인구 밀도가 높은 지역에 모여 살고, 대중교통에 의지하고(따라서 감염 위험에 더 많이 노출되고), 재택근무가 어려운 서비스 직종에 종사하는 경향이 있기 때문이다.

하지만 가난한 사람들도 다양한 전략을 통해 스스로를 보호할 수 있고, 사회는 그들이 부상하는 위험에 대처하도록 도울 수 있다. 나는 여기서 연방 정부가 실시하는 여러 빈곤 경감 조치의 가치에 대해서는 논의하지 않을 작정이다. 대다수 경제학자는 합법적 부문에서 노동하려는 유인을 낮추지 않으면서 가난한 이들에게 소득을 제공하는 공공 정책을 지지한다. 경제학자 밀턴 프리드먼(Milton Friedman)은 가난한 사람들을 보호하는 정책 도구로서 보편적 기본 소득(basic income)을 옹호했다.[3] 이런 제도 아래서라면 사람들이 기본 소득 수준을 보장받는 한편, 노동하거나 인적 자본에 투자하려는 유인도 유지된다. 일부 정부의 이전(transfer, 移轉) 프로그램은 노동하거나 저축하려는 의욕을 떨어뜨리는 뜻하지 않은 결과를 초래하기도 한다.[4] 이러한 저해 요소를 피할 수 있다면, 미래의 사회 안전망은 더욱 탄탄해질 것이다.

빈곤율을 낮추는 기술 습득

빈곤에서 탈출하는 비결은 인적 자본을 획득하는 것이다. 어린 자녀들은 부모가 양육에 시간을 들임에 따라 이런 기술을 습득할 수 있다. 빈곤 가정, 한 부모 가정 출신의 자녀를 위해 사회는 초기에 풍요로운 삶을 제공하는 식으로 그러한 투자를 늘릴 수 있다. 부모, 교사, 확대 가족의 노력을 통해 그리고 본인 스스로의 노력을 통해 젊은이들은 인적 자본을 획득할 수 있다. 인적 자본은 문제를 해결하고, 끈기 있게 정반대의 미래 시나리오를 상상하며, 기꺼이 새로운 것을 실험하고 시도하도록 돕는다.[5] 이런 특성은 하나같이 개인이 평생 벌어들이는 소득을 올려주고, 나날의 삶에서 마주할 위험에 대비하도록 돕는다.

어느 방대한 교육경제학 문헌은 모든 아동에게 양질의 교육을 제공하는 것과 관련한 난제를 탐구한다. 제기되는 난제란 심지어 전문가조차 아이들이 저마다 어느 정도 다른 것을 배우는지 이해하지 못한다는 점이다. 우리는 부모·교사·동료·교육과정 그리고 학교 자원(컴퓨터에 대한 접근 같은), 이 모든 것이 아동의 지적·정서적 성장에 중요하다는 것을 안다. 하지만 이러한 투입 요소가 어떻게 특정한 한 아동의 기술 형성에 영향을 미치는지는 개인마다 크게 다르다. 가난한 아동은 친구들이 지독하게 빈곤한 집안 출신인 불리한 학교에 다닐 공산이 크다. 그리고 그런 학교는 유능한 교사를 뽑아 보유하는 데 어려움을 겪기 쉽다. 많은 가난한 아동은 편모슬하에서 자라며, 따라서 평균적인 아동에 비해 집에 머무는 동안 부모의 보살핌을 덜 받는다.

여기에 그치는 게 아니다. 가난한 아동은 좀더 오염된 지역에서 자라는데, 이런 환경적 영향은 그들의 발달을 지연시킨다. 부동산 가격이 더 싸기 때문에 가난한 사람들은 거주 여건이 좋지 않은 지역에서 살아간다. 볼티모어 같은 도시의 경우, 남루한 주택이 모여 있는 도심 지역에서는 대기 오염의 정도와 납(lead) 노출 수치가 높다. 납을 주성분으로 포함한 도료, 미세 먼지, 오염된 식수는 하나같이 아동의 발달을 늦춘다. 더 많은 오염에 노출된 여성이 임신하면 덩치가 작고 건강하지 못한 아이를 출산할 가능성이 높다.[6] 만약 오염에 덜 노출된다면, 아동들은 더 건강할 뿐 아니라 학교에서도 더 많은 것을 배울 수 있다.

이 모든 요인이 어우러져 가난한 아동의 경우 성인이 된 뒤에도 계속 가난해질 위험성이 커진다. 현실이 이러한지라 노동경제학은 아동기의 기술 형성을 결정하는 요인이 무엇인지를 주요 연구 어젠다로 삼는다. 아동기의 발달에 관한 연구는 아주 어릴 때 기술에 투자하면, 투지(grit)와 집요함을 형성할 수 있다고 강조한다. 만약 초기 교육에 투자하는 조치가 투지를 기르는 데 기여한다면, 어린이를 여러 도전에 좀더 적응적인 어른으로 키울 수 있다. 인지적 기술과 투지를 갖춘 젊은이는 더 많은 돈을 벌 테고, 변화에 대처하는 능력도 더 클 것이다. 사회적 관점에서 보면, 가난한 집안의 아동에게 초기에 개입하는 편이 기다렸다가 차후에 정부 돈을 복지나 '하우스 프리즈너(house prisoner: 일정 기간 등교나 법원 출석을 제외하고는 의무적으로 집에 갇혀 있어야 하는 청소년 범죄자―옮긴이)'에게 쏟아붓는 것보다 비용 효과적이다.[7] 노동경제학 연구는 계산력 향상을 감안할 때, 노동 시장이 남들과 상호 작용하는 데 필요한 연성 기술(soft skills: 리더십이나 책임감 등―옮긴이) 소유자에게 점점 더 많은 보상을 안겨줄 거라고 주장한다.[8] 인생 초기의 개입을 다룬 문헌은 이 같은 비인지적 기술도 가르치고 육성할 수 있다고 낙관한다.

교육 수준이 낮은 노동자의 소득에 관한 광범위한 주제, 공립 학교 교육 주제를 연구하는 경제학자들은 기후 변화 관련 경제학에 중요하게 기여하고 있다. 점점 더 많은 가난한 사람이 소득 사다리를 올라타면, 그들은 부상하는 위험으로부터 스스로를 더욱 잘 보호하는 기술과 재정적 자원을 지니게 된다. 이 학자들이 고려하는 다양한 정책 수단은 내가 지금 여기서 포괄하는 영역을 넘어선다. 하지만 정책 실험과 평가의 시대이니만큼 빈곤을 완화하는 비용 효과적 개입이 무엇인지 찾아낼 여지는 많다. 2019년 노벨 경제학상은 3명의 개발경제학자에게 돌아갔다. 그들은 개발도상국에서 빈곤을 줄이는 데 효과적인 정책이 무엇인지 알아내려고 무작위 현장 실험을 실시했다. 미국의 도시들도 가난한 아동이 더 나은 교육을 받고 성인이 되었을 때 노동 시장에서 기회를 잡도록 돕는 개입을 통해, 도시 빈곤을 줄이는 유사한 연구 기법을 시험 중이다. 우리는 아직 어떤 정책이 효과적인지 알지 못한다. 하지만 머잖아 빈곤율을 떨어뜨리는 흥미로운 지식이 나올 것이다. 우리의 실험적 연구 문화가 새로운 통찰력을 내놓을 테니 말이다.

육체적 힘이 점점 쓸모없는 기술이 되어가는 시대이니만치, 노동자의 인적 자본을 키우는 일은 한층 중요해지고 있다. 미국에서 제조업 직종의 퇴조로 수많은 성인 남성의 임금이 줄어들었다. 중국이 세계적인 수출국으로 부상하면서 제조업에서 강세를 보이던 많은 미국 도시가 몰락했다.[9] 만약 피츠버그 같은 도시의 지역 경제가 전례 없는 노동 수요 감소를 경험한다면, 중년 노동자들은 몽땅 내쫓길지도 모른다. 특정 도시와 동네에 내내 뿌리내리고 살아온 가족들에게는 더 많은 경제적 기회를 제공하는 노동 시장을 찾아서 타지로 떠나려 할 때 적잖은 이주 비용이 부담스럽다. 일자리를 잃은 제조업 종사자들은 서비스 부문으로 이전할 경우 봉급이 더 낮아진다.[10] 서비스 부문 노동자들은 소득이 낮고, 그에 따라 새로운 충격에 대처하는 능력도 떨어진다.

위험해지는 지역에 새로운 빈곤 지대가 형성될까

반복적으로 기후 충격을 받는 켄터키주 같은 일부 지역은 시간이 가면서 점점 더 가난해지고, 거주민은 이사 나가고 들어오는 사람은 적어져 인구가 줄어들 가능성이 있다.

가난한 사람들은 같은 지역에서도 (범죄, 대기 오염, 그리고 재난 위험 등과 관련해) 가장 위험한 장소에서 살아간다. 임대료가 싸기 때문이다.[11]

나는 공동 저자들과 1930년부터 2010년까지 10년 단위로 미국의 모든 카운티에 관한 정보를 담은 데이터 세트를 토대로 연구 논문을 출간했다.[12] 우리는 각 카운티별로 인구 규모와 더불어 그간 노출된 주요 자연재해의 횟수 데이터를 수집했다. 또한 부동산 가격과 빈곤율 데이터도 확보했다. 그 결과, 자연재해를 겪은 뒤 카운티들의 인구가 줄고 집값이 떨어지며 빈곤율이 늘어난다는 것을 확인했다.

부동산은 수십 년을 간다. 따라서 상대적으로 주택을 거의 새로 짓지 않는 디트로이트 같은 도시에서는 주택 상당수가 수십 년 전에 건설한 것들이다. 주택 공급이 늘지 않았음을 감안할 때, 그 지역의 수요 감소는 부동산 가격을 크게 떨어뜨린다. 부동산이 싸지면 가난한 임차인들은 이득을 본다. 하지만 다른 도시에서 더 나은 노동 시장 기회를 잡을 수 있는 이들은 떠나간다. 인구 구성에서 가난한 사람들의 비중이 커지면, 그 지역의 세수가 줄고 공립 학교의 질은 더욱 나빠진다. 소매업자들도 장사를 접으면서 그 지역은 걷잡을 수 없는 몰락의 길을 걷는다.

이런 동학이 튼튼하고 오래가는 주택과 그에 대한 수요 감소를 특징으로 하는 디트로이트에서 펼쳐졌다. 자동차 산업이 호황을 누리던 1950년 대만 해도 그 도시는 번창했다. 튼튼하고 오래가는 주택들이 들어섰다. 하지만 이제 디트로이트는 국제 무역과 남부 주 경제의 부상으로 자동차 생산의 시장 점유율을 잃어가고 있다. 그런데도 튼튼하고 오래가는 주택은 고스란히 남았다. 주택 가격이 떨어지자 그 도시는 가난한 사람들을 끌어모으는 자석 노릇을 했다. 지방세 기반이 무너지고 공적 서비스가 붕괴했다.[13] 러스트 벨트(Rust Belt: 미국 북부의 사양화한 공업 지대―옮긴이)에서 공장들이 문을 닫자 이런 일련의 사건이 전개되었다. 그 지역은 일종의 빈곤 자석(poverty magnet)이 되면서 공립 학교의 질 악화와 범죄 증가로 고통받고 있는 듯하다. 삶의 질이 낮다는 인식이 퍼지면, 다른 지역에 사는 사람들이 그곳으로 이사 오기를 꺼리는 악순환이 펼쳐진다.

심각한 재난을 겪은 장소들에 대한 복구 지원이 이루어지면, 재난 취약 지역에서 빈곤 자석 효과가 발생할 가능성은 줄어든다. 허리케인 카트리나가 뉴올리언스를, 허리케인 하비가 휴스턴을 덮친 뒤 정부는 그 지역에 수십억 달러를 쏟아부었다. 이러한 재건 자금은 그 지역이 안정화하는 데 도움을 준다. 이러한 지역이 되살아나면 실제로 단기 호황이 조성될 수도 있다. 만약 재난 취약 지역이 충격을 받을 가능성도 많지만 관대한 재정적 이전 소득을 얻을 가능성도 많아진다면, 빈곤 자석으로 전락할 여지는 줄어든다. 부단히 복구를 하고 있기 때문이다.

자연재해 노출은 그곳의 지리적 위치가 재해 피해를 상쇄해줄 만한 다른 특성을 제공한다면, 새로운 빈곤 자석을 창출하지 않을 것이다. 샌프란시스코 같은 아름답고 생산적인 도시가 홍수나 대규모 화재 같은 끔찍한 재난 피해를 입는다고 생각해보라. 이런 사건은 많은 가옥을 파괴할 것이다. 현재의 부동산 소유자들은 복구를 해야 할지, 아니면 팔고 떠나야 할지 결정해야 한다. 더 부유한 사람들이 회복 탄력적인 자재와 건축 설계를 이용해 복구할 수 있다면, 그 재난은 실제로 해당 지역의 젠트리피케이션에 기여할지도 모른다.

캘리포니아주의 작은 도시 파라다이스(Paradise)는 수십 명의 목숨을 앗아가고 숱한 주택을 불태운 2018년 11월의 파괴적인 화재로부터 복구 중이다. 그런데도 부동산 시장 거래에서 주택 가격이 높은 편이다.[14] 좀더 화재에 잘 견디는 신규 주택이 들어서고 있으며, 고비용의 방화 법규가 단계적으로 도입되고 있기 때문이다. 대규모 화재는 아무렇게나 자란 나무들(이것이 결국 화재를 키운 원인이었다)을 불태워 쓰러뜨렸다. 새롭게 떠오르는 파라다이스는 좀더 새로워지고 고급화한 주택, 다음번에 일어날지도 모를 대형 화재로부터 그 도시를 보호해줄 새로운 법규를 특징으로 할 것이다. 이러한 동학이 낳은 결과가 환경적 젠트리피케이션이다. 파라다이스 거주자들은 제가 살던 지역 사회의 주택 가격을 더 이상 감당하지 못해 주택 시장에서 쫓겨나는 신세가 되기 쉽다. 화재는 지역 주택 부동산의 회전율을 촉발한다. 가난한 사람들은 더 낡고 질 나쁜 집에서 살아가는 반면, 부자들은 양질의 새 집에서 살아가는 경향이 있다. 뜻밖의 결과일지 모르지만 부자들은 파괴적인 화재를 겪었음에도 계속 그곳에 눌러살기를 원했다. 파라다이스는 플루머스 국유림(Plumas National Forest) 및 타호 국유림(Tahoe National Forest)과 지적인 새크라멘토에서 약 140킬로미터 떨어진 곳에 있다. 이런 위치 덕에 그 도시는 다른 곳에서는 보기 드문 독특하고 안락한 풍광을 자랑한다.

파라다이스 화재가 가난한 거주민을 전치(displacement, 轉置: 본래 살던 곳에서 내쫓는 현상—옮긴이)시킨다는 사실은 도시경제학자들이 강조하는 점을 잘 보여준다. 장소 보호 목적의 공공 정책(이를테면 새로운 화재 법규)은 시장 가격이 달라짐에 따라 사람들을 내쫓을 수도 있다. 파라다이스 같은 장소가 점점 더 기후에 적응력을 갖게 되면, 그 지역의 임대료는 기본적인 수요 공급 논리에 따라 올라가고, 거기서 살아가려는 수요는 늘어난다. 임대료가 올라가면, 그 지역의 부동산을 소유할 가능성이 적은 가난한 기존 거주자들은 가격을 감당하지 못해 끝내 배척당하고 만다. 고급 식당과 상점이 문을 열어도 같은 과정이 되풀이된다. 파라다이스에서, 새로운 화재 법규가 극심한 무더위나 가뭄이 제기하는 화재 위험 증가를 상쇄하는 데 어느 정도 효과적일지는 여전히 미지수다. 젠트리피케이션은 신규 주택을 구입할 여력이 있는 이들에게는 그 도시의 미래가 유망하다는 것을 말해준다.

하지만 거기에 남기 위한 새로운 임대료를 감당할 수 없는 기왕의 가난한 거주민들로서는 중요한 문제가 생긴다. 그들은 이제 어디로 가야 하는가? 그들 삶의 질은 이 같은 전치에 의해 어떤 영향을 받는가? 만약 좀더 큰 도시로, 그리고 그 도시의 가난한 동네로 이주한다면, 그들은 화재 위험에 노출되는 정도는 덜하겠지만, 이제 자녀들이 범죄 위험에 더 크게 노출될 것이다.

노숙자의 삶의 질 문제

집 없는 사람들은 자연재해와 이상 기후 상황이 제기하는 특수한 문제에 직면한다. 로스앤젤레스나 샌프란시스코 같은 캘리포니아주 주요 도시에서는 노숙자 인구 비율이 크게 치솟았다. 노숙자 인구 증가에 불을 댕

긴 것은 부분적으로 그 지역의 높은 임대료와 인구 유입이다. 이들 도시는 겨울이 따뜻하고 노숙자가 살아가도록 돕는 관대한 사회적 프로그램을 실시한다.[15]

도시경제학자들은 (샌프란시스코처럼) 노숙자에게 너그러운 관할권(jurisdiction: 관청의 권한이 미치는 범위—옮긴이)들이 거기서 살아가고 싶어 하는 많은 노숙자를 끌어들이는 사태를 막으려면, 국가 차원에서 가난한 사람들을 위해 재분배를 실시해야 한다고 주장한다. 노숙자들이 제가 본래 살던 지역에서 캘리포니아주로 이주함에 따라 샌프란시스코와 캘리포니아주의 납세자들은 그들에게 후한 혜택을 주었다는 이유로 벌을 받게 된다. 한편, 사회 역시 이런 개인들을 지원해야 한다. 그들 다수가 스스로를 보호할 수 없고, 기후 변화는 그들이 직면한 위험을 더욱 키워놓기 때문이다.

최근 몇 년 동안 남서부 주(州)에서는 무더위로 인한 사망이 크게 증가했다. 〈뉴욕 타임스〉 보도에 따르면, 애리조나주 매리코파(Maricopa) 카운티에서 "그 카운티의 공공 의료 부처가 수집한 자료를 보면, 무더위로 인한 사망자 가운데 노숙자 비율이 빠르게 증가하고 있음을 알 수 있다. 2014년 그 카운티는 무더위 관련 원인으로 사망한 노숙자가 7명이라고 보고했다. 그런데 지난해〔2018년〕 그 수치는 전체의 3분의 1이 넘는 61명으로 크게 불어났다".[16]

정부는 이상 기후로부터의 보호를 제공하는 쉼터를 운영하고 있다. 따라서 우리는 새로운 연구를 통해 일부 사람들이 왜 쉼터가 있는데도 굳이 풍찬노숙하는 삶을 택하는지 규명할 필요가 있다. 더 많은 노숙자가 그런 쉼터에서 살아가도록 유도하려면 쉼터의 어떤 점을 개선해야 할까? 만약 노숙을 멈추고 쉼터로 들어온다면 그들의 건강은 개선될까? 그들이 무더위를 비롯한 다른 위험에 노출되는 정도는 줄어들까? 노숙자는 스스로가 새로운 위험에 직면해 있다는 사실을 의식하고 있을까? 빅데이터 혁명의 부상은 진기한 새로운 데이터를 수집할 수 있는 가능성을 열어준다. 일군의 노숙자가 매 순간 어디에 있는지 알려주는 스마트 워치(smart watch)를 차고 다니도록 유인을 제공하는 상황을 가정해보자. 지역 코드화한 이 같은 실시간 데이터는 연구진으로 하여금 이들이 하루 동안 무더위, 대기 오염 등의 위험에 어떻게 노출되는지 조사하도록 해준다. 이런 정보에 기반해 최대 위험에 노출된 개인의 신원을 파악한 다음, 그들에게 스스로를 보호하도록 독려하는 맞춤형 인센티브 프로그램을 제공할 수 있다. 이런 의미에서 빅데이터 혁명은 누가 위험에 처해 있는지, 그들이 어떤 위험에 처해 있는지 더욱 잘 이해하도록 이끈다. 과학에 기반을 둔 이 같은 접근은 가난한 이들을 보호하는 비용 효과적 방법을 알려주며, 그들이 좀더 적응력을 갖추도록 돕는다.

가난한 사람들도 에어컨을 살 수 있는가

가난한 사람들은 거주 여건이 불량한 지역의 질 낮은 주택에서 살아가는 경향이 있다. 중앙냉방이 되지 않기 십상인 허름한 가옥에서 말이다.[17] 이런 집은 임대료가 낮은 게 특징이다. 주거용 건물의 특징에 관한 데이터를 수집하는 미국 에너지부(Department of Energy)는 2009년 조사에 기반해 다음과 같이 보고했다.

중앙냉방과 중앙난방 장치는 흔히 연계해서 작동한다. 즉, 일체형 시스템이다.

2000년 이후 지은 주택의 약 91퍼센트가 중앙 배관을 포함하는 난방 시스템을 사용하고 있다. 반면 1940년 이전에 건축한 주택은 그 수치가 고작 50퍼센트에 그친다.

기후, 주택 유형, 주택 소유 형태 같은 지리적·구조적 특성이 에어컨 유무에 영향을 끼치긴 하나, 그럼에도 저소득층 가정의 에어컨 사용률은 그렇지 않은 가정에 비해 훨씬 낮다.

전반적으로 빈곤선 이하 가정에서는 18퍼센트가 그 어떤 에어컨 장치도 보유하고 있지 않다. 빈곤선 이하 가정의 약 3분의 1이 룸 에어컨을 사용하는데, 소득이 10만 달러 이상인 가정의 경우에는 같은 수치가 15퍼센트에 그친다. 반면 소득이 10만 달러 이상인 가정의 75퍼센트는 중앙 에어컨을 사용하는데, 빈곤선 이하 가정의 경우에는 같은 수치가 44퍼센트에 불과하다. 특히 고소득층 가정이나 주인이 사는 가정을 중심으로 더 많은 수가 중앙냉방 장비를 선택함에 따라 룸 에어컨 사용 비율은 꾸준히 줄고 있다.[18]

강력한 룸 에어컨은 250달러에 살 수 있다.[19] 만약 그 제품을 연 단위로 임대해서 쓸 수 있다면 초기 비용은 낮아진다. 에어컨을 가동하는 데 소비하는 연간 전기량은 해당 지역의 기후 여건에 따라 천차만별이다. 2009년 데이터에 따르면, 애리조나주에서는 평균적인 가정이 매년 전기세로 1600달러를 지불했는데, 그중 25퍼센트가 에어컨 사용에 따른 냉방비였다.[20] 이는 그 지역에서 주택들이 냉방에 연간 평균 400달러를 소비하고 있다는 의미다.

많은 전기 공공요금 제도는 가난한 사람들에게 전기세를 감면해준다. 예컨대 새크라멘토에서는 자격 요건을 갖춘 가난한 이들에게 전기세를 48퍼센트 깎아준다.[21] 피닉스의 방 한 칸짜리 아파트에서 사는 가난한 사람들이 매년 에어컨을 50달러에 임대할 수 있다면, 그리고 전기세 50퍼센트 감면 자격 요건을 갖추고 있다면, 그들이 매년 냉방에 지출하는 비용은 약 250달러가 된다. 철학자 존 롤스(John Rawls)는 가장 못사는 사람을 보호하는 사회를 설계하는 것이 중요하다고 강조했다.[22]

가난한 사람들은 도시의 가장 낡아빠진 주택에서 살아가는 경향이 있다. 형편없는 허름한 주택은 임대료가 싸기 때문이다. 이렇듯 다 쓰러져가는 주택은 설비들이 노후해서 냉장고가 20년이 넘는 경우도 다반사다. 다른 제품들 역시 에너지 효율이 떨어진다. 반면 새로운 세대의 내구재는 에너지 효율을 개선해 가동 비용이 훨씬 낮다. 하지만 낡은 아파트에는 오래된 내구재가 장착되어 있다. 아파트 건물주로서는 임차인이 고에너지 효율 아파트에 더 많은 비용을 지불하려는 의향을 보이지 않는 한 에너지 효율적인 내구재를 새로 설치할 이유가 딱히 없다. 한 번도 살아본 적 없는 아파트에서 전기세가 어느 정도 나올지 예측하기란 어렵다. 따라서 가난한 사람들이 거주할 곳을 결정할 때, 만약 다른 아파트에서 산다면 전기세가 얼마나 나올지까지 고려하는 것 같지는 않다. 모든 자동차는 연비를 밝혀야 한다. 하지만 오늘날 부동산 소유주가 주택 구매자나 임차인에게 과거의 전기세 고지서를 보여주도록 의무화하는 법률을 채택하는 도시는 극히 일부에 불과하다. (오리건주의 포틀랜드가 예외적으로 그런 제도를 시행하고 있다.) 스스로의 전기세를 내야 하는 빈곤선 이상의 사람들조차 오랫동안 살 생각이 아니라면, 임대 아파트에 고에너지 효율의 육중한 가전제품을 설치할 것 같지 않다. 딱 2년 동안만 살 거라고 예상하는 사람들이 에너지 효율은 좋지만 비싼 냉장고를 들여놓을 리 만무다. 이사 갈 때 떼어갈 것 같지도 않기 때문이다. 따라서 현재 거주하는 임차인들은 아파트에서 울며 겨자 먹기로 계속 낡고 비효율적인 내구재를 사용한다.

이는 가난한 사람이 부유한 사람보다 가정에서 덜 믿음직스럽고 가동하는 데 돈도 더 많이 드는 내구재를 쓰고 있다는 의미다. 이 점은 적응과 관련해 중요하다. 가난한 사람들이 믿을 만한 냉방 서비스며 냉장고를 제대로 사용하지 못한다는 뜻이기 때문이다. 이 문제를 알아차린 나는 2010년 로스앤젤레스의 노후 아파트 건물을 대상으로 에너지 효율이 낮은 내구재를 갱신하는 정책 도입을 고려하도록 그 도시의 수도전력부(Department of Water and Power)에 제안했다. 내 제안에 따르면, 세입자는 시 당국으로부터 지금의 아파트에서 사용하는 저에너지 효율 내구재를 교체하도록 요청하는 편지를 받고, 그 부처가 고에너지 효율 내구재를 설치해준다. 시 당국은 이 내구재를 세입자에게 임대하고, 임대료는 그들이 다달이 받는 전기세와 수도세 고지서에 추가 항목으로 청구한다. 내 제안은 낡은 아파트에 사는 가난한 사람들과 전기 공익 사업체 모두를 위한 윈윈 전략이다. 수도전력부는 순전히 사업 규모만으로도 그 내구재를 제조업체로부터 사들일 때 가격 할인 협상을 벌일 수 있다. 그리고 낡은 것을 새로운 내구재로 교체하는 설치 전문가를 고용할 수 있다. 시는 새로 설치한 내구재의 에너지 효율이 높으므로 총에너지 수요 감소로 이득을 본다. 값비싼 발전소를 추가로 건설하지 않아도 되기 때문이다. 다른 한편, 가난한 사람들은 더욱 양질의 내구재를 사용함으로써 이득을 누린다. 만약 이러한 제품이 광고만큼 에너지 효율이 좋다면, 가난한 이들에게 부과하는 에너지 청구서 총액(새로운 내구재 임대료, 그리고 수도세와 전기세를 합산한 금액)은 줄어들 것이다. 하지만 내 생각을 시험해보도록 그 부처를 설득하려는 시도는 끝내 실패했다.

기후 변화는 환경 정의를 악화할까

중요한 환경경제학 문헌은 부유한 사람들과 가난한 사람들 사이에서, 그리고 상이한 인종 집단들 사이에서 오염과 날씨에 노출되는 정도가 어떻게 다른지 밝혀냈다. 그에 따르면, 평균적으로 흑인이 백인보다 대기 오염과 유독 화학 물질에 더 많이 노출되고 있다.[23]

부유한 사람들은 더 많은 자기 보호 전략에 접근할 수 있다. 2019년 12월 초, 〈뉴욕 타임스〉는 1면 기사를 통해 로스앤젤레스에서 부유한 사람은 그들이 사는 동네의 나무들 키가 커서 그늘에 더 많이 접근할 수 있다고 주장했다. 같은 기사는 버스 정류소에 흔히 햇빛 가리개가 제대로 설치되어 있지 않다고 지적했다.[24] 로스앤젤레스 같은 대도시에 폭염이 덮치면 가난한 사람들이 사는 곳은 얼마나 더 더울까? 오늘날 같은 빅데이터 시대에는 이 질문에 대한 답을 쉽게 얻을 수 있다. 여러 장소에 저비용 센서를 설치해 시간대별로 온도를 재기만 하면 되니 말이다. 이 같은 실시간 정보는 가난한 사람들을 보호하는 공공 정책을 실시하는 데 일조한다.

로스앤젤레스에서는 푹푹 찌는 날, 무더위 쉼터를 개장한다.[25] 많은 가난한 사람은 차가 없으므로, 대중교통을 이용해 수차례 버스를 갈아타는 등 그곳까지 가는 데 몇 시간이 걸릴 수 있다. 한 가지 가능성은 심하게 더운 날에 우버 같은 승차 공유 기업이나 대중교통이 협업해 가난한 이들이 저렴하게 공공 서비스를 이용하도록 돕는 것이다. 이러한 공공-민간 협업은 적응을 촉진한다. 승차 공유 기업은 (그들을 규제하는) 도시로부터 정치적 점수를 딸 테고, 도시는 이용객이 적은 버스 노선을 수요가 더 많은 곳으로 재배치할 수 있다. 이렇게 하면 좀더 많은 사람이 무더위 쉼터를 재빨리 찾아가도록 해주는 비용 효과적 수송망을 갖추어 그들을 보호할 수 있다.

극심한 무더위와 오염이 범죄에 어떤 영향을 끼치는지 알아보고자 진행한 연구에서, 공동 저자들과 나는 로스앤젤레스의 8년치 데이터를 이용해 더운 날에는 범죄 발생률이 높고, 그 상관관계가 가장 낡은 주택이 들어선 가장 가난한 도시 지역에서 한층 뚜렷하다는 것을 알아냈다.[26] 우리는 그런 지역에서 살아가는 이들이 에어컨에 접근하기가 더욱 어렵다고 짐작한다. 극도로 무더운 날 에어컨을 이용할 수 없는 사람은 자제력을 발휘하는 데 곤란을 겪기 쉽다. 도시 범죄율을 줄이는 방안을 조사한 연구는 도시 십대들이 자제력을 기르는 훈련 프로그램에 참가할 때 폭력 상황에 연루될 위험이 줄어든다고 밝혔다. 이 연구 결과는, 사람들은 대체로 감정 기복이 심하므로 덜 감정적일 때 더 나은 결정(이를테면 차후에 후회할 가능성이 적은 결정)을 내린다는 주장을 뒷받침한다.[27] 만약 무더위 노출이 사람들의 비합리성과 분노를 키운다면, 더울 때 폭력이 분출할 소지가 있다. 가난한 지역의 십대 남자애들은 폭력적 범죄 활동에 가담할 위험이 크다. 만약 극도의 무더위가 이들이 폭력에 발을 들이도록 부추기는 데 모종의 역할을 한다면 어떻게 될까? 단기 폭염은 장기 결과로서 피해자에게는 비용을 부과하고 가해자에게는 오랜 투옥의 위험 가능성을 높이는 행동을 저지르도록 내몰 수 있다. 이런 의미에서 기후 변화는 부유한 사람들과 가난한 사람들 사이의 불평등을 더욱 심화한다. 빈곤 지역에서 살아가는 가난한 사람들은 무더운 날 더 큰 위험에 직면하고, 폭력에 휘말린 사람들은 순간의 판단 실수로 평생 동안 대가를 치르게 될 것이기 때문이다.

지리적 이동성과 적응

미국에서는 가난한 사람들의 이주 가능성이 평균적인 사람들보다 더 낮다. 이는 중요한 문제다. 사람들이 더 나은 노동 시장 기회와 고소득 직종을 제공하는 지역으로 이동하는 경향이 있다는 점에서 이주는 중요한 적응 전략이기 때문이다. 가난한 사람들은 만약 이동하지 않는다면 계속 가난한 상태에 머물 가능성이 높다. 해당 지역 노동 시장은 그들이 보유한 것보다 더 낮은 기술을 요구하는 식의 미스매치를 드러내는 탓이다. 더 많이 배우고 부유한 사람들은 이주를 감당할 만한 재정적 자원을 갖는다.

가난한 사람들은 만약 이사하려는 동기를 가질 수만 있다면 삶의 질을 향상시킬 수 있다. 미국 주택도시개발부는 여러 도시에서 '기회를 찾아 떠나는 이주(Move to Opportunity)'라 불리는 독특한 현장 실험을 창안했다. 실험군에 무작위로 배정된 가난한 가정은 임대료를 지불할 수 있는 주택 바우처(housing voucher)를 받고 빈곤율이 '낮은' 동네로 이사했다. 이 무작위 실험 설계는 연구자들로 하여금 어린 아동이 빈곤율 낮은 지역에서 성장하는 데 따른 이점을 측정하도록 해주었다. 관찰상 유사해 보이는 대조군과 비교할 경우, 더 나은 동네에서 성장한 아동은 정서적 안정성이 높고 성인이 되었을 때 소득도 더 많았다.[28]

이 연구는 가난한 사람들에게 빈곤한 이웃의 비율이 적고 기후 위험이나 범죄와 관련해 객관적으로 위험도가 낮은 지역에서 임대료 할인 기회를 제공하는 주택 바우처 제도를 확대 시행하면, 도시 빈민의 삶의 질이 몰라보게 개선될 수 있음을 보여준다.

임대료 감당 능력은 가족이 더 나은 지역으로 이주할지 말지 결정하는 데 핵심 역할을 한다. 하지만 연구는 또한 개방성이나 새로운 일에 기꺼이 도전하는 적극성 같은 성격적 특성도 이주와 상관성이 있음을 보여준다.[29] 이주는 불확실한 도박을 위해 분명한 것(현재 장소)을 희생한다는 의미다. 개방적인 사람들은 새로운 경험을 시도해볼 가능성이 높다.

경제학자들은 가난한 가정이 선택할 수 있는 주택 메뉴를 늘리기 위해 (공공 주택에 대한 보조금 지원보다) 주택 바우처 사용을 지지해왔다.[30] 많은 가난한 사람들이 보조금을 지원받는 공공 주택에서 살아간다. 공공 주택은 정부가 어디에 지을지 결정하므로 가난한 사람들이 살게 될 지역을 제한하는 제도다. 연방 정부의 공공 주택 프로그램은 빈곤율이 높은 지역을 창출하는 데 기여한다. 정부는 주택을 짓고 그것을 저가에 임대해왔다. 가난한 사람들은 저렴한 임대료에 이끌린다. 하지만 이는 자녀들이 더 가난한 또래한테 둘러싸인 채 성장하게 된다는 것을 뜻한다. 시카고에서는 공공 주택을 철거해 거주민들이 빈곤 인구가 적은 지역으로 이주해야 하는 상황이 발생했다. 연구자들은 이 자연 실험을 통해 더 나은 지역으로 이주한 아동은 빈곤율이 높은 지역에 계속 남아 있거나 그 부근에서 성장한 또래와 비교할 때, 차후 고등학교 중퇴율이 더 낮다는 것을 발견했다.[31] 이 연구는 공공 주택에서 자라는 것이 청소년에게 낙인 효과 (scarring effects)를 안겨준다는 주장을 뒷받침한다. 휴스턴 공공 주택의 경우, 이들 주택은 또한 그곳 거주민을 더 많은 위험에 노출시킨다. 2019년 4월 〈뉴욕 타임스〉는 휴스턴의 공공 주택 거주민이 그 입지 탓에, 그리고 실질적인 물리적 구조 탓에 홍수 위험에 더 많이 직면해 있다고 보도했다.[32]

가난한 사람들은 자신의 현재 사회 관계망 접근을 유지하기 위해 이주를 덜 할 가능성이 있다. 만약 가난한 사람이 실업 상태지만 곁에 살아가는 친구들이 많다면, 다른 도시로 떠나고자 하는 의향은 낮을 것이다. 그는 새로 이사 간 지역에서 더 소득 높은 직종을 찾아낼 가능성은 있지만, 친구를 사귈 가능성은 희생해야 한다고 인식할 것이다. 어느 연구는 허리케인 카트리나 때문에 뉴올리언스를 떠나 휴스턴으로 이주한 사람들이 나중에 돈을 더 많이 벌었다는 것을 확인했다.[33] 이는 뉴올리언스 거주민들이 구축한 사회 관계망이 그들을 덜 생산적인 장소에 묶어두었음을 말해준다.

만약 가난한 사람이 거주 지역에서 친구들과 끈끈한 유대 관계를 맺고 있다면, 이 관계망은 그들이 기꺼이 그 장소를 떠날 가능성을 낮춘다. 시간이 가면서 그 장소가 서서히 위험해짐에도 불구하고 말이다. 사회 관계망은 이주 비용을 올려주지만, 다른 한편 눌러앉은 사람에게는 보험 같은 역할을 한다. 사회 자본은 사람들이 가족이나 친구를 위안의 원천으로, 위기 시 금전적 도움의 원천으로 삼을 수 있다면 적응의 연료가 되어준다. 친구나 가족을 위한 이타심은 개인들이 자연재해가 발생했을 때 서로 협력할 수 있는 지원 관계망을 조성한다.

가난한 사람 가운데 일부는 육체적 이동성에 제약이 있어 휠체어에 의존한다. 연구들은 홍수가 났을 때 이 집단이 직면할 난관을 잘 보여준다. 중대 기후 사건은 사회적 약자의 어려움을 악화한다. 우리는 일부 유능한 엔지니어가 극심한 홍수 상황에서도 조작할 수 있는 적절한 가격의 휠체어를 고안해낼 수 있으리라 생각한다. 하지만 현실에서는 엔지니어들이 수익성 있는 '유도된 혁신'에 노력을 집중하는 경향이 있다. 만약 수백만 명이 휠체어에 의지해 산다면 이 문제에 매달릴 기업가들을 끌어모을 만큼 시장이 충분히 클 것이다. 적응 해법의 총수요가 충분하면 혁신이 촉발된다. 혁신은 돈이 많이 들고 위험 부담이 크다. 이 점을 고려할 때, 기업가들이 주로 가난한 인구가 겪는 난제의 해결에 공을 들일 가능성은 낮다. 그들의 총수요가 공급자가 거기에 주력할 만큼 충분히 크지 않기 때문이다.

개발도상국의 가난한 사람들

전 세계적으로 볼 때 미국 이외의 나라에서는 수억 명의 가난한 사람이 주로 시골에 산다. 따라서 그들이 (경제적으로 기후 조건에 좀더 많은 영향을 받는) 시골을 떠나 도시로 이주하도록 장려하는 게 하나의 적응 전략이 될 수 있다.

교육 수준이 낮은 젊은이들은 도시가 점차 산업화함에 따라 도시에서 돈벌이할 일자리를 구할 가능성이 크다. 제조업 부문의 산출은 농업 생산 성과의 양적 상관관계가 덜하다. 아프리카의 도시화에 관한 연구들은 조사 대상 도시의 75퍼센트가 농업 중개 서비스를 주력으로 삼는다는 것을 확인했다.[34] 이는 아프리카 국가의 시골 지역과 도시 지역의 소득이 양적 상관성을 띤다는 의미다. 따라서 시골 지역이 형편없는 작황으로 고투하고 농부들이 대안적 소득원을 찾아 나서면, 대다수 도시도 덩달아 불황을 겪는다. 하지만 도시가 제조업 일자리를 제공하면, 도시화로 인한 소득 이익은 커진다.

국내 이주 능력은 지리적 특성에 달려 있다. 피지·키리바시·마셜제도·미크로네시아·팔라우·파푸아뉴기니·사모아·솔로몬제도·동티모르·통가·투발루·바누아투 같은 가난한 태평양 섬나라는 죄다 자연재해 위험에 직면해 있고, 그들 국가 내에 사람들이 이주할 수 있는 장소도 극히 제한적이다.

이주 능력은 도시로 떠나는 데 드는 이동 비용을 감당할 수 있는 경제력에 달려 있기도 하다. 방글라데시에서 수행한 무작위 현장 연구는 재정적 제약이 유익한 이주를 가로막는다는 것을 확인해준다.[35] 그 나라에서는 몬순 계절 동안 농업 산출량이 급감할 수 있고, 이는 가난한 사람들의 소비를 떨어뜨리는 위협으로 작용한다. 그런 개인들은 만약 자신이나 가족 구성원이 도시로 이주해 일한다면 더 많은 음식을 먹을 수 있다. 이 현장 실험에서 연구진은 시골의 가난한 사람들이 도시로 이주해 돈을 벌 수 있도록 버스 정기 승차권을 무작위로 나눠주었다. 그 결과, 계절적 이주가 실험군의 단기적 소비를 크게 개선한다는 것을 확인했다. 이 같은 연구 결과는 대단히 희망적이다. 교통망을 개선하면 시골 지역의 기후 위기 적응을 촉진할 수 있다는 뜻이기 때문이다. 가족 구성원 한 명을 도시로 내보내면, 그 가족은 다각적인 포트폴리오를 갖추게 된다. 시골에서도 도시에서도 소득이 생긴다. 이는 가족이 좀더 안정적으로 소비하도록 거든다. 중국에서도 동일한 결과를 확인할 수 있었다.[36]

급속한 도시화의 결과

가난한 나라들에서 시골 지역이 겪는 심각한 기후 충격은 특히 수년 동안 이어질 거라고 예상될 경우 이촌향도(離村向都)를 가속화한다. 시골의 가난한 사람들은 안정된 직장과 더 나은 삶을 추구한다. 양질의 의료와 식량에 접근할 기회는 도시의 가난한 이들이 기후 위기에 대처하도록 돕는다.

더 많은 시골 사람이 도시로 이주하게 되면, 저숙련 노동자의 임금이 줄어들고 해당 도시의 주택 가격이 상승한다. 직장과 주택을 놓고 시골에서 유입된 사람들과 다투는 도시 거주민은 임금이 줄고 임대료는 오르면서 자신의 구매력이 낮아지는 사태를 맞을 것이다. 이주민이 해당 도시의 노동 시장과 부동산 시장에 미치는 파급력은 미국에서 열띤 논쟁 대상이다. 1980년 쿠바 난민의 '마리엘 긴급 해상 수송(Mariel boatlift: 마리엘은 쿠바인들이 떠나온 항구 이름—옮긴이)'은 도시들이 급격한 이민에 의해 어떤 영향을 받는지 보여주는 중요한 사례다.[37] 경제 논리는 저숙련 노동자의 공급이 빠르게 늘면 그들의 균형 임금(equilibrium wages: 기업이 마지막으로 고용한 근로자가 회사의 성과에 기여한 것과 동일한 가치의 임금. 노동의 한계 생산성 체감 법칙에 따라 마지막으로 고용한 노동자의 생산성이 가장 낮다고 가정한다—옮긴이)이 하락하고 해당 지역의 임대료가 상승한다고 예견한다.[38]

　개발도상국에서 가난한 이주자는 흔히 도시의 비인가 슬럼 지역으로 몰린다. 이 지역에서 사람들은 흔히 자가(自家)이긴 하나 정부의 경찰력과 서비스가 미치지 못하는 땅에서 수년 동안 불법 거주한다.[39] 이들 지역에서는 인구 밀도가 높아져 전염성 질병의 위험이 커지고 폭력에 대한 두려움이 싹튼다. 거주민은 다 쓰러져가는 주택에서 살아가므로 자연재해가 닥치면 사망·파괴·질병의 위험이 커진다. 슬럼은 도시에서 가장 위험한 지역에 자리하는 경향이 있다. 당연히 그곳 거주민은 훨씬 더 심각한 위험에 내몰린다.

　도시의 이 같은 불법 거주 지역에서는 해당 지역 관리들이 법적 관할권을 가지고 있지 않다. 이는 해당 지역의 지도자들이 그곳에 공공재를 제공하려는 동기가 약하다는 뜻이다. 만약 어느 공식적인 도시에 전염성 질병이 확산하고 있어 감염이 우려된다면, 이런 상황은 그 지역에 공공재를 제공하려는 유인을 만들어낸다. 하지만 브라질의 빈민 지역(favela)에서는 해당 도시의 시장(市長)들이 그곳의 가난한 사람에게 전력망과 수도망을 연결해주지 않을 수도 있다. 이런 서비스의 확대가 더 많은 이들이 그 지역으로 이주하도록 유인하는 뜻하지 않은 결과를 낳을까 두려워한다.[40]

갈수록 개선되는 가난한 이들의 충격 회복 탄력성

2019년 5월 〈뉴욕 타임스〉는 인도 오디샤(Odisha)주에 사이클론 파니(Fani)가 덮쳤을 때 생각보다 피해가 훨씬 적었다고 보도했다.[41] 정보 기술과 믿을 만한 실시간 정보의 확산 덕에 수백만 명을 안전한 장소로 소개할 수 있었기 때문이다. 이러한 낙관적 예는 개발도상국에서 휴대폰의 광범위한 보급과 활용이 어떻게 새로운 위험에 대한 실시간 대처 능력을 키우는지 잘 보여준다.

자본주의의 한 가지 특징은 제품의 질 보정 가격이 계속 하락한다는 것이다. 휴대폰·냉장고·에어컨 같은 적응 친화적 제품의 가격이 하락하면, 심지어 가난한 사람들조차 그것을 구입할 수 있다. 과거에는 존 록펠러(John D. Rockefeller) 같은 최고 거부조차 오늘날 우리가 사용하는 테크놀로지에 접근할 수 없었다. 이런 의미에서 시장 경쟁과 세계적 공급망은 점차 가난한 이들도 중산층이 당연시하는 제품에 접근하도록 돕는다.

이런 논리는 기후와 관련한 적응 친화적 제품이 경쟁과 혁신에 힘입어 갈수록 저렴해진다는 것을 말해준다. 기후 변화는 가난한 사람들의 삶의 질에 새로운 위험을 가한다. 모든 개인에게 첫 번째 우선순위는 식량에 대한 접근이다. 가난한 사람 가운데서도 첫손에 꼽을 이들은 살아남기 위해 충분한 식량을 구매할 수 있어야 한다. 그들 국가의 국제 무역 정책이 해외 식량 수입에 거의 장벽을 두지 않는다면, 그들은 식량 가격 급등에 따른 위험을 덜 겪을 것이다. 이런 의미에서 농산물의 국제 자유 무역은 가난한 노동자를 보호한다. 그들이 급격한 식량 가격 변동에 직면하지 않도록 막아주기 때문이다. 가난한 사람들은 부유한 사람들보다 소득의 더 많은 부분을 식품에 소비하므로, 식품 가격이 급변하는 상황에 처하면 더 큰 피해를 입는다.[42]

시간이 갈수록 중요한 적응 친화적 제품의 가격이 계속 떨어지면 빈곤층은 실질 소득이 늘어난다. 국가 간 자유 무역은 에어컨 같은 제품의 대량 생산을 촉진한다. 이런 내구재 가격이 떨어지면 더 많은 사람이 적응 친화적 제품을 구매해 사용하게 된다. 이 같은 제품을 가동함으로써 더 많은 가난한 사람이 극심한 무더위로부터 스스로를 보호할 수 있다. 이런 연쇄 논리는 국제 무역이 적응을 촉진한다는 걸 보여준다. 미국에서 장기 추세에 기초를 둔 연구는 사람들이 에어컨을 좀더 널리 채택하자, 극심한 무더위와 카운티 사망률 간 상관관계가 거의 0으로 줄어들었음을 확인했다.[43] 시간이 흐르면서 가난한 사람 중 상당 비율이 에어컨을 소유한데 따른 결과다.

갈수록 저렴해지는 적응 친화적 제품에는 에어컨만 있는 게 아니다. 가격 하락은 가난한 사람들이 그 제품을 구매할 가능성이 커진다는 의미다. 가난한 사람들은 휴대폰·에어컨·냉장고 같은 자기 보호 제품에 더 많이 접근함으로써 기후 충격에 덜 고통받게 된다. 이 같은 낙관적 주장을 검증하려면 연구진은 특정한 해(이를테면 1990년)에 가난한 사람들의 대표 집단을 확인하고, 자연재해가 일어나길 기다리고, 그런 다음 그 기간 동안 누가 사망했는지 그리고 그들이 그 충격 직후 어떻게 대처했는지 알아보기 위해 그들을 재조사해야 한다. 만약 같은 연구 설계를 2020년에 되풀이할 수 있다면, 그 적응 가설은 이렇게 가정한다. 즉, 가난한 사람들은 이제 충격을 다룰 채비가 더 잘되어 있으므로 시간이 갈수록 비슷한 큰 충격이 발생할 경우 덜 고통당한다고 말이다.

인도의 사이클론 파니에서 비롯한 전반적인 증거는 이 주장을 지지한다. 각 가정이 어떻게 가까운 과거와 비교해 오늘날 비슷한 충격에 대처하고 있는지 더욱 확실하게 이해하려면, 부가적 가구 단위 데이터를 수집·분석해야 한다. 이제 그들은 재난이 덮치기 전에 좀더 높은 지대로 이동하는가? 그들의 집은 더욱 견고한가? 그들의 대처 전략은 정확히 어떤 것인가? 그러한 전략은 어느 정도 효과적인가, 그리고 이행하는 데 비용이 얼마나 드는가? 이러한 미시경제학적 질문에 따른 답은 가난한 이들이 새로운 위험에 어떻게 대처하는지 이해하는 데서 핵심적인 내용이다.

공공 인프라 업그레이드

2005년 8월 29일, 뉴올리언스에서는 50개 넘는 방파제와 제방이 허리케인 카트리나가 몰고 온 폭풍파를 견뎌내지 못했다. 그 결과, 도시의 80퍼센트가 물에 잠겼다. 이 같은 인프라 실패는 기후 사건이 좀더 심각해질 경우 한층 일반적인 현상이 될 것이다.

신중한 공공 정책은 이 같은 취약 지대를 골라내서 인프라 업그레이드에 투자하고자 노력한다. 하지만 선출직 공무원들이 기후 회복 탄력성 어젠다를 우선순위에 두는 경우란 거의 없다. 대신 여러 상이한 단기 이슈를 다루는 데 치중한다. 이제 그들은 주로 장기간에 걸쳐 지역을 이롭게 하는 인프라 업그레이드에 얼마만큼의 돈을 지출해야 하는지 결정해야한다.

뉴욕·보스턴·샌디에이고·런던 같은 도시의 관리들은 기후 변화가어떤 과제를 제기할지 정확하게 알아내기 위해 전향적 연구〔prospective study: 아직 알지 못하는 사안에 대해 연구 시작 시점부터 일정 기간 동안 시간이 경과함에 따라 관찰되는 자료를 바탕으로 진행하는 연구. 과거의 자료를 연구에 활용하는 후향적 연구(retrospective study)와 대비된다―옮긴이]를 수행해왔다.[1] 이러한 예측은 인프라 투자 결정에 정보를 제공하지만, 투자 증가를 촉발하기에 충분한 정도는 아닐 것이다. 일부 도시, 특히 보스턴은 오늘날 연안 인프라의 회복 탄력성을 위해 연간 3000만 달러 넘게 지출하고 있다. 하지만 여타 도시들은 그보다 훨씬 적은 돈을 투자하길 원한다.[2]

이 장에서는 시 당국, 주 정부, 연방 정부가 숙고하는 인프라 관련 결정에 대해 살펴볼 것이다. 공공 인프라가 지역 경제에서 핵심 역할을 차지함에도, 시 당국과 주 정부는 빡빡한 예산 제약에 직면해 있다. 현재는 설상가상으로 코로나19 팬데믹까지 겹쳐 시 당국과 주 정부가 엄청난 예산 적자에 허덕인다. 이는 의사 결정권자들로 하여금 주요 인프라 업그레이드와 유지·보수에 대한 투자를 줄이게끔 내몬다. 투자 감소는 예산의 균형을 잡는 데는 도움이 될지 모르나, 그 관할 지역이 더 많은 위험에 노출되도록 만든다.

공공 인프라에 대한 투자 결정

우리는 공공 인프라에 의지해 깨끗한 식수, 전기, 교통 서비스를 제공받는다. 어느 때든 도시에는 과거에 투자해놓은 오래된 유물이 있다. 역사가 수 세기에 이르는 뉴욕의 지하철이 대표적 예다. 그 도시권의 유구한 존 F. 케네디 국제공항(John F. Kennedy International Airport: 이하 JFK 공항―옮긴이)도 마찬가지다. 공공 인프라가 한번 구축하면 오래가는 자본임을 감안할 때, 공적 의사 결정권자들은 그 자본 스톡의 업그레이드 여부를 부단히 판단해야 한다. 유지·보수의 연기는 일종의 도박이다. 의사 결정 권자들은 단기적으로야 돈을 아끼겠지만, 험악한 시나리오가 펼쳐질 위험이 커지므로 미래에는 상당한 손실을 입을 수도 있다. 예컨대 어느 도시의 낡은 하수 처리 시스템은 폭우가 내렸을 때 범람할 위험을 키운다. 이 경우 미처리 하수가 거리를 뒤덮는다.[3] 모든 도시 지도자들은 현재 자본을 업그레이드하기 위해 어떤 비용을 발생시킬 생각인지, 그러한 업그레이드가 나쁜 결과의 발생 위험을 충분히 낮출 수 있는지 판단해야 한다. 기후 위기를 줄이는 문제에서 (계획을 실행하기 전에) 이득을 점치기란 어렵다. 가령 공항의 활주로를 높이는 조치로 매년 어느 정도 위험을 피할 수 있겠는가?

선출된 지도자들은 흔히 임기 제한에 걸려 있는지라 단기적 관점을 취하기 쉽다. 따라서 지금으로부터 수십 년 뒤에나 이득을 볼 값비싼 투자에 지금 당장 뛰어들기는 어렵다. 선출된 지도자들은 범죄율 감소, 또는 공립 학교의 질 개선 같은 즉각적인 우선순위에 주력한다. 그들은 재선에 목을 매기 때문에 유권자가 어떤 이슈를 우선시하길 원치 않으면 그 문제의 해결에 뛰어들지 않는다. 이런 의미에서 (눈앞에서 무너지고 있는 다리 같은) 생생한 위기는 유권자가 그 이슈에 주목할 경우 인프라를 업그레이드할 수 있는 확실한 계기가 된다.

인프라 프로젝트는 흔히 대대적인 선지급 비용을 필요로 하는 게 특징이다.[4] 행동경제학 이론은 지방 관리들이 인프라 업그레이드를 위한 선지급 비용에 우선순위를 둘 가능성이 적다고 가정한다. 그런 투자를 미루는 데서 오는 위험이 그리 크지 않기 때문이라는 것이다. 만약 시장(市長)이 예방적으로 1000만 달러를 지출한다면 그는 돈을 낭비한 것인가, 아니면 위험을 피하기 위해 현명한 투자를 한 것인가? 만약 유권자가 위기 발생

전까지는 인프라 이슈에 관심이 없다고 믿는다면, 재선이 지상 목표인 시장은 위기가 일어나기 전에는 거기에 투자하길 꺼린다. 이 논리에 따르면, 지방 인프라의 회복 탄력성을 강화하고자 애쓰는 연방 정부는 넛지(nudge: 본시 '팔꿈치로 쿡 찌르다'라는 뜻. 행동경제학 용어로는 '사람들의 선택을 유도하는 부드러운 개입'을 의미한다—옮긴이) 전략을 써서 대중이 자기 보호에 투자하려는 동기를 갖도록 이끌어야 한다.

심각한 자연재해를 겪고 나서야 정부는 그 문제를 본격적으로 다루기 위해 뭔가 하고 있다는 것을 유권자에게 보여주려고 부랴부랴 대응하곤 한다.[5] 2009년의 한 연구는 유권자가 위험을 낮추기 위해 사전 예방 조치를 취한 선출직 공무원에게는 보상하지 않지만, 그 지역에 대규모 연방 긴급 이전 자금을 끌어온 선출직 공무원에게는 보상한다고 밝혔다.[6] 이로 미루어 재선에 힘쓰는 선출직 공무원은 고비용의 회복 탄력성에 투자하려는 유인이 약하다는 것을 알 수 있다.

대규모 인프라 프로젝트 지연의 선택 가치

해수면 상승과 폭풍파로 인한 홍수로부터 뉴욕을 보호하기 위해 미 육군 공병대는 여러 가지 공학 기술과 자연 범람 보호 조치를 평가하고 있다.[7] 〈뉴욕 타임스〉는 이 프로젝트에 1000억 달러 넘는 비용이 들 수도 있으며, 이 비가역적인 투자 가운데 어느 것이 의도치 않은 결과를 촉발하지 않으면서도 그 지역의 위험을 감소시킬 가능성이 가장 큰지에 대해 상당한 의견차가 드러나고 있다고 보도했다.[8]

프로젝트가 낳을 이익은 더없이 불확실하고 선지급 비용이 많은 게 특징인 투자 결정의 경우, 기다리는 게 능사일 수도 있다. 시간이 지나면서 회복 탄력성 투자 대안의 메뉴는 달라질 것이다. 기후과학의 지속적인 진보는 특정 지리적 지역(geographic area)이 마주할 실제 위험에 대해 좀더 정확한 지식을 제공해줄 것이다. 토목공학의 꾸준한 진보는 투자자에게 더 낮은 비용, 더 양질의 인프라를 제시할 터이다.

인프라에 대한 투자 지연이 가져오는 위험은 단기적으로 여러 지역을 다음번 폭풍우의 기후 피해에 노출시킨다는 점이다. 투자 결정이 이루어지고 난 뒤 건설팀이 더욱 신속하게 인프라를 구축할 수 있다면, 중요한 회복 탄력성 인프라 프로젝트의 지연에 따른 위험은 줄어든다. 뉴욕이나 보스턴 같은 미국 도시에서 공공 인프라 프로젝트는 한편으로 노동조합의 지연 탓에, 다른 한편으로 다양한 이해 집단이 걸어오는 소송 탓에 수십 년이 걸리기도 한다. 반면 중국은 약 1만 킬로미터의 고속 철도망을 구축하는 데 채 10년도 걸리지 않았다.[9] 제도, 규칙 그리고 규정은 인프라를 건설하는 데 실제로 어느 정도의 시간이 걸릴지 결정한다.

약점 진단: 공공 인프라의 스트레스 테스트

2008년 전 세계적 금융 위기 이후, 미국 연방준비제도는 어떤 은행이 중요한 금융 충격을 견뎌내는 대차대조표를 지녔는지 판단하고자 스트레스 테스트(stress test: 특정 시스템이나 실체의 안정성을 결정하기 위해 진행하는 신중하고도 면밀한 테스트로, 잠재적 손실을 측정하는 사전 평가라고 할 수 있다—옮긴이)를 시행함으로써 상업은행들을 평가했다.[10] 공공 인프라도 약점을 진단하기 위해 그와 비슷한 일련의 스트레스 테스트를 받아볼 수 있다.

이상적으로야 각 관할권의 인프라는 미래의 기후 변화 위험을 평가하기 위해 토목공학자를 고용하는 믿을 만한 당국(아마 연방 정부)에 의해 회계 감사를 받을 것이다. 만약 각 관할권을 위해서 이 정보를 수집해 웹사이트에 게재한다면 책임감을 심어줄 수 있다. 오늘날 미국토목학회(American Society of Civil Engineers)는 미국 인프라의 질에 관해 주별(州別) 연간 성적표를 발간한다.[11]

지역 인프라의 질과 위험에 관한 보고서는 그곳 거주민과 기업들이 그에 주의를 기울이고 책임감을 갖도록 거든다. 선출직 공무원은 그 지역을 보호하기 위해 어떤 조치를 취하고 있느냐는 질문을 받을 것이다. 회복 탄력성 컨설팅 기업과 건설팀은 인프라가 취약한 지역에 해법을 제공해줄 수 있는 새로운 기회를 예감할 것이다. 야심 찬 기업들은 인프라 해법에 대한 수요가 늘고 있음을 직감할 테고, 그와 관련한 서비스 제공에 특화한 인적 자본에 투자할 것이다. 세계 각국이 비슷한 토목공학 문제로 씨름하고 있다는 점을 감안할 때, 미국은 네덜란드 같은 나라의 전문 지식을 활용함으로써 문제 대처에 도움을 받을 수 있다. 경제학자 폴 로머의 말마따나 좋은 아이디어는 공공재다. 일단 좋은 청사진을 확보하고 있다면, 위험에 빠진 도시들이 프로젝트 제안에 대한 경쟁적 촉구를 통해 혁신적 해법을 추구할 때 그것을 널리 채택할 수 있다. 다만 도시들이 누구와 인프라 계약을 맺을지 결정할 때 정실주의나 편파성에 빠져 있다면, 그 프로젝트의 위험 감소 비용은 늘고 편익은 줄어들 것이다.

공공 인프라 업그레이드를 위한 자금 조달

만약 도시나 주 정부가 인프라를 업그레이드하기 위해 자체 세수에 의존해야 한다면, 지도자들은 연방 정부가 보조금을 지급하는 자금을 빌려 쓸 때와는 다른 트레이드오프에 처할 것이다. 임기 제한에 걸려 있는 선출직 지도자들은 무엇보다 세금 인상을 내켜 하지 않는다. 또한 교육을 비롯한 여타 가치 있는 공공재 지출을, 미래 지도자들이 투자 이익을 보게 되는 덜 폼 나는 보수·유지 쪽으로 전환하는 것도 탐탁지 않아 한다. 선출직 관리들은 진즉에 했어야 하는 인프라에 그저 투자하는 쪽보다는 새로운 공항의 개장에 맞추어 리본 커팅식에 참석하는 편을 좋아한다. 어느 지역의 부동산 소유자들이 인프라가 망가지면(이를테면 자연재해로 인해 제방에 구멍이 뚫리면) 자신의 자산 가치가 떨어지리라 예측한다고 치자. 그러면 그들은 해당 지역의 공무원들에게 인프라를 업그레이드하도록 로비를 벌이는 강력한 이익 집단을 꾸릴 것이다.

도시가 연방 정부에서 보조금을 받아 인프라 업그레이드 자금을 조달할 수 있다면, 지방 납세자들로서는 공공 건설 부문의 효과성을 추적·관찰하려는 유인이 약해진다.[12] 여기서 트레이드오프가 나타난다. 도시는 정부로부터 이런 프로젝트에 대한 자금을 조달받으면, 더 많은 공공 인프라 프로젝트를 시행할 것이다. 하지만 그 도시 지도자들은 남의 돈을 쓰는지라 그 프로젝트에 대한 비용 감시 노력을 게을리 한다. 공공 부문의 생산성을 측정하기 어렵다는 점을 감안할 때, 납세자들은 공적 자본 스톡을 업그레이드하는 데 쓰인 지출로부터 충분한 이득을 누리지 못할 공산이 크다.

가난한 도시는 활황인 하이테크 산업이나 혹할 만한 부동산과는 거리가 멀기 때문에 과세 기반이 약하다. 이럴 경우 연방 정부는 그 도시가 프로젝트를 이행하도록 장려하기 위해 금리에 보조금을 지급할 수 있다. 만약 연방 정부가 기후 회복 탄력성에 보조금을 지급하지 않는다면, 가난한 도시는 인프라 업그레이드에 자금을 조달할 만한 재정력을 갖추기 어렵다. 재정 문제에 직면한 도시의 지도자들은 투자를 지연시키고, 따라서 그 지역의 거주민과 기업을 더 큰 위험에 빠뜨릴 것이다. 반면 부유한 도시는 사전 예방적인 업그레이드에 돈을 댈 능력이 더 클 테고, 이는 그 도시의 위험 노출을 줄여준다.

땅 주인들은 해당 지역에서 삶의 질이 향상하는 데 따른 주요 수혜자다. 만약 새로운 공공 인프라가 위험을 줄여준다면 그 지역의 땅값은 오를 것이다. 그들은 인프라 업그레이드를 통해 가장 많은 이득을 누릴 것이므로, 그를 위한 선지급 비용의 상당 부분을 지불해야 한다.[13] 이런 논리는 도시가 지방 재산세를 늘림으로써 기후 위험을 막는 데 쓰이는 추가 세수를 확보할 수 있음을 뜻한다. 지방 재산세의 인상은 부동산 자본에 투자하려는 유인을 낮춘다. 지방 정부가 소득 흐름의 일부에 과세하기 때문이다. 하지만 만약 확보한 추가 세수가 지방 인프라의 업그레이드에 책정된다면, 심지어 주택 소유자도 순자산 가치가 늘어나므로 그 세금을 지지할지 모른다. 여기서 미묘한 점은 지방 부동산 소유자의 관점에서 볼 때, 높은 재산세는 서로 다른 두 가지 요소를 한데 묶고 있다는 것이다. 부동산 소유주는 높은 세금을 물어야 한다는 점에서는 손해지만, 그 세금이 자기 부동산의 장기적 위험 노출을 줄여준다면 이득이 된다.

캘리포니아 같은 주들은 현재 주택 소유자의 세금에 상한선을 두어왔다. '주민 발의안 13(Proposition 13)'은 주택의 세금 평가 가치를 그 주택을 구매했을 때의 수준에 고정시킨다. 최근 몇십 년 동안 캘리포니아주에서 부동산 가치가 상승했음을 고려할 때, 이는 캘리포니아주의 도시들이 장기 주택 소유자들에게서 거둬들이는 세수를 크게 줄이고, 전체적으로 주요 프로젝트에 대한 투자 능력을 떨어뜨린다.

인프라 업그레이드에 자금을 조달하기 위해 도시가 채권을 발행하는 것이 지방세 인상에 대한 하나의 대안일 수 있다. 계속되는 저금리 시대에 도시들은 어떤 인프라 프로젝트를 우선적으로 추진할지 결정해야 한다. 볼티모어는 '21세기 학교(21st Century Schools)'라는 이니셔티브를 통해 공립 학교 수준을 높이기 위한 채권을 발행하고 있다.[14] 지방채(municipal bond)가 20세기의 처음 몇십 년 동안 핵심 역할을 담당한 결과, 미국 주요 도시들은 물 처리 시스템 건설에 자금을 댈 수 있었다.[15] 이런 투자는 감염병으로 인한 사망률을 크게 줄여주었다.[16] 이 같은 접근법을 장려하기 위해 연방 정부는 기후 회복 탄력성에 초점을 맞춘 채권 발행에 보조금을 지급함으로써, 회복 탄력성 투자 방안을 고심하는 도시들이 발생시키는 비용을 줄여줄 수 있다.

혁신적인 자금 조달 전략의 하나는 '계약 이행 보증(performance bond)'을 도입하는 것이다.[17] 과거에는 채권 매입자가 채권을 판 당사자의 지불을 수동적으로 기다렸다. 하지만 이 새로운 금융 상품에서는 채권 매입자가 결과에 지분을 갖는다. 프로젝트가 명시된 목적을 달성하면, 채권 보유자에게는 더 높은 이자를 지불한다. 소도시가 기후 회복 탄력성에 투자하고자 하는 경우를 상상해보라. 그 도시가 '계약 이행 보증'으로 그 프로젝트에 자금을 댄다면, 채권 보유자들은 도시가 목적을 달성하도록 돕기 위해 전문성을 제공하려는 유인을 가진다. 인적 자본과 전문성이 양질의 공공재를 제공하는 데 주된 역할을 맡고 있음을 고려하면, 이러한 유인과의 연계성은 프로젝트가 성공할 가능성을 높이며, 이는 회복 탄력성을 촉진한다.[18] 이기심(이타심이 아니라)이 '계약 이행 보증' 보유자로 하여금 이런 행동에 나서도록 동기를 부여한다는 데 유의할 필요가 있다.

인프라에 대한 사용료 부과는 도시에 또 한 가지 수입원이 되어준다. 공공 영역은 인프라에서 거둬들인 수입을 공공 자본의 업그레이드에 사용할 수 있다. 사람들은 샌프란시스코 베이 브리지(Bay Bridge) 같은 교량을 사용하는 데 요금을 내는 일, 혹은 지역 하수 시스템을 업그레이드하기 위한 하수도 요금 고정비를 지불하는 일에 익숙하다. 이런 요금으로 발생한 세수는 유지·보수에 쓰거나 서비스 향상에 투자할 수 있다.

공공 인프라 향상은 위험 노출을 줄이는가

예컨대 플로리다주나 루이지애나주 같은 홍수 지대에서 공공 인프라를 업그레이드한 데 따른 의도치 않은 결과는 더 많은 사람이 그 지역으로 이주하겠다고 마음먹을지 모른다는 것이다. 만약 그런 일이 벌어지면 지방 정부의 회복 탄력성 투자는 뜻하지 않게 사람들을 위험에 점점 더 노출시킨다. 정부는 인프라 업그레이드에 사람들이 어떻게 대응할지 예견할 필요가 있다. '구축(crowding-out, 驅逐) 가설'은 정부 투자가 자기 지역의 안전을 업그레이드해주었다고 믿으면 개인들이 스스로를 보호하려는 노력에 관심을 덜 기울인다고 가정한다. 예컨대 사람들은 치안이 강화되어 도시 공원이 이제 야간에도 안전하다고 믿으면 밤에 더 부지런히 싸돌아다닌다.

인프라의 경우, 사람들이 최근의 업그레이드에 대한 인식을 기반으로 어느 지역이 안전하다고 믿어 그곳으로 이사하면 비극이 발생할 수 있다.

이런 일은 사람들이 토목 엔지니어를 지나치게 신뢰할 경우 빚어진다. 만약 그 지역이 새로운 인프라로 강화되었음에도 여전히 실은 (온실가스 배출량 증가에 의해) 기후 위기에 직면해 있다면 어떻게 될까? 토목 엔지니어들이 그 지역을 기후 위기에도 끄떡없게 만들어주었다고 철석같이 믿는 사람들은 저도 모르게 스스로를 위험에 빠뜨리는 격이다. 공학적 방법이 대자연의 타격을 상쇄하는 데 어느 정도 효과적인지 자신이 모른다는 것을 아는 사람들은 그런 장소로 이사를 덜 갈 것이다. 공명정대한 토목 엔지니어들이 시행한 새로운 인프라에 대한 반복적인 스트레스 테스트는 이 이슈가 얼마나 중요한지 측정하는 데서 핵심적 역할을 담당한다. 이 대목에서는 인식 대(對) 현실이라는 흥미로운 사회과학적 문제가 대두된다. 만약 많은 사람이 그 장소가 안전하다고 '인식'하지만(가까운 과거의 이력 때문일 수도, 현재의 공학에 대한 신뢰 때문일 수도 있다) 그곳에서 위험이 증가하고 있는 게 '현실'이라면, 공공 인프라 프로젝트는 자칫 사람들이 그 위험 지역으로 유입되도록 내몬 결과 역효과를 낳을 수도 있다.

정부가 규모의 경제에 힘입어 그러한 서비스를 공급함에 있어 비용적 이점을 누린다면, 공공 인프라 업그레이드는 민간의 회복 탄력성 노력을 몰아냄에도 불구하고 효과적일 수 있다. 플로리다에서는 주 정부가 하수 처리 용량과 전반적 네트워크를 확대함에 따라 많은 가정이 오수 정화조 같은 사적재에 투자할 필요가 없어졌다. 플로리다주에서 연안 주택을 보유한 많은 사람은 점점 더 그러한 하수 연결망을 요구할 것이다. 플로리다 연안에 기거하는 일부 주택 소유자의 경우, 하수 정화조가 해수면 상승으로 제대로 작동하지 않고 있다. 하수 처리 시스템이라는 공공 인프라의 업그레이드로 주택 소유자들이 개인적으로 이득을 본다는 점을 감안하면, 해수면 상승 문제는 주택 소유자로 하여금 그러한 인프라 개선에 쓰이는 재원 마련을 위한 세금 인상을 지지하도록 해준다.

일부 경우에는 공공 영역 투자가 민간 영역이 자기 보호에 더 많은 투자를 하도록 독려하기도 한다. 캘리포니아주의 화재 위험 사례를 생각해보자.

캘리포니아주에서 일부 지역 사회는 거주자들이 산불이라는 만일의 사태에 적극적으로 대비하도록 유도한다. 샌타바버라 동쪽의 몬테시토는 1990년 인근에서 페인티드 케이브 화재(Painted Cave Fire)가 발생해 한 명이 목숨을 잃고 427채의 주택이 전소한 이래 산불 위험을 본격적으로 다룰 필요가 있음을 깨달았다. 몬테시토 방화 지구(Montecito Fire Protection District: 방화 지구는 시골 또는 도시 교외의 공공 소방 지구를 말한다. 인접한 소방서에 일정 금액을 지급하고 방화 활동을 위임하거나 또는 자체 소방서를 운영하기도 한다—옮긴이)는 거주민과 손잡고 길가에 자라는 수목 연료(vegetative fuel)를 제거하고, 사유지의 전략적 장소에 '연료 단절 지대(fuel breaks)'—기본적으로 천연 잡목이 성기거나 완전히 제거된 지역—를 구축하고, 환기구 위에 방충망을 설치하고, 측면과 지붕을 가연성이 덜한 자재로 교체함으로써 주택이 불씨 피해를 입지 않도록 막는 작업을 진행하고 있다. 화재 담당 직원들은 거주민이 주택 주변의 잡목이나 죽은 나무를 제거함으로써 '방어 가능 공간(defensible space)'을 조성하도록 돕는다. ('방어 가능 공간'이란 이름이 말해주는 대로 소방관들이 주택을 방어할 수 있는 구역을 말한다.) 방화 지구는 또한 거주민이 남아도는 통나무와 나뭇가지를 처분하도록 돕기 위해 '동네별 파쇄 프로그램[neighborhood chipping program: 'chip'은 '(나무 따위를) 잘게 썰다'는 뜻. 파쇄 프로그램이란 거주민이 집 주위에 '방어 가능 공간'을 만들고, 소방차 접근이 가능하도록 수목 제거 업무를 돕기 위한 것이다—옮긴이]'도 실시하고 있다. 방화 지구는 또한 적극적인 소개(疏開) 계획을 마련하고, 그 계획을 어떻게 실시할지에 대해 거주민을 교육시켰다. 그리고 일부 규정을 변경해 새로운 드라이브웨이(driveway: 도로에서 각 가정으로 이어지는 진입로—옮긴이)를 만들 때 좀더 넓게, 그리고 대형 소방차가 회전할 수 있는 충분한 공간을 두도록 요구했다. 이런 조치는 거주민 소개와 소방관이 생명과 재산을 보호하기 위해 진입하는 일을 좀더 안전하고 손쉽게 해준다.[19]

2018년 11월, 캘리포니아주 파라다이스에서는 수천 채의 건물을 불태우고 거의 100명의 목숨을 앗아간 끔찍한 화재가 발생해 전국을 깜짝 놀라게 했다. 그때 이후 파라다이스 공무원들은 '파라다이스 리지 화재안전위원회(Paradise Ridge Fire Safe Council)'와 협력해 공동체 성원들에게 산불에 대비하는 방법을 교육하고, 화재 위험에 대한 경각심을 일깨우고, 산불 연료를 줄이고, 자연재해에 대비하는 방안을 개발하는 노력을 이어오고 있다.[20]

이러한 민관 협력은 회복 탄력성을 조성한다. 파라다이스가 겪은 파괴는 몇 가지 경제적 질문을 제기한다. 이 끔찍한 화재가 발생하기 전에 거주민으로 하여금 그들이 위험에 노출되어 있음을 인식하도록 이끈 것은 무엇인가? 그 지역은 위험 애호자(risk lover)들을 끌어들인 것인가, 아니면 캘리포니아 북부 도시들에 더 가까운 주택을 장만할 경제력이 없는 사람들을 끌어들인 것인가? 화재 이후 사람들은 그곳을 떠나서 다른 지역으로 이사하고 있는가? 그 지역을 복구하고 있는 사람들의 경우, 그들은 자기 집의 화재 위험을 줄이기 위해 어떤 조치를 취할 것인가? 지역사회는 미래에 있을지 모를 화재의 위험과 손실을 줄여주는 교통 인프라와 비상 소개 계획을 업그레이드하기 위해 무슨 조치를 취할 수 있는가?

인프라 회복 탄력성의 향상

자연재해가 발생하는 동안에는 전력망이 제대로 가동하지 않을 수 있다. 뉴욕에서 공익 사업체 콘 에디슨(Con Edison)은 컬럼비아 대학의 과학자 및 민간 컨설팅 기업과 손잡고 그 지역의 위험 노출을 줄이는 회복 탄력성 전략을 수립하고 있다.[21] 이러한 투자를 통해 기후 위험을 어느 정도 피할 수 있는지는 여전히 알 수 없는 문제다. 콘 에디슨이 시행착오 과정을 통해 배우는 것처럼 여타 공익 사업체들도 그러한 교훈으로부터 배울 수 있다.

현대 경제에서 전기 사용이 얼마나 중요한 역할을 차지하는지 생각하면, 기후 변화 상황에서도 전력망이 무리 없이 작동하도록 유지하는 것은 새로운 과제를 제기한다. 믿을 만한 전력의 지속적 사용 가능성을 높이는 한 가지 방안은 전력망 체제에 여분의 잉여 수용력을 확보하는 것이다. 이처럼 비용이 많이 드는 안은 적극적인 공적 투자가 이루어져야 한다는 것을 말해준다. 그 안이 대가가 큰 정전 가능성을 낮춰주기 때문이다.[22] 전력망의 백업 안에는 배터리와 발전기에 대한 투자가 포함된다. 한 적극적인 공학 연구 어젠다는 전력 생산 및 분배와 관련한 마이크로그리드적 접근법 등 여러 비집중형 접근법이 이상 기후 사건 아래서 어떤 성적을 내놓을지 탐구한다.[23]

최근 수차례 대형 화재를 겪은 뒤 캘리포니아주의 전력 회사 '퍼시픽 가스 및 전기(Pacific Gas and Electric, PG&E)'는 송전선 안전에 대한 과소 투자에 따른 법적 책임 문제에 직면해 있다. 태양력을 비롯한 재생 가능 에너지 기업들이 탈중앙화한 재생 가능 발전을 통해 전력을 공급하는 수의 계약을 체결함으로써 그 공백을 메우고 있다. 만약 더 많은 전력이 국지적으로 생산된다면, 활선(活線) 상태의 송전선 수가 줄어들 테고 미래의 화재 위험도 낮아질 것이다.

'캘리포니아 공익사업체위원회(California Public Utilities Commission)'는 그 주가 보유한 현재 송전선의 품질·신뢰성·위험을 모니터링하는 데 좀더 많은 주의를 기울이라는 요구에 처해 있다. 사람들은 노후 송전선이 화재 위험의 원인이라고 주장했다. 또한 그 위원회가 공익 사업체에 책임을 묻는 데서도, 그들로 하여금 인프라에 대한 예방적 업그레이드에 좀더 많은 투자를 하도록 장려하는 데서도 마냥 굼떴다고 비판했다.

법적 책임 및 소송에 대한 두려움과 규제적 관리 감독 강화가 인프라의 주요 관리자들로 하여금 새로운 스트레스 테스트에 관심을 기울이도록 만들지 여부는 단정할 수 없다. PG&E가 그 인프라의 진단과 개선에 과소 투자한 데 대해 조사받고 있는 것과 때를 같이해, '샌디에이고 가스 및 전기(San Diego Gas and Electric, SDG&E)'는 자사 주요 자산의 공간적 입지와 그 자본들이 해수면 상승으로 인해 피해 입을 가능성을 평가하고 있다. SDG&E는 지도화를 통해 기후 변화로 인한 물난리가 그 업체의 변전소·변압기·송전선 등에 위험을 가한다는 것을 밝혀냈다. 이러한 정보는 주요 전력 인프라들이 업그레이드되고 보호받을 가능성을 높인다. 이러한 조치는 서비스 신뢰도를 증가시킨다.[24]

또 하나의 인프라 회복 탄력성 문제는 휴대폰 서비스의 향상이다. 연방통신위원회(Federal Communications Commission)는 위험한 시기 동안 믿을 만한 서비스를 보장하는 강력한 회복 탄력성 전략을 찾아내려 애쓰고 있다.[25] 휴대폰 기술은 파괴적 재난에 취약하다. 만약 자연재해가 서비스 제공 시스템, 그리고 케이블 피복, 전신주, 이동전화 기지국 같은 주요 네트워크 요소를 훼손한다면 통신 서비스에 대한 분노가 커질 것이다.[26]

경제 활동을 위한 경쟁

시간이 가면서 이상 기후 사건들이 발생함에 따라 일부 도시는 그러한 충격을 견디는 능력을 더 많이 갖출 것이다. 2012년 허리케인 샌디(Sandy)가 덮친 뒤, 뉴욕증권거래소는 이틀간 휴장했다. 이런 위험한 사건들에 직면해도 기상 예보관이 미리 경고를 해준다면, 피해 지역은 폐쇄시켰다가 복구 후 다시 재부팅할 수 있다. 우리는 기후 충격을 받았을 때 어떤 도시가 맥을 못 추었는지, 어떤 도시가 회복 탄력성을 발휘했는지 알게 될 것이다. (자연적인 지리적 특성 덕분에, 그리고 공적 투자 덕분에) 인프라가 매끄럽게 작동하고 있다는 명성을 누리는 도시는 입지 조건에 제약받지 않는 기업들을 유치하는 데서 경쟁 우위를 점할 것이다. 어느 도시의 인프라가 악화하면 그 지역의 부동산 소유주들은 결국 자산 가치를 잃는다. 그 도시의 생산성과 삶의 질이 떨어질 테고, 이는 다시 거기서 살거나 직장을 다니려는 사람들의 수를 줄일 것이기 때문이다. 기득 이해 집단인 지역의 부동산 소유주들은 부상하는 기후 위기 상황에서 지역의 인프라 업그레이드를 추진하고자 하는 유인을 가진다.

도시들은 일자리 창출을 노리면서 고용주 유치전에 뛰어드는 데 열성적이다. 기업을 끌어들이기 위해서는 많은 보조금을 제공하는 것이 한 가지 방법이다. 2014년 테슬라는 네바다주 리노(Reno) 부근의 스파크스(Sparks)에 대규모 배터리 공장을 짓기로 결정했다.[27] 주 정부는 거기에 공장을 설립하도록 설득하기 위해 테슬라에 10억 달러를 웃도는 인센티브를 제공했다. 경제 연구는 지역의 경제 발전이 주요 공장을 유치함으로써 이득을 누린다는 것을 보여준다.[28] 세제 혜택의 대안은 생산적이고 회복 탄력적인 인프라와 더 나은 삶의 질을 제공하는 것이다. 이런 특징을 부여하는 지역은 주요 고용주들을 끌어들일 수 있다.

형편없는 공공 부문 관리로 고전하는 도시는 가치 있는 고용주들을 놓칠 위험에 빠진다. 또한 그 지역에 들어오도록 아마존 같은 거대 기업을 설득하지 못할 가능성이 크다. 부실한 관리로 걸핏하면 비행이 지연되는 공항, 수시로 고장 나서 정전을 밥 먹듯 하는 전력망을 보유한 도시를 상상해보라. 기후 변화는 이런 도시의 혼란을 가중시킨다. 공공 인프라가 취약한 도시는 기업을 떠나게 만든다. 새로운 기업이 그 지역을 찾아올 가능성도 희박하다.[29]

특정 지리적 지역은 자연적 기반이 탄탄하거나 지역적 계획이 신중하게 이루어졌다면, 기후 위험에 직면해도 회복 탄력적일 것이다. 2018년 1월, 뉴욕의 JFK 공항을 파괴한 대형 폭풍우를 생각해보라. 유럽에서 도착한 비행 편을 우회시키지 못한 공항의 무능과 제설 노동 및 자본과 관련한 물류 이슈가 혼란을 부채질했다. 그 사건 이후 공항 관리자들과 연방 정부는 무엇이 잘못됐는지, 재발 방지를 위해서는 미래에 어떤 조치를 취해야 하는지 조사했다. 그 결과로 나온 라후드 보고서(LaHood Report)는 지도자들이 위기 동안 배운 혹독한 교훈을 바탕으로 JFK 공항을 개선해야 한다는 것을 잘 보여준다.[30]

만약 어느 도시가 인프라에 대한 투자를 게을리 하고 자연재해를 복구하는 데 어려움을 겪는다면, 이는 인구와 고용 손실로 이어진다. 이 같은 과세 기반 약화는 그 도시의 대차대조표에 영향을 미친다. 그 도시가 자금을 빌려오면서 지불해야 하는 금리도 올라간다. 이러한 논리는 그 지역의 지도자들이 인프라에 투자하려는 동기를 갖도록 유도할 것임을 시사한다. 그들은 대형 폭풍우의 여파로 삶의 질이 떨어지면 자유로운 인력과 직종이 그 도시와 경쟁적인 다른 지역으로 떠나가는 상황을 얼마든지 예상할 수 있다.

진보주의자를 지방 정부 및 주 정부 관리로 선출하는 지리적 지역은 기후 회복 탄력성에도 과감한 투자를 하리라는 게 일반적인 생각이다. 하지만 공화당 지역은 민간 부문과 공공 부문 노동조합 모두를 지지하지 않는 '노동권법(right-to-work) 인정 주'로서의 경향을 띤다는 점을 지적할 필요가 있다.[31] 이들 지역에서는 프로젝트 건설과 완공 비용이 낮다. 구속력 있는 예산 제약과 더 저렴한 인프라 구축 비용이라는 조건 아래 공화당 지역은 인프라의 단위당 가격이 낮기 때문에 **더 많은** 회복 탄력성 프로젝트에 투자할 수 있다. 이런 주장은 공화당 시장(주요 도시들에서는 공화당 시장이 상대적으로 적다)이 이끄는 도시가 민주당 시장이 이끄는 도시에 비해 자연재해 발생 시 경제적 손실이 더 큰지 작은지 연구함으로써 검증해볼 수 있다.

우리가 보스턴의 빅 딕(Big Dig: 보스턴 다운타운의 고가 고속도로를 지하화하고 그 위를 공원화하는 사업—옮긴이)으로부터 뉴욕시의 2번가 지하철(Second Avenue Subway), 캘리포니아주의 고속철(Bullet Train)에 이르는 사례에서 보았듯이 공공 부문 노동조합이 일자리 프로그램을 만드는 데 영향력을 행사할 경우, 공공 프로젝트는 엄청난 비용 초과를 야기할 수 있다.[32] 이탈리아에서 고비용의 홍수 방지 구조물을 건설하려는 베네치아의 지속적인 시도는 많은 관할권이 공공 인프라 프로젝트를 정해진 일정과 예산 내에서 완료하는 데 몹시 고전하고 있음을 잘 보여준다.[33]

회복 탄력성을 키우는 공공 부문의 생산성과 인적 자본

주요 도시들은 관리팀을 고용하는 데 투자하고 있다. 그 도시가 향후 겪을지도 모를 새로운 위험에 대비하는 업무를 전담하는 팀이다. 지속 가능성을 전담하는 부서도 마련하고 있다.

기후 위험 관리자들이 시장 사무실에서 맡는 역할에 관한 다음의 진술을 생각해보라. "혁신 리스크를 관리하는 데 성공적인 것으로 증명된 구체적인 방법이 있다. 거기에는 '수석 혁신 관리(chief innovation officers)'처럼 혁신을 책임진 누군가를 제도적으로 고용하는 것, 그 개인에게 일군의 전문가를 붙여주는 것을 포함한다. 새로운 아이디어를 설계하고 시도하기 위해 반복적인 과정을 구축하는 법을 이해하고, 그 도시의 모든 부처에 내부 컨설턴트로서 기여할 수 있는 전문가들 말이다. 이러한 혁신 관리자는 위험을 다룬다는 점에서 마치 재무 포트폴리오 관리자처럼 사고하기 시작해야 한다."[34] 회복 탄력성 전문가인 공공 부문 관리에 대한 이러한 수요는 전문 기술에 투자한 노동자에게 기회를 부여한다. 이는 다시 대학이 차세대 지도자를 훈련하기 위해 교육과정을 개발하도록 동기를 부여한다. 이런 의미에서 전문화한 인적 자본이 축적되는 것은 도시가 차후 위기에 대한 계획을 세우고, 불가피하게 재난이 발생할 때 그 부정적 영향을 줄이고자 그러한 개인들을 고용하는 데 힘쓰기 때문이다.

이처럼 새로운 아이디어를 시험하고, 그 효과성을 평가하고, 그런 노력이 여타 도시들에서 성공할 수 있을지에 관해 입소문을 내는 발견 과정은 공적 회복 탄력성의 공급 비용을 낮춘다. 만약 어떤 도시가 공항을 비용 효과적으로 업그레이드하는 법, 혹은 물난리 위험을 줄이는 법을 실증적으로 보여준다면, 다른 도시의 지도자들도 그 실험을 통해 배울 수 있다. 중국의 도시에서 물을 흡수하기 위해 초록 공간을 활용한 이른바 스펀지 지대(sponge zones)를 도입함으로써 범람 위험을 줄인 시도가 비근한 예다.

회복 탄력성 계획에 참여하는 얼리 무버(early mover: 일찍 움직이는 사람—옮긴이)들은 공공 부문 적응의 연료가 되어준다. 좋은 아이디어의 확산은 도시 지도자들이 '회복 탄력적 도시 100(100 Resilient Cities)'처럼 아이디어 교환을 특색으로 하는 조직에 참가할 경우 더욱 빨라진다. 이러한 공무원 조직은 수시로 만나서, 각 도시의 새로운 도전에 대한 회복 탄력적 해법의 설계 방법과 관련해 최선의 실천 사례와 아이디어를 교환한다. 이러한 진보가 인적 자본에 그 근거를 두고 있음에 주목하라. 모든 도시의 공무원들은 자신이 새로운 도전에 직면해 있지만, 어떻게 효과적으로 그 문제를 해결할지 정확히 모른다는 것을 알고 있다. 이들은 다른 도시로부터 최선의 실천 사례를 배우고자 한다. 이 같은 과정을 통해 좋은 아이디어가 널리 확산한다. 즉, 모든 도시는 다른 도시가 효과를 본 유사한 인프라 회복 탄력성 전략을 채택할 수 있다.

좋은 아이디어 전파에 대한 이 같은 낙관적 가정을 시험하는 방법은 이렇다. 이를테면 지속 가능성 전담 수석 관리가 없는 중소 도시들이 대도시에서 회복 탄력성을 증진한 것으로 드러난, 비교적 저비용의 새로운 아이디어를 채택하는지 여부를 조사하는 것이다. 만약 중소 도시들이 작은 지방 정부에는 좋은 아이디어를 구현할 전담자가 없다는 이유로 그것을 채택하지 않는다면, 그들은 대도시보다 더욱 심각한 적응 문제를 안게 될 것이다. 이 경우 중소 도시는 재정적 제약과 지방 정부의 전문 지식 부족이 합세한 결과 새로운 기후 충격에 전혀 대비하지 못하는 지경에 이른다.

로스앤젤레스는 지금껏 물 수입 줄이기라는 목표를 향해 매진해왔다. 따라서 그 도시의 지도자들은 물 공급을 늘리기 위한 다채로운 해법을 고려하려는 강력한 유인을 가진다.[35] 혁신적 아이디어를 지닌 사람들은 이 새로운 작업을 시행하기 위한 대규모 계약을 성사시킬 목적으로 로스앤젤레스 공무원들과 회의를 추진한다. 로스앤젤레스의 공공 부문이 토목 엔지니어들과 계약을 맺고, 그 지역의 목적에 맞는 해법을 고안한다고 치자. 여기서 얻은 교훈은 로스앤젤레스를 따라 하려는 다른 도시들로도 쉽게 옮아간다. 좋은 아이디어의 확산은 폴 로머의 비전을 구현한다. 좋은 아이디어가 인프라 회복 탄력성의 증진을 가속화하는 데서 핵심은 회복 탄력성의 모범적 선례가 있어야 한다는 것이다. 다시 말해, 비전통적 해법을 기꺼이 시도하고, 거기에 시간과 노력을 쏟아붓는 엔지니어들에게 보상하기 위해 재정적 자원을 배당하는 도시들 말이다. 일단 그 분야에서 좋은 아이디어를 찾아내고 검증하게 되면, 그 연구 결과는 상호 교류와 회의 그리고 소셜 미디어 등을 통해 보편적 지식으로 자리 잡는다. 부상하는 위험에 대처하는 새로운 방안을 추구하는 지역 공무원들은 새로운 전략을 신속하게 알아내기 위해 웹사이트를 검색해볼 수도 있다.

정부와의 계약이나 새로운 사업 기회를 모색하는 기업가는 도시 지도자들과 접촉하고자 하는 강력한 유인을 가진다. 왜냐면 영리 추구 기업은 주요 도시들이 직면한 인프라 문제(이를테면 JFK 공항의 업그레이드)의 해결책을 고안해낸다면 어떤 공공 부문 조달 계약을 따낼 수 있는지 귀신같이 알아차리기 때문이다. 경제 논리는, 양질의 공공 인프라를 공급하는 데 따른 비용은 '실행을 통한 학습' 효과 덕에 시간이 가면서 줄어든다고 예측한다. 공공 인프라 회복 탄력성에 대한 전 지구적 수요가 점차 늘어남에 따라, 더욱더 많은 젊은이(엔지니어, 건축가, 도시 설계자)가 자신의 인적 자본을 전문화하고 부상하는 분야(회복 탄력적 인프라)에 뛰어들어 그러한 문제의 타개책을 알아내겠다고 결심한다.[36]

재난 계획

이 장 전반에 걸쳐 나는 송전선, 하수 처리 시스템, 공항 같은 물리적 인프라 자본에 집중했다. 지방 정부의 인적 자본과 재난 대비는 뜻밖의 사태에 대처하는 데 도움을 준다. 허리케인 샌디 같은 중대 재난이 발생하는 동안과 그 직후, 취약한 도시민은 병원과 요양원이 전력·식품·식수에 접근하지 못할 경우 사망 위험에 내몰릴 수 있다. 그럴 때 재난 대비와 물류 계획, 네트워크 시스템의 내장(內藏) 여유분—이를테면 백업 전력 생산—은 취약한 이들을 보호하는 데 중요한 역할을 한다. 코로나19 팬데믹 상황에서 우리는 연방 정부가 국가적 중대 재난에 제대로 준비되어 있지 않다는 것을 알아차렸다.

캘리포니아주에서 공무원들은 보수가 넉넉하고 지위도 높다. 이런 인센티브 덕에 정부는 인재를 유치하고 보유할 수 있다. 이러한 투자는 위기 시에 빛을 발한다. 수년 동안 화재 위험에 직면해온 파라다이스 사례를 떠올려보라.

2008년 화재를 피해 달아나려던 거주민들이 심각한 교통 체증에 발이 묶였다. 그들이 차 안에 꼼짝없이 갇혀 있을 때 도로 양쪽에서 불길이 치솟았다. 그들은 지방 공무원들에게 계획을 마련하라고 강력히 촉구했다. 파라다이스 리지 화재안전위원회 회장 필 존(Phil John)에 따르면, 파라다이스 지도자들이 내놓은 해법은 도시 일부 지역을 일시에 소개(疏開)하는 것이었다. 그들은 위기 시에는 양방향 도로를 일방통행 소개로로 전환하는 규약을 채택했다. 약 70명이 최근 열린 훈련에 임해 그 도시의 주요 간선 도로에서 소개 예행연습을 실시했다. 존은 이 모든 일이 "문자 그대로 수천 명의 목숨을 구했다"며 "나는 이 조치가 효력을 발휘할 거라고 굳게 믿는다"고 덧붙였다.[37]

재해 대비는 일종의 보험 증서다. 재난이 발생하는 지역에서, 대비를 갖춘 곳들은 고생을 덜한다. 주요 관계자들이 시민을 보호하기 위해 무슨 일을 해야 하는지 알고 있으며, 허둥대지 않고 대처할 수 있는 계획이 수립되어 있기 때문이다. 재해에 대처하는 경험이 쌓이면, 다른 지역들도 위기 때 여러 유형의 인프라가 이뤄내는 상이한 실적을 토대로 '어떤 것이 효과적인지' 파악할 수 있다.

회복 탄력성을 촉진하는 데서 계획이 맡은 역할을 평가하는 연구자가 해결할 과제는 조건법적 서술(counterfactual: 어떤 문장의 첫 절이 사실과 정반대되는 내용을 서술할 경우의 표현법—옮긴이)을 추론해보는 것이다. 우리는 마이클 블룸버그(Michael Bloomberg: 재임 기간 2002~2013—옮긴이) 뉴욕 시장이 도입한 계획을 시행한다고 가정할 때, 허리케인 샌디가 맨해튼에 미친 영향을 관찰한다. 하지만 만약 그가 회복 탄력성 계획에 시간과 노력을 투자하지 않았다면, 그 대형 폭풍우가 얼마나 더 큰 피해를 안겨주었을지 결코 알지 못할 것이다. 코로나19 팬데믹의 경우, 만약 국가가 더 잘 준비했다면 2020년 미국에서 그 바이러스로 인한 사망자 수가 얼마나 줄어들었을까? 유효한 대조군이 없는지라 경험적 연구를 진행하는 이들로서는 이 중요한 질문에 답할 수 없다.

연방 정부, 주 정부, 지방 정부의 회복 탄력성 투자 협력

가난한 도시들은 자체 인프라에 돈을 댈 만한 재정적 여력이 없고, 지방채 시장에서 더 높은 금리를 지불할 가능성이 높다. 이는 가장 질 낮은 인프라를 갖기 십상인 가난한 도시들이 인프라 개선을 위한 자금 조달에 고전하게 된다는 의미다. 뉴올리언스의 허리케인 카트리나 사례가 잘 보여주듯, 이는 그런 도시들이 재앙적 위험에 직면할 소지가 있다는 뜻이기도 하다.

주 정부는 자금 조달과 인적 자본의 출처일 수 있지만, 이와 관련해서는 정치경제학적 과제가 불거진다. 볼티모어와 디트로이트 같은 여러 가난한 도시의 경우, 눈에 띄는 시장들은 민주당 출신이지만 주지사는 지지를 호소하기 위해 교외 지역의 유권자를 찾아다니는 공화당 출신이다. 2018년 메릴랜드 주지사 선거에서는 공화당의 래리 호건(Larry Hogan)이 57.7퍼센트를 득표해 재선에 성공했다. 볼티모어의 표는 전체 유권자의 15.7퍼센트에 불과한데, 그는 이곳에서 49.5퍼센트를 얻었다. 재선을 노리는 전형적인 공화당 주지사는 자신의 정치적 지지 기반에 주력하려는 동기를 가진다. 그의 지지 기반은 교외 지역에 거주하는 유권자일 공산이 크다.

진보주의적인 가난한 도시와 부유한 교외 지역을 특징으로 하는 환경에서, 공화당 주지사는 도심 거주민에게 재분배할 세수를 걷기 위해 자신의 정치적 지지 기반인 교외 거주민에게 과세해야 한다. 이런 논의는 그러한 주의 가난한 도시들이 인프라 자금 조달 문제에 직면할 수 있음을 보여준다. 주지사가 민주당 출신인 주들에서조차 지도자들은 대도시 유권자가 공화당에 투표할 가능성이 적다는 것을 인식하고 있다. 경제 논리는 주 지도자들이 누구를 지지할지 유보적 입장을 취하는 부동층(swing voter)이나 그런 유권자가 포진한 지역에 관심을 집중하리라고 예상한다. 대도시 유권자가 민주당에 투표하는 경향이 있음을 감안하건대, 민주당 주지사에게는 그들을 '잡은 고기'처럼 취급하려는 동기가 생긴다.

대통령 선거 차원에서 공화당 행정부와 민주당 행정부는 도시에 대한 투자와 관련해 서로 우선순위가 다르다. 도심 유권자들은 압도적으로 민주당에 표를 던진다. 이는 친도시 정책이 암묵적으로 교외 납세자의 돈을 도시 거주민의 호주머니로 이전한다는 의미다. 공화당 상원의원이나 공화당 대통령은 그러한 이전에 반대하려는 유인을 가진다.

도시의 회복 탄력성 투자와 관련해 공화당 국회의원으로부터 재정 지원을 얻어내는 데서 더욱 심각한 문제는 기후 변화 문제가 지니는 당파적 속성과 연관이 있다. 애리조나주 상원의원을 지낸 작고한 존 매케인(John McCain)은, 기후 변화는 국가적 위험을 제기하므로 당파적 이슈가 되어선 안 된다고 강변했다. 그럼에도 기후 변화 저감 문제와 관련해서는 좌우 분열이 극심하다.[38] 하원과 상원에 있는 공화당 지도부는 기후 변화 회복 탄력성을 민주당의 전유물로 여기고 있다. 이런 점을 감안할 때 그들이 그에 따른 입법을 추진하기 위해 초당적으로 협력할 가능성은 과거에도 그랬듯 지금도 여전히 낮다.

공공-민간 생산성 인터페이스

매사추세츠주 상원의원 엘리자베스 워런(Elizabeth Warren)은 2011년 다음과 같은 의미심장한 말을 했다. "이 나라에서 혼자 힘으로 부자가 된 사람은 없다. 아무도 말이다. 당신은 거기에 공장을 지었다. 당신에게는 잘된 일이다. 하지만 나는 분명히 하고자 한다. 당신은 우리 나머지가 돈을 대서 만든 도로를 이용해 당신의 제품을 수송했다."[39] 그녀의 말은 민간 시장 경제와 공공 인프라 간 상호 작용을 잘 포착하고 있다. 미국 기업은 공공 도로와 공항을 이용해 자사 제품을 최종 소비자에게 전달한다. 그리고 인터넷과 전력망에 의존해 수백만 명의 소비자와 연결을 유지한다. 이런 의미에서 민간 부문의 생산성은 그 기업이 본사를 둔 곳, 그리고 그 기업이 투입 요소를 가져오는 곳의 공공 부문 인프라, 그리고 최종 제품을 수송하기 위해 사용하는 교통 인프라의 회복 탄력성에 의존한다.

다음 장에서는 기업이 어떻게 기후 변화 위험에 적응할 것인지 탐구한다. 아마존 같은 주요 기업이 모든 기후 사건을 발생 전에 예측한다손 쳐도, 그런 기업의 운영은 고속도로·공항·하수도 시설 같은 공공 인프라를 갖춘 도시에서 이루어진다. 민간 부문 경제의 생산성은 공공 인프라의 지속적 생산성에 달려 있다. 코로나19 대유행 기간 동안 폭발적인 트래픽을 처리하는 인터넷의 능력은 급격한 수요 변화를 다루는 핵심 인프라의 역량 증가에 기여하고 있다.[40] 엔지니어들은 이 핵심적 공공·민간 인프라가 전 세계적 의료 위기 시에 어찌 그토록 믿음직스럽게 유지될 수 있었는지 연구함으로써 귀중한 교훈을 얻는다.

기후 변화는 경제 생산성을 위협할까

지속적인 생산성 향상은 우리가 전반적인 생활 수준을 누리는 데 꼭 필요하다. '72의 법칙(복리를 통해 자산이 2배로 증가하는 데 걸리는 시간을 어림하는 방식. 72를 해당 수익률로 나누면 대략 원금의 2배가 되는 기간이 나온다—옮긴이)'은 1인당 소득이 해마다 3퍼센트씩 증가하는 나라는 24년 후, 2퍼센트씩 증가하는 나라는 36년 후 2배 향상된 생활 수준을 누린다는 사실을 우리에게 알려준다. 거시 경제적 성장은 생산성 향상에 좌우된다. 한 국가의 빈곤율은 거시 경제가 성장하면 줄어든다.

우리 경제는 수많은 부문으로 이루어져 있지만, 가장 생산적인 기업들은 소수의 첨단 기술 산업에 집중되어 있다. 이들 산업은 특정 도시로 몰리는 경향이 있다. 기후 변화가 야기하는 장소 기반 위협을 고려할 때, 우리는 이렇게 질문해볼 수 있다. 기후 충격은 주요 기업이나 월가, 실리콘밸리 같은 핵심적인 생산성 허브를 크게 파괴할까?

기업에 대한 미시경제학 이론은 이 질문에 대한 개념 틀을 제공한다.

가정이 많은 보호 전략을 구사하듯, 기업 역시 훨씬 더 많은 보호 전략을 이용할 수 있다. 기업은 어디에 위치할지, 공급망 출처를 어디로 정할지, 어떤 제품을 어느 정도 품질로 생산할지, 어떤 직원을 고용할지, 어떻게 빅데이터를 수집하고 이용해 직원들에게 동기를 부여할지 따위를 선택한다. 이들 기업은 또한 직원을 어떻게 위험으로부터 보호할지, 그리고 일부 직원에게 재택근무를 하도록 허용할지 여부를 선택한다. 이런 서로 다른 선택이 회복 탄력성 전략의 메뉴를 구성한다.

경제 생산성의 유지·증진과 관련해 우리는 생산적인 도시의 여러 장소들과 거기 들어선 기업들을 동시에 고려해야 한다. 도시경제학자들은 왜 장소에 따라 생산성(제곱마일당 경제 활동, 또는 직원당 경제 활동으로 측정한)이 그렇게나 크게 차이가 나는지 규명하려 애쓴다. 한 가지 설은 **선택**(selection)에 기반을 둔다. 즉, 슈퍼스타들(능력과 야망 둘 다에 비추어)이 약속이나 한 듯 샌프란시스코나 뉴욕 같은 특정 도시로 몰려들기 때문이라는 설명이다. 또 다른 설은 **처치 효과**(treatment effects)에 토대를 둔다. 즉, 재능 있고 야심 찬 사람과 그들이 몸담은 기업들을 물리적으로 지근거리에 집결하도록 만드는 긍정적 시너지 효과 때문이라는 설명이다. 이 경우 전체는 각 부분의 합보다 크다. 하지만 일부 도시 계획 전문가들은 조성하는 데 수십 년밖에 걸리지 않은 이 같은 취약한 생태계들이 이제 새로운 기후 위험에 처해 있다고 우려한다.

월가는 월가를 떠날 수 있는가

미국의 주요 생산성 허브들은 샌프란시스코·시애틀·뉴욕·보스턴 같은 연안 도시에 위치해 있다.[1] 첨단 기술 기업과 우수한 인적 자본 노동자가 이들 도시 지역에 몰려들어 생산적 군집을 형성했다. 많은 숙련 노동자와 그들을 고용하는 기업으로 이루어진 도시에서는 각 기업들이 기술을 공급하고 자사가 구축하려는 업무 문화에 기여하는 데 적합한 직원을 뽑을 수 있다. 이들 노동자는 하나같이 제가 추구하는 목적이 무엇인지, 연봉과 근무 시간 및 이력을 키울 기회 등과 관련해 그 회사로부터 얻을 수 있는 게 무엇인지 알고 있다. 유치 기업의 수가 적은 소도시에서는 노동자들이 선택할 수 있는 메뉴가 다양하지 않다.[2] 젊은 노동자들은 기업 문화와 상향 이동 기회라는 관점에서 자신이 어떤 기업에 잘 맞는지 판단할 수 있다. 많은 기업이 포진한 도시에서는 이들 노동자가 탐색을 통해 자신의 능력과 취향에 가장 알맞은 기업을 골라낼 수 있다. 노동자와 기업 간의 이 같은 역학은 그런 활동의 중심지로서 명성을 누리는 도시들로 양자가 모여들 것임을 말해준다. 첨단 기술의 중심지로 이름난 한 지역이 그 산업의 일부가 되려는 인재와 기업을 끌어들이면서 모종의 자기 강화 과정이 펼쳐진다.

2012년 내게 연락을 해온 〈이코노미스트〉 기자와 대화를 나눈 일이 있었다. 그는 기후 변화가 연안 도시에 가하는 위험을 다룬 기사를 준비하고 있었다. 기자가 물었다. "월가가 미국에서 중요한 금융 중심지라는 게 사실 아닌가요?" 나는 "예, 그렇죠"라고 답했다. "허리케인 샌디가 최근에 보여준 것처럼 해수면 상승으로 월가가 물에 잠길 수 있다는 게 사실인가요?" 그 질문에도 역시나 "그렇다"고 답했다. "그렇다면 해수면 상승 가속화로 인한 기후 변화가 월가를 파괴해 미국 경제에 큰 타격을 안겨줄 가능성은 없나요?"[3] 그 기자의 주장은 핵심적인 생산성 중심지가 붕괴하면 우리의 거시 경제 전반이 크게 무너질 수 있다는 것이었다.

나는 게리 베커(Gary Becker)와 줄리언 사이먼의 인적 자본 연구를 바탕으로 이 같은 장소 기반 경제 성장 이론을 반박했다. 인적 자본 접근법은 인재 풀(pool)을 보유한(인재를 유치한 결과일 수도, 육성한 결과일 수도 있다) 모든 지리적 지역은 경제 성장을 경험하게 되리라고 주장한다. 오늘날의 경제에서 숙련 노동자와 잘 관리되는 기업이 모여드는 장소는 절로 생산적이 된다. 월가에 대거 몰려 있는 금융 기관은 만약 야망 있고 젊은 금융 인재들이 뉴욕으로 이주하는 일을 멈춘다면 덜 생산적인 장소로 달라질 것이다. 해수면 상승으로 월가가 위협받는 극단적 경우를 생각해보자. 월가 기업들이 아무런 예방 조치도 취하지 않고 있는데 해수면 상승이 심각해진다면 어떻게 될까? 우리는 분명 골드만삭스 같은 주요 기업들의 업무 일정이 차질을 빚으면서 생산성 충격을 경험할 것이다. 월가 기업들이 시장 추이를 예측함으로써 돈을 번다는 점을 고려할 때, 이들은 제가 직면한 새로운 기후 위기를 의식하려는 강력한 동기를 가진다. 그들의 핵심 직원과 자산이 위치한 장소가 위협받기 때문이다.

월가라고 알려진 지역은 기업 간 조정 문제를 해결해준다. 금융 산업에 속한 독립적 기업들은 서로 거래하고 배우기 위해 가까이 위치해 있기를 바란다. 노벨상 수상자 토머스 셸링(Thomas Schelling)이 이러한 발상에 대해 설명했다. 그는 뉴욕에서 낯선 사람을 만나는 유명한 예를 제시했다. 어느 작가가 그에 대해 설명했다. "내일 어느 때 당신이 사는 도시에서 한 낯선 사람을 만나야 한다는 것을 당신이 알고 있다 치자. 유일한 문제는 **언제 혹은 어디서** 그를 만나야 하는지 사전에 대화할 수 없다는 것이다. 그래도 당신은 자신이 여전히 어떻게든 그 상대와 같은 장소, 같은 시간에 나타날 수 있다고 생각하는가? 토머스 셸링은 …… 비공식적 조사를 거쳐 그의 학생 상당수가 뉴욕과 관련해 질문을 던졌을 때 동일한 답변으로 기우는 경향이 있음을 확인했다. 즉, 그들은 정오에 그랜드센트럴역(Grand Central Station) 시계 밑에서 상대도 같은 생각이길 바라며 기다릴 것이라고 답했다."[4] 만나려는 낯선 사람들과 비슷하게, 월가에 근접하면 금융 부문의 조정 문제가 해결된다. 금융 회사들은 전통적으로 월가 근처에 위치해왔으므로, 그 방침을 따르려는 새로운 기업으로서 합리적 전략은 역시 월가 근처에 자리 잡는 것이다.

월가라 불리는 장소가 해수면 상승으로 위협받으면, 골드만삭스 같은 주요 기업들은 그 여파가 좀더 높은 지대까지(아마도 코네티컷주 교외 지역까지) 미치리라고 예견할 것이다. 이러한 기업들은 미래에 기후 위험이 덜할 지리적 지역을 찾아내기 위해 지리학자나 기후과학자 같은 전문가를 고용하려는 강력한 동기를 지니게 된다. 골드만삭스는 자산 가치가 수십억 달러에 이르는 기업이고, 경영진은 이윤을 많이 내면 더 많은 보수를 받는다. 이런 개인들은 발생 초기의 위험을 파악하고, 기업의 질 관리 평판을 유지하려는 적극적 유인을 가진다. 만약 골드만삭스가 점차 위험해지는 맨해튼 남부에서 벗어난다면 다른 기업들도 가세할 테고, 결국 그 경제 복합체는 좀더 안전하고 회복 탄력적인 지역에 다시 들어설 것이다. 이러한 동학이 펼쳐지면 뉴욕은 주요 고용 중심지로서 위상을 잃고, 인근 아파트의 가치도 추락할 터이다. 하지만 거대 도시권 가운데 상대적으로 더 안전한 지역에서 새로운 부가 창출될 것이다. 이러한 낙관적 시나리오는 암묵적으로 오늘날 집결되어 있는 생산성 높은 기업들이 모두 함께 조정해 재빨리 고지대에서 재결성될 수 있다고 가정한다.

이 같은 과정은 시행착오를 통한 학습을 거치면서 펼쳐질 것이다. 미국의 물리적 규모를 감안할 때, 도시들이 차지하는 물리적 공간은 얼마 되지 않으므로 생산성 허브가 들어설 장소는 수없이 많다. 이는 지금의 생산성 허브들이 심각한 기후 위험에 직면해 있다면, 미래 도시를 건설할 수 있는 후보지가 무척 많다는 뜻이다. 이러한 이전에는 시간과 비용이 든다. 하지만 좀더 지대가 높은 지역에 새로운 생산성 허브를 짓는 데서 희망을 볼 수도 있다. 그것이 어떤 경제 활동이 함께 군집을 이룰지, 새로운 생산성 중심지가 기존 것보다 훨씬 더 생산적일지 여부를 따져볼 수 있는 새로운 기회가 되리라는 희망 말이다.

도시경제학자들은 과거의 주요 생산성 중심지들이 쇠락하면 생산성에 어떤 영향을 줄지 연구하기 위해 자연 실험에 의존해왔다. 북한의 공격에 두려움을 느낀 남한 정부가 서울의 제조업 직종을 탈중앙화한 것이 한 가지 예다. 이 조치는 기업이 대도시에서 다른 곳으로 이주하면 생산성에 어떤 영향을 미치는지 보여주는 자연 실험이다.[5] 남한의 경우에는 대도시를 떠난 제조업체들이 생산성 감소를 경험했다.

만약 현재 맨해튼 남부에 위치한 생산적인 기업들이 고지대로 이주해야 한다면, 그렇게 할 수 있는 교외 지역은 숱하게 많다. 산업 단지를 조성한 중국의 경험이 한 가지 희망적 사례다. 공동 저자와 진행한 연구에서 나는 중국의 대도시들이 어떻게 농경지를 사들여 도로와 전기 인프라를 구축한 다음 상하이의 린강(臨港) 같은 새로운 산업 단지를 구축했는지 보여주었다. 이러한 산업 단지는 생산적인 기업들을 유치하기 위해 파격적인 임대료 할인, 세금 감면, 저렴한 운영비 같은 혜택을 제공한다. 이 산업 단지들은 비어 있기 때문에, 서로 인접해 있는 데서 이득을 보려는 세입자 후보들은 그곳에 함께 둥지를 틀려는 동기를 가진다. 산업 단지 내에서 이루어지는 경제 활동 전반은 각 부분들의 총합보다 더 큰 힘을 발휘한다. 생산적인 기업의 직원들은 다른 기업과 가까이 있음으로써 더 많은 것을 배우고, 기업은 재화와 직원들의 운송비를 아낄 수 있기 때문이다. 이러한 산업 단지가 건설되면 지역 경제는 더욱 활성화한다. 새로운 산업 단지가 조성되는 곳 부근에서 부동산 개발업체들이 새로운 주택을 짓고, 소매업자들이 고급 식당과 상점을 개업한 결과로써 말이다. 산업 단지를 건설하려면 땅을 구매하고 그것을 도시 생산을 위해 용도 전환하려는 동기를 제공할 수 있는 정부의 적극적 개입이 필요하다. 도시 간 연구는 그것이 전반적인 도시 성장에 미치는 긍정적 효과를 밝혀냈다.[6] 중국에서 새로운 산업 단지를 유치한 도시들은 그렇지 않았을 경우 기대되는 것보다 더욱 빠르게 성장하는 경향을 보인다. 새로운 중국 산업 단지 상당수에서 생산성이 증가했다는 연구 결과를 통해, 나는 기업들이 고지대로 이주해 새로운 생산성 집결지를 재조성할 수 있는 가능성을 보았다.

아마존 제2본사 위치 선정의 기후 적응 교훈

우리는 이제까지 잘 구축된 금융 중심지 월가의 사례를 살펴보았다. 다른 중심지들은 어떤가? 애플이나 구글 같은 주요 기업은 직원들이 어디에 살지 결정한다. 아마존의 새로운 제2본사 위치 선정은 전국적인 뉴스거리였다. 이는 의사 결정에서 장기적 결과에 대한 기대가 얼마나 중요한 역할을 하는지 잘 보여준다는 점에서 소중한 사례 연구다.

아마존은 현재와 미래의 이윤 흐름을 극대화하려 애쓰며, 그에 따라 특정 위치 선정으로 기대되는 비용-편익을 고려하려는 강력한 동기를 가진다. 만약 그 기업의 지도자들이 도시가 직면할 위험이 무엇인지 모른다는 것을 안다면, 그들은 최악의 시나리오를 고려할 것이다. 그리고 각각

의 장소와 관련한 기회와 난제, 그리고 세제상의 이점 등에 대해 조언해
줄 전문 컨설턴트를 고용할 것이다. 본사 위치 선정에 관한 결정은 장기
적 선택임을 감안할 때, 그 기업의 경영진은 각 장소가 미래에 직면할 문
제들을 예상해보려는 강력한 동기를 가진다. 상장 기업의 경우, 경영진은
이사회에 반드시 보고해야 한다. 이사회의 업무 가운데 일부가 경영진이
틀림없이 신중한 의사 결정을 내리도록 유도하는 일이다. 이러한 감독 체
제는 책임감을 가지고 중요한 기업적 결정에 임하도록 이끈다.

어디에 위치할지 결정할 때 기업 지도자들은 한편으로 그 장소의 자
연적 이점(예컨대 샌프란시스코의 빼어난 아름다움), 다른 한편으로 거기에 자리
하기 위해 지불해야 하는 임대료와 거기에 유능한 인재를 유치하기 위해
치러야 할 임금을 저울질할 것이다. 또한 그 장소와 관련한 위험, 지방세,
주 정부의 세금 따위도 고려할 것이다. 기업은 어느 장소를 결정함으로써
범죄나 오염 같은 지역적 위험에, 또한 이상 기후 조건이나 해수면 상승
같은 기후 위험에 스스로를 노출시킨다. 만약 어떤 지리적 지역이 기후
변화에 직면했을 때 덜 생산적이며 적응에 투자하길 꺼리는 것으로 드러
날 경우, 그곳은 서서히 일자리 기반을 잃는다. 기존 기업들이야 도리 없
이 그곳에 계속 남아 있을지 모르지만, 이제 다른 기업이 그곳에 들어설
가능성은 줄어든다.

아마존 같은 회사는 상장 기업으로서 주주가 있다. 주주들은 그 기업
의 기대 수익이 줄어들면 자산 손실을 겪는다. 칼 아이컨(Carl Icahn)이나
분 피컨스(T. Boone Pickens) 같은 인수 전문 금융인의 투자 성공이 보여주
듯이, 기업 사냥꾼들은 실적이 저조한 기업을 골라내 저가 주식(그 기업의
현재 수익 및 미래의 기대 수익이 낮기 때문에)을 매입한 뒤 현 경영진을 갈아치
움으로써 커다란 수익을 거둘 수 있다. 자산 시장 경쟁은 기업의 경영진

이 부상하는 위험을 인지하도록 동기를 부여한다. 이러한 게임 규칙에 직면한 기업들은 위치 선정이라는 장기적 결정과 생산 시설 설계 간의 트레이드오프를 고려하려는 강력한 동기를 가진다.

기업 관리자들이 스스로의 미래 예측력을 과신할 경우, 그 기업의 생산성은 위태로워진다. 만약 그런 기업이 어디 위치할지 결정할 때 과거 데이터에 기댄다면, 그 지도자들은 기습적으로 새로운 기후 위험의 공격을 받을 가능성이 있다. 위험을 예측하지 못하며, 그에 따라 사전 예방 조치에 투자하지 않기 때문이다. 상이한 지역의 과거 홍수 위험을 측정하고 가용 정보를 활용해 미래의 홍수 위험을 예측하는 퍼스트 스트리트 재단 같은 새로운 조사 단체들이 부상하고 있다.[7] 기업들은 대가가 큰 장소를 선택하기 전에 실사(due diligence, 實査: 합리적인 사람이 피해를 예방하기 위해 사전에 주의를 기울이는 행위, 즉 소정의 절차에 따른 조사 행위를 뜻한다―옮긴이)를 거치려는 강력한 동기를 가진다.

새로운 생산지나 본사의 위치를 선정할 때, 기업은 다양한 장소에서 단기적 수익성과 장기적 수익성이 어떻게 다를지 예측하고자 노력한다. 이런 장소들은 제곱피트당 임대료, 기업이 받게 될 세금 우대 조치(tax break), 그 지역의 삶의 질 측면에서 저마다 다르다. 마지막 요소인 삶의 질에는 월 평균 기온, 자연재해 위험, 음식점의 질과 다양성, 범죄, 오염, 교육 수준 등에 걸친 여러 차원이 관여한다. 아마존은 이런 요소들을 소중하게 여길 것이다. 바로 그 같은 장소 기반 특성의 우수함이 고임금에 위험 수당까지 지불하지 않고도 인재를 유치·보유하도록 해주는 요소이기 때문이다.

특정 장소가 주택 가격은 싼데 숙련 노동자들이 살고 싶어 하지 않는다면, 선도적인 기업들은 그 장소에 들어가지 않을 것이다. 노동자를 유치·보유하기 위해 치러야 하는 임금 프리미엄이 너무 높아지기 때문이다.[8] 가장 생산성 높은 기업들의 경우, 삶의 질이 형편없는 지역은 피할 것이다.

아마존이 특정 지역에서 최소 30년을 보낼 거라고 예상된다는 점을 고려할 때, 그 기업은 해당 지역의 경제와 삶의 질이 시간이 지나면서 어떻게 변화할지 고려하고, 그에 대해 전문 컨설턴트의 도움을 받으려는 정당한 동기를 가진다. 예컨대 만약 아마존이 기후 변화로 인해 내슈빌 (Nashville)이 2023년 여름에 화씨 120도(섭씨 약 49도)가 넘을 거라고 믿는다면, 그 대신 중기적으로 더 살기 좋은 비슷한 도시 쪽으로 관심을 돌릴 것이다. 아마존은 심각한 위험에 직면하리라고 예상되는 장소에 새로운, 내구적인, 값비싼 본사를 지으려 하지 않을 터이다. 이런 기업은 기반이 탄탄하고, 도시 지도자들이 미래의 잠재적 위험으로부터 그 지역을 보호하고자 전력망이나 교통 인프라를 업그레이드하는 장소를 선택할 가능성이 높다.

아마존이 새로운 제2본사 위치로 뉴욕 퀸스(Queens)를 고려하고 있을 때, 그 연안 지역이 장차 해수면 상승 위험에 처할지 모른다는 우려가 제기되었다.[9] 제프 베이조스(Jeff Bezos)처럼 머리가 팽팽 돌아가는 CEO는 분명 그 위험을 알아차렸을 것이다. (이 글을 옮기는 중인 2021년 7월 6일, 그가 27년 만에 아마존 CEO 자리에서 물러난다는 기사를 접했다. 그는 경영 일선에서는 물러나지만 여전히 최대 주주이자 이사회 의장으로서 그 기업에 영향력을 행사할 전망이다—옮긴이.) 예견된 위험은 그 지역의 부동산이 할인 가격에 팔릴 거라는 의미다. 자본주의는 희소 자산을, 그것을 가장 효과적으로 사용할 수 있는 사람에게 할당한다. 아마존에는 필시 중기적인 해수면 상승 위험에 대처할 건축 계획이 있었을 것이다. 새로운 본사는 좀더 회복 탄력적으로 지을 수 있다. 건축에 대한 민간의 투자를 통해서, 그리고 아마존이 지으려는 신규 건물을 보호하는 상이한 인프라들에 투자하기 위해 민관 협력에 기반한 지역 및 주 공무원들의 노력을 통해서 말이다.

관리자의 자질

인적 자본은 기업의 관리자와 인력이 민첩하고 유능한지 여부를 결정짓는 데 중요한 역할을 담당한다. 기업은 단기적·장기적으로 직면할 소지가 있는 새로운 도전이 무엇인지에 꾸준히 관심을 기울이려는 강력한 동기를 지닌다.

기후 위기에 대비하는 데서 기업들은 미래에 직면할 위험이 무엇인지 '모른다는 것을 아는(known unknowns)' 관리자들에 의해 운영된다면 신중한 조치를 취할 가능성이 높다. 이런 관리자들은 최악의 시나리오에 대비해 계획을 세운다. 지나치게 자만한 관리자들은 이런 식의 계획을 나 몰라라 할 것이다. 최근 인도에서 수행한 연구는 서로 다른 제조업체들이 지역의 높은 대기 오염 수준에 어떻게 대처하는지 조사했다. 그에 따르면, 양질의 관리자를 둔 기업은 심각한 대기 오염 사건에 더욱 성공적으로 대처했다.[10] 이 연구 결과는 어떻게 관리자의 자질을 끌어올릴 것이냐 하는 문제를 제기한다.

양질의 관리자 수는 투자를 통해 시간이 가면서 늘어날 수 있다. 어리거나 젊은 사람은 모두 교육에 어느 정도의 시간과 자원을 투자할지 결정한다. 성인기 이후에 온라인 강좌나 여타 저렴한 기술 훈련 프로그램〔칸 아카데미(Khan Academy)를 생각해보라〕 등에 투자할 수 있는 부가적 기회도 있다. 우리 모두는 얼마나 많은 기술에 투자할지, 어떤 기술을 전문적으로 습득할지 결정한다. 야심 찬 관리자들은 기후 위험이 수익성과 생산성을 가로막을 수 있다고 전망한다. 이에 따라 그들 가운데 더 많은 수가 적응을 손쉽게 하는 인적 자본에 투자하려는 동기를 가진다. 인적 자본은 배타적이지 않다. 즉, 내가 어떤 기술에 투자한다고 해서 당신이 그와 비슷한 투자를 하지 말라는 법은 없다.

어려운 시기에 계획을 수립하고 그것을 실행하는 능력은 관리자들의 리더십을 잘 보여준다.[11] 경쟁적인 관리자 시장(market)이 존재한다면, 질 낮은 관리자들은 해고당할 것이다. 그들은 회사가 마주한 새로운 위험을 잘 헤쳐 나갈 수 있는 기술과 인성을 갖춘 다른 관리자들로 대체된다. 경영진 노동 시장이 이렇듯 경쟁적이므로, 가장 생산적인 기업은 조직 내에 무능한 상사가 있는지 찾아낸 다음 그들을 갈아치운다. 상장 기업의 경우 관리자의 실적이 형편없으면 주주의 투자 수익률이 떨어진다. 빅데이터 시대인 만큼 기업 이사회는 실적이 저조한 CEO를 더욱 잘 집어낼 수 있다. 직원의 불평에 대한 데이터, 최종 고객의 불만, 그리고 생산 목표 달성 실패 등은 모두 기업이 문제가 있음을 분명하게 말해주는 신호다.

이러한 평가는 책임성을 키운다. 그리고 관리자의 실수로 기업이 더 많은 수익을 잃게 되었는데도 질 낮은 관리자가 계속 자리를 지킬 가능성을 낮춘다. 다시 한번 강조하거니와 형편없는 관리자를 두는 데 따른 기업의 비용은 혼란스러운 시기에 더욱 커진다. 이는 기업에 강력한 관리자를 고용하도록 동기를 부여한다. 개인들은 지도급 관리자 자리를 놓고 다투는 경로로 진입하게끔 돕는 기술을 훈련하고자 한다. 경영대학원은 이러한 경로를 뚫는 데서 중요한 역할을 한다. 만약 주요 기업의 이사회가 기후 충격 기간에 회복 탄력성이 수익성에 영향을 미친다는 것을 예견한다면, 그들은 더욱더 그런 자질을 갖춘 관리자를 찾아 나설 것이다. 이는 CEO를 꿈꾸는 야심 찬 관리자들에게 임원 교육을 비롯한 여타 훈련 프로그램을 통해 그러한 기술을 연마하도록 동기를 부여한다.

나쁜 관리자를 두고 있고 기후 충격이 발생할 때 수익 상실을 겪는 기업의 경우, 저조한 실적 탓에 해고되는 그 회사의 나머지 노동자들은 어떻게 되는가? 이 질문을 다루기 위해서는 시간 경과에 따른 웰빙을 추적하기 위한 개인 차원의 데이터(이를테면 연간 소득 신고서)가 필요하다. 직장에서 해고된 공장 노동자의 급여 동학에 관한 노동경제학 연구는, 제조업 일자리를 잃은 중년 노동자들이 동일 봉급을 보장하는 직종을 구하는 데 상당한 곤란을 겪는다고 결론지었다.[12] 러스트 벨트 제조업의 퇴조는 실질 임금에 심대한 타격을 안겨주었다. 직장에서 쫓겨난 노동자들이 저숙련 서비스 부문으로 옮아감에 따라 대대적인 임금 손실을 겪었기 때문이다.

관리자 자질은 기업의 환경 수행을 결정하는 중요한 요소로 드러났다. 영국의 제조업 데이터를 이용한 연구는 양질의 관리자를 둔 기업이 좀더 에너지 효율적임을 알아냈다.[13] 이는 잘 관리된 기업은 새로운 기후 충격을 맞이할 때 좀더 회복 탄력적일 것임을 말해준다. 이러한 주장은 상이한 나날들에 따른 연간 기업 생산성 데이터를 수집함으로써 검증해볼 수 있다. 만약 연구진이 같은 날의 해당 지역 오염과 기후 조건에 관한 데이터도 수집한다면, 더 나은 관리자를 둔 기업이 오염도가 높거나 무더운 날 실적이 더 좋은지 여부를 조사하는 것도 가능하다. 이러한 연구는 또한 기대 효과(anticipation effects: 기업과 가계가 미래 자본 수익률과 평생 소득의 증가를 기대해 투자와 소비를 늘리는 현상—옮긴이)도 검증할 수 있다. 만약 자질 있는 관리자들이 미래의 나쁜 날씨를 더욱 잘 예측한다면, 그들은 날씨 좋은 날에는 생산에 매진하고 그렇지 않은 날에는 노동자들이 피로를 풀게끔 생산을 줄이는 선택을 할 것이다.

관리자 수준이 높은 기업, 주머니 사정이 넉넉해서 설비에 아낌없이 투자하는 기업은 모든 유형의 위험을 관리하는 데 좀더 능란할 것이다. 오늘날 경제에서 그러한 위험에는 사이버 보안, 제품 안정성, 작업자 안전, 기후 위험 보호 따위가 포함된다. 최고 관리자는 시간이 가면서 기업이 점차 성장하도록 이끈다. 만약 이런 기업이 상장 기업이라면 주주나 이사회도 관리자가 새로운 위험이 임박했음을 예견하리라 기대할 것이다. 이런 관리자들은 자사가 직면한 장소 기반 위험과 기후과학을 잘 파악하고 있을 가능성이 높다. 그들은 심지어 이상 기후 상황에 직면해도 자사의 생산성을 유지하도록 돕는 투자에 열의를 보일 것이다.

오늘날 기업은 정보 및 테크놀로지의 개선과 데이터 접근에 힘입어 기업 활동을 실시간으로 추적·관찰할 수 있게 되었다. 기후 충격이 생산 공정 일부를 교란한다면 기업의 수입은 줄어들 것이다. 컴퓨터 기록은 시간이 가면서 부품 재고가 어떻게 달라지는지 경영진이 관찰하도록 돕는다. 만약 폭풍우가 몰아쳐서 어느 기업의 부품 운송이 방해받고 있는데 지도자들이 그 사실을 재빨리 알아차린다면, 그들은 다른 공급업체를 통해 부품을 구입하는 식으로 대처할 수 있다. 극심한 무더위가 공장의 생산량을 줄인다면, 기업 지도자들은 뜻하지 않은 생산량 감소를 확인하고 실적이 저조한 이유를 파악하기 위해 곧바로 공장 관리자를 접촉할 것이다. 만약 공장 관리자가 무더위 탓에 생산력이 떨어졌다고 토로한다면, 기업 지도자들은 공장 바닥에 기온 추적 장치를 설치하거나, 생산이 정상화하도록 공장을 시원하게 해줄 여타 조치를 고려할 것이다.

양질의 관리자들은 실시간 데이터 수집을 통해 기업의 실적을 평가하고, 그 실적이 외부 환경적 조건의 함수로서 어떻게 달라질 수 있는지 따져본다. 이러한 양적 조사 기법은 기업이 상이한 조건에서 어느 정도 회복 탄력성을 드러낼지 알려준다. 상이한 기후 조건이 각 단위의 생산성에 어떤 영향을 미치는지 관찰함으로써 기업 경영진은 심지어 험악한 기후 상황에서도 좀더 생산적이 되게끔 대비할 수 있다. 최고의 관리자는 과거 계획을 업데이트하는 데 가장 적극적일 것이다. 게으른 관리자는 사업을 추진하는 데서 자신의 경험 법칙을 그저 수동적으로 고수할 테고, 그에 따라 기업이 마주한 새로운 충격에 대비하지 못할 가능성이 크다. 유능한 관리자를 둔 기업은 이러한 도전을 성공적으로 헤쳐 나갈 것이다. 대기업은 문제를 해결하도록 도와줄 최고의 엔지니어·컨설턴트와 계약할 수 있는 규모와 재정력을 갖추고 있다. 반면 중소기업은 새로운 문제를 본격적으로 다룰 최고 인재의 고용을 감당할 만한 운영 규모에 이르지 못한다. 기업 차원의 여러 적응 전략에는 기업의 생산 공정을 참신한 시각으로 바라볼 줄 아는 컨설턴트를 고용하고, 적응 친화적 신규 장비를 설치하는 데 할애할 수 있는 고정 비용이 포함된다.

양질의 관리자는 자신이 무엇을 알고 무엇을 모르는지 인정할 수 있을 만큼 자아의식과 자기 확신에 투철하다. 이는 기후 회복 탄력성 위험 컨설턴트라는 새로운 직종이 부상할 가능성을 키운다. 기업은 직면한 새로운 도전을 다루기 위해 그들을 고용할 수 있다. 떠오르는 위험에 적응하지 못하는 기업은 수익과 시장 점유율을 잃을 것이다. 경쟁적인 세계 경제 풍토에서 이런 기업은 좀더 민첩한 것으로 드러난 다른 기업들에 의해 물갈이된다. 이런 동학은 부적응 기업의 현재 노동자와 주주는 벌하고, 적응 기업의 수익과 기회는 점차 늘려준다. 기업 회복 탄력성 증진이 얼마나 중요한지에 대한 인식이 날로 커지면서, 부상하는 도전에 해법을 제공하는 새로운 컨설팅 시장이 창출되고 있다. 회복 탄력성 문제를 해결하는 데 특화된 인적 자본의 개발은 적응 과정을 가속화하고, 경제가 전반적인 생산성을 유지하도록 돕는다.

적응을 부채질하는 기업 경쟁

정부가 진입 장벽을 두어 신규 기업의 진입 비용이 큰 산업에서, 기존 기업은 신규 기업들과 경쟁한다고 가정했을 때보다 더 많은 수익을 거둔다. 이런 산업에 속한 기업은 변화하는 위험 유형에 대처하는 속도가 느리기 십상이다. 적자 낼 위험이 거의 없기 때문이다. 이런 의미에서 치열한 시장 경쟁은 변화하는 시장이나 환경적 조건과 마주했을 때 덜 민첩한 기업들을 솎아낸다.

비공개 기업은 새로운 도전에 대한 적응 문제에 직면할 가능성이 크다. 이들 기업은 가족에 의해 운영되는 경향이 있다. 주주를 거느린 경험이 없는 회사는 그저 과거의 경험 법칙에 따라 운영되곤 한다. 가족 소유 기업은 상속인에게 고용을 보장하기 위해 암암리에 이윤을 희생한다. 이러한 기업은 경영진을 가족 구성원 내에서만 찾는다. 연고 없는 사람이 그 기업의 훌륭한 리더가 될 수 있음에도, 그런 기업은 잠재적으로 족벌주의를 위해 수익을 희생한다.

기업이 적당한 거리를 두는 이사회의 감독 없이 운영될 경우, 관리자들은 새로운 위험에 대비할 가능성이 적어진다. 노련한 이사회는 신랄한 질문을 던질 테고, 관리자들에게 책임을 물을 것이다. 이런 상황이 뻔히 예상되기에 관리자들은 기업을 더욱 잘 경영하고 전문가의 조언을 구하려는 동기를 가진다. 이 같은 감독은 행동경제학자들이 제기하는 우려, 즉 많은 관리자가 근시안적이고 지나치게 자신만만하다는 우려를 덜어준다.

하워드 쿤로이더(Howard Kunreuther)와 마이클 유심(Michael Useem)은 공동 집필한《파괴적 위험을 제어하는 법(Mastering Catastrophic Risk)》에서 숱한 기업이 신중한 사고보다 직관적 사고 등의 행동 경향을 띠는 지도자를 두고 있다고 주장한다.[14] 또한 기업 지도자들이 의사 결정할 때 본인의 개인적 경험에 의존하고, 가장 최근 위기에 주목함으로써 가용성 편향(availability bias: 어떤 문제나 이슈에 직면해 무언가를 알아보려 하기보다 당장 머릿속에 떠오르는 것에 의존하거나 그것을 중시하는 경향—옮긴이)이나 사후 확신 편향(hindsight bias: 이미 일어난 사건에 대해 그전부터 자신이 예상한 가장 개연성 높은 쪽으로 몰고 가는 경향—옮긴이)을 드러낸다고 덧붙인다. 저자들은 기업 지도자가 새로운 위험을 과소평가하고 본인의 능력에 지나치게 자신만만하며, 적극적 의사 결정에 관심을 보이지 않고, 부상하는 위험을 나 몰라라 한다고 밝혔다. 마지막으로 그들의 주장에 따르면, 기업 지도자는 과거 수익이 높았던 경험 법칙에 의존하는 현상 유지 편향(status quo bias: 바꾸려는 행동이 현재보다 특별히 이득이 되지 않는 상황이라면 현재 상태를 그대로 유지하려는 경향—옮긴이)에 빠져 있다.

이런 주장은 저마다 미래에 좀더 연구해볼 만한 가치가 있다. 만약 새로운 기업 지도자 세대가 이런 특성을 드러낸다면, 우리는 준비되어 있지 않으므로 새로운 기후 위험에 직면했을 때 총생산성 저하로 고전할 것이다. 하지만 제프 베이조스가 세계에서 가장 수익성 있는 기업 가운데 하나(아마존—옮긴이)를 경영하고 있는 것은 전혀 우연이 아니다. 자유 시장은 효과적으로 희소 자원을 사용하고, 새로운 기회를 추구하고, 위험을 관리하는 사람들에게 보상한다. 오늘날 기업에 관한 행동경제학적 관점은 이미 무르익은 산업에 속한 비공개 기업에 더욱 적합할 것 같다. 이런 기업은 혁신과 실험을 장려하는 견제와 균형 장치가 없으며, 경영진을 긴장시키기에 충분한 경쟁을 특징으로 하지도 않는다.

펜실베이니아 대학 와튼 경영대학원에 재직하는 선도적인 두 전문가가 《파괴적 위험을 제어하는 법》을 집필했다는 사실에서 우리는 모종의 아이러니를 본다. 와튼은 세계에서 가장 선도적인 경영대학원 가운데 하나다. 인적 자본은 우리를 더 나은 문제 해결자로 만들어주는 데서 중추 역할을 맡는다. 이것이 중요한 까닭은 기업 관리자들이 기후 변화에 적응하기 위해 새로운 문제를 떠안기 때문이다. 오늘날의 경영진은 기업 생산성을 높인다.[15] 대다수 기업 경영진이 경영학 석사(MBA)를 취득한다는 점을 고려하면, MBA 교육과정은 기업 회복 탄력성을 구축하는 데 중요한 역할을 할 것이다. 학생들은 계속 회계와 통계학을 공부할 터다. 하지만 와튼을 비롯한 여타 주도적인 경영대학원은, 만약 기업의 실시간 빅데이터에서 드러나는 새로운 위험 유형을 파악하기 위해 위험 탐지 및 기계학습 강좌를 신설한다면, 기업의 위기 적응을 가속화할 수 있다.

직원을 보호하는 노동 시장 경쟁

직장의 편의 시설에는 세금이 부과되지 않는다. 따라서 고용주들은 직원의 사기를 북돋우고 삶의 질을 향상하기 위해 의료 보험이나 후한 점심 같은 제도를 도입하려는 강력한 동기를 지닌다. 그런 의미에서 아마존 같은 기업은 직원들이 행복하고 생산적일 수 있는 근무 환경을 조성하고자 하는데, 이는 어디까지나 이기심의 발로라 할 수 있다. 샌프란시스코의 기온과 천혜의 아름다움은 그들의 기대를 충족시킨다. 만약 훌륭한 실내 환경을 구축할 수 있는 기업이라면 댈러스로 가서 더 저렴한 대지를 사들여 직원을 위한 실내 낙원(Xanadu)을 건설할 수도 있다.

건물의 환경적 질을 다룬 최근 연구는 실외 위험이 증가할 때 건강을 지켜주는 쾌적한 근무 환경이 어떤 역할을 하는지 보여준다. 최근에 볼 수 있는 하나의 빼어난 예가 바로 애플이 새로 지은 친환경적 본사다.[16] 새로운 애플 캠퍼스는 포뮬러 1[Formular one: 공식 명칭은 'FIA 포뮬러 1 월드 챔피언십(FIA Formula 1 World Championship)'으로, 운전석 하나에 바퀴가 겉으로 드러난 오픈 휠 형식의 포뮬러 자동차 경주 중 가장 급이 높은 대회다—옮긴이] 경주용 자동차의 공기 흐름을 최적화한 전문가들과 상의한 후 지었으며, 직원의 생산성을 높이고 사기를 진작하기 위한 건물이다. 애플 본사의 특이한 모양은 자연적 냉각을 돕는다. 이 구조물의 지붕은 타는 듯한 캘리포니아주의 햇볕으로부터 직원들을 보호한다. 환기 시스템은 온도를 조절함으로써 상쾌한 청정 공기를 보장한다.[17] 애플에는 정규 교육을 제대로 받지 않은 직원이 거의 없다. 애플 직원의 70퍼센트 이상이 대학 학위 소지자다. 미국 세법은 소득에는 세금을 부과하지만, 부가 혜택(benefits: 고용인이 고용주로부터 임금 외에 추가적으로 받는 현금·현물·서비스 따위를 말한다. 대략 '복리 후생'과 같은 의미—옮긴이)에는 과세하지 않는다. 따라서 다수의 생산적 기업들은 무료 음식, 체육관, 환경적 편의 시설 등 빼어난 직장 복리 후생을 제공하려는 강력한 유인을 가진다.

영리 추구 기업들에는 무더위와 대기 오염을 상쇄하는 투자를 할 때와 하지 않을 때 이윤이 어떻게 달라지는지 비교하려는 분명한 동기가 있다.

에어컨을 가동하려면 기기를 설치하는 데 드는 고정 비용과 운영비 및 전기세 같은 변동 비용이 필요하다. 에어컨을 설치한 기업은 좀더 생산적인 작업자, 좀더 행복한 작업자를 두게 된다. 이러한 작업자는 그보다 쾌적하지 않은 조건에서 근무할 경우보다 더 적은 임금을 받고도 기꺼이 그 기업에서 일하려 한다.

기업들은 에어컨을 가동하지 않을 경우 더 높은 임금을 지불해야 하거나 훈련된 직원의 보유 가능성이 더 낮아진다면, 차라리 에어컨을 채택하는 쪽에 설 것이다. 노동자가 많은 기업 중 선택할 수 있는 상황일 때, 기업은 직장이 덜 쾌적할 경우 더 높은 임금을 지불해야 한다. 선택권을 쥔 노동자는 비슷한 임금을 지불하고 근무 조건은 더 나은 직종을 구하려 할 것이다. 에어컨 같은 부가 혜택은 (임금과 달리) 과세하지 않기 때문에, 세금이 비싼 나라의 기업은 이러한 복지를 제공하려는 동기를 가진다. 임금을 좀 덜 지불해도 되기 때문이다. 노동자가 편안할 때 기업 생산성이 훨씬 더 높아질 수 있다면, 이는 기업에 에어컨을 가동하려는 유인을 제공한다. 반면 덜 생산적인 기업은 그렇게 할 가능성이 낮다.[18]

이러한 예측은 전반적인 불평등을 시사한다. 만약 대부분의 생산적인 노동자가 가장 생산적인 기업에서 일한다면, 임금 불평등은 노동자 간 실제적 보상 차이의 일부만을 말해줄 뿐이다. 고소득 직장은 직원을 무더위로부터 막아주는 훌륭한 편의 시설까지 제공하는 데 반해, 덜 생산적인 기업은 그렇지 못할 테니 말이다. 많은 노동자, 특히 교육 수준이 낮은 노동자는 가장 생산적인 기업에서 일하지 않는다. 이들의 경우, 기후 충격으로 인한 실업 위험에 직면할 가능성이 더 크며(기업 관리자가 제대로 준비되어 있지 않을 테니), 일상적인 직장 편의 시설도 애플 같은 유수 기업보다 열악할 것이다. 이런 동학은 기후 변화가 노동자 간 불평등을 심화할 것임을 말해준다.

경제를 떠받치는 가장 생산적인 기업은 부상하는 기후 위험으로부터 스스로를 보호하려는 명확한 동기를 가진다. 그들은 광범위한 자기 보호 자본 장비를 구매할 수 있는 금융 자본과 최고 수준의 관리자를 활용한다. 반면 생산성이 형편없고 역시 그에 걸맞은 노동자를 고용하는 기업은 그런 테크놀로지를 채택할 가능성이 낮다. 기후 변화로부터 보호받을 수 있는 기술에 대한 차별적 접근은 고숙련 노동자와 저숙련 노동자의 불평등 간극이 한층 벌어질 것임을 의미한다. 만약 냉방 장비의 가격과 전기 요금이 하락한다면 이런 비관적인 주장은 다소 힘을 잃을 것이다.

재택근무를 통한 적응

2020년 5월 초, 코로나19 바이러스로부터 사람들을 보호하기 위해 미국의 모든 대학이 문을 닫고 온라인 수업에 들어갔다. 교수들은 집에서 줌 소프트웨어를 이용해 강의하고 학생들은 온라인상에서 학습했다. 연구에 따르면, 더 많이 교육받은 사람이 재택근무에 유리한 직종과 업계에 종사할 가능성이 많은 것으로 드러났다.[19]

다수의 영리 추구 기업이 이제 웹을 통한 원격 업무 및 회의로 전환하고 있다. 미국의 여러 도시에서는 교통 체증 탓에 매일 통근 시간이 평균 1시간 넘게 걸린다. 재택근무를 허락하는 기업은 은연중 직원들에게 그러한 손실을 피할 수 있는 자유를 제공한다. 기업이 원격지에서 팀을 꾸리는 방안을 터득하자 다양한 적응 가능성이 열리고 있다. 노동자들은 거주 지역과 직장 지역을 분리함으로써 출퇴근 이외의 기준에 기초해 어디에 살지 결정할 수 있는 훨씬 더 많은 자유를 누린다. 이는 그들이 우선 시하는 위험과 기회에 적응하도록 도와준다.

원격 회의 같은 정보 기술의 발달 덕택에 기업 본사와 백오피스(back office: 고객을 직접 응대하지 않는 후방의 행정 지원 부서—옮긴이) 및 생산 센터 간 물리적 분리가 가능해졌다. 기업은 해안 도시 중심지에 소수의 직원만 남겨두고, 공장과 백오피스는 멀리 떨어진 장소로 내보낼 수 있다. 해안 도시가 특히 위험에 취약하다면, 생산 활동은 좀더 안전한 장소로 옮기는 식이다.

같은 기업에 속한 다양한 기능을 분리하는 데서 비롯되는 생산성 격차는 전화, 이메일, 화상 회의를 통한 커뮤니케이션 능력이 향상하면서 갈수록 줄어든다. 이러한 기술은 물리적으로 가까이 있지 않으면서도 긴밀한 조정이 가능하도록 거든다. 만약 기업이 다양한 기능을 물리적으로 서로 가까이 두지 않은 채로도 조정할 수 있다면, 어디에 위치할지와 관련해 더 많은 가능성이 열린다. 장소 선택지를 늘리면 적응이 용이해진다.

이제 더 많은 직종이 대면 접촉을 요구하지 않는 업무 쪽으로 변신하고 있다.[20] 따라서 사람들은 집 밖으로 이동하는 능력을 제약하는 기상 이변 사건이 발생해도 내내 생산성을 유지할 수 있다. 향후 시카고에 폭풍우가 덮친다 해도 노동자들이 원격 근무를 이어갈 테니 단기적인 생산 단절 사태가 줄어들 것이다.

바리스타나 치과 의사는 커피 찾는 손님이나 환자와 신체적으로 마주해야 한다. 반면 다른 직원이나 고객과 직접 접촉할 필요 없는 직종도 수두룩하다. 더 많은 기업이 직원들에게 재택근무를 허용하고 있다. 이렇게 하면 상업용 부동산을 임대할 필요성이 줄고 출퇴근 시간도 아낄 수 있다. 많은 노동자의 경우, 팀으로서 생산성을 유지하기 위해 대면 회의를 진행할 필요성이 사라진다. 이제 사람들이 재택근무를 할 기회가 점차 늘고 있다.

중국에서 실시한 현장 실험은 좀더 많은 재택근무를 특색으로 하는 미래를 미리 보여준다.[21] 콜센터를 운영하는 중국의 어느 회사에서, 직원은 통화할 때마다 보수를 받고 성공하면 추가로 수수료를 받는다. 이 실험은 일부 노동자에게 재택근무를 장려하도록 동기를 부여했다. 재택근무가 땡땡이를 부리게 만든다는 일반적 주장과 달리, 이 연구는 재택근무를 하는 직원은 더 행복하고 사무실에서 근무할 때와 동일한 생산성을 유지했으며, 출퇴근하지 않음으로써 시간을 절감한다는 것을 확인했다.

이 연구는 기후 적응과도 관계가 있다. 전통적으로 (상사가 직원을 저렴한 비용으로 감시할 수 있도록) 본사가 필요하다고 여겨온 직종이 근무지를 여러 장소로 분산할 수 있음을 알게 되었기 때문이다. 실적을 측정할 수 있고 노력에 따른 결과로 임금을 책정하는 환경에서는, 상사가 물리적으로 가까이 있지 않아도 노동자들이 전력을 다해 일하려는 당연한 동기를 가진다.

기후 적응과 관련한 또 다른 예는 전미경제학회(American Economic Association)의 2018년 회의다. 학회는 매년 1월 초 연례 회의를 개최한다. 주로 보스턴·시카고·필라델피아 같은 추운 도시에서다. 이들 도시에서는 겨울에 호텔비가 싸다. 학회는 직장을 구하기 위해 회의에 참석하는 대학원생들의 여행 경비를 최소화하려 애쓴다. 막 박사 학위를 따고 조교수 자리를 찾는 젊은 경제학자는 호텔 객실에서 여러 차례 인터뷰에 응해야 한다. 불가피하게 날씨가 나쁜 해에는 비행이 취소되기도 한다. 2018년 1월, 많은 UCLA(캘리포니아 대학 로스앤젤레스 캠퍼스) 경제학자들이 부분적으로 비행 편이 취소되어 필라델피아에 가지 못했다. 학회 교수진들은 구직 인터뷰를 취소하는 대신 스카이프(Skype)를 이용해 후보자들을 심사했다. 구직 시장 탐색은 원래대로 진행되었다. 이 사례에는 몇 가지 시사점이 있다. UCLA의 인터뷰 전략은 교수들이 회의 장소로 이동하지 않도록 함으로써 캘리포니아주 납세자의 돈을 절약하게 주었다. 악수를 교환하지 않았기에 감염병 전파 가능성도 낮추었다. UCLA 경제학과 학과장(나의 아내 도라 코스타(Dora L. Costa))은 내게 스카이프로 하는 인터뷰가 거의 대면 회의만큼이나 무리 없이 진행되었다고 말했다. 이 사례는 인터넷 통신 기술이 어떻게 기후 충격에 대한 적응을 용이하게 하는지 보여준다. 대면 접촉 필요성이 줄어들면 더 많은 노동자에게 어디에 살지, 얼마나 자주 출근할지 결정하는 데 상당한 유연성이 생긴다.

적응을 촉진하는 금융 시장 경쟁

생산적인 기업은 훌륭한 직원을 고용하고 새로운 프로젝트를 시행하기 위해 자본을 모아야 한다. 자본 공급자(헤지펀드와 월가)는 자선을 베푸는 자들이 아니다. 그들은 고수익과 저위험의 투자 기회를 노린다. 이러한 애널리스트들로부터 유리한 등급을 받는 기업은 낮은 금리에 돈을 빌릴 수 있고, 지분을 경매로 처분할 때 더 많은 돈을 거둔다. 이러한 동학은 애널리스트와 금융 시장 참가자들이 기후 회복 탄력성에 대한 기업의 투자를 촉진하는 데 건설적인 역할을 하는 선순환 구조를 낳는다. 일부 관리자가 회복 탄력성 문제를 다루는 데 굼뜨면, 금융 부문이 그들에 대해 현명한 판단을 내린다. 칼 아이컨 같은 투자자는 가까운 미래에 그 기업의 실적이 저조할 거라고 여겨지면 주식 공매도에 나선다. 영리 추구 기업과 금융 부문 간 상호 작용은 그런 기업들로 하여금 외부 애널리스트가 예견하는 위험이 무엇인지 인식하도록, 그 위험을 완화하기 위해 사전 대책을 강구하도록 자극한다. 좌우간 상장 기업의 CEO는 설사 기후 부인론자라 하더라도 자사가 자연재해로 겪는 피해 탓에 채권 등급이 떨어진다면 인식된 기후 위기를 줄이는 조치를 취할 것이다.

대출 비용은 신용 평가 기관의 활동에 따라 달라진다. 무디스(Moody's Investor Service)나 S&P(S&P Global Rating) 같은 기업은 신용도에 의거해 기업을 평가한다. 만약 신용 평가 기관에서 어느 기업이 위태롭다고 판단한다면, 그 기업은 높은 이자율로 돈을 빌릴 수밖에 없다. 신용 평가 기관은 기후 변화가 기업에 어떤 위험을 제기하는지 알아내기 위해 더 많은 자원을 투자하고 있다. 2019년 7월, 무디스는 기후과학을 이용해 기후 위험 점수를 매기는 데 전념하는 기업 '포 트웬티 세븐'의 최대 지분을 확보했다. 마크 카니(Mark Carney) 잉글랜드 은행 총재는 기후 변화가 금융 시장에 중기적으로 가장 심각한 위험을 안겨준다고 주장했다.[22] 만약 신용 평가 기관이 부상하는 기후 위험에 제대로 대처하지 못한 데 대해 기업에 책임을 묻는다면, 그들로서는 기후 위험을 완화하는 예방책에 투자하지 않을 도리가 없다.

네트워크 파괴와 공급망

공급망은 현대 경제에서 중추 역할을 담당한다. 최종 산물을 만드는 데 필요한 투입 요소 모두를 직접 생산하는 기업은 거의 없기 때문이다. 대신 기업들은 저마다 잘하는 분야에만 주력하고, 다른 투입 요소는 하도급을 통해 그 부분의 생산에 이점이 있는 업체에서 사들인다. 자동차 생산을 생각해보자. 자동차 제조업체는 차량에 필요한 각 부품을 생산한 다음, 최종 자동차로 조립해 내놓을 수 있다. 그게 아니면 일부 부품에만 주력하고, 타이어 같은 주요 투입 요소는 그에 특화된 다른 업체에서 사들일 수도 있다. 두 번째 접근법은 최종 자동차의 평균 생산비를 낮춘다. 하지만 생산자를 공급망 위험에 노출시킨다. 투입 요소 공급자(예컨대 타이어 제조사)가 입은 충격은 자동차 제조사 전체를 마비시킬 수 있다. 최종 재화를 생산하는 데 필요한 핵심 투입 요소를 사용할 수 없기 때문이다.

미증유의 새로운 코로나바이러스 대유행은 세계적 공급망이 붕괴하면 어떤 대가를 치르는지 보여주는 으스스한 사례 연구다. 바이러스 확산으로 중국이 봉쇄에 들어가자 애플을 비롯한 많은 주도적 기업이 아이폰 같은 제품의 생산 방안을 해결하기 위해 씨름해야 했다. 아이폰의 핵심 부품을 생산하는 폭스콘(Foxconn)·페가트론(Pegatron) 등의 기업은 중국에 수천 명의 직원을 거느리고 있는데, 그들이 코로나19의 발발로 발이 묶인 것이다. 돌이켜보면, 애플은 주요 기능을 자사 제품에 맞게끔 맞춤화(customization)하기로 결정함으로써 비슷한 투입 요소를 생산하는 다른 제조사들로 쉽사리 갈아탈 수 없었다. 이러한 맞춤화의 편익은 그 투입 요소가 최종 제품에서 더없이 매끄럽게 작동한다는 것이다. 반면 그에 따른 비용은 최종 제품 제조사가 오직 그 중요한 투입 요소에만 기대게 된다는 것이다. (감염 위험에서 기후 변화에 이르는) 장소 기반 위험이 증가 일로인 경제에서 이는 점점 더 위험한 도박이다.

기후 변화 적응의 관점에서 이 비극의 와중에 한 가닥 희망이 있다면 그것은 진취적인 기업이 장소 기반 충격 발생 시 어떻게 대응해야 하는지와 관련해 상황 적응적 해법을 내놓으리라는 점이다. 감염병과 마찬가지로 심각한 자연재해도 공급망을 무너뜨릴 수 있다.

연구자들은 2011년 지진과 쓰나미가 일본 경제에 안겨준 피해를 연구해왔다. 그 끔찍한 사건은 서로 거래하는 기업들 간의 상호 관련성을 시험하는 자연 실험이었다. 일본 경제와 쓰나미에 대해 말하자면, 쓰나미의 영향권에서 지리적으로 멀리 떨어진 곳에 자리한 기업들조차 생산성 하락으로 고전했다.[23] 일본의 공급망에서 중요한 위상을 차지하는 기업들이 쓰나미가 덮친 지역 가까이에 들어서 있어 붕괴를 겪자 도미노 효과가 일어났다. 쓰나미에 영향받은 기업들이 생산을 멈추자, 주요 투입 요소를 공급받는 식으로 그들에게 기대고 있던 기업들도 최종 생산물을 내놓을 수 없었다. 경제의 연결성 때문에 그 충격은 물리적으로 그에 영향을 받지 않은 지역으로까지 퍼졌다. 거시경제학자들은 이 도미노 효과에 각별한 관심을 기울인다. 어느 지리적 지역에 미친 충격이 증폭되어 경제 전반에 해를 끼친다는 의미이기 때문이다. 이 같은 네트워크 효과는, 한 지역에 가해진 부정적 충격은 다른 대체 장소로 활동이 옮아감에 따라 상쇄된다고 보는 일반적인 신고전주의 논리와 대조를 이룬다.

기후 변화는 폭포처럼 연속되는 충격 역학의 위험을 가중시킬 수 있다. 자신들이 주요 투입 요소 공급업자에게 의존하고 있음을 의식한다면, 그리고 기후 위험으로 생산성을 저하시키는 파괴적 사태가 일어날 가능성이 커지고 있음을 안다면, 기업은 새로운 회복 탄력성 전략을 모색할 것이다. 이 경우 더 많은 고통에 대한 예측은 새로운 위험이 야기하는 피해를 줄이기 위해 더 한층 노력하도록 이끈다.

다양한 지점에서 최종 제품을 생산할 뿐 아니라 대안적 투입 요소 공급업체와 제품 수송로를 이용할 수 있게 되면, 공간적 자연재해가 기업의 생산을 급감시킬 가능성은 낮아진다. 2011년 태국은 세계에서 사용하는 컴퓨터용 하드디스크 드라이브의 40퍼센트를 생산하고 있었다. 대규모 홍수로 PC 제조사 델(Dell)의 작업이 멈추었다. 홍수가 자사 공급망에 입힌 피해를 확인하고서 놀란 델은 파트너 공급업체의 위험을 밝혀내기 위해 그들의 사업 연속성 준비 상태를 추적하기 시작했다. 그런 다음 지리적으로 공급업체를 다각화했으며, 내부 및 공급업체와의 사업 연속성에 대한 관리 책임을 정확히 지적했다. 델은 자사 해당 부서와 파트너 기업들에 자주 업데이트되는 위험 측정 항목을 요구했다.[24]

공급망의 회복 탄력성을 추구하는 기업의 수가 많아지면, 물류를 개선하는 드론 기술 같은 새로운 혁신 시장이 창출될 것이다. 드론 배달은 육상 운송로가 망가질 경우 훨씬 더 값어치 있어진다. 기업들은 그 밖의 다양한 자기 보호 전략을 놓고 선택할 수 있다. 일부 기업은 공급망에 대체 가능성을 마련함으로써, 서로 멀리 떨어진 공급업체로부터 핵심 투입 요소를 구매할 수 있다. 이러한 지리적 분산은 신중한 기업이 향후 네트워크 붕괴에 직면할 가능성을 줄여주는 다각화의 일종이다. 기후 위험의 불확실성이 크다는 것을 의식하는 기업은 이런 암묵적 보험에 투자할 가능성이 높다.

아마존 같은 기업은 예컨대 홍수가 교통망에 충격을 가하면 대안적 물류 창고에서 상품을 수송할 것이다. 강가에 자리한 기업은 바지선의 발이 묶이면 육로를 활용하는 대체 계획을 세운다. 기업은 적시 생산을 저해하는 단기 충격이 우려되면 재고 생산량을 늘릴 수 있다.

허리케인 카트리나가 휩쓸고 간 뒤, 월마트(Walmart: 미국에 본사를 둔 세계 최대 유통업체―옮긴이)는 호황기와 불경기에 자사의 세계적 공급망을 추적하는 데 도움을 받고자 '비상 운영 센터(Emergency Operations Center)'를 꾸렸다. 오늘날 이러한 추적·관찰은 위성 통신 서비스 분야의 발달에 힘입어 한결 손쉬워졌다.[25] 월마트는 사람들이 재난 기간에 대처하도록 돕는 자사 매장에 의존한다는 것을 인식하고 있다. 그 기업은 다음과 같이 홍보한다.

재난이 지역 사회를 타격하면, 전 세계에 흩어져 있는 우리의 1만 2000개 매장—비상시에 꼭 필요한 제품 종류를 완비한—은 소중한 자원이 됩니다. 우리는 매장을 될수록 빠르게 다시 열어 사람들이 약품·식료품을 비롯한 여타 생필품을 이용할 수 있도록 노력하고 있습니다. 우리는 긴급 대응 기관이 지속적인 구호 활동을 펼치려 애쓰는 동안 종종 어려운 이들에게 물품을 나눠줄 수 있습니다. 가능한 한 효과적으로 물품을 공급하고자 우리 '비상 운영 센터' 직원들은 응급 의료 요원, 미국적십자사(American Red Cross) 같은 비영리 단체 및 지방 정부, 주 정부, 연방 정부 기관과 협력합니다. 우리는 또한 직원들의 물류 및 운영에 관한 전문 지식을 동원해 구호 활동을 지원하고 있습니다.[26]

대기업은 이런 드문 사건에 대비하는 데 더 많은 투자를 할 것이다. 이들 기업은 여러 시장에서 영업하기 때문에 재난 상황에 대처해본 경험이 풍부할 터이다. 또한 각 지사는 모종의 공간적 다변화를 도모한 결과, 어느 지역의 물류나 생산이 차질을 빚는다 해도 생산물을 지리적으로 흩어진 시장들로 옮길 수 있다. 이런 의미에서 대기업은 중소기업보다 기후 변화에 대처하는 데서 우위를 점한다. 중소기업은 축적된 경험이 부족하고, 금융 접근성이 떨어지며, 수준 낮은 관리자가 운영하고 있을 가능성이 높다.

이러한 논의는 자연재해가 기업 생산성에 미치는 **분배적 영향**(distributional consequences)을 잘 보여준다. 만일의 사태에 대비하지 못한 기업은 기상 이변이 발생했을 때 엄청난 이익 손실을 겪는다. 이들 기업이 손해를 보는 와중에도 기상 이변에 대비한 경쟁사들은 시장 점유율을 늘려간다. 이런 면에서 어려운 고비에도 계속 수익을 내기 위한 기업들 간 경쟁은 경제 전반이 회복 탄력성을 지니도록 돕는다.

서비스의 신뢰성 유지

우리 경제에서 주요 기업들은 신뢰할 만한 고품질 서비스를 제공하기 위해 휴대폰 통신 사업자나 전기 공급업체 같은 중간적 투입 요소 공급자에 의존한다. 만약 이런 망들이 화재를 비롯한 여타 자연재해 기간에 제대로 작동하지 못한다면, 주요 기업들의 생산성에도 차질이 빚어진다. 이 도미노 연쇄 논리는 중간적 투입 요소 공급업체들이 사업 계획에서 회복 탄력성과 견고성을 고려하는 것이 얼마나 중요한지 말해준다. 이는 그들이 여러분의 서비스를 확보하고 최악의 시나리오에 대비해야 한다는 것을 직관적으로 보여준다. 기업들은 서비스 분야의 경쟁에 직면하면 그렇게 할 가능성이 높다. 휴대폰 서비스 공급업체들은 신뢰하기 어렵다는 평판을 얻을 경우 거래를 놓치므로 강력한 투자 동기를 지니게 된다.

주요 휴대폰 기업들은 재난 이후 한동안 전력망이 작동하지 않을 경우에 확실히 대비하고자 백업 발전기에 연료를 채워두는 등 선제 조치를 취하고 있다. 주요 기업들은 핵심 인프라가 불안정할 거라고 예상되면, 자체적인 백업 발전 방안과 통신 시스템을 구축하는 식의 대비책에 투자하려는 동기가 생긴다. 심각한 충격이 발생해도 회사 운영에 차질이 빚어지지 않도록 회복 탄력성을 갖추기 위해서다. 이러한 백업 계획에는 비용이 많이 든다. 따라서 비용을 최소화하려는 기업은 한편으로 보조용 안전 장치에 투자하는 것, 다른 한편으로 신뢰할 만한 탁월한 실적을 보유한 서비스 공급업체를 물색하는 것 간의 트레이드오프에 직면한다.

영리를 추구하는 민간 전력 회사 같은 서비스 공급업체는 신뢰성과 기민성을 갖추려는 강한 동기를 가진다. 2018년 11월의 캘리포니아주 화재 여파로 PG&E의 주가가 25퍼센트 하락했다. 그 인프라가 화재 발생에 원인을 제공했을지도 모른다는 소식이 퍼지면서다. 이처럼 법적 책임의 위험이 커지는 상황에 직면한 진취적인 서비스 공급업체는 자기 보호 동기가 더욱 강력해진다. 기후 변화에 직면해서도 이윤 극대화를 노리는 기업은 한편으로 믿을 만한 서비스를 제공한다는 평판은 계속 누리되, 다른 한편으로 법적 공방을 벌어야 하는 부담은 낮추고 싶을 것이다.

자연재해 위험에 따른 서비스 공급업체의 법적 책임을 줄이는 것과 신뢰할 만한 서비스를 제공하는 것 사이에는 갈등이 존재한다. 이와 관련해 캘리포니아주에서 흥미로운 사례가 펼쳐졌다. 건조한 지역에 바람이 거세게 부는 시기에는 활선 상태의 송전선이 넘어지면 화재 발생 위험이 커진다. 이러한 결과를 예상한 PG&E는 2019년 10월 전원을 차단하는 식으로 대응했다. 북부 캘리포니아주에서 수십만 명의 주민과 많은 기업이 산불 위험을 줄이는 조치로 인해 며칠 동안 전력을 사용하지 못했다.

이런 조치는 화재 위험을 낮추는 데야 도움이 되지만, 공공 서비스를 신뢰할 수 없게 된 사람들 사이에서 비용을 유발한다. PG&E의 조치는 화재 위험을 줄이는 적응의 일환으로 정전을 시행할 경우, 가정과 기업이 그에 어떻게 대처하는지 보여주는 시험이었다. 점점 더 많은 가정과 기업이 이제 정전 위험을 충분히 의식하게 되었다. 따라서 나는 그들이 삶의 질과 수익성에 끼치는 영향을 줄이기 위해 백업 발전기를 구입하는 식의 사전 예방 조치를 취할 거라고 예상한다.

기후 변화가 실외 경제에 제기하는 생산성 과제

이 장은 상이한 유형의 실내 기업들이 어떻게 부상하는 위협에 적응하는 지를 미시경제학적 관점에서 탐구했다. 하지만 수백만 명의 노동자는 여전히 실외에서 근무한다. 극도로 무덥고 불쾌지수가 높은 날, 이 개인들에게는 무슨 일이 벌어질까? 누가 이런 노동의 중단이 초래하는 비용을 떠안는가? 로스앤젤레스에서는 많은 사람이 정원사를 고용한다. 건설 현장에서는 숱한 인부가 땀을 흘리고 있다. 극심한 폭염 기간에도 이런 노동자는 오직 일을 해야만 돈을 벌 수 있다. 따라서 날씨가 극도로 무더운 날에도 그에 노출된 채 그저 작업을 이어가거나, 작업 일정을 조정하고 소득 감소를 감수하거나 둘 중 하나를 택해야 한다. 아마존은 냉각 조끼를 100달러에 판매한다.[27] 이런 제품이 그들을 더위로부터 어느 정도 보호해주는지는 아직 확인되지 않은 문제로 남아 있다.

소도시 외곽 지역에서는 사람들이 관광 산업이나 천연자원 추출을 통해 생계를 이어간다. 바닷가재는 메인주 바다에서 서식하므로 오늘날 메인주는 바닷가재 어획의 중심지다. 기후 변화로 해양이 따뜻해지고 있어 해양생물학자들은 바닷가재가 딴 곳으로 이주할 거라고 예상한다.[28] 케네벙크포트(Kennebunkport)와 바하버(Bar Harbor) 같은 메인주 해안 도시에서는 일부 거주민이 바닷가재 잡는 일을 한다. 이들은 바닷가재 수가 급격히 줄어들면 생계를 잃는다. 이미 알래스카주에서는 얼음이 녹아내리는 바람에 게 잡이 철이 1개월 정도 짧아졌다.[29] 이와 관련해 바닷가재 어획량 감소로 소득이 줄어든 개인들이 그 도시의 관광 부문에서 얼마나 쉽게 비슷한 소득을 보장하는 일을 구할 수 있느냐 하는 문제를 다룰 필요가 있다. 천연자원 추출과 관광 산업에 주력하는 공동체는 노동자들이 또 다른 소득원으로 쉽게 갈아타도록 해주는 직업 다양성이 부족하다. 만약 이들이 일을 찾아 다른 곳으로 이주해야 한다면, 그들에게 차선의 직업은 무엇일까? 천연자원 추출 기술을 더 이상 사용할 수 없는지라 생계에 대해 처음부터 새로 고민해야 한다면, 그들의 삶의 질은 빠르게 하락할까? 이 질문들에 대한 답은 (개인마다 다르겠지만) 사람들이 기후 변화에 적응하면서 직면하게 될 비용을 결정한다.

도시의 부동산 보호하기

미국 전역에서 주택 가격은 지역에 따라 천차만별이다. 부동산 데이터베이스 기업 질로에 따르면, 2018년 5월 캘리포니아주에서 거래된 주택 가격은 평균 54만 3000달러인 데 반해, 미시간주에서는 14만 1000달러에 그쳤다.[1] 부동산 한 채의 가격을 결정하는 것은 첫째도 위치, 둘째도 위치다. 부동산은 시애틀처럼 지역 경제가 호황을 누리는 곳에서는 값이 더 나간다. 같은 대도시 지역이라 해도 똑같은 품질의 주택이 어느 동네에 위치하느냐에 따라 가격이 달라진다. 양질의 공립 학교, 낮은 범죄율, 바다나 공원 같은 반할 만한 자연 근접성, 문화 공간과 쇼핑센터·음식점 등 우수한 생활 편의 시설을 갖춘 좋은 동네에서는 같은 주택이라 해도 더 비싼 가격에 팔린다.

사람들은 부동산 투자에 따른 장점을 신중하게 고려하려는 동기를 가진다. 미래를 내다보는 주택 구매자는 만약 집을 수십 년 동안 보유한다면 머잖아 위험에 직면하리라는 것을 인식하고 있다. 그들은 주택, 인근 동네, 그리고 그 지역이 위치한 도시가 미래에도 계속 살기 좋으리라는 데 대해 장소 기반 내기를 하는 셈이다. 모든 주택은 해당 지역의 특정 노동 시장 부근에 들어선 구체적 구조물(이를테면 수영장 딸린 방 4개짜리 집)이다. 그런데 그 지역의 특성은 기업 활동과 경제 활동뿐 아니라 다른 거주민들이 어떻게 구성되어 있느냐에 따라 달라진다. 해당 지역의 선출직 공무원들 역시 세금을 매기고 규정을 마련하고 공립 학교에 대한 투자나 치안 보호 같은 공공재 관련 결정을 내림으로써 삶의 질을 좌우하는 역할을 한다. 기후 충격은 부동산 가치에 영향을 주는 또 다른 장소 기반 위험이다.

부동산 구조물은 옮기기엔 비용이 너무 많이 드는지라 기후 위험에 노출되기 쉽다. 기후 변화라는 위협이 서서히 드러나고 있으므로, 이런 위험으로부터 거주민을 보호하는 데 상대적 이점이 있다고 판명된 지역의 부동산은 더 비싼 가격에 팔린다. 질로의 연구원들은 2100년 해수면 상승 탓에 미국 부동산이 입게 될 총손실에 대해 섬뜩한 추정치를 내놓았다.[2] 선견지명 있는 이 연구는 이번 세기에 수천억 달러어치의 부동산이 물에 잠길지도 모른다고 전망한다. 이는 미래에 상당 규모의 해수면 상승을 겪으리라 예상되는 지역의 주택 수를 세어서 얻은 결과다. 질로는 오늘날 미국 주택의 '재판매 가치(resale value: 구매한 물건을 재거래할 때 매겨지는 가치. 부동산의 경우 다른 중고 상품과 달리 재판매 가치가 처음보다 올라가는 경향이 있다—옮긴이)'를 추정한다. 따라서 그 가치 예측치와 기후 위험에 처한 주택 총수를 곱해 위험에 노출된 부동산 총가치 예측치를 얻어낼 수 있다.

2100년이라는 먼 미래 시점을 점치려 한 질로의 노력에는 경의를 표할 만하다. 하지만 수정 구슬(crystal-ball)에 기댄 이런 주먹구구식 예언은 루커스 비판의 대상이 된다. 날씨 패턴이 변화하면 부동산 시장은 수요와 공급의 조정을 거치면서 좀더 회복 탄력적인 부동산 부문을 출현시킬 것이다. 이 장은 새로운 기후 변화 위험이 지역 부동산의 수요와 공급에 어떤 영향을 미치는지 탐구한다.

'새로운 기후 변화 뉴스'가 야기하는 부동산 시장 역학

자산의 가치는 그것의 현재 '기초 경제 여건(fundamentals)'과 기대되는 미래 기초 경제 여건을 동시에 반영한다. 부동산의 경우 만약 당신이 70년 동안 유지될 신규 주택을 소유한다면, 그 가치는 향후 70년간의 '할인율을 고려한 예상 임대료 흐름〔discounted expected rental stream: 미래의 현금 흐름(cash flow)에 할인율(discount rate)을 적용해 현재 시점에서 가치를 평가하는 기법을 현금 흐름 할인법(discounted cash flow)이라고 한다―옮긴이〕'과 같을 것이다. 왜 그럴까? 만약 집값이 그보다 낮다고 가정해보자. 이 경우 투자자들은 비교적 저렴한 가격에 집을 매입해 잘 손본 뒤 다시 70년간의 임대료 총수입 흐름에 맞는 가격에 임대하는 차익 거래 기회를 맞는다. 이를 간파한 거래자들은 차익 거래 기회가 사라질 때까지 가격을 올린다.

특정 부동산의 연간 시장 임대료는 여러 요인에 좌우된다. 이를테면 해당 부동산의 입지가 어떤지, 직면한 위험의 유무, 그리고 직장에 대한 접근성, 생활 편의 시설, 여가와 쇼핑 등 거주자에게 제공하는 기회가 어떤지, 또는 소음, 오염, 위험, 극심한 무더위 같은 불편 사항은 없는지 등이다. 만약 임대료가 기후 변화 탓에 향후 떨어질 것으로 기대된다면 현재의 주택 가격 역시 낮게 책정된다. 현재의 주택 가격은 차후 그 주택을 세놓아 거둬들일 수 있는 임대료가 낮아질 거라고 예상될 경우 그 점까지 반영하고 있기 때문이다.

어느 지역에서 기본적인 삶의 질은 그곳의 부동산 가격을 결정하는 데 중요한 몫을 차지한다. 이런 의미에서 부동산 소유자는 나쁜 뉴스가 나오면 그 부담을 떠안고, 좋은 뉴스가 생기면 그에 따른 자산 가치 상승으로 이득을 본다. 땅값은 특정 지리적 지역이 직면한 구체적 도전과 기회를 다루는 새로운 뉴스를 반영한다. 시간이 가면서 (지역 경제나 삶의 질과 관련한) 새로운 뉴스가 떠오르면, 주택 공급보다 수요가 더 빠르게 증가하는 지역에서는 임대료가 오른다. 또한 지역 경제가 호황을 누리거나 범죄 감소 혹은 지역의 대기 질 및 수질 같은 주된 삶의 질이 호전되어도 임대료가 상승한다.

반면 '기초 경제 여건'이 악화하는 지역은 자산 가치 상실로 고통을 겪는다. 그 집의 구매를 고려하는 사람들에게 부상하는 새로운 위험에 대해 보상해주어야 하기 때문이다. 미국 도시들의 경우 주택 가격은 같은 도시 안에서도 더 무더운 지역에서 낮아지는데, 이런 곳에서는 가난한 이들이 살아가는 경향이 있다.[3] 기후 변화로 여름 기온이 상승하면 경제 논리는 어느 도시에서 기후가 좀더 온화한 지역에 비해 가장 무더운 지역의 임대료가 하락할 것이라 예상한다. 점점 무더위가 심화하는 지역의 임대료 하락은 임차인의 불편 증가를 그만큼 보상해준다.

낮은 임대료는 더 나은 에어컨 같은 적응 제품을 구입하도록 허락한다. 하지만 도시 내에서 점차 무더워지는 지역에 집을 둔 이들은 임차인과 달리 자산 손실로 고통당한다. 그들이 보유한 주택의 재판매 가격이 기후 변화를 겪지 않았다면 가능했을 가격보다 떨어지기 때문이다.

이 예는 부동산의 소유주와 임차인을 구분하는 것이 중요함을 보여준다. 부동산 소유주는 해당 동네의 경제적 활력이나 삶의 질과 관련해 좋은 뉴스가 생기면 부가 불어나는 경험을 한다. 반면 임대료 규제가 없을 경우 임차인은 그 지역의 경제적 활력이나 삶의 질이 떨어지면 임대료를 적게 지불한다.

누구나 어디에선가는 살아야 하므로 이와 관련해서는 상대적 비교가 중요하다. 보스턴과 뉴욕이 선택할 수 있는 단 두 곳인데, 보스턴의 삶의 질이 뉴욕만 못하다고 치자. 그러면 당연히 뉴욕의 임대료는 오를 것이다. 현재의 자산 소유주는 이 새로운 뉴스로부터 곧장 영향을 받는다. 미국 전역에서 새로운 주택의 공급이 꽤나 제한적인 곳들의 경우, 주택 수요가 더없이 빠르게 증가하고 있다. (샌프란시스코나 보스턴을 떠올려보라.) 이런 지역에서는 산맥 같은 지형적 요인과 토지 사용 규정이 새로운 주택 공급을 제약한다. 주택의 수요와 공급은 둘 다 부동산 가격 역학을 결정한다.

몇몇 연구는 해수면 상승의 위험이 있는 지리적 지역에 들어선 주택의 가격 할인 문제를 조명했다. 2003년에서 2017년까지 뉴욕의 주택 시장을 다룬 논문에서 저자들은 2012년 발생한 허리케인 샌디를 자연 실험으로 활용했다.[4] 그들은 각 주택의 매매 거래를 관찰했으며, 각각의 경우에서 그 자산의 매매가, 매매 날짜, 주택의 지리적 위치와 물리적 특성에 관한 정보를 수집했다. 그리고 홍수 지대의 지리학에 관한 정보를 이용해 주택이 뉴욕의 비상 관리 부처가 규정한 가장 위험한 두 허리케인 소개 지대 가운데 하나(가장 물난리 피해를 입기 쉬운 지리적 지역)에 위치해 있는지 평가했다. 자산 매입자들은 구매를 고려 중인 주택이 두 지대 가운데 하나에 포함되어 있는지 알아내려는 강력한 동기를 가진다. 저자들은 통계 기법을 써서 주어진 크기·연식·구조를 지닌 주택의 가격이 지어진 시간과 장소에 따라 어떻게 달라지는지 시험했다. 허리케인 샌디 이후 가장 위험한 홍수 지대에 자리한 주택은 그 이외 지역에 위치한 동일 품질의 주택보다 8퍼센트 싸게 팔렸다. 저자들은 이러한 할인을 고위험 지대가 향후 겪을 물난리 위험에 대한 두려움이 반영된 결과라고 해석했다.

2019년 실시한 영국의 주택 시장 연구에 따르면, 최근에 홍수를 겪은 지역의 주택에서 판매가 할인이 있었지만 그 현상은 시간이 가면서 사라졌다.[5] 이 연구 결과에 대한 한 가지 해석은 현저성(salience) 개념을 중심으로 한다. (어떤 상황이나 활동 혹은 제품 특성의 '현저성'이 떨어질 때, 즉 두드러지지 않을 때 사람들은 흔히 그것을 자기한테 유리하게 바라보려는 경향이 있다. 눈에 보이지 않는 기회 비용을 과소평가하는 것이다-옮긴이.) 주택 매입자들은 대규모 홍수로 충격에 빠지면 일시적으로 과잉 반응하면서 그런 지역을 기피한다. 하지만 상황이 나아지면 언제 그랬냐는 듯이 다시 돌아와서 그런 주택을 공격적으로 사들인다. 홍수가 부동산 시장에 미치는 영향이 왜 시간이 흐르면서 사라지는지에 대한 또 다른 설명은 이렇다. 즉, 인근의 일자리 증가나 점차 좋아지는 생활 편의 시설 같은 다른 요인이 가격에 미치는 홍수 위험의 부정적 효과를 상쇄해준다는 것이다.

이 예는 행동경제학자와 신고전주의 경제학자가 어떤 행동 모델이 최근의 현상을 가장 잘 설명하는지에 대해 의견을 달리한다는 것을 보여준다. 행동경제학자는 만약 다른 모든 요인이 계속 변함없이 남아 있다면, 자신들의 현저성 가설을 더욱 분명하게 입증할 수 있다. 실험과학자와 달리 우리는 그런 실험을 실행하기 어렵다. 경제학자는 흔히 수집한 관찰 데이터를 가지고 우리가 밝혀낸 사실을 설명할 이론이 다수 있음을 보여줌으로써 신분 증명 문제에 대처하곤 한다. 기후 변화는 전례 없는 심각한 충격을 새로 안겨줄 것이기에 행동경제학 아이디어를 검증할 수 있는 판돈이 큰 실험실이다.[6]

플로리다에서 진행한 어느 연구는 연안이 해수면 상승 위험에 직면할 때면 주택들이 할인가에 팔린다는 사실을 보여주었다.[7] 이 조사에서 연구자들은 아파트의 임대료 데이터도 수집했다. 그런데 임대료(앞으로 12개월 동안 주어진 위치에 살기 위해 지불하는 비용)는 해수면 상승에 직면한 지역에서 낮아지지 않았음을 발견했다. 주택 소유는 주인에게 주어진 부동산의 미래 임대료 흐름에 대한 자격을 부여한다. 따라서 향후 기대되는 기후 위험이 주택 가격에는 영향을 미친다. 하지만 오늘의 임대료에는 영향을 주지 않는다. 이 연구 결과는 부동산 시장이 미래를 내다보는 시장임을 말해준다. 투자자들은 지역적 삶의 질은 시간이 가면서 달라진다는 것을 알고 있다.

주택 공급

주택의 건설과 공급은 부동산의 시장 가격을 결정하는 데서 핵심 역할을 맡는다. 시애틀의 어느 동네에 똑같이 생긴 무척이나 튼튼한 1000개의 주택이 매물로 나와 있다고 치자. 5만 명이 주택 입찰을 고려하고 있으며, 각 입찰자는 이 1000개 주택 가운데 하나에서 살기 위해 돈을 지불하려는 의지(달러로 측정된)가 저마다 다르다고 가정하자. 만약 우리가 5만 명의 가치액을 최고에서 최저 순으로 분류한다면, 이 시애틀 동네의 주택 가격은 상위 1000번째 입찰자가 결정한다. 그가 한계 가격 결정자다. 만약 시애틀에 주택 매물이 3000개 나와 있다면, 공급과 수요가 같아지도록 가격이 재조정될 테고, 이제 위에서 3000번째 입찰자가 시장 가격을 결정한다.

이 예에서 나는 부동산 개발업체가 시애틀에 더 많은 주택을 건설할 가능성은 배제했다. 실제로 부동산 개발업체는 지역의 땅을 사들여서 집을 한 채 짓는 데 드는 비용과 기존 집을 팔아서 벌어들일 수 있는 수입을 저울질한다. 위의 예로 다시 돌아가보자. 만약 개발업체가 주택을 딱 한 채 짓는다면, 이제 그 시애틀 동네에는 주택이 1001채가 될 것이다. 그리고 그 개발업체가 그 집을 팔 수 있는 최대 가격은 거기서 사는 데 기꺼이 돈을 지불하려는 의지가 상위 1001번째인 입찰자에 의해 결정된다. 시애틀 같은 특정 위치는 장소 기반 특징을 숱하게 지닌다. 그중 어떤 것(가령 온화한 겨울과 천혜의 아름다움)은 좋고, 어떤 것(가령 잦은 자연재해의 위험)은 나쁘다. 만약 일부 사람이 좋은 특성을 충분하다고 할 정도로 요구한다면, 그 부동산이 객관적으로 시간이 가면서 점차 위험해진다 해도 그들은 그것을 사들이기 위해 계속 공격적으로 입찰에 임할 것이다.

부동산 자산 가치에 대한 의견차

잠재적 자산 구매자는 종종 그 자산의 '기초 경제 여건'에 대해 의견차를 보인다. 최근 몇 년 동안 일론 머스크는 자신이 이끄는 테슬라의 미래를 줄곧 낙관해왔다. 하지만 많은 공매자들은 그 회사가 과대평가되어 있어 주가가 하락할 거라고 믿고 있다. 투자자들은 그 자산의 가치에 의견이 일치하지 않는다. 자산 가치에 대한 그와 비슷한 불일치는 기후 위험이나 위험에 처한 부동산 가치의 평가에서도 고스란히 드러난다. 기후 변화가 얼마나 심각할지, 그 위기가 언제 닥칠지는 분명치 않고 불확실하므로 사람들마다 동일 자산을 놓고도 크게 다른 값을 매기는 경향이 있다.

지역의 부동산 시장에 대해 비관적인 투자자는 그런 관점에 비추어 돈을 벌려고 시도할 때 자산 투자 문제에 직면한다. 만약 당신이 향후 2년 동안 마이애미 같은 저지대 지역의 주택 가치가 20퍼센트가량 하락하리라고 확신한다 치자. 그렇다면 당신은 어떤 자산 거래 전략을 추구해야 하는가? 만약 주택 가격이 오를 거라고 생각한다면, 당신은 그 지역의 집을 사려고 애쓸 것이다. 자산을 공매도할 수 있는 증시와 달리, 당신이 특정 시장에서 부동산 가격이 하락할 거라고 예상할 경우 돈 버는 전략을 마련하기란 한층 어려워진다. 이런 비대칭성은 비관론자들이 지역 부동산 시장에 대한 본인의 신념에 따라 행동할 수 없음을 말해준다. 이는 또한 남들의 의견을 알고자 노력하는 낙관론자들이 많은 정보를 갖고 있는 이들의 신념을 싼값에 체득할 방법이 없음을 의미하기도 한다. 예컨대, 테슬라 주식 같은 전국 차원의 시장에서, 일론 머스크의 회사에 비관적인 사람들은 그 주식을 매도할 것이다. 〈월스트리트 저널〉 같은 간행물은 온라인상에서 공매도 현황을 실시간으로 보도하는데, 이는 심지어 낙관적인 테슬라 투자자조차 알고 싶어 하는 유용한 통계다.

해안에 자리한(물난리를 입을 위험에 놓인) 부동산이나 화재 지역 근처에 들어선 부동산의 경우, 그 잠재적 구매자들은 흔히 특정한 장소 기반 위험에 대해 저마다 의견이 다르다. 이 경우 가장 낙관적인 구매자는 이런 자산을 가장 높은 입찰가에 사들일 가능성이 있다. 이들은 차후에 뜻하지 않은 기상 이변이 현실화하면 그 투자를 후회할 수 있다. 이 경우 점점 더 많은 사람이 그 주택의 위험에 대한 자기 신념을 업데이트함에 따라 그 자산 가치는 떨어진다.[8]

여론 조사는 민주당원이 공화당원보다 기후 변화 문제에 더 관심을 가질 가능성이 있음을 일관되게 보여준다.[9] 기후과학이 주택의 위험을 과장한다고 믿는 경향이 있는 공화당원들은 지금은 경관이 아름답지만 중기적으로 기후 위기에 처할지도 모를 부동산의 입찰 경쟁에 성공할 가능성이 크다.

오늘날 미국에서는 정치적 양극화가 극심하니만큼, 많은 기후회의론자가 실제로는 기후 위험이 커진다는 사실을 인식하고 있을 가능성이 높다. 이 점을 고려할 필요가 있다. 그런 개인들은 아마 공개 석상에서는 줄기차게 그 이슈가 국가 정책에서 우선순위가 아니라고 발언하면서도, 사적으로는 자신에게 닥칠 기후 위기를 줄이기 위해 모종의 조치를 취하고 있을지 모른다. 공화당원과 민주당원이 장차 해안 부동산이 직면할 위험에 첨예한 의견차를 드러낸다면 어떻게 될까? 공화당원 투자자들이 그런 부동산을 구매한 다음 세놓고, 민주당원이 그 집에 단기적으로 세 들어 살 공산이 크다. 이 사례는 자산을 보유한 사람과 실제로 거기에서 살아가는 사람이 다를 수 있음을 말해준다. 임대는 둘 간의 연결 고리를 끊는다. 부동산 시장은 가장 높게 평가하는 투자자에게 자산을 배당한다.

만약 잠재적인 부동산 투자자가 그 부동산이 미래에 직면할 위험에 대해 자신이 잘 모른다는 것을 안다면, 그들은 투자에 대해 연구하고 더욱 철저하게 준비할 것이다. 주택 구입 시 거액의 계약금(자산 가치의 약 25퍼센트)을 거는 부동산 구매자는 배경 조사를 실시하고 위험을 정확하게 평가하는 주피터나 퍼스트 스트리트 재단 같은 기업으로부터 위험 보고서를 구매하려는 동기를 가진다.

만약 일부 사람들(장소의 위험과 관련해 가장 낙관적인 사람들)은 이러한 보고서를 구매할 가능성이 낮으리라 우려된다면, 정부가 나서서 정보 공개를 명령할 수도 있다. 주택 판매자가 잠재적 부동산 구매자에게 위험 평가 보고서를 제공하도록 요구하는 것이다. 판매자로 하여금 모든 입찰자에게 정보를 제공하도록 요구하는 이러한 가벼운 규제는 구매자들이 부상하는 위험에 대해 알지 못해 턱없이 비싸게 주택을 사들일 가능성을 낮춘다. 물론 나는 당연히 잠재적 구매자들이 받게 될 보고서가 그 부동산이 마주한 위험을 정확하게 드러낸다는 가정하에 이렇게 주장한다.

일부 투자자는 기후 위험 보고서를 받아들고도 계속 위험한 부동산에 공격적으로 입찰할 것이다. 이 집단에는 자신을 그 지역에 단단히 묶어주는 내력을 지닌 이들, 또는 그 지역과 기질적으로 잘 맞는 이들이 포함된다. 계속해서 기후과학자들이 위기를 과장한다고 믿는 이들도 공격적인 입찰자 무리에 속한다. 공간 차원의 정확한 위험 지도가 점차 질이 좋아지고 이용 가격도 저렴해지면, 점점 더 많은 부동산 투자자가 특정 부동산의 기후 위험에 대해 자신이 제대로 알고 있지 못하다는 것을 알게 된다. 그들은 이제 부동산 입찰에 전보다 신중하게 임한다. (홍수나 화재 등으로) 점차 위험해지는 지역에서 부동산을 구입하는 이들은 한 가지 투자 선택지를 가진다. 즉, 주택 보수를 잠정적으로 미루고 그 부동산이 질적으로 가치가 떨어지게끔 놔둠으로써 돈을 절약할 수 있다. 이런 전략은 단기적으로 투자자의 돈을 절감해준다. 그들은 향후에 공학적 진보가 이루어질 때 그 구조물을 업그레이드하는 선택지를 가진다.

최근 몇 년 동안 부동산은 국제적으로 거래되는 자산이 되었다. 사람들은 인터넷을 통해 매매용 주택에 관한 정보를 얻을 수 있는 데다 더욱 저렴해진 항공료 덕에 좀더 쉽게 여행할 수도 있다. 국제 자본 시장은 다른 나라의 부자들이 국경 너머로 돈을 송금하도록 허용한다. 중국인들이 캘리포니아주와 밴쿠버의 주택을 닥치는 대로 사들이고 있다. 러시아 투자자들은 뉴욕의 주택에 투자하고 있다. 미국의 부동산 시장이 국제 구매자들을 끌어들여 그 포괄 범위가 확대됨에 따라, (특히 고가의 지역 시장에서)

최근 외국인이 구매자의 대다수를 차지하는 상황이 펼쳐지고 있는 것이다. 결국에 가서 기후 위험을 떠안게 되는 쪽은 그 자산을 사들여서 포트폴리오에 보유하기로 선택한 이들이다.

74억 인구가 살아가는 지구에서, 일부 사람들은 해당 지역의 빼어난 경관이나 직장과의 근접성 때문에 거기에 주택을 한 채 구입하는 것을 가치 있게 여긴다. 해수면 상승이 해당 지역의 주택을 위협하지 않으리라고 낙관하는 이들은 좀더 적극적으로 해안 주택을 사들일 것이다. 자산의 소유주와 구매자가 위험의 부상 가능성에 대해 의견을 달리할 때, 가장 비관적인 현 소유주가 가장 낙관적인 구매자한테 집을 팔기 때문에 거래는 서로에게 이득이다. 입찰 과정에서 나오는 거래 가격은 이처럼 판매자와 구매자의 상호 작용에 의해 결정된다.

주택 가격이 정해지는 과정은 많은 가구의 부에 더없이 중요하다. 대다수 미국인은 주로 부동산 형태로 부를 보유하고 있기 때문이다. 각 가구는 다각화한 자산 포트폴리오가 아니라 달랑 집 한 채를 가지고 있기 십상이다. 그리고 그들의 주택 재산은 현재 시장 가치에서 대출 기관으로부터 빌린 현재 주택 담보 대출을 차감한 금액으로 결정된다.

부동산 가격 책정에서 주택 담보 대출 금융이 맡은 역할

부동산 구매자 대다수는 투자금을 마련하기 위해 대출을 이용한다. 자신의 자금만으로 집값을 지불한다면, 그들은 그 투자의 위험을 몽땅 떠안는 격이다. 집값이 오르면 부자가 되겠지만, 시간이 지나면서 집값이 떨어지면 가난해진다. 사람들은 주택 구입을 위해 대출을 받으므로 그러한 거래에서 풍부한 경험을 갖춘 기관, 즉 은행에 의존한다. 이런 의미에서 현명한 판단을 내리는 쪽은 주택 담보 대출 기관이다. 주택 담보 대출을 받는 개인이 설사 부상하는 기후 위험을 과소평가하더라도, 은행은 이러한 새로운 위험을 조사하려는 동기를 가진다. 표준적인 대출 계약은 30년 주택 담보 대출이다. 이는 일단 차입자에게 돈을 빌려주면 은행이 향후 30년 동안 기후 위험에 노출된다는 의미다. 차입자는 언제든 융자금 상환 의무를 게을리 하는 선택지를 갖고 있기 때문이다. 자신들이 그 같은 불확실한 위험에 노출될 수 있다는 것을 예상하는 은행은 위험 노출을 낮추기 위한 여러 전략을 구사한다. 은행은 위험한 지리적 지역이나 자신들이 부상하는 위험을 확신하지 못하는 지역에서는 이를테면 높은 이자율을 부과하거나, 단기 대출을 제공하거나, 차입자에게 거액의 계약금을 지불하도록 요구할 수 있다. 이 중 마지막 경우 차입자는 그 자산의 성패에 더 많은 이해관계를 가지며, 따라서 주택 담보 대출에 대한 채무 불이행 경향도 덜해진다. (기후 위험 가격 책정 때문에) 상이한 지리적 장소의 대출에 저마다 다른 금리를 부과하는 것은 레드라이닝〔redlining: (은행이나 보험 회사에 의한) 특정 경계 지역 지정—옮긴이〕에 대한 우려를 자아낸다. 소수 집단 출신의 주택 구매자는 은행이 그 집단의 동네를 (아마 범죄를 비롯한 여타 지역적 특성 탓에) 위험하다고 여기기 때문에 신용을 할당하거나〔신용 할당(credit rationing)은 금리가 자금 수급을 일치시키는 수준보다 낮게 책정되어 자금의 공급이 수요에 못 미치는 경우 금융 기관이나 정책 당국이 마치 식량을 배급(rationing)하듯 수요자에게 한정된 자금을 나누어주는 것을 뜻한다—옮긴이〕 고금리를 부과하는 상황에 직면했다. 소수 집단 구성원들이 불균형할 정도로 기후 위험이 심한 지역의 주택을 사들인다면, 이 같은 이슈가 다시 불거질 것이다. 만약 은행이 기후 위기 가격 책정에 관여할 수 없다면, 저위험 지역 차입자가 높은 금리로 대출함으로써 암묵적으로 고위험 지역 차입자에게 보조금을 지급하는 꼴이 된다.

은행이 차입자에게 부과하는 금리는 구매자의 주택 입찰 방식을 결정하는 데 핵심 역할을 한다. 대출 은행이 좀더 관대하게 낮은 금리에 더 많은 금액을 빌려주면, 개인은 집을 살 때 좀더 공격적으로 입찰에 뛰어든다. 어느 부부가 사고 싶은 주택을 찾아냈는데, 그 집의 판매가가 70만 달러라고 가정해보자. 은행이 금리 4퍼센트에 40만 달러를, 혹은 금리 3퍼센트에 60만 달러를 기꺼이 대출해준다면, 이는 그 부부의 입찰 방식에 영향을 끼친다.

대출 기관은 대출 금리와 대출 규모를 결정한다. 부상하는 기후 위험에 직면한 차입자는 어떤 특정 금리로 더 적은 자본을 빌릴 가능성이 있다. 대출 기관은 더 많은 주택 지분(주택 가격에서 주택 담보 대출 총액을 뺀 값)을 보유하도록 요구하면, 심지어 허리케인 샌디급의 자연재해가 발생한다 해도 차입자가 대출에 대해 채무 불이행을 할 가능성이 낮아진다는 것을 간파하고 있다.

어느 주택의 판매가가 80만 달러인데, 은행이 차입자에게 40만 달러를 계약금으로 요구하고 40만 달러를 대출해주는 경우를 생각해보자. 자연재해가 발생해 그 집의 가격이 60만 달러로 떨어진다고 가정하면, 주택 소유주가 전략적으로 채무 불이행을 하고자 하는 동기는 낮아진다. 주택 소유주의 지분이 20만 달러(60만 달러에서 40만 달러를 뺀 값)가 되기 때문이다. 만약 주택 소유주가 주택 담보 대출을 갚지 않는다면 20만 달러를 날릴 것이다.

이 마지막 사례는 대출 기관이 구매자에게 덜 관대한 조건을 제공하는 경우를 간략하게 보여준다. 하지만 실제 세계에서 제도적 세부 사항은 좀더 미묘한 사례를 제공한다. 아민 와자드(Amine Ouazad)와 함께 진행한 연구에서 우리는 자연재해 이후 대출 기관이 어떻게 행동하는지를 연구했다. 그 결과 대출 기관은 심각한 허리케인이 지리적 지역을 덮친 뒤에도 계속 주택 대출을 해주기는 하되, 그렇게 발생시킨 대출을 더 많이 증권화(securitization: 부동산·대출 채권 등 고정화한 자산을 매매 가능한 증권 형태로 전환하는 자산 유동화—옮긴이)한다는 것을 알아냈다. 정부 보증 기업(government-sponsored enterprises, GSE: 농업, 주택 금융, 교육 등에 대한 신용 흐름을 강화하기 위해 설립된 준(準)정부 기관. 패니메이(Fannie Mae)와 프레디맥(Freddie Mac)이 대표적이다—옮긴이)이 채택한 현행 규정에 따라, 대출 기관은 기후 위험이 큰 지역의 대출 채권을 판매할 때 가격 할인을 받지 않는다.[10]

만일 규정이 그와 달라서 GSE가 기후 위험 지역의 대출 채권에 대해 더 낮은 가격을 제의할 거라고 대출 기관이 예상하는 경우를 상상해보자. 이렇게 되면 대출 기관은 대출 채권 심사를 더욱 꼼꼼하게 할 수 있도록 더 많은 상근직 기후 연구 분야 인적 자본을 개발하려는 강력한 유인을 가진다. 차입자는 금리 선택지를 제공받을 수 있다. 심각한 위험에 직면했을 때 방어 조치를 취하지 않았다면 고금리, 기후 회복 탄력성에 투자하고 있다면 저금리가 적용될 것이다. 여기서 주목할 점은 GSE가 가격 책정 전략을 변경하면, 대출 기관이 이처럼 점차 정교하게 행동할 가능성이 커진다는 것이다. 대출 기관은 증가하는 기후 위험 때문에 자신이 궁지에 몰린 처지임을 인식하려는 동기가 늘어난다. 왜일까? 자연재해로 고통받는 주택 소유자는 대출 채무 불이행이라는 선택지를 가지기 때문이다. 만약 부동산을 강력한 재난에 더욱 잘 견디도록 업그레이드했다면, 그 소유자가 채무 불이행을 할 가능성은 줄어든다. 이러한 역학을 알아차린 대출 기관은 이제 차입자로 하여금 구조물을 업그레이드하도록 부드럽게 독려하고자 하는 유인을 가진다.

주택 개선을 위한 자금 조달

주택 소유자는 재정적으로 어려워서 주택을 업그레이드하는 수익성 있는 투자에 뛰어들기가 힘들 수도 있다. 예컨대 홍수 위험을 줄이기 위해 주택을 수리하는 데 12만 달러가 든다고 치자. 은행에 예치한 현금이 3만 5000달러밖에 없는 가구는 재정적으로 그 공사를 감당할 수 없다. 은행은 만약 그 주택을 담보로 잡는다면 대출해줄 용의가 있다. 하지만 이 요구 사항은 그런 투자를 하려는 주택 소유자의 의지를 꺾어버린다. 중산층이나 빈곤층 주택 소유자는 자기 보호 능력이 떨어질 테고, 따라서 기상 이변 사건이 발생하면 더 많은 손실을 입는다.

시장 해법은 이러한 주택 소유자가 관리 회사에 집을 파는 것이다. 관리 회사는 여러 곳에 주택(회사가 현재 집주인에게 임대한다)을 소유하는 식으로 위험을 다각화할 수 있다. 이윤 극대화를 추구하는 이들 기업은 재정적으로 탄탄하므로 주택의 회복 탄력성을 업그레이드하기 위해 투자할 것이다. 그리고 개선한 주택에 대해 더 높은 임대료를 청구할 것이다. 만약 현재 주택 소유자가 회복 탄력성에 대한 투자를 게을리 하는데, 회복 탄력성이 부동산 시장에서 점점 더 가치를 지닌다면 어떻게 될까? 시장은 비용 효과적으로 자산을 업그레이드하는 데서 비교 우위를 점하는 쪽에 그 희소 자산을 양도하는 일사불란한 과정을 거칠 것이다.

부동산 가격 책정에서 부동산 보험료가 맡는 역할

주택 소유자가 다양한 위험을 보상해주는 저렴한 민간 부문 보험에 가입하거나 정부가 보조하는 보험을 제공받을 수 있다면, 사람들은 좀더 공격적으로 부동산 입찰에 뛰어들 것이다. 그 결과, 그 부동산의 시세가 안전한 장소에 위치한 그에 상응하는 주택들과 거의 유사해진다.

자산 소유자가 위험 부담에 대해 암묵적으로 보조금을 지급받는 경우, 그들이 감수할 위험은 적어진다. 미국 정부는 연방재난관리청을 통해 저가의 홍수 보험을 제공한다. 이러한 보조금은 주로 부유한 부동산 소유자에게 득이 된다.[11] 의회는 오늘날 해안 부동산이 마주한 위험에 대해 보험계리적 결과를 반영하기 위해 보험료를 인상해야 한다고 논의해왔다.[12]

기후 변화로 장소에 따른 이 같은 보조금이 사라질 가능성이 커지고 있는데, 이는 적응을 촉진할 것이다. 오늘날에는 더 많은 미국인이 홍수 지대와 화재 지대에서 살아가고 있지만(생활 편의 시설이 잘 갖춰진 장소이기 때문에), 그럼에도 그들은 여전히 전체 납세자 집단의 작은 일부일 뿐이다. 납세자들이 자기네가 위험에 지불하는 보조금이 갈수록 늘고 있음을 알아차림에 따라, 이러한 정책을 단계적으로 폐지하려는 개혁 움직임이 일어날 수 있다. 비효율적 정책의 사회적 비용이 커지면 개혁 추진 동기를 지닌 정치 연합은 기꺼이 현상 유지 정책에 맞서고자 더 많은 노력을 기울인다.

버락 오바마 대통령의 건강보험개혁법[Affordable Care Act: 미국에서 저소득층까지 의료 보장 제도를 확대하는 법안으로, 오바마 케어(Obama Care)라 부르기도 한다—옮긴이]에는 모든 사람이 의료 보험에 가입해야 한다는 규정이 있다. 미국의 모든 부동산 소유자가 최소한 기본적인 수준의 홍수 보험에 가입해야 한다고 가정해보자. 이러한 정부 명령의 이익은 그로써 전국 차원의 대규모 홍수 보험 시장이 조성된다는 것이다. 이는 또한 보험사로 하여금 공간 데이터를 이용해 각 부동산이 직면한 위험을 평가하는 방법을 익힌 유능한 분석가에게 투자하도록 동기를 부여한다. 퍼스트 스트리트 재단 같은 스타트업 기업은 과거 데이터를 이용해 부동산의 홍수 위험을 추산한다.

경쟁적인 부동산 보험 시장은 더 위험하다고 여겨지는 부동산에 더 높은 보험료를 부과한다. 보험사 간 시장 경쟁은 보험료 바가지요금에 대한 우려를 잠재우는 데 기여한다. 보험 회사는 보험 가입자가 그 부동산의 위험 노출을 줄이는 자기 보호 조치를 취해왔음을 입증할 경우, 가구 할인을 제공할 수도 있다.[13] 주택 구매자의 보험 가입과 주택 소유자의 주택 담보 대출 조건 사이에는 중요한 시너지 효과가 있다. 만약 주택 구매자가 긴급한 기후 사건(이를테면 허리케인 샌디 수준의 충격)을 보상하는 보험에 가입한다면, 주택 담보 대출 담당 기관은 낮은 금리로 대출해줄 것이다. 자연재해가 발생해 차입자의 주택이 망가져도 채무 불이행 위험이 덜할 테니 말이다. 하지만 주택 담보 대출과 보험에 대한 결정을 잘 조정할 수 있다는 이유로 동일 기업이 그 두 가지를 동시에 다룰 경우, 기후 회복 탄력성에 득이 될지 어떨지는 모르는 일이다.

미국 서부의 화재 지대에 집을 둔 가구들도 극심한 재정 위험에 노출되어 있다. 캘리포니아주의 몇몇 지역은 더 큰 기후 위험에 직면해왔으므로, 일부 보험사는 그곳에 한해 화재 피해 보험료를 대폭 인상하거나 아예 보험을 제공하지 않고 있다. 만약 보험사가 그 시장에서 퇴장해버리면, 화재 지대의 주택 소유자들은 집이 불타버릴 경우 커다란 손실을 입는다. 그런 사건이 일어나도 땡전 한 푼 보상받지 못할 테니 말이다.

2019년 12월, 캘리포니아주의 보험 감독관은 보험사들이 화재 지대에 사는 주민을 보험 계약에서 배제하지 못하도록 하는 이례적 조치를 취했다.[14] 이 조치는 사실상 그런 지역에서 살아가는 이들에게 지급하는 일종의 보조금이다. 부상하는 위험을 반영한 시장의 가격 책정 메커니즘 아래서라면 가능하지 않았을 저렴한 보험에 가입할 수 있기 때문이다. 캘리포니아주 보험사들은 방향을 틀어서 그 밖의 캘리포니아주 주택 보험 구매자에게 부과하는 보험료를 올릴 것이다. 사실상 비교적 안전한 지역에서 살아가는 사람들로부터 거둔 수익으로 위험한 지역에서 살아가는 사람들을 지원하기 위해서다.

우리는 지금까지 부동산 금융 및 보험 시장이 부동산 자산의 시장 가격을 결정하는 데 어떤 역할을 하는지, 그리고 궁극적으로 기후 위험이 야기한 금융 위험의 비용을 누가 떠안는지 살펴보았다. 이 점을 제대로 인식하기 위해 스미스 씨 가족의 사례를 생각해보자. 그들이 미래에 대규모 해수면 상승 위험에 처할 것으로 예상되는 연안 주택을 구매하고 싶어 한다 치자. 대출 기관이 이 같은 미래 위험을 인식하고 있으며 주택담보 대출의 채무 불이행 위험이 커질 것을 우려한다면 (게다가 그 주택 담보 대출을 쉽사리 증권화할 수 없다면), 그들은 스미스 씨 가족에게 돈을 덜 빌려주고, 빌려주는 돈에 대해서는 더 높은 금리를 부과할 것이다. 이에 스미스 씨 가족은 그 주택을 덜 적극적으로 입찰하는 식으로 응수할 것이다. 같은 논리가 보험에도 적용된다. 만약 민간 보험사가 홍수 보험에 대해 스미스 씨 가족에게 높은 보험료를 청구한다면, 그들은 위험이 커지는 그 주택의 입찰에 소극적으로 임할 것이다. 이 경우 점차 위험해지는 주택의 현 소유주는 자산 가액 손실로 고통받는다. 스미스 씨 가족 같은 잠재적 구매자들이 주택 입찰에 열의를 보이지 않을 테니 말이다.

어떤 사람들은 새롭게 부상하는 위험을 과소평가하고 점차 위험해지는 부동산에 적극적으로 입찰한다. 이런 경우에는 주택 담보 대출 담당 기관과 부동산 보험사가 현명한 판단을 내린다. 만약 연방 정부가 위험 감수에 대해 보조금을 지급하지 않는다면, 수익 극대화를 꾀하는 기업은 전문가를 고용하고자 하는 합당한 동기를 가진다. 주택이 위험에 직면할 경우 그 위험을 평가하고, 대출에 대해서는 금리를 올리고 보험에 대해서는 보험료를 인상하는 일을 전담하는 전문가들 말이다. 현명한 판단을 내리는 두 기업(주택 담보 대출 담당 기관과 부동산 보험사—옮긴이)은 행동경제학적인 부동산 투자자들이 위험 노출을 줄이는 사전 예방 조치(가령 집을 지면이나 수면 위로 떠받치는 스틸트에 투자하는 조치)를 취하게끔 부드럽게 동기를 부여할 수도 있다. 이렇게 되면 그 부동산은 좀더 회복 탄력성을 갖출 것이다.

부동산 자산이 직면한 위협 예상

2017년 12월, 캘리포니아주 샌타바버라에서 대형 산불이 발생해 수천 에이커의 산 중턱을 잿더미로 만들었다. 화재 이후 몬테시토에 쏟아진 폭우가 진흙 사태를 촉발해 가옥이 무너지고 사람들이 목숨을 잃었다. 이 끔찍한 사례는 기후 변화가 야기한 부정적 시너지 효과를 잘 보여준다. 만약 기후 변화가 화재 위험을 악화하고(무더위와 가뭄으로 인해) 물난리에 기여했다면, 그것이 그 재난의 부분적 원인이다. 주택 소유자들은 자신의 부동산이 진흙 사태로 피해를 입지 않도록 사전 예방 조치를 취할 수 있다. 진흙의 흐름을 딴 곳으로 유도하는 조치나 조경 따위가 그러한 예다.

중대 재해를 겪은 주택 소유자들은 이제 비용이 많이 드는 그 같은 조치를 취할 가능성이 커졌다.

만약 잠재적 주택 구매자들이 희귀 사건의 발생 위험이 증가한다는 것을 점차 알아차리면, 믿을 만한 정보에 대한 새로운 수요가 창출된다. 이는 지리적 공간 연구에 참여하고 기후 모델링을 이용해 부동산에 미칠 위험을 예측하는 컨설팅 회사가 새롭게 부상하도록 이끈다. 해안 부동산과 관련해서는 진즉부터 이런 기업들이 존재해왔다. 코스털 리스크 컨설팅이라는 회사는 홍수 위험의 주택 고유 지표를 만들어내고 있다. 그 기업은 전형적인 보고서에 해당 주택의 연방재난관리청 홍수 지대 상태, 연간 홍수 가능성 예측치, 국지적 바람 지대 노출, 고도와 조수 범람 홍수의 위험, 그리고 허리케인에 따른 폭풍 해일 위험 등의 자료를 싣는다.[15] 이러한 정보는 주택 구매자에게 자산 구입 전에 그들이 앞으로 직면할 위험이 무엇인지, 그것을 줄이려면 주택을 어떻게 업그레이드해야 하는지 알려준다. 코스털 리스크 컨설팅의 사장 앨버트 슬랩(Albert Slap)은 이렇게 말한다. "두루 통용되는 만능열쇠는 없습니다. 하나의 주택이 필요로 하는 것은 이웃 주택의 경우와 판이할 수도 있습니다."[16] 이들이 발간하는 보고서는 잠재적 부동산 구매자가 새로운 위험을 예견하도록 돕는다. 그 위험의 발생 가능성이 지극히 낮더라도 말이다. 이런 위험에 대해 알게 된 잠재적 구매자는 주택 입찰에 서서히 덜 뛰어든다. 이는 실제로 위험한 주택을 구매하는 가구가 그러한 도박을 감행한 데 대해 보상을 받고, 위험 자산 소유주는 집값을 올리기 위해 주택의 방어 체제를 강화하려는 동기를 가진다는 뜻이다.

일개 아마추어(주택 구매자)들이 어떻게 위험 보고서 공급업체가 특정 부동산이 직면한 위험을 평가하기 위해 최상의 기후 모델을 사용하는지 여부를 알겠는가. 따라서 이와 관련해서는 평판에 대한 관심이 중요하다. 만약 홍수를 예측할 수 있다고 주장하는 코스털 리스크 컨설팅 같은 기업이 결함 있는 모델을 사용한다면, 그들의 예측은 부정확한 것으로 드러나 언론이 이를 보도할 테고 법적 소송이 뒤따를 것이다. 예측의 질을 과장하는 기업은 파산 가능성이 높아진다. 이 때문에 컨설팅 기업들은 기후 모델 역량을 키우기 위해 자금을 투자하려는 분명한 동기를 가진다.

도시 간 부동산 자산 경쟁

점점 더 많은 경제 활동이 연안 카운티들에서 이루어지고 있다.[17] 내구성 있는 부동산을 짓기 위해 수조 달러를 투자한다는 것은 투자자가 연안 지역이 계속 생산성을 유지할 테고 훌륭한 삶의 질을 제공해주리라는 데 베팅한다는 뜻이다. 미국에서 자연재해로 생을 마감하는 사람들 수는 계속 줄고 있다. 그럼에도 2012년의 허리케인 샌디 같은 폭풍우가 강타하면 물리적 자산 피해는 적지 않다.[18]

해수면 상승이 월가 일부를 물에 잠기게 만든다면, 그 맨해튼 중심부는 부동산 가치의 상실로 고통당할 것이다. 반면 만약 금융 중심지가 코네티컷주 그리니치(Greenwich)로 이동한다면, 그 인근의 부동산 소유주들은 일순 횡재를 맞을 것이다. 이렇듯 연안 지역의 해수면 상승 위험은 승자와 패자를 낳는다.[19] 수해 입기 쉬운 지역에 빌딩이나 인근 주거용 부동산을 소유한 사람들은 자본 손실로 고충을 겪을 것이다. 반면 (예컨대 그리니치처럼) 금융 산업이 이전한 새로운 금융 중심지는 자본 이득을 구가할 것이다.

만약 월가가 해수면 상승 탓에 기업들을 잃는다면, 월가의 땅주인과 맨해튼 행정구(borough: 뉴욕은 맨해튼, 브롱크스, 브루클린, 퀸스, 스태튼아일랜드, 이렇게 5개의 행정구로 나뉜다—옮긴이)는 고통에 시달린다. 이 경제 활동은 사라지는 게 아니라 경쟁적인 장소로 옮겨간다. 인근 도시들이 거주민과 직장을 유치하기 위해 경쟁할 경우 중요한 것은 상대적 비교다. 만약 보스턴이 경쟁 도시들보다 매년 여름 무더위가 더 심하다면, 기업들이 그 도시로 이주할 가능성은 낮아진다. 로어맨해튼(Lower Manhattan: 맨해튼에서 특별히 14번가의 남쪽을 가리키는 명칭—옮긴이)에서 기후 위기가 증가 일로라면, 그리니치처럼 그와 유사한 대체 장소에 대한 요구가 늘어날 것이다.

미국이 땅덩어리가 어마어마하게 큰 나라임을 감안할 때, 만약 어느 지리적 지역이 기후 변화로 고생한다면, 그 문제가 그와 경쟁 관계에 놓인 또 다른 지역에는 득이 된다. 이를 특별히 잘 보여주는 예가 스키 리조트다. 기온이 영상으로 올라가면 스키 타기는 어려워진다. 저위도 지역에 자리한 스키 리조트에서는 이처럼 난데없는 중단 사태가 좀더 흔하게 관찰된다. 스키 리조트를 지역 코드화한 어느 연구팀은 콘도 가격이 "질퍽질퍽한(muddy)" 스키 리조트 인접 지역에서는 떨어지지만, 고위도 지역의 스키 리조트 인접 지역에서는 올라간다는 것을 발견했다.[20]

이 연구는 기후 변화가 지리적 승자와 패자를 낳은 결과, 상대적으로 덜 위험한 지역은 외려 부동산 가격이 상승할 것임을 보여준다. 스키장을 찾는 사람들은 이제 이동 거리가 더 늘어날 것이다. (그렇지 않다면 그들은 아예 북부의 리조트 인근으로 이사 갔을지도 모른다.) 이 점은 중요하다. 사람들이 이를 보고 (눈이 녹아서) 문 닫는 스키 리조트의 손실이 정확히 새로 들어선 멋진 스키 리조트의 수입으로 상쇄되는 제로섬 게임이라고 여길 가능성이 있기 때문이다. 하지만 경제 활동의 이전은 제로섬 게임이 아니다. 그런데도 흔히 대중 매체는 기후 변화 탓에 손해 본 지역이 떠안은 손실에만 주목하고, 여러 지역에 흩어져 있는 서로 다투는 경쟁자들이 얻는 측정하기 어려운 이득은 무시하는 경향이 있다.

회복 탄력성을 촉진하는 부동산 경쟁

연안 부동산의 경우, 노스캐롤라이나 같은 주는 버지니아 등 다른 연안 주들과 경쟁한다. 만약 노스캐롤라이나주가 해수면 상승을 제대로 다루지 못하고 버지니아주가 그 이슈를 해결하는 데서 더 우세하다면(지형적 이유 덕분에, 혹은 적극적인 인프라 투자 덕분에), 버지니아주는 자신이 경쟁 우위에 놓여 있음을 광고하려는 강한 동기를 가진다. 이 같은 검증 가능한 주장을 널리 알리면서, 그리고 부상하는 위험을 숨긴 채 그에 투자를 게을리 하는 데 대해 노스캐롤라이나주에 책임을 물으면서 제 잇속을 차리는 버지니아주의 노력은 회복 탄력성을 더욱 높인다. 이런 의미에서 인력과 일자리를 끌어들이기 위한 공간 경쟁은 회복 탄력성을 촉진한다. 사람들이 부상하는 위험에 대해 충분한 정보를 가지고 있지 못하다는 사실을 자각하고 위험을 회피한다면 말이다.

2018년 12월, 버지니아 주지사 랠프 노덤(Ralph Northam)은 '해수면 상승과 자연적 위험에 대한 버지니아의 회복 탄력성 증가'라는 제목의 행정 명령 24(Executive Order 24)를 발표했다. 그 문서는 이렇게 명시하고 있다. "기상 이변 사건과 자연재해의 증가는 버지니아주에 줄곧 심대한 영향을 끼칠 것이다. 그것은 우리 주의 항만, 군사 시설, 교통 인프라, 관광 자원, 농가와 숲 등의 경제적 안녕, 공공 의료와 대중의 안전, 환경과 천연자원을 위협한다. 우리는 이제 다중적 위협으로부터 생명과 재산을 보호하고, 재정적으로 책임 있는 계획을 통해 납세자들이 그런 위험에 노출되는 상황을 줄이기 위한 행동에 나서야 한다."[21]

이 행정 명령에 따라 버지니아의 적응 노력을 조정하기 위해 회복 탄력성 전담 부서가 신설되었다. 단기적 실행 조치 항목에는 주 소유 구조물의 취약성 검토, 해수면 상승이 거기 미치는 영향에 대한 통합적 예측, '버지니아 연안 회복 탄력성 기본 계획'의 조사 따위가 포함되었다. 그 기본 계획에 따르면, "버지니아주는 대규모 홍수 방어와 적응 프로그램을 기획하고 시행함으로써 홍수 위험을 줄이도록 지방 정부를 지원할 책임이 있다".

버지니아주의 접근법이 노스캐롤라이나주의 노력과 다르다는 것은 주목할 만하다. 〈뉴욕 타임스〉의 보도에 따르면, "노스캐롤라이나주에서는 2012년 법률과 그에 따른 시행 조치가 사실상 연안 정책을 개발하는 여러 주 정부와 지방 정부 기관들로 하여금 해수면 상승의 가속화를 보여주는 과학적 모델을 무시하도록 이끌었다".[22] 부동산 투자자들은 모두 노스캐롤라이나주와 버지니아주 중 어느 지역이 지금 투자하기에 더 매력적인지 저울질할 것이다. 버지니아주의 노력은 또한 노스캐롤라이나주 지도자들에게 한사코 해수면 상승을 고려하지 않으려고 버틴 과거를 돌아보도록 압박한다. 버지니아주의 재난 계획 업그레이드 투자는 노스캐롤라이나주에도 이익을 안겨줄 수 있다. 노스캐롤라이나주의 연안 담당 공무원들이 모범적인 관리 노력을 시찰하기 위해 버지니아주의 공무원들을 찾아간다면 말이다. 이처럼 좋은 아이디어를 모방하고 채택할 가능성은 경제학자 폴 로머의 주장과 일맥상통한다. 체계적인 계획은 동시에 여러 주체가 채택해 나름대로 손을 봐서 활용할 수 있다는 주장 말이다. 이런 의미에서 회복 탄력성 계획 아이디어는 공공재다.

부동산 위험의 완화

기후경제학 연구는 여름과 겨울이 따뜻해지면 어느 도시가 가장 큰 타격을 입을지 측정하고자 한다.[23] 이런 연구는 부동산 가격이 시애틀이나 샌프란시스코 같은 온대 도시에서 더 높다는 사실로부터 출발한다. 이들 도시는 여름이 선선하고 겨울은 온화하다. 연구자들은 도시 간 부동산 데이터를 사용해 샌프란시스코의 주택 가격이 그 도시의 날씨가 좋다는 이유로 시카고보다 얼마나 더 비싼지 추정하려고 노력한다. 기후 변화는 샌프란시스코의 여름을 더워지게 만들어 그 도시 특유의 삶의 질을 얼마간 악화시킨다.

이런 전향적 연구는 현재의 테크놀로지를 고려한 통찰에 토대를 두고 있다. 혁신의 역사는 우리에게 새로운 해법을 요구하는 시장이 커지면, 기업가와 엔지니어가 함께 손잡고 해결책을 모색한다는 것을 반복적으로 보여준다. 그들의 혁신은 과제를 해결하는 데 기여한다. 하지만 여러 혁신이 그 과제를 완벽하게 해결해주는 데 얼마나 효과적인지, 그것이 우리에게 어느 정도의 비용을 요구할지는 경험적 실험을 거쳐서 밝혀내야 하는 문제다. 에어컨 보급 사례에서 보았듯 이제 점점 더 많은 미국인이 그러한 냉각 기술을 이용하고 있으며, 그에 따라 극심한 무더위로 인한 사망률은 최근 몇십 년 동안 눈에 띄게 감소했다.

라스베이거스의 부상은 도시의 성장 방식이 시간이 가면서 예기치 않게 달라진다는 것을 보여주는 흥미진진한 사례다. 1940년경 라스베이거스에는 대략 1만 명이 살아가고 있었다. 교통과 마케팅 개선, 도박 합법화, 따뜻한 겨울, 에어컨 사용 증가는 모두 그 도시의 붐에 한몫했다. 라스베이거스의 겨울이 따뜻해지는 것까지는 좋았는데, 여름도 덩달아 무더워져서 도저히 바깥 생활을 이어갈 수 없게 되었다. 모두가 이 사실을 알고 있으므로 기업가들이 다양한 레크리에이션 기회(실내 도박, 실내 야구, 실내 쇼핑센터)를 창출한 결과, 실내 여가 선택지가 풍부해졌다.

싱가포르는 극도로 무더운데도 고도로 생산적이다. 이 도시 국가는 삶의 질이 좋기로 정평 나 있다. 싱가포르 건국의 아버지 리콴유(李光耀)는 지난 50년 동안의 급속한 경제 성장 비결이 무엇이냐는 질문을 받았을 때 이렇게 대꾸했다. "우리에게 에어컨만큼 중요한 발명품은 없어요. ······에어컨은 열대 지방에서도 발전이 가능하도록 도와 문명의 성격을 바꿔놓았습니다. 에어컨이 없었다면 우리는 선선한 이른 아침이나 해거름 녘에만 간신히 일할 수 있었겠죠."[24]

경제학자들은 에어컨의 확산이 어떻게 사람들을 극도의 무더위로부터 보호해주는지 조사해왔다.[25] 에어컨은 '남부 주 성장의 시녀(handmaiden of Southern growth)'라 불린다. 남부 주에서 가정과 기업이 온화한 겨울을 누리면서도 여름의 더위와 습도로 고생을 덜 하게끔 도와주었기 때문이다. 미국 남부 주와 도시 국가 싱가포르의 예에서, 이들 지역의 부동산 가치는 만약 에어컨이 그토록 효과적이고 비교적 저렴하게 더위와 습도를 다스려주지 않았던들 지금 가능한 정도보다 훨씬 못했을 것이다.

각각의 부동산이 직면한 위험은 그것이 어느 도시, 어느 동네에 위치해 있느냐에 따라 저마다 다르다. 연안의 홍수 위험을 생각해보라. 홍수 위험을 낳는 첫 번째 원인은 부동산의 지형적 특성이다. 어떤 부동산은 다른 것들보다 홍수 위험이 더 크다. 좀더 높은 지대에 있어 위험이 한결 덜한 지역의 부동산은 높은 가격에 팔릴 것이다. 부동산의 홍수 위험을 낳는 두 번째 원인은 지방 정부가 홍수 통제에 어느 정도 투자하느냐에 좌우된다. 지방 정부는 그 지역이 수해를 입지 않도록 많은 상이한 고가 전략에 투자할 수 있다. 지역 사회의 투자는 그 지역에서 살아가는 모든 부동산 소유주에게 혜택을 준다. 지역 유권자는 그들이 추가로 내야 하는 세금보다 받게 될 사적 이득이 더 크다면, 방파제 같은 공공재 위험 완화 프로젝트를 지지할 것이다. 지역의 부동산 소유자들은 미 육군 공병대가 그러한 프로젝트를 시행하고 비용을 지불하는 편을 선호한다. 지역 공동체가 누릴 수 있는 이득은 공적 투자가 해수면 상승과 홍수를 억제하는 데 얼마나 효과적인지에 관한 각 가정의 의식과 그들의 위험 회피 정도에 달려 있다. (위험을 혐오하는 가정은 정부의 보호 조치에 기꺼이 더 많은 비용을 지불하려 할 것이다.) 주택 소유주들은 또한 주택의 고도를 높이는 식의 사전 예방 조치에 투자함으로써 스스로를 보호할 수도 있다. 공적 투자 결정과 사적 투자 결정 간에는 상호 작용이 이루어진다. 만약 어느 지역 사회가 공적 투자는 비효과적이라고 믿는다면, 그들은 거기에 거의 투자하지 않을 것이다. 대신 각 가정은 좀더 사적인 자기 보호 조치에 기댈 것이다.

젠트리피케이션과 기후 회복 탄력성

2018년 7월, 〈뉴욕 타임스〉는 최근 이루어지고 있는 뉴욕의 개발에 관한 기사를 내보냈다. 기사는 브루클린 행정구 시프세드베이(Sheepshead Bay)에 고층 아파트가 들어서면서 인구가 조밀해지고 젠트리피케이션이 전개되는 실상을 파헤쳤다. 그 여파로 단독 주택이 늘어선 해안가의 중산층 공동체가 서서히 무너지고 있었다.[26] 만약 어느 동네가 고급 주택지로 바뀌면서 거주민이 물갈이되면, 그 지역 사회의 성격은 완전히 탈바꿈한다. 그 비용을 오롯이 떠안는 축은 새로 연안에 들어선 고급 주택을 구매하거나 임대하는 걸 엄두도 내지 못하는, 현재 세 들어 사는 중산층 가구다. 그들은 지금껏 그 지역에서 꾸려온 장소 기반 네트워크를 송두리째 잃어버린다. 오랫동안 그 지역에 터 잡고 살아온 거주민이 떠나감에 따라 전통도 빛이 바랜다. 이러한 변화로 혜택을 보는 쪽은 거금을 받고 집을 팔 수 있는 현재의 집주인, 그리고 고급 아파트로 새로 이사 들어오는 부유한 거주민이다.

과거에 중산층 가정들이 차지했던 대지에 높고 값비싼 신규 주택이 들어서고 있다. 물가에 지어지는 새로운 고층 아파트는 부자들이 입주할 테고 인구 밀도도 조밀해질 것이다. 수억 달러를 투자한 이 프로젝트를 위해서는 만일의 위험에 대비할 줄 아는 최고 기량의 엔지니어를 데려와야 한다. 값비싼 주택 단지와 관련해 중요한 문제는 건축업자들이 치명적 결함 가능성을 줄이기 위해 그런 건물에 대해 어떤 스트레스 테스트를 실시하느냐 하는 것이다. 한마디로 그에 동원된 공학적 전문 기술과 자본 투자는 향후 허리케인 샌디 강도의 폭풍우에 효과적으로 대처할 만큼 충분한가? 혹은 수천 명의 부자가 거짓된 안전감에 현혹당해 스스로를 미래의 재난 속으로 욱여넣고 있는 것은 아닌가? 우리는 살아가면서 매일 도박에 뛰어든다. 이 경우 핵심적 경제 이슈는 의사 결정권자들이 과연 자기가 도박을 벌이고 있다는 사실을 의식하는지 여부다.

중산층이 그들의 연안 주택을 판매하면, 부자들이 이사 올 더욱 안전한 아파트를 짓기 위해 그 집들은 철거된다. 이 대목에서 분배 문제가 불거진다. 어떻게 보면 이는 서로가 이득인 거래 같다. 하지만 실상은 새로운 위험에 대처하는 데서 비교 우위를 점하는 축이 그 거래를 좌우한다. 중산층은 그들 자산에 돈을 지불받는 자발적 거래에 참여하며, 다른 지역으로 이주함에 따라 위험 노출을 줄일 수 있다. 양심적인 사람은 이 경우 현재 중산층 가구를 양질의 신규 주택에 입주하도록 허락한다면 윈윈 전략이 될 거라고 주장할지도 모르겠다. 그렇게 하면 그들이 새로운 건물에서 자신의 네트워크와 오랜 생활 방식을 오롯이 유지할 수 있다고 말이다. 하지만 현재 중산층 거주민은 대체로 새로 지은 아파트 건물에 입주할 만큼 충분히 부유하지 못하다. 국가 차원에서 납세자가 그들이 아파트 중 한 채를 차지하도록 보조금을 쥐어주어야 하는가? 현재 거주민은 그들이 본래 살던 지역에서 계속 살아갈 재산권을 가지는가?

단독 주택이 철거되고 호화스러운 고층 아파트 건물로 변모하는 경우, 부유한 사람들은 (해수면 상승 같은) 위험에 더욱 가까이 다가간다. 이러한 신축 아파트 구매자라고 해서 위험을 사랑하는 사람일 리는 없다. 그렇다기보다 그들은 위험을 싫어하지만 신축인 데다 전망도 좋은 아파트라는 희귀한 조합을 추구하는 축이기 쉽다. 또는 건축업체가 최고의 엔지니어를 고용해 위험에 적절히 대처하는 건물을 설계했을 거라고 믿는 기술적 낙관론자일 가능성도 있다. 이는 일개 개인으로서 우리 각자가 기후 모델 예측을 어떻게 신뢰하는가 하는 문제로 이어진다. 만약 부유한 아파트 구매자들이 해수면 상승에 대처하는 엔지니어의 능력을 과신한다면, 그들은 향후 해수면 상승으로 심대한 타격을 입을지도 모른다. 이런 콘도 구매자들이 그 자산에 수백만 달러를 지불하고 있음을 감안할 때, 그들은 만약 그 건물이 미래에 심각한 홍수로 위태로워지면 투자 가치가 훨씬 떨어지리라고 인식할 것이다. 주택 지분의 상당액을 잃을지도 모를 가능성은 아파트 입찰자로 하여금 구매 전에 철저히 예비 조사를 거치도록 안내한다. 이는 다시 홍수 위험을 진단하는 전문적인 주택 컨설턴트 시장을 창출한다. 컨설턴트는 아파트 구매자들이 실제로 한 채를 구입하기 전에 대안적 의견을 제시한다.

아무도 위험을 자청하지는 않는다

피닉스의 인구는 1980년부터 2010년까지 대략 갑절로 불어났다.[27] 주택 개발업체는 주택을 수십만 채 새로 지었다. 개발업체는 이러한 부동산을 팔 수 있다고 판단하면, 그 같은 장소 기반 자산의 건설비를 기꺼이 떠안는다. 사람들은 그 지역의 고용, 생활 편의 시설의 질, 자녀 양육에 비추어 좋은 삶을 영위할 수 있다고 믿으면 그 자산을 구매하려 든다. 만약 기후 변화로 인한 폭염과 가뭄의 위험이 피닉스에서 삶의 질을 위협한다면, 개발업체는 그곳에 새로운 주택을 덜 지을 것이다. 새로 지은 주택을 더 싼값에 팔아야 한다고, 그렇게 되면 수익이 떨어지리라고 예상하기 때문이다. 최근 연구는 해수면 상승의 위험이 커지고 있어 해당 지역 거주민이 기후 변화를 우려하는 카운티에서는 새로운 주택 공급 건설이 덜 이루어진다고 밝혔다.[28] 만약 피닉스가 머잖아 여름이 상당히 무더워지리라 예상된다면, 그리고 잠재적 신규 거주민이 그러한 무더위에 대처할 수 없다면, 개발업체는 주택을 덜 지을 것이다.

그런데 라스베이거스나 피닉스 같은 사막 지역은 무덥고 해안에서 까마득히 떨어져 있음에도 고가 주택들이 즐비하다. 이상하지 않은가? 대중 매체는 피닉스가 극심한 폭염과 가뭄으로 머잖아 붕괴하리라는 기사를 툭하면 내보내는데, 다른 한편 수백만 달러짜리 주택이 건설·판매되고 있으니 말이다.[29] 행동경제학자들은 새로운 구매자가 그 자산이 중기적으로 맞닥뜨릴 위험을 무시한다고 가정할 것이다. 이 이론은 어리석은 구매자들이 차후에 투자를 후회하게 되리라고 예상한다.

반면 다른 대안적 설명은 구매자의 다양성에 초점을 맞춘다. 피닉스는 새로 지은 넓은 주택을 캘리포니아주 남부에 있는 같은 수준의 주택보다 훨씬 저렴하게 제공한다. 그런 집을 구매하는 사람들은 그저 무작위 집단이 아니다. 여름에 야외에서 조깅을 즐기는 사람은 피닉스에 집을 사지 않을 것이다! 반면 피닉스의 주택 구매자는 여름 동안 다른 어딘가에서 지내거나, 집 안에 처박혀 지내는 걸 전혀 개의치 않을 것이다. 인터넷은 피닉스의 더위에 적응하는 법과 관련해 풍부한 지침을 제공한다.[30] 경제학자들은 흔히 비교 우위에 대해 말하곤 한다. 이 용어는 어떤 개인〔전미 농구협회(NBA)의 르브론 제임스(LeBron James)를 생각해보라〕이나 국가(와인을 생산하는 프랑스를 생각해보라)가 뭔가를 상대적으로 더 잘 만들어내는 것을 지칭한다. 그와 비슷하게 위치 선택과 관련해서도 비교 우위가 있다. 실내에 머무는 것을 좋아하는 사람은 피닉스에서 살아가는 편이 비교 우위를 지닌다.

비관론자들은 피닉스가 물이 고갈될 테고, 따라서 가뭄 위기가 커지는 상황에 직면하리라고 가정할지도 모른다. 경제 논리는 물값이 그러한 희소성을 반영하고, 수요와 공급 법칙이 이처럼 점차 희소해지는 자원의 할당을 결정할 거라고 말한다. 하지만 지금 현재는 애리조나주에서 전기와 수도 비용이 그리 높지 않다. 에너지정보청(Energy Information Administration: 미국 에너지부 산하의 기관으로, 통계 및 분석을 담당한다—옮긴이)에 따르면, 애리조나주에서 2014년 한 달 전기 요금은 평균 120.51달러였다. 피닉스 재정 부처에 의하면, 피닉스에서 단독 주택의 한 달 수도 요금은 평균

37.75달러다.[31]

쇼핑·문화·음식점이 주종을 이루는 소비 도시는 현대 도시 경제에서 중요한 부분이다.[32] 만약 어느 특정한 날의 날씨가 너무 무더워서 사람들이 쇼핑이나 외식을 단념한다면, 소매업자들은 이 문제를 적극적으로 해결하려는 강력한 동기를 가진다. 사람들이 그런 날 나돌아 다니지 않으면 수입을 잃을 테니 말이다. 싱가포르의 오처드로(Orchard Row)에 있는 최고급 쇼핑몰은 지독하게 덥고 습한 지역에서 어떻게 소비 도시가 발달할 수 있는지 잘 보여주는 예다.

찌는 듯 무더운 장소는 실내 문화와 오락거리를 개발할 것이다. 소비 도시는 더위 속에서도 번성할 수 있다. (중동의 석유 부국들을 떠올려보라.) 정말이다. 에어컨을 장착한 이 낙원은 전기를 필요로 하지만, 훨씬 더 값싼 재생 가능 전력이 이런 적응을 북돋운다. 미국 전역에서 범죄율이 떨어지면, 사람들은 좀더 서늘해지는 밤에 기꺼이 더 많은 시간을 야외에서 보내려 할 것이다. 싱가포르는 늦은 밤이 되면 아연 생기를 되찾는다. 전 세계적으로 극심한 무더위에 노출된 지역들은 될수록 더위를 피하기 위해 하루를 재편성한다. 이런 생활 방식이 모든 사람에게 맞는 것은 아니다. 하지만 여름이 더운데도 피닉스와 라스베이거스에서 살고 싶다는 욕구를 드러내는 사람들은 적지 않다.

나는 과거에 진행한 연구에서 사람들이 겨울은 따뜻하고 여름은 선선한 장소에서 살아가기 위해 프리미엄 가격을 지불할 용의가 있음을 확인했다.[33] 캘리포니아주는 미국에서 이런 조합을 제공하는 몇 안 되는 장소 가운데 하나다. 미국 남부의 대다수 장소는 겨울이 온화하지만, 여름은 무덥고 습하다. 여름 동안 실내 여가를 통해 누리는 즐거움은 극도로 무더운 지역의 부동산이 가치를 유지할지 여부를 결정하는 데 중요하다.

부동산경제학 연구는 위험 지역에 위치한 주택의 가격이 중·단기적으로는 인위적으로 높게 유지될 수 있지만, 투자자가 그 주택이 맞닥뜨린 실제 위험이 크다는 것을 깨달으면 서서히 급락하리라고 가정한다. 이런 모델의 기저에는 투자자들이 결국에 가서는 자신이 부상하는 진짜 위험을 과소평가했음을 알아차리리라는 생각이 깔려 있다.[34] 부동산 가격이 폭락할 거라는 이러한 가설은 암묵적으로 부동산 구매자나 현재 부동산 소유주 가운데 '모호한(ambiguous)' 위험을 의식하는 사람이 거의 없다고 가정한다. 한편 현재 주택 소유자가 '목전에 닥친(impending)' 위험을 의식한다고 해보자. 그들은 주택의 정비를 미루고, 질 개선에 투자할지 말지 결정해야 하는 상황을 맞는다. 만약 주택 소유자가 다들 그 주택이 위험에 처해 있다는 데 곧바로 동의하리라고 확신한다면, 그 주택의 재판매 가격은 낮아질 테고, 그들은 집 가치가 떨어지도록 가만 놔둘 가능성이 많다. 반대로 만약 주택 소유자가 사람들 가운데는 지나친 낙관론자도, 행동 편향〔(behavioral bias: 의사 결정 과정에 무의식적으로 영향을 미치는 비합리적 신념이나 행동을 말한다. 행동 편향은 일반적으로 정서적 편향(emotional bias)과 인지적 편향(cognitive bias)으로 구분한다. 정서적 편향은 구체적 사실보다 감정에 기초해 조치를 내리거나 감정이 판단에 영향을 미치도록 허용하는 경향성을 뜻하고, 인지적 편향은 우리가 이용할 수 있는 정보를 처리하거나 해석하는 과정에서 발생하는 사고 오류를 말한다—옮긴이〕을 지닌 투자자도 있게 마련이라고 믿는다면, 그는 주택의 품질을 정비하는 데 투자할 테고, 차후에 그런 투자자 가운데 한 사람에게 부동산을 팔려고 애쓸 것이다. 이 경우 낙관론자(그리고 기후부인론자)는 이런 자산을 매입하고, 너무 늦은 시점에서야 그 부동산이 입지 탓에 대단히 위태롭다는 사실을 알아차릴 가능성이 있다.

부동산 개발업체는 또한 위험이 점차 증가하는 장소에 신규 주택을 지을 것인지 결정할 때도 그와 비슷하게 계산기를 두드려보려는 동기를 가진다. 만약 잠재적 구매자가 위험을 의식하고 있다고 믿는다면, 그들은 주택을 덜 지을 것이다. 미래를 내다보는 구매자가 주택 입찰에 적극성을 덜 띨 테니 말이다. 반면 구매자가 근시안적이라서 미래의 무더위와 홍수 위험을 과소평가한다고 믿는다면, 부동산 개발업체는 위험한 장소에 신규 주택을 지어서 그런 순진한 개인들에게 팔아넘길 공산이 크다. 나는 일부 투자자가 지나치게 낙관적인 기대를 품고 있는 것은 맞지만, 그들이 실사를 거치지 않고 거액을 계약금으로 거는 투자에 뛰어들 거라고는 생각지 않는다. 사람들이 자기가 살려고 고려하는 동네의 공립 학교 수준이나 범죄 보고서를 조사하는 것과 마찬가지로, 잠재적 주택 구매자는 점점 더 기후 위험 정보를 찾으려 할 것이다.

부상하는 기후 위험과 마주한 장소에서 부동산을 구입하는 사람은 기후 위험을 줄이는 인프라 업그레이드 같은 미래의 기술적 진보를 낙관하는 사람일 수도 있다. 자산 소유자는 이러한 미래 기술에 투자하는 선택지를 가진다. 현재 주택 소유자들은 기후 변화가 제기하는 새로운 위험을 상쇄하기 위해 지역의 공공재와 사적재를 이용해 해결책을 모색하려는 강력한 동기를 가진다. 만약 그들이 자기 보호 전략을 취하지 못한다면, 그들에게 은퇴 자금이 되어줄 주요 자산의 가치(그들의 집값)가 하락할 것이다.

회복 탄력적 부동산

주택 소유자들이 물러나지 않고도 해안 부동산을 보호할 수 있는 전략은 꾸준히 늘고 있다. 그런 선택지에는 스틸트 위에 집을 얹는 방법도 포함된다.[35] 여타 전략에는 기초 환기 장치(foundation vent)나 섬프 펌프(sump pump: 집에 고인 물을 배출하는 역할을 하는 장치로, 수해가 잦은 지역에 들어선 주택의 지하실에서 물을 퍼내는 데 흔히 쓰인다. 전력이 나가도 계속 사용할 수 있도록 백업 배터리를 구입하는 게 보통이다—옮긴이)를 설치하는 것 같은 소박한 조치도 있다. 기초 환기 장치는 습식 홍수 보강 처리의 일종으로, 물이 집 주변에 고이는 대신 집을 통해 흐르도록 해준다. (이 장치는 벽과 지하실 창문에 가해지는 상당한 압력을 누그러뜨리는 데 기여할 뿐 아니라 물이 빠져나갈 수 있는 출구가 되어준다—옮긴이.) 그 밖의 수해 방지법으로 피복제와 밀폐제를 도포하라(피복제와 밀폐제를 건물의 토대·벽·창문·출입문에 발라 균열로 인해 물이 집 안으로 새는 것을 막는다—옮긴이), 잔디밭이 집 반대쪽으로 기울어지도록 경사지게 조성하라(잔디밭 경사가 집 쪽으로 기울어져 있으면 집 주변에 물웅덩이가 생기기 쉽다—옮긴이) 따위의 조언도 있다.[36]

어느 때든 부동산 자본 스톡은 다수의 구식 구조물과 소수의 신식 구조물이 뒤섞인 형태를 띤다. 건축 법규는 오직 신규 부동산 구조물에만 해당된다는 점을 감안할 때, 그러한 법규를 현재 구조물의 상당 부분에 적용하기까지는 수십 년이 걸릴 수도 있다. 허리케인 샌디는 뉴욕에서 800채 넘는 건물을 손상하거나 파괴했다. 그런데 그 가운데 95퍼센트가 50년도 더 된 건물로, 현대적 건축 법규를 도입하기 이전에 지은 것들이었다. 뉴욕 시장 마이클 블룸버그는 건축 법규를 강화하면 건물이 개선되고 튼튼해지므로 회복 탄력성에 도움을 준다고 주장해왔다.[37]

홍수 지대와 화재 지대에 대한 건축 법규를 강화하면 개발업체들에 비용이 부과된다. 새로운 안전 기능을 갖추려면 새로운 지출이 필요하기 때문이다. 하지만 그런 법규는 새로운 위험이 나타날 때 기대 편익을 늘려주기도 한다. 위험을 회피하는 사람들은 이제 불어나는 위험에 직면한 지역에서 객관적으로 더 안전한 주택에 기꺼이 더 많은 돈을 지불하려 든다. 예컨대 만약 새로운 건축 법규가 화재 지대에서 화염에 좀더 잘 견디는 특수 자재를 사용하도록 요구한다면 관련 위험이 줄어들 것이다. 건축 법규 시행은 특정 지역의 모든 건축물이 위험을 줄이기 위해 업그레이드 되었음을 의미한다. 이처럼 안전한 건축물이 모여 있으면 각각의 집도 더욱 안전해진다. 어떤 집은 내화성 자재로 지었지만, 이웃한 다른 모든 주택이 그 법규에 따르지 않은 경우를 생각해보자. 화재가 발생하면 회복 탄력성에 투자를 게을리 한 이웃 주택들은 그 안전한 주택마저 위협한다. 이 논리는 건축 법규 시행이 어떻게 해서 부정적 외부 효과를 줄여주는 지, 준비되지 않은 주택에서 이웃 주택들로 화재가 번지는 도미노 효과를 막아내는지 보여준다.

부동산 구매자가 지역이 직면한 새로운 위험을 좀더 잘 인식하게 되면, 부동산 개발업체는 회복 탄력성 기능을 갖춘 건물을 지으려는 경향이 커진다. 이러한 기능은 각 지역이 직면할 거라고 기후과학이 명시한 난제를 해결하도록 맞춤형으로 제공될 것이다. 예컨대 플로리다주에서는 여러 지역이 극심한 허리케인 위험에 처해 있다. 이에 개발업체는 마이애미의 1450 브리켈(1450 Brickell: 제이피 모건 타워(JP Morgan Tower)라고도 부른다—옮긴이) 같은 건축물로 화답했다. 이는 35층짜리 최고급 사무용 빌딩으로, 시속 480킬로미터의 강풍 및 그와 함께 날아드는 파편을 견딜 수 있도록 충격에 강한 견고한 자재로 지었다. 1450 브리켈 빌딩이 그 지지자들의 주장만큼 튼튼한지는 두고 볼 일이다. 미래의 자연재해는 내구적인 이 새로운 건물이 어떻게 될지 우리에게 알려주는 자연 실험 노릇을 할 것이다. 만약 1450 브리켈 같은 건물이 이웃한 오래된 건물보다 자연재해 기간 동안 더 잘 버틴다면, 이 자연 실험은 기후 노출을 줄이는 데서 기후 회복 탄력적 인프라가 지니는 가치를 드러내줄 것이다.

개발업체들이 어떻게 위험 평가 기업과 협력함으로써 회복 탄력성을 획득하는지 보여주는 예는 플로리다주 팜비치(Palm Beach)에 있는 프리스비 그룹(Frisbie Group)의 작업이다. 이 회사는 고급 소매업체와 식당 그리고 부동산을 건설하는데, 이러한 연안 자산이 해수면 상승 위험에 직면할 것임을 인식하고 있다. 프리스비 그룹의 상무이사가 말했다. "최고 수준에 맞추어 건축물을 짓는다면 물가에 있다고 해서 꼭 위험한 건 아닙니다. 위험이 발생하는 것은 당신이 최고 수준과 적절한 고도에 맞추어 건물을 짓지 않을 때에 한합니다."[38]

나는 과거에 진행한 연구에서, 태양열을 이용한 주택 등 여타 환경 친화적 부동산이 프리미엄 가격에 팔리고 있음을 확인했다.[39] 최근의 주택 구매자들이 충분하다 할 정도로 위험을 싫어한다면, 우리는 기후 회복 탄력성을 지닌 부동산의 경우에서도 그와 유사한 프리미엄 가격을 보게 될 것이다. 구매자와 세입자는 위험을 인식하고 두려워할 필요가 있다. 이 경우 그들은 기꺼이 점차 위험해지는 지역에서 더욱 안전한 건물에 살기 위해 프리미엄 가격을 지불할 것이다. 공급 면에서 회복 탄력성을 갖춘 건물을 짓는 비용은 시간이 갈수록 낮아진다.

〈뉴욕 타임스〉는 2018년 이렇게 보도했다. "미국 서부의 지역 사회들은 각기 나름의 전략을 시행하고 있다. 일례로 샌디에이고에서 새로운 대규모 주거 단지(subdivision)들은 내화성 설계와 자재를 써서 주택을 짓는다. 거주민이 집 주변에 화재가 발생하는 동안에도, 소개와 꽉 막힌 도로로 인한 위험을 무릅쓰는 대신 집 안에 안전하게 머물 수 있도록 하기 위해서다."[40] 더 많은 사람이 안전한 주택을 추구함에 따라, 이 같은 수요의 증가는 위험에 회복 탄력성을 지닌 제품을 내놓을 수 있는 기업들에 커다란 동기를 부여한다. 화재 지대에서 내화성 자재를 사용한 건축물의 가치는 점차 커질 것이다. '유도된 혁신' 가설은 이런 제품의 가격이 규모의 경제와 그를 생산하기 위한 경쟁 및 전문화에 힘입어 시간이 지나면서 낮아지리라고 가정한다.

정보 기술의 향상은 부동산 회복 탄력성이 높아지도록 돕는다. 낸텀 (Nantum) 소프트웨어를 생각해보라.[41] 이 소프트웨어는 다수의 부동산 건물을 소유한 사람이 그 건물들의 성능을 실시간으로 관찰하는 계기판을 사용할 수 있게끔 해준다. 그 회사 웹페이지에는 이런 광고가 실려 있다. "낸텀의 알고리즘은 시간이 가면서 나날이 개선되고 있어 건물 효율성, 에너지 절약, 비용 절감 효과를 키움과 동시에 세입자의 안락함과 보유성(retention)을 높인다." 이런 소프트웨어에 의존함으로써 부동산 관리인은 신속하게 새로운 문제를 진단하고, 폭염이나 대기 오염 사건의 발발이 건물 입주자에게 미치는 영향을 최소화하는 최적의 해결책을 고안해낼 수 있다.

이 예는 인적 자본과 활동 규모 간 시너지 효과를 잘 보여준다. 주택을 한 채만 보유한 사람은 규모랄 게 딱히 없어 이러한 소프트웨어를 구매하는 데 시간과 돈을 투자하고 그걸 익숙하게 활용해봤자 수익을 내지 못한다. 반면 여러 채의 건물을 보유한 사람은 그 같은 사전 투자를 수익성 있게 만들고, 모든 건물의 최적화를 감독하는 유능한 엔지니어를 고용할 수 있다. 이런 의미에서 부동산 포트폴리오의 규모가 늘어나면 빅데이터를 사용하고자 하는 동기, 훈련받은 엔지니어가 그 정보를 이용해 극한 조건에서도 성능을 최대화하도록 건물을 미세 조정하는 컴퓨터 인터페이스를 활용하고자 하는 동기 또한 덩달아 커진다.

회복 탄력적인 부동산을 짓고 운영하는 것과 관련해 그와는 다른 대안적 전략이 있다. 바로 해수면 상승 같은 위험이 심각한 것으로 드러난 경우 해체할 수 있는 조립식 주택을 짓거나, 해당 지역이 침수될 경우 집주인이 손실을 상대적으로 적게 보고 거기서 벗어나도록 비내구적인 임시구조물을 짓는 것이다. 기후 위험이 커지는 지역에서 살아가는 사람들은 내구성이 덜한 건물을 지을 수 있다. 나는 2017년 발표한 논문에서, 덜 내구적인 자본은 소유주에게 "사태를 관망할 수 있는(wait-and-see)" 선택지를 제공한다고 주장했다.[42] 만약 새로운 위험이 기후과학자들의 주장만큼 심각하다면, 부동산 소유주는 수명 짧은 그 자산에서 임대료 흐름을 얻고 떠날 수 있다. 반면 기후과학자들이 위험을 과장해 그 자산의 '기초 경제 여건'이 탄탄한 것으로 드러난다면, 부동산 소유주는 좀더 내구적이고 수명이 긴 그 자산에 더 많은 투자를 할 수 있다. 이 논리의 훨씬 더 극단적인 버전은 해안 부동산 투자자들이 해수면이 빠르게 상승할 경우 곧바로 해체한 다음 자본을 회수할 수 있는 조립식 건물을 짓는 것이다.

관리 퇴각

기후 변화가 부동산에 가하는 상이한 위험을 다루는 다양한 전략이 떠오르는 중이다. 이런 적응 전략이 진전을 보이고 있음에도, 해수면 상승은 일부 지역이 '관리 퇴각(managed retreat)' 문제와 씨름하도록 내몬다. 몇몇 도시계획가들이 관리 퇴각을 지지한 결과, 해안가 주거지는 그 나머지 지역을 홍수로부터 보호하기 위해 초원 지대나 습지대로 달라지고 있다. 이처럼 회복 탄력성 서비스를 제공하는 공적 공간을 마련하기 위해 사유

지를 확보하는 현상이 일어나자, 그러한 토지 전환의 비용 효과성을 따지는 연구가 진행되었다.[43]

관리 퇴각에서 부동산 소유주는 부동산을 비워달라는 요청을 받는다. 이런 부동산 소유주들은 이중의 상실로 고통받는다. 첫째, 자신들이 뿌리 내리고 살던 집에서 내쫓기고 종래의 생활 방식을 포기해야 한다. 둘째, 집을 다른 개인 구매자에게 팔 수 없으므로 자산 손실로 고통당한다. 이런 소유주 상당수가 부동산을 높은 가격으로 주 정부에 팔려고 애쓴다. 주 정부는 인접 부동산을 함께 매입해 내륙 부동산이 수해를 덜 입도록 그 자리를 습지대로 조성하고 싶어 한다. 수해 잦은 부동산에 대한 알맞은 보상이 어느 정도냐와 관련해서는 윤리적 문제가 대두된다. 부동산경제학 연구에 따르면, 주택 소유자는 본래 자신이 구매한 가격보다 싸게 집을 팔아넘기는 걸 도무지 달가워하지 않는다.[44] 현재 소유주가 낮은 가격에 팔기를 거부하면, 주 정부는 그들이 떠나도록 '토지 수용권(eminent domain power: 정부가 공공의 사용을 위해 보상을 대가로 사유 재산을 수용하는 권한—옮긴이)'을 행사하는 상황에 직면할 수 있다. 이런 지역은 만약 고밀도 건축물로 변경되지 않으면, 지역 학교에 다닐 아동이 너무 적어지고 기본 서비스에 돈을 대줄 납세자가 턱없이 부족해지는 부가적 어려움에 부딪힌다. 이처럼 축소된 관할권은 기본 자원을 제공하기 위해 카운티의 관할권으로 병합되는 길을 모색할 것이다. 이런 의미에서 어느 관할권에 부과하는 기후 변화 비용은 그 관할권의 과세 기반이 축소될 경우 카운티 (그리고 나머지 납세자들) 전반의 재정에 주름이 가게 할 수 있다.

적응을 용이하게 하는 빅데이터 시장

1970년대에는 우리가 지금 알고 있는 유의 인터넷과 휴대폰이 존재하지 않았다. 새로운 문제에 대한 실시간 정보는 오직 텔레비전을 보거나 라디오를 듣거나 신문을 읽음으로써만 얻을 수 있었다. 개인들은 인근의 연기 기둥 같은 부상하는 문제에 대한 새로운 정보를 널리 공유할 도리가 없었다. 당시에 새로 에어컨을 구입하려는 가족은 지역의 가전제품 가게에 전화를 걸어서 재고가 있는지 확인했을 것이다. 재고가 없다면 새로 제품이 배송될 때까지 몇 주일이고 기다려야 했다. 소매상은 재고가 바닥나지 않도록 도와주는 컴퓨터를 가지고 있지 않았다. 장사진을 이룬 고객들이 점장에게 항의하면, 점장은 전화를 돌려서 공급업체를 물색하곤 했다. 이러한 시스템 탓에 적응 친화적 제품을 구매할 때면 일정이 늘어지기 일쑤였다.

오늘날에는 어느 때든 인터넷에 접근할 수 있어 우리가 새로운 위협을 의식하지 못할 가능성이 줄어들었다. 휴대폰 메시지, 페이스북, 트위터,

구글은 호기심을 품은 사람들에게 새로운 정보의 지속적 출처가 되어준다. 우리 모두는 기후 변화가 제기하는 문제를 우리가 알지 못한다는 걸 분명히 인식한다면 기후 변화에 더욱 잘 적응할 수 있다. 인터넷이 촉발하는 학습을 통해 우리는 '모른다는 것을 모르는(unknown unknowns)' 상태에서 '모른다는 것을 아는(known unknowns)' 상태로 옮아가고 있다.

이 장에서는 정보 기술의 발전이 어떻게 우리가 새로운 기후 위험에 더욱 잘 적응하도록 이끄는지 살펴본다. 가정·기업·정부 등 모든 경제 부문이 실시간 데이터의 공급자임과 동시에 수요자다. 점점 더 많은 젊은 이가 이들 데이터를 고속 처리하는 데이터과학자가 되기 위해 수련하고 있다. 이 같은 정보 처리는 우리가 개인 차원에서도, 집단 차원에서도 위험에 회복 탄력성을 갖출 수 있도록 돕는다.

실시간 데이터에 대한 수요

인터넷, 휴대폰, 앱, 문자 메시지 등이 도입되기 이전 시대에 당신은 심각한 폭염이 서서히 몰려오고 있다거나 인근에서 화재가 번지고 있다는 사실을 알 턱이 없었다. 당시 우리는 중대 자연재해가 발생하면 소스라치게 놀라곤 했다. 충격에 대비하는 시간이 늘어날수록 당신은 그 지역을 서둘러 빠져나가는 것, 더 높은 지대로 피신하는 것, 냉방을 제공하는 쉼터로 이동하는 것 따위의 전략을 통해 그에 더욱 효과적으로 대처할 수 있다.

오늘날에는 전 세계적으로 점점 더 많은 데이터가 수집되고 있으며, 시간이 갈수록 기온·오염·화재·홍수의 위험을 점점 더 면밀히 추적·관찰하고 있다. 우리 지역의 폭염, 대기 오염, 자연재해 위험을 실시간으로 알려주는 앱들도 보급되었다. 이러한 앱은 위성 기술과 드론의 비용이 꾸준히 떨어지는 데 힘입어 그런 정보를 제공할 수 있다. 센서 기술이 품질은 향상되고 가격은 낮아짐에 따라, 부상하는 위험을 실시간으로 보도하는 작업이 한층 수월해지고 경제적으로도 점차 감당 가능해지고 있다.

캘리포니아주에서 화재 위험이 증가하자 인근 화재로 심화된 지역 대기 오염의 실시간 정보를 공유하는 앱 기술 수요가 늘고 있다. 어느 연구는 사람들이 몇 가지 독특한 기능을 갖춘 새로운 대기 오염 앱을 어떻게 사용하는지 조사했다. 그 앱은 사용자에게 지역의 대기 오염 수준을 알려주고, 사용자 스스로 평가한 현재의 건강 데이터를 제공해달라고 요청한다. 그리고 여러 시간대별로 데이터를 수집해 사용자 각자가 오염에 어느 정도 민감한지 알려준다. 그 앱은 또한 대기 오염이 이웃의 건강에 어떤 영향을 미치는지에 관한 정보를 각 개인과 공유한다. 이런 식의 동료 비교 역시 유용한 정보를 제공한다.[1] 그 앱은 쌍방향 학습을 가능케 하므로 대기 오염 적응을 가속화한다. 사용자들은 저마다 오염에 대한 본인의 민감도를 알게 되고, 연구자들은 사용자 기반 전체가 오염에 어떻게 영향받는지 연구할 수 있는 새로운 데이터를 확보한다. 가령 만약 그 앱을 1만 5000명이 사용한다면, 그 모든 데이터를 관찰할 수 있는 연구진은 오염이 각자의 건강에 미치는 효과를 추적하고, 그에 따라 사용 인구 중에서 누가 오염에 가장 민감하고 가장 덜 민감한지를 훨씬 더 명확하게 파악할 수 있다. 이러한 인구 다양성을 포착함으로써, 공공 의료 당국은 가장 위태로운 이들을 보호하는 개입 작업을 좀더 효과적으로 추진할 수 있다.

기후 빅데이터의 접근성이 커지면 사람들이 새로운 위험에 대한 자기 신념을 업데이트하는 데 도움이 된다. 어떤 사람들은 본인의 최근 경험을 토대로 미래에 대한 기대를 형성하는지라 미래의 위험을 과소평가하곤 한다. 기후 변화를 겪는 지역에서 이런 식의 퇴영적 접근법은 새로운 위험을 얕잡아볼 것이다. 2019년 9월, 〈뉴욕 타임스〉는 노스캐롤라이나주의 많은 가정이 홍수 위험에 직면해 있지만, "범람 위험이 100년에 한 번 (hundred-year: 즉, 범람 위험이 연간 1퍼센트)인" 현재 범람원의 경계 밖에 위치한다고 보도했다. 그 기사는 일군의 주택 소유자들이 주택 보험을 구입할 것 같지 않다고 주장했다.[2] 하지만 만약 새로운 기후 위험 보고서 판매업체로부터 홍수 위험 보고서를 구입하도록 집주인들을 부드럽게 독려할 수 있다면 어떻게 될까? 아마도 그들은 부상하는 위험에 대한 자기 신념을 업데이트할 테고, 그에 따라 미래에 예견되는 사건들로 인해 위험에 처하는 일이 줄어들 것이다.

우리 가족이 2008년 새로 집을 구하려 했을 때, '다중 중개 매물 서비스(multiple listing service: 매물을 부동산 중개인이 혼자 독점하지 않고 그 지역의 모든 부동산 중개인과 공유해 빠르게 거래하도록 하는 제도─옮긴이)'가 각 주택의 가격, 면적, 기타 물리적 특성에 관한 정보를 제공해주었다. 질로를 비롯한 여러 부동산 웹사이트는 공립 학교의 질, 범죄 수준, 보행 적합성 여부 등 그 지역의 특성에 관한 정보를 제공한다. 우리는 가까운 미래에 각 동네의 월별 연간 평균 기온, 부동산이 최근 홍수에 노출되었는지 혹은 화재 지대에 위치해 있는지 여부 등 좀더 많은 데이터도 활용할 수 있다.

사람들은 트위터와 페이스북에서 많은 정보 소스를 얻는다. 일부는 뉴스나 정부 발표보다 친구들의 의견을 더욱 신뢰한다. 인터넷은 부상하는 도전을 바라보는 다양한 관점에 쉽게 접근하도록 해준다. 사람들은 자신의 기존 관점을 지지해주는 정보에 대해 듣고 싶어 하는 경향이 있다. 하지만 만약 부상하는 위험이 있다면, 거기에 대해서도 알고자 하는 게 상식적이다.

일상 속 빅데이터

새로운 실시간 기술은 날마다 개인의 웰빙을 추적·관찰한다. 핏비트 시계(Fitbit watch: 핏비트는 착용식 헬스케어 기기를 개발·판매하는 미국 실리콘밸리의 벤처 기업이다. 미국 건강 관리용 착용식 기기 시장에서 과반이 넘는 점유율을 차지하고 있다—옮긴이)를 차고 있으면 체온·맥박·혈압을 모니터링해 극도로 무더운 날이나 대기 오염이 심한 날 당신이 어떻게 지내는지 알려준다. 이러한 도구는 당신이 나중에 후회할 가능성이 적은, 더 나은 결정을 내리도록 돕는다. 자연재해 기간 동안, 출처를 믿을 만한 트위터 피드는 이동 중인 사람들이 어느 장소가 안전한지 좀더 잘 파악하도록 거든다. 이런 정보는 일사불란한 소개를 촉진해 혼란과 공포를 덜어준다.

빅데이터 혁명은 건강과 웰빙에 관한 단서를 각자에게 제공하고, 우리가 앱을 이용해 수면과 맥박을 추적·관찰할 수 있게 해주었다. 극도로 무덥거나 오염이 심한 날 사람들은 스마트폰을 통해 이 같은 기후 충격이 일상적 삶의 질에 어떤 영향을 미치는지 알 수 있다. 사람들은 자신이 더위나 오염에 얼마나 민감한지 측정하고, 그에 따라 그런 날 본인의 일정을 조정한다. 나는 공동 저자들과 함께 쓴 논문에서 중국의 도시 거주민이 폭서나 대기 오염이 심한 날 더 화를 많이 내고 기분이 좋지 않다는 것을 확인했다. 이런 연구가 가능한 것은 우리가 수억 명에 달하는 개인의 소셜 미디어 게시물에 접근하고, 그것들 각각이 생성된 날짜며 위치를 알 수 있기 때문이다.[3] 만약 사람들이 그런 날 짜증을 더 내는 자신의 성향을 의식하고 있다면, 스스로를 진정시키는 명상이나 시에스타(낮잠) 같은 조치를 통해 더위에 대처할 수 있다. 이러한 투자는 자제력을 길러주며, 직장에서 냉정을 잃거나 낯선 사람들과 폭력에 휘말림으로써 실수를 저지르지 않도록 도와준다. 무더위가 심해지면 수면 패턴도 방해받을 수 있다. 새로운 앱과 장치들은 우리가 수면 패턴을 모니터링하고, 따라서 수면을 조절할 수 있게 해준다.[4] 이러한 정량적 통찰은 행동 변화의 연료가 되며, 적응을 촉진하는 신제품에 대한 수요를 촉발한다. 만약 자신이 무더운 날 실적이 저조하고 스트레스받는다는 것을 의식한다면, 사람들은 해결책을 찾아 나설 테고, 이는 효과적인 신제품 시장을 열어줄 것이다.

베이징에서 추운 겨울날 아침, 사람들은 스마트폰 앱을 통해 그날의 대기 오염 예보를 확인한다. 중국 환경보호청은 오염 경보를 발령한다. 우리는 최근 진행한 연구를 통해 관계 당국이 오염도가 매우 심할 거라고 발표한 날이면 사람들이 더 많은 마스크와 공기청정기를 구입한다는 사실을 확인했다.[5]

소셜 미디어 시대가 도래하자 사람들은 다량의 정보원에 접근할 수 있게 되었다. 어떤 사람은 정보를 얻을 때 주로 친구들한테 의존한다. 이럴 경우 페이스북 같은 플랫폼이 개인들로 하여금 부상하는 문제에 대처하도록 돕는 데 주된 역할을 한다. 만약 사람들이 조언을 구할 때 친구들에게 주로 기댄다면, 그들은 믿을 만한 정보를 얻기 위해 페이스북 네트워크를 활용할 수 있다. 개발도상국에서는 결핵 퇴치와 관련해, 동료 의뢰〔peer referral: referral은 서비스와 그 수혜자를 연결해주는 것을 말한다―옮긴이〕가 그 질병에 취약한 사람은 누구인지, 검사하도록 격려하고 치료해야 할 사람

은 누구인지 골라내는 데 기여했다.[6]

정보 접근 비용이 크게 낮아짐에 따라 정보 공급이 폭발했다. 그리고 많은 사람이 가짜 뉴스의 증가로 정보 질이 떨어졌다고 우려한다. 페이스북 같은 플랫폼은 거짓 정보를 걸러내는 게 자신들의 임무인지 아닌지 고심해왔다. 정치적 양극화 시대에 기후 변화에는 진보주의자의 이슈라는 꼬리표가 붙었다. 나는 시종 정치적 보수주의자들이 자신의 부동산과 사업체가 현재 마주한 구체적인 기후 문제를 소리 없이 조사할 거라고 믿는다. 이런 주장은 차후에 검증해볼 필요가 있겠지만 말이다.

동적인 전기세·수도세 책정 도입을 촉진하는 빅데이터

모든 가정은 청소하고, 식품을 저장하고, 책을 읽고, 자녀들을 교육하는 것 같은 기본적인 일상을 영위하기 위해 수도와 전기를 사용한다. 전기와 수도는 각 가정이 살아가는 데 반드시 필요하므로, 공무원들은 공공재 가격이 오르지 않도록 각별히 신경을 써왔다. 관계 당국은 사람들의 집과 상업용 부동산에 스마트 미터기를 설치해 15분 간격으로 수도와 전기 소비량을 측정할 수 있다. 과거에는 사람들이 한 달에 한 번 공과금 고지서를 받았고, 따라서 청구 주기 중간에는 자신이 얼마만큼 소비하고 있는지 알 재간이 없었다. 하지만 이제는 소비량에 대한 실시간 정보에 접근할 수 있어 시간 가변적인(time-varying) 수도세·전기세의 도입 가능성이 열렸다. 이러한 동적인 인센티브는 강수량이 부족한 시기와 전력 수요가 큰 기간에도 가뭄이나 정전 가능성을 크게 낮출 것이다.

기후 변화는 가뭄 위험을 키우고 여름 전력 수요를 높이므로, 희소성

(scarcity, 稀少性: 물질적 욕구에 비해 물적 수단의 공급이 상대적으로 부족한 경우를 말하는 경제학 용어—옮긴이)을 시사하기 위해 그런 시기에는 수도세와 전기세를 올려야 한다. 이렇게 동적으로 책정한 수도세는 가뭄 기간에는 물의 단위당 가격이 오른다는 것을 의미한다. 여름날의 늦은 오후 같은 피크타임에는 전기세가 올라간다. 이런 동적인 가격 책정 도입은 그 밖의 시간대에는 가격을 더 낮게 부과하는 조치와 더불어 추진함으로써 소비자가 실상 평균 가격이 낮아지는 효과를 누리게끔 한다. 가난한 사람에게는 피크타임에 그들이 마주할 높은 가격을 상쇄하도록 소득 이전을 제공한다. 그러면 그들을 가격 폭등으로부터 보호할 수 있다.

높은 전기세는 소비자로 하여금 소비 습관을 바꾸도록 유도한다. 사람들은 늦은 오후에는 전기 소비를 줄이기 위해 컴퓨터와 텔레비전을 끌 것이다. 전체적으로 이런 행동 변화는 수급의 균형을 맞춰주므로 전력망이 정전 위험을 겪지 않도록 보호한다. 지불해야 하는 가격이 올라갈 경우, 기꺼이 전기 소비를 줄이려는 (주거용·산업용·상업용) 소비자는 언제든 있게 마련이다.

연구자들은 전력 공급업체가 제공한 주거용 소비자 수준의 데이터를 이용해 각 가구가 '수요 관리형 선택 요금제(critical peak pricing, CPP: 전력 수요가 많은 시간대에는 높은 전기세를 부과하고 부하가 적은 시간대에는 일반 가격보다 낮은 요금을 청구해 피크 시간대의 부하 감축을 유도하는 요금 제도—옮긴이)'에 전력 소비를 크게 낮추는 식으로 대응한다는 것을 보여주었다.[7] 워싱턴 DC에서 실시한 자연 실험은 각 가구를 이와 같은 가격 책정 프로그램에 등록시켰다. 이에 동참하기로 동의한 사람들은 전력 회사가 특정한 날(아마 1년에 20일) 시간당 전기 요금을 인상하되, 이런 수요 관리형 선택 요금제를 실시하는 정확한 시기를 각 가구에 알려주길 기다렸다. 연구자들은 고객 계정별 시간당 전력 소비량에 대한 전력 회사의 관리 데이터를 사용해 소비 역학을 연구했다. 그 결과 전기 요금이 높은 시기에는 가구들이 소비를 덜 하는 식으로 대처했음이 드러났다. 이런 연구는 그 시간 동안 각 가구들이 얼마나 불편을 겪었는지는 말해주지 않는다. 만약 온도계를 화씨 72도(섭씨 22.2도)에서 화씨 74도(섭씨 23.3도)로 올린다면(전력 소비를 줄이기 위해), 그 가구들은 어느 정도 불편을 겪을까?

1970년대의 전 세계적 에너지 위기 때, 지미 카터(Jimmy Carter) 대통령이 스웨터를 입고 텔레비전에 나와 중요한 연설을 했던 기억을 떠올려보라. 그는 미국인에게 겨울에는 (난방유를 사용하는) 난방 기구를 세게 트는 대신 옷을 껴입도록 부드럽게 권고했다. 카터 대통령은 1977년 2월 다음과 같이 말한 것으로 알려졌다.

우리는 분명 항구적인 에너지 부족 사태에 직면해 있습니다. 그 문제를 재빨리 해결할 묘책은 없습니다. 하지만 모두가 협력하고 조금씩 희생한다면, 그리고 검소하게 살아가는 법을 익히고 이웃 돕기의 중요성을 기억한다면, 우리는 끝내 적응하는 법을 찾아낼 수 있습니다. 또한 우리 사회를 좀더 효율적으로 만들고 우리의 삶을 한층 생산적이고 즐거운 것으로 이끄는 법을 알아낼 수 있습니다. 공익 사업체들은 소비가 아니라 보존을 증진해야 합니다. 석유 회사와 천연가스 회사는 매장량과 수익에 대해 우리 모두에게 정직해야 합니다. 우리는 진짜 부족과 인위적 부족 간의 차이를 밝혀내고 말 겁니다. 민간인도 희생해야 하겠지만, 우리는 민간 기업에도 희생을 요구할 것입니다.

우리 모두는 에너지를 더 적게 소비하는 법을 배워야 합니다. 가령 그저 온도를 낮에는 섭씨 18도, 밤에는 섭씨 13도로 유지하기만 해도 우리는 현재 천연가스 부족분의 절반가량을 절감할 수 있습니다.[8]

1977년에 카터는 빅데이터 혁명을 예상하지 못했다. 오늘날 우리는 대중에게 자발적인 희생을 강요하지 않고도 그가 목적한 바를 달성할 수 있다. 시장 인센티브 채택을 통해 같은 결과를 얻어내는 게 가능한 것이다.

우리는 빅데이터 혁명 덕분에, 가뭄 위험이 늘거나 여름철의 피크타임 동안 전력 수요가 치솟을 때 실시간으로 동적인 가격 정책을 시행할 수 있다. 그 결과 수요가 많고 공급이 적은 시기에는 수도 요금과 전기 요금이 올라간다. 이 조치는 희소성 신호를 주어 수요자들에게 희소 자원을 아껴 쓰려는 동기를 부여한다. 그뿐만 아니라 유도된 혁신을 촉발한다. 기업들이 좀더 효율적인 제품을 설계하려는 이윤 동기를 갖게 되기 때문이다.

전기와 수도 소비자는 스마트폰을 이용해 실시간으로 이런 제품들의 가격에 대한 최신 정보를 얻을 수 있다. 지역의 전기와 수도 공급업체는 수요가 치솟는 시기에 가격을 인상함으로써 희소 자원의 소비를 억제하겠다는 의사를 모든 소비자에게 전달한다. 어떤 사람은 온도계를 더 높게 설정할 테고, 또 어떤 사람은 무더운 오후 시간에 영화를 덜 볼 것이다. 가격이 오를 때마다 우리의 실질 소득은 떨어진다. 가난한 사람을 보호하려면 빈곤선 이하 가구에 소득 환급(income rebate)을 제공할 수 있다. 빈곤층에 소득 이전(income transfer)을 제공하면, 가격 급등을 통해 수요 급중 시기에 희소성 신호를 보내려는 경제학자의 목적도 달성될뿐더러 가난한 이들이 구매력 상실로 고통당하는 일도 사라진다.

더 많은 개인과 기업이 기꺼이 동적인 가격 책정 계획에 가입하고 참여한다면(아마도 그렇게 하는 데 따른 인센티브 때문에), 좀더 에너지 효율적인 가전제품을 위한 새로운 시장이 열릴 것이다.[9] 만약 기존 에어컨이 온도가 섭씨 35도인 날 일정 전력 수준을 사용할 때 전력 단가가 배로 오른다면, 그 제품의 가동 비용은 늘어난다. 따라서 제품 소유주는 좀더 에너지 효율적인 에어컨을 구매하기 위해 기꺼이 더 많은 돈을 지불할 것이다. 만약 이런 친환경 내구재를 찾는 수요자가 충분히 많다면(점점 더 많은 사람이 동적 가격제에 가입하고 있기에), 이는 기업가들이 그러한 제품을 고안해내도록 유도한다. 이런 의미에서 수요는 공급을 창출한다.

농민의 물 소비를 예로 들어보자. 농민은 도시민보다 훨씬 더 많은 물을 소비한다. 몇 가지 역사적 이유에서 많은 농민은 사용한 물에 대해 턱없이 낮은 가격을 지불하고 있다. 그런데 일부 지역에서 농민이 사용하는 물 가격이 올라가자 그들은 자기 땅에 비효율적 요소는 없는지 확인하려는 유인을 지니게 되었다. 그들은 이제 드론을 띄워 관개 시설에 누수가 없는지 살펴보고 있다. 이는 좀더 비싸진 물을 아껴 쓰기 위한 고해상도의 드론 기술 시장을 새로 창출하고 있다. 만약 물값이 인위적으로 계속 낮은 상태를 유지했다면, 이런 그린 기술은 개발되지도 사용되지도 않았을 것이다. 이렇듯 자원에 대한 가격 책정은 적응을 촉진하고 낭비를 줄여준다.

새로운 기후 회복 탄력적 보험을 촉발하는 빅데이터

최근 몇 년 동안 의료 보험업계는 다양한 인구의 요구에 맞춘 의료 보험 메뉴를 제공하기 위해 점점 더 빅데이터에 의존해왔다. 젊은이는 나이 든 사람들하고는 다른 의료 보험 수요를 가진다. 전부터 질병을 앓아온 사람들과 극도로 위험을 싫어하는 이들은 상이한 의료 보험 보장을 추구한다. 얼마간의 위험쯤은 개의치 않는 젊고 건강한 사람들은 아마도 치명적인 의료 사건을 주로 보장하는 보험 설계를 찾을 것이다. 이런 젊은이들은 그런 사건을 보장하는 보험에 가입하겠지만, 병원을 방문할 때 본인 부담금(deductible: 보험 사고 발생 시 보험 계약자가 부담하는 금액을 말한다. 보험사는 보험 사고가 발생하면 전체 금액에서 본인 부담금을 제한 액수를 보험금으로 지급한다—옮긴이)을 내야 할 것이다. 보험사는 비슷한 생애 이력을 지닌 다른 수백만 젊은이에 관한 빅데이터를 고속 처리해 이 젊은이가 이듬해에 치명적인 의료 사건을 겪을 가능성을 계산한다. 만약 그 가능성이 낮다면 보험사는 상대적으로 낮은 보험료를 부과해도 수익을 낼 수 있다.

오늘날과 같이 기후 관련 빅데이터를 사용할 수 있는 시대에는 보험 가격 책정에도 같은 논리가 적용된다. 부동산의 경우, 주요 기후 위험에는 홍수, 화재, 기타 자연재해의 위험이 포함된다. 이런 새로운 기후 위험에 직면한 상황에서는 민관 협력 가능성이 새로 생겨날 것이다. 미국 해양대기청(National Oceanic and Atmospheric Administration)은 다수의 위성을 활용해 새롭게 부상하는 위험에 대한 주요 원격 탐사 데이터를 제공한다. 민간 기업은 이 정보를 써서 상이한 지역들이 직면한 홍수 위험, 극심한 무더위 노출, 자연재해 위험 노출 등 구체적인 문제에 관한 정보를 이해하기 쉬운 형태로 제공한다.[10] 이런 기업의 예가 포 트웬티 세븐, 주피터, 퍼스트 스트리트 재단 그리고 코스털 리스크 컨설팅 등이다. 이런 기업은 정부가 수집한 데이터를 이용해 학계와 손잡고 사용자 친화적인 인터페이스를 구축한다. 구체적인 지역들이 현재 직면하고 있거나, 아니면 중기적으로 직면하게 될 것 같은 문제에 관한 엄밀한 지리 정보를 제공하기 위해서다. 이런 의미에서 기후 빅데이터는 서서히 성장하는 분야다.

나는 내 연구의 질을 높이기 위해 퍼스트 스트리트 재단과 파트너십을 맺었다. 양자의 협정에 따라 재정적 보상이나 금전적 연구 지원은 받지 않는다. 대신 나는 그 기업의 공간 데이터 일부에 접근 가능하며, 그 덕분에 새로운 연구를 시행할 수 있다. 진행 중인 한 프로젝트에서 우리는 볼티모어가 어떻게 해수면 상승에 영향을 받게 될지 탐구하고 있다. 이 프로젝트로 얻은 정보는 인프라 투자와 토지 용도 지역제에 관한 그 도시의 계획과 결정에 보탬이 될 것이다.

기후 위험 확률을 정확하게 예측하는 양질의 모델에 대한 수요가 늘면서, 기업가들이 이 분야에 뛰어들어 좀더 정확한 위험 모델을 마련할 가능성도 커졌다. 캘리포니아주에서는 100만 채의 주택이 화재 지대에 자리한 것으로 추정되었다. 만약 그 집주인 모두가 보험에 가입하려 한다면, 보험사가 공간적 화재 위험을 정확히 예측할 수 있는 모델에 투자하기 위한 대규모 시장이 조성될 것이다. 보험사는 보험료를 책정하기 위해 이런 위험 모델을 사용할 테고, 그렇게 되면 집주인들도 그런 보험의 구매 여부를 고심할 것이다. 위험 회피형 집주인은 그 보험을 구매할 가능성이 높다. 화재 가능성을 예측하는 양질의 통계 모델을 마련하기 위해 기초 연구를 진행하는 데는 적잖은 고정 비용이 든다. 이를 감안할 때 영리 추구 기업들은 오직 많은 사람이 그 모델에 기반한 예측을 요구하리라고 기대할 때에만 비가역적인 그 선지급 비용에 투자할 것이다. 이런 의미에서 기후 변화가 낳을 고통에 대한 기대는 새로운 해법(예컨대 화재 예측 개선)을 유도하며, 그 해법은 새로운 화재 보험 시장을 창출한다. 반면 만약 보험계리상의 화재 위험은 늘어나는데 화재 모델링업체들이 꿈쩍도 하지 않는다면, 최악의 시나리오가 펼쳐질 수 있다. 수익을 창출할 만큼 충분한 수요가 없다고 판단한 화재 모델링업체가 어떤 부동산이 어떤 새로운 위험에 직면하고 있는지 정확히 집어내기 위한 연구를 시행하는 데 투자하지 않는다면 말이다. 이럴 경우에는 국립과학재단(National Science Foundation, NSF)이 그 같은 기초 연구에 자금을 댈 수 있다.

나는 이런 시장이 창출될 거라는 데 지극히 낙관적이다. 그럼에도 연방 정부가 이런 민간 부문의 이니셔티브를 늦출 수 있다는 점에 유의할 필요가 있다. 정부가 적극적으로 홍수 지역의 보험에 보조금을 지급해주면 민간 보험에 대한 총수요는 위축되며, 이는 공간 지식의 확보에 투자함으로써 민간 보험사가 얻게 되는 수익을 낮춘다. 이런 의미에서 재난으로 고통받는 이들을 도우려는 선한 의도의 연방 정책이 뜻하지 않게 민간 부문이 이 분야에서 발을 빼게 만드는 결과를 낳을 수도 있다. 이는 회복 탄력성 증가 속도를 늦춘다는 점에서 사회적으로 대가가 크다. 만약 민간 부문이 부상하는 위험을 조사하고, 각 가구들로 하여금 좀더 안전한 장소로 이주하고 좀더 나은 자재로 건물을 짓도록 동기를 부여하는 데서 비교 우위를 점하고 있다면 말이다.

적응을 촉진하는 신경제 기업

실리콘밸리에 들어선 주요 기업은 모두 우리가 새로운 위험에 적응하도록 돕는 데 일정한 역할을 한다. 구글을 떠올려보라. 모종의 정보를 찾아내 몇 초 내로 제공하는 능력은 개인들이 더 나은 선택을 하도록 거든다. 이를테면 만약 로스앤젤레스에 사는 사람이 가장 가까운 공립 무더위 쉼터가 어디인지 모른다면, 그는 재빨리 정보를 검색할 수 있다. 그리고 구글 지도를 통해 거기까지 이동하는 최단시간을 알아낸다.

구글은 즉석에서 개인들이 적응을 돕는 데 필요한 제품의 최저가를 검색할 수 있도록 해준다. 백업 발전기에서 신형 에어컨에 이르는 제품이 그 예다. 페이스북은 사람들이 사회 관계망을 통해 배우거나 각자의 사회 관계망에 조언이 필요하다는 신호를 보내는 데 기여한다. 온라인상에서 접하는 정보를 믿기보다 친구의 조언에 귀 기울이는 편을 선호하는 사람도 있게 마련이다.

위기 동안에는 흔히 피난처·식량·식수에 대한 접근뿐 아니라 안전한 장소로의 수송에 대한 수요가 급증한다. 공유 경제는 이러한 희소 자원을 어떻게 할당하느냐에 영향을 준다. 우버 같은 신경제 기업은 우리가 사람들을 위험에서 벗어나게 해주는 교통 자본 스톡을 효율적으로 사용해 회복 탄력성을 구축하도록 돕는다. 대다수 미국 가구는 한 대 이상의 차량을 소유하고 있는데, 그것들은 하루의 대부분 시간 동안 주차되어 있다. 공유 경제의 핵심 사업 모델이 빼어난 것은 이러한 자본의 이용률을 높여주기 때문이다.

허리케인 하비가 덮쳤을 때 사람들을 구조하는 데 많은 개인용 카누가 쓰였다. 우리는 대단한 상상력 없이도 곧바로 우버를 비롯한 승차 공유 서비스가 재난 기간 동안 긴급 구조 활동을 펼칠 거라고 예상할 수 있다. 가난한 사람들은 경제적으로 그 가격을 감당하지 못하겠지만, 개별 시민들은 자선 활동의 일환으로 차비를 지불할 수 있다. 연방 정부의 비상 응급 구조 요원을 증강해주는 민간 부문의 능력은 생명 구조를 돕는다. 이러한 긴급 서비스 제공 분야의 경쟁은 출동 소요 시간을 단축시킨다.

우버는 수송 서비스의 구매자와 판매자를 잇는 양방향 플랫폼이다. 이런 서비스는 사람들이 피해 지역으로부터 벗어나야 하는 위기 시에 더욱 빛을 발한다. 자원이 부족한 사람을 위한 페이팔(PayPal) 계좌가 있어 비상시에 그들이 우버 서비스를 이용하도록 개인 자선가들이 돈을 기부할 수도 있다.

우버는 공유 경제의 여러 사례 가운데 하나일 뿐이다. 위기가 닥쳤을 때 삶터를 잃은 가구들이 단기 거주지를 물색할 때 에어비앤비(Airbnb)나 페이스북도 그와 비슷한 역할을 한다. 인터넷 기술은 낯선 사람들을 연결해줌으로써 그들이 서로 거래하도록 돕는다. 이 우버식 시장 접근법은 사람들을 거두는 자비심에 의존하는 게 아니라, 각 가구에 타인과 함께 기거하는 데 대해 금전적 인센티브를 제공한다. 공급자에게 제공하는 이러한 인센티브는 숙소를 구하는 이들이 앱을 통해 그들을 반기는 장소를 찾도록 도움으로써, 좀더 많은 사람을 재난으로부터 구제하고 그들이 원활하게 적응하도록 해준다. 자선 단체와 정부 긴급 구호 그리고 민간 부문의 노력이 한데 어우러지면, 미래에 자연재해가 발생할 경우 더 많은 피해자를 한층 빨리 구제할 수 있다.

허리케인 카트리나가 휩쓸고 간 뒤, 수천 명이 지붕 둥근 초대형 스타디움에서 잠을 청했다. 2005년에는 우버와 에어비앤비가 존재하지 않았다. 만약 당시 그런 플랫폼이 있었다면, 카트리나가 낳은 단기적 주택·식량·편의의 위기가 덜 심각했을까? 이들 플랫폼은 거래를 손쉽게 한다. 위기 시에는 교통과 주거 서비스를 찾는 사람들과 기꺼이 그런 서비스를 제공하려는 사람들이 존재한다. 우버나 에어비앤비 같은 인터넷 플랫폼은 중추적인 교환 장소 역할을 함으로써 시장의 양측이 서로 거래하도록 해준다.

일단 사람들을 구제하고 나면 인터넷 빅데이터 기업이 에어비앤비 같은 플랫폼을 통해 피난처를 구하는 이들이 기거할 장소를 찾도록 돕는다. 주요 소매업체는 사람들이 재난에 대처하도록 거드는 물품을 구비해둔다. 경제학자들은 월마트가 초대형 매장을 개장하면, 각 가구가 식량에 접근하는 데 어떤 영향을 미치는지 연구했다. 새로운 초대형 매장은 식품 가격이 저렴한 게 특징이라서 근처 거주자 가운데 식량 불안 문제로 어려움을 겪었다고 밝힌 이들의 수가 줄어들었다.[11]

로스앤젤레스 같은 도시는 교통 서비스 제공에 협력하기 위해 승차 공유 기업들과 계약을 체결해왔다. 극도로 무더운 날, 승차 공유 서비스는 주거용 에어컨이 거의 없는 도시의 일부 장소에서 무더위 쉼터로 사람들을 실어 나르는 데 일정한 역할을 할 수 있다. 이는 가난한 사람들의 더위 노출을 줄인다.

월마트 같은 기업은 빅데이터를 통해 수요가 있는 상품이 무엇인지 파악해내는 능력을 갖추었다. 이는 과거라면 오로지 정부 원조에만 기댔을 가난한 사람들이 위기 상황에 고통을 덜 겪게끔 돕는다. 이제 연방 정부뿐만 아니라 인근의 초대형 매장도(즉, 공공 부문뿐만 아니라 민간 부문도) 그들에게 지원을 제공하기 때문이다.[12]

월마트는 위기 시 요금에 바가지를 씌울 것 같지 않다. 월마트 같은 대기업은 평판에 신경을 쓴다. 게다가 이런 기업이 위기 때 어려운 사람을 도움으로써 고객들로부터 얻는 호감은 참치 캔 하나에 10달러를 매겨 거두는 단기 이익보다 더 클 것이다. 우버는 새해 전날 밤처럼 수요가 몰리는 시간대에 과도한 가격 인상을 단행함으로써 엄청난 후폭풍에 시달린 바 있다.

적응을 용이하게 하는 기업의 빅데이터 분석

아마존·페이스북을 비롯한 여타 주요 테크놀로지 기업은 하나같이 기계 학습 기법과 엄청난 규모의 마이크로데이터 세트 활용에 의존하고 있다. 수익을 올리기 위해 상이한 소비자 집단을 어떻게 겨냥해야 할지 파악하기 위해서다. 이들 기업은 더 많은 수익을 얻으려고 노력하는데, 이는 실제로 소비자들이 새로운 기후 위험에 회복 탄력성을 키우도록 돕는다. 사람들이 아마존 웹사이트에서 상품을 검색하므로, 아마존은 어떤 제품에 대해 특정 가격을 제시할 때 고객이 무엇을 검색하고 구매하는지 추적할 수 있다. 아마존은 모든 고객의 이메일 주소를 알고 있으므로, 특정 장소와 시간의 현지 온도와 오염 상태에 관한 데이터를 결합할 수 있다. 고객의 이메일 주소를 보유한 아마존은 그의 이웃도 파악할 수 있으며, 인구조사 데이터를 이용해 평균 교육 수준, 연령, 인종 등 이웃의 인구통계학적 특성을 결합할 수도 있다.

무더운 여름에 아마존은 자사의 데이터베이스를 써서 만약 할인가를 제시한다면 에어컨을 구매할 여지가 있는 인구 집단을 알아낼 수 있다. 가격에 민감한 소비자 집단을 위해 아마존은 쿠폰이라든가 특별 할인 제도를 통해 그들에게 낮은 가격을 제의한다. 만약 아마존이 가격에 민감한 소비자를 겨냥해 에어컨 가격을 낮춘다면, 그들이 그 제품을 구입할 가능성은 높아지며 이는 에어컨 보급을 가속화한다.

2010년 모스크바를 덮친 극심한 폭염을 다시 논의해봄으로써 적응을 촉진하는 아마존의 역할에 대해 살펴볼 수 있다. 본시 기후가 추운 이 도시에 뜻하지 않은 폭염이 덮치자 수천 명이 목숨을 잃었다. 에어컨은 수요가 치솟았지만 상점마다 금세 품절되고 말았다. 2012년 허리케인 샌디로 전력이 나가는 바람에 수천 명이 고생했을 때는 백업 발전기 수요가 폭증했다. 오늘날로 넘어와보자. 만약 기후과학자들이 열흘 뒤 닥칠 폭염이나 폭풍우를 좀더 정확하게 예보하는 단기 예측 모델을 만들어냈다고

하자. 아마존 같은 기업은 내구재를 판매함으로써 수익을 얻는다. 아마존은 이미 각 소비자의 신용카드 정보가 등록되어 있어 원 클릭 결제 시스템을 갖추었으며, 흔히 익일 배송 서비스를 제공한다. 소비자들이 귀찮은 상황을 피하고 싶어 하며 즉각적인 만족(익일 배송!)을 원한다는 행동경제학의 통찰을 활용함으로써, 아마존은 재난철이 되거나 기후 사건이 일어나리라고 예상하는 때 더 많은 수익을 낼 수 있다. 이런 의미에서 최대 수익을 거두려는 아마존의 간절함은 기후 위험이 증가하는 상황에서 사람들을 좀더 회복 탄력적이 되게끔 도우려는 사회의 목적과 잘 맞아떨어진다.

아마존은 인공 지능(AI)을 이용해 과거 구매 내력을 살펴봄으로써 당신의 수요를 예측할 수 있다. 당신의 수요는 당신이 현재 직면한 지리적 도전과 당신의 구매 간 함수인 것이다. 이처럼 수준 높은 기업은 (만약 당신이 가격에 민감하다고 믿는다면) 방어 태세를 갖추도록 돕는 제품을 구매하도록 인센티브를 제공함으로써 당신을 공략할 수 있다. 아마존에서 구입 가능한 적응 제품은 대기 오염을 막아주는 필터에서 냉각기에 이르기까지 다양하다. 한 가지 예를 들어보자. 당신은 아마존에서 2인용 사흘 생존 키트를 99달러에 (혹은 품질을 업그레이드하고 싶다면 199달러에) 무료 배송으로 구입할 수 있다.[13] 아마존의 방대한 고객군은 고유의 데이터베이스를 구축함으로써 그 기업이 부상하는 구매자 수요 트렌드를 예상하도록 해준다. 만약 포틀랜드의 소비자가 병에 든 생수를 구입하기 시작하면 아마존은 그 패턴을 감지한다. 그리고 인공 지능 모델이 그 수요가 늘어나리라고 예측하면 포틀랜드에서 판매할 수 있도록 제품 재고를 보충한다. 이 같은 수요 측면 모델은 아마존이 재고 품절을 피하도록 해주며, 이는 소비자가 원할 때 필요한 제품을 구입할 수 있다는 의미다.

우리 신경제에서 재고가 바닥나는 바람에 주요 기업 가운데 아무도 수요를 충족하지 못하는 상황이란 그들이 일시에 부정확한 동일 통계 모델에 전적으로 의존하는 경우뿐이다. 모든 기업은 자사의 빅데이터 연구에 기반한 저만의 재고 확보 전략을 갖추고 있다. 이들 기업은 허리케인과 폭염이 상이한 장소들에서 발생할지 모를 시기를 예측한다. 도시 가까이에 물류 창고용 대지를 구매할 수 있으면 재고 보유 비용이 낮아진다. 만약 드론이 시속 240킬로미터로 비행해 수하물을 먼 물류 창고에서 도시와 가까운 물류 창고(수하물을 트럭에 싣는 장소)까지 배달해준다면 재고 관리 비용은 훨씬 더 떨어진다.

하지만 심지어 아마존조차 모든 것을 다 팔 수는 없다. (유명한 로고를 통해 알 수 있듯 아마존은 a에서 z까지 모든 것을 판다고 표방한다—옮긴이.) 팬데믹에 대한 세계의 취약성을 다룬 2018년의 어느 기사에서, 감염병 전문가 마이클 오스터홀름(Michael Osterholm) 박사는 사라져야 할 가장 중요한 신화가 무엇이냐는 질문에 이렇게 답했다.

저는 사람들이 인터넷을 켜고 아마존에서 뭔가를 주문하면 곧바로 다음 날 그 물건이 도착하기 때문에, 의료 분야에서도 우리가 필요로 하는 것이라면 뭐든 같은 속도로 이용할 수 있으리라 믿고 있다고 생각합니다. 우리는 미국 정부가 제한적으로 공급하고 있는 일부 의료 상품을 넘어서는 그 어떤 비축물도 확보하고 있지 않습니다. 그마저도 우리가 진짜 팬데믹에 처한다면 이내 소진될 겁니다. 우리는 이런 것들을 예상해야 하고 계획을 세워야 해요. 당장 '예상'이라고 하면 흔히 사람들은 오늘내일에 해당하는 단어라고 여기기 쉬워요. 하지만 우리는 그런 근시안적 시계에서 벗어나 10년이나 15년 후를 예상할 수 있어야 합니다.[14]

2020년 코로나19 팬데믹 기간 동안 마스크·산소호흡기 등 긴급 보급품의 부족 사태가 잘 보여주었듯 오스터홀름 박사의 말이 옳았다. 아마존 같은 기업은 이런 핵심 의료 물품에 대한 수요가 급증하는 것은 오직 팬데믹이 발생할 때에 한한다고 예상한다. 그런 시기에 만약 아마존이 가격에 바가지를 씌우면 미국인은 거세게 반발할 것이다. 이 점까지 내다보는 아마존은 그런 재화를 비축하지 않기로 결정한다.

주요 기업은 자사 제품에 대한 새로운 수요를 반영하기 위해 그들의 모델을 지속적으로 업데이트한다. 과거의 상관관계가 더 이상 현재의 데이터를 설명해주지 못할 때, 영리 추구 기업은 그 이유를 물을 것이다. 계속해서 구닥다리 모델에 의존하면 이윤을 잃을 테니까. 이런 기업은 수요 예측 모델을 업데이트하고, 소비자가 얼마나 가격에 민감한지 예측하는 데 빅데이터를 사용하려는 강력한 이윤 동기를 가진다.

새로운 기후 패턴을 잘 인식하는 것으로 드러난 기업은 높은 수익을 얻을 테고, 그렇게 민첩하지 못한 기업은 점차 수익을 잃을 것이다. 이러한 진화 과정은 기업의 적응을 촉진한다. 고객은 이러한 제품을 구매함으로써 부상하는 기후 패턴을 예견하는 기업의 능력 향상을 통해 회복 탄력성 이점을 누린다.

아마존은 고객이 웹사이트를 방문할 때마다 그 데이터를 확보한다. 이는 그 기업으로 하여금 모든 제품에 대한 개인 차원의 수요 곡선을 추정하고 지역의 총수요를 예측하게 해준다. 예컨대 아마존은 미래의 여름에 뉴욕에서 에어컨에 대한 총수요를 그 가격의 함수로 점칠 수 있다. 이 정보를 통해 아마존은 에어컨을 판매할 때 수익을 극대화할 수 있는 가격을 선택한다. 가격을 턱없이 높게 책정하면, 아마존의 에어컨 매출은 떨어질 것이다. 반면 너무 낮게 책정하면, 더 많은 에어컨을 팔 수야 있겠지만 더 많은 돈을 지불할 의향이 있는 가구들에 그 제품을 팔았을 때 기대할 법한 정도보다 수익이 낮아진다. 아마존은 상세한 데이터베이스를 통해 가격에 민감한 고객과 그렇지 않은 고객을 분간할 수 있다. 그런 다음 전자에게는 가격 할인을 제공한다. 아마존은 개인에 대해 더 많은 데이터를 수집하기 때문에, 어떤 고객이 얼마나 가격에 민감한지 집어낼 수 있다. 이런 개인들에게 쿠폰을 통해 가격 할인을 제공함으로써 아마존은 더 많은 자기 보호 제품을 판매한다. 만약 각 고객에 대해 제대로 파악하지 못한다면, 그 회사는 모두에게 동일한 가격을 부과할 테고 그 제품을 더 적게 팔 것이다.

아마존은 영리 추구 기업이므로 기후 충격 전에도 후에도 마케팅 전략을 펴나가도록 스스로를 독려한다. 만약 기후과학자들이 열흘 전에 폭염을 예상할 수 있다면, 아마존은 자사 플랫폼을 이용해 넛지 전략을 펼치고 폭염이 시작되기 전 판매하기 위해 에어컨 등의 냉각 제품을 광고할 수 있는 시간적 말미를 얻는다.

이럴 경우 과거의 데이터를 이용해 기후 변화 피해를 예측하는 연구자는 무덥거나 대기 오염이 심한 날 발생하는 비용을 과대평가할 것이다. 하지만 부분적으로 성공적인 마케팅 노력에 힘입어 아마존의 기후 변화 적응 친화적 제품의 매출이 증가함에 따라, 더 많은 사람이 새로운 위험 대처에 필요한 제품을 구비할 것이다.

1950년대로 거슬러 올라가서 당시 하버드 대학의 경제학자이던 존 케네스 갤브레이스(John Kenneth Galbraith)는 매디슨가(Madison Avenue)의 광고가 사람들이 본래는 원하지 않았던 담배 같은 제품에 대한 수요를 자극함으로써 그들을 조종했다고 주장했다.[15] 이제 그 대안적 견해는 이렇게 가정한다. 즉, 개인들 각자는 건강하고 편안한 생활을 추구하지만, 일부 사람은 그에 유용한 비용 효과적 제품을 찾아내는 데 어려움을 겪는다는 걸 아마존이 알아차린다고 말이다. 이 경우 그러한 개인은 아마존이 자사의 거대한 데이터와 기계 학습 기법을 써서 바로 그런 고객 집단을 찾아내지 않는다면 자기 보호 투자를 게을리 할 것이다. 아마존은 이윤 추구 목적에 힘입어서 그 개인들이 대기 오염과 무더위 등 기후 변화가 낳는 위협에 맞서 좀더 회복 탄력성을 지니게끔 돕는 제품을 구입하도록 부드럽게 독려하려는 강력한 동기를 지닌다. 이 경우 아마존의 이윤 추구 목적은 사람들이 좀더 회복 탄력성을 갖추도록 이끌려는 사회의 목적에 부합한다. 만약 아마존의 이윤 동기가 없다면 일부 사람들은 자기 보호에 적게 투자할 테니 말이다.

동일 제품에 대해 사람에 따라 각기 다른 가격을 부과하는 것은 중요한 경제적 이슈와 공정성 이슈를 제기한다. 빅데이터 분석은 기업들로 하여금 제품 자체에 가치를 크게 두는 소비자와 가격에 더욱 민감한 소비자를 분간하도록 해준다. 이런 기업은 빅데이터를 사용하지 않는다면 누가 가격에 민감한지, 누가 제품을 좋아해서 기꺼이 더 많은 돈을 지불하는지 가려낼 수 없다. 영리 추구 기업은 두 고객 집단을 다르게 대하려는 이윤 동기를 가진다. 따라서 가격에 민감하지 않은 고객보다 가격에 민감한 고객에게 더 낮은 가격을 부과한다. 이러한 가격 차별화 전략은 가격에 민감한 이들에게 이득을 준다.

또 다른 예를 생각해보자. 오리건주 포틀랜드에 자리한 렌츠(Lents)와 포웰허스트-길버트(Powellhurst-Gilbert) 인근 지역은 걸핏하면 존슨 크리크(Johnson Creek)의 물이 불어나는 바람에 피해를 입는다.[16] 만약 부동산 보험사들이 좀더 지대가 높은 주택(물난리를 겪을 위험이 더 적다)과 좀더 지대가 낮은 주택(물난리를 겪을 위험이 더 크다)을 구별할 수 없다면, 이들 지역의 집주인은 홍수 보험에 모두 같은 가격을 지불해야 한다. 보험사들은 구글어스(Google Earth) 같은 빅데이터에 접근함으로써 (고도가 더 높아서) 위험이 덜한 주택을 분간할 수 있다. 결국 그런 주택의 소유주는 홍수 보험료를 덜 내게 된다. 이 예는 빅데이터가 어떻게 소비자 집단을 상이한 유형(가격에 민감하거나 덜 민감한 유형, 혹은 고위험과 저위험 유형 등)으로 구분하고, 정제된 정보에 따라 각 소비자 하위 집단에게 서로 다른 거래를 제공하는 데 쓰이는지 보여준다. 에어컨이나 보험 같은 상품을 판매하는 기업은 빅데이터를 사용해 마케팅 전략을 가다듬음으로써 이득을 누린다. 하지만 몇몇 하위 집단(이 경우에는 가격에 민감하지 않은 소비자나 고도가 낮은 지대에 주택을 소유한 사람들)은 더 낮은 가격 제안을 받지 못한다.

데이터와 계산력의 시너지 효과

아마존의 CEO 제프 베이조스(앞의 주 참조—옮긴이)는 다른 기업들이 자사와 같은 분석 능력을 갖추고 있지 못하다는 것을 알아차렸다. 아마존은 그런 기업에 분석 서비스를 임대해 수익을 올리고 있다. 2017년에 그가 말했다.

내가 보기에 기계 학습에 매달리는 노력과 관련해 흥미 만점인 것은 우리가 아마존 웹서비스(Amazon Web Services)—여기에는 기업에서부터 소프트웨어 개발업체에 이르는 모든 고객이 확보되어 있습니다—를 통해 이 고급 기법을 모든 조직이 사용할 수 있도록 지원하기로 결심했다는 점입니다. 현재 요구되는 유의 전문 지식을 갖추지 못한 조직에도 말입니다. 당장 이 기법을 활용해 당신의 기관이 가진 특정 문제들을 해결하기란 쉽지 않습니다. 그 기법에는 숱한 전문성이 필요하고, 따라서 당신은 기계 학습 분야에서 박사 학위를 취득한 최고 전문가들을 유치하는 경쟁에 뛰어들어야 합니다. 그런데 많은 조직은 이 경쟁에서 승리하기가 어렵습니다.[17]

계산력에는 규모의 경제가 있다. 아마존은 계산력 서비스와 자사의 전산 코드를 임대해 다른 기업들이 자체 문제를 해결하도록 기꺼이 도우려 한다. 중소기업은 아마존의 인프라를 써서 선진적으로 문제 해결력과 생산성을 키운다. 그들이 적절한 인력을 고용하고 자체 소프트웨어를 설계하는 고정 비용을 감당하기에는 부담이 크다. 이 점을 간파한 아마존은 그런 기업들에 자사 서비스를 임대한다. 결국 중소기업의 생산성도 향상된다. 이런 서비스는 중소기업이 데이터 패턴을 좀더 빠르게 파악하도록, 그리고 어떻게 다양한 고객 집단이 새로 직면한 문제에 실시간으로 대처하는지 알아차리도록 돕는다.

회복 탄력성 과제에 대처하는 연방 정부

미국 정부는 수십 개의 다양한 기관과 기능들로 구성되어 있다. 기후 변화는 〔버지니아주 노픽(Norfolk) 등에 자리한 해안 군사 기지를 방어하는〕 국방부에서 〔가난한 이들에게 공공 주택을 제공하는〕 주택도시개발부에 이르는 모든 기관에 분명한 과제를 제기한다.

빅데이터는 연방 기관이 직면한 도전을 진단하는 데서, 그리고 서로 상이한 연방 기관이 시간이 지날수록 더욱 잘 적응하는지 여부를 밝히는 벤치마킹 측정 항목을 만들어내는 데서 중요한 역할을 담당한다. 국방부와 관련한 한 가지 예를 생각해보자. 2025년에 극도로 무더운 날, 병사의 생산성이 2018년보다 더 높은 것으로 드러났다 치자. 이는 국방부가 그 사이 무더위 적응에 진전을 이루었다는 주장을 뒷받침한다. 군복에 센서를 장착함으로써 병사들이 전개(deployment, 展開: 모여 있던 부대가 작전을 펼치기 위해 가로 또는 세로로 확장·배치되는 것을 말하는 군사 용어. 보통 밀집 대형에서 전투 대형으로 흩어져 부대 전면을 확대한다는 의미다―옮긴이) 도중 직면하는 무더위 스트레스 정도에 관한 데이터를 얻을 수 있다. 주택도시개발부의 경우, 홍수 지도 업데이트는 그 부처가 담당하는 공공 주택이 현재 직면한 인프라 위험을 이해하도록 돕는다. 연방 정부는 부상하는 문제들이 무엇인지 드러난다면 예방적 유지·보수를 진행할 것이다. 이런 조치는 적응을 부채질한다.

만약 연방 정부의 각 기관이 회복 탄력성 전담 수석 관리를 고용한다면, 이들은 제 소속 기관이 직면한 새로운 위협을 식별해줄 양질의 실시간 정보를 요구할 것이다. 만약 정부가 최선의 모델이 무엇인지 판단하는 뚜렷한 기준을 제시할 수 있다면, 민간 부문 기업이 자본을 투자할 테고, 그 기업의 고용인들은 회복 탄력성 문제를 연구할 수 있는 인적 자본을 개발할 것이다. 이런 점에서 연방 정부는 응용과학자들이 모종의 이슈를 연구하도록 이끄는 데 중요한 역할을 한다. 국립과학재단은 특정 문제에 진척을 이룬 과학자에게 보상하는 체제를 구축함으로써 이 일을 해낸다. 미국 정부는 이처럼 기술 혁신을 이끄는 시장력을 발휘할 만큼 충분히 크다. 만약 기후 회복 탄력성이 우선순위를 차지한다면, 다양한 기관의 회복 탄력성 전담 관리들이 자원을 공동으로 모아서 더 많은 기업가가 경쟁하도록 유도할 수 있다. 이는 제2차 세계대전 당시 전개된 맨해튼 프로젝트(Manhattan Project)와는 판이한 지식 재산 생성 모델이다. 그 핵폭탄 생산 프로젝트는 비밀 실험실에서 은밀하게 진행되었다.

적응 실험실을 생성하는 빅데이터

빅데이터의 부상은 데이터과학자들을 위한 새로운 시장을 창출했다. 이 컴퓨터 프로그래머들은 대규모 데이터베이스를 다루는 능력, 발전 중인 우리 경제와 관련한 새로운 사실을 발견하기 위해 통계 기법을 써서 그 데이터를 조작하는 능력을 갖추고 있다. 주요 대학들은 앞다투어 빅데이터 관련 전공을 신설하고 있으며, 통계학과가 제2의 전성기를 맞고 있다. 서던캘리포니아 대학(University of Southern California) 공과대학은 인공지능 기초 강좌와 확률적 추론 강좌를 포함하는 데이터과학 석사 학위를 제공한다.[18]

이러한 기술은 거대한 데이터 세트로부터 새로운 통찰을 얻는 데 적용될 수 있다. 지난 10년 동안 로스앤젤레스 카운티(로스앤젤레스시 등 여러 도시를 포괄하는 행정 구역—옮긴이) 전역에서 걸려온 모든 911 전화를 예로 들어보자. 이러한 데이터 세트에는 수백만 건의 통화 기록이 담겨 있다. 데이터과학자는 전화의 발신지를 지도화하고 범죄를 신고하는 것, 혹은 긴급 의료의 필요를 알리는 것 같은 여러 범주에 기반해 별개의 911 통화 지도를 작성할 수 있다. 지도는 핫 스폿(hot spot) 유형을 표시해 911 전화가 가장 많이 걸려오는 지리적 지역을 식별한다. 이런 긴요한 정보는 사회복지사들에게 경각심을 일깨우고 시 직원이 적소에 자원을 제공하도록 돕는다.

시카고에서는 시 정부가 엔지니어, 데이터과학자와 손잡고 시 전역에 500개의 정보 수집 지점을 설치했다.[19] 이 같은 센서 네트워크는 대기의 질, 기후, 교통량에 관한 데이터를 측정해 유용한 실시간 정보를 제공한다. 그 도시는 걱정하는 시민, 언론, 연구자가 실시간으로 접근할 수 있도록 오픈 데이터 포맷(open data format: 데이터를 모든 소프트웨어에서 자유롭게 활용·수정·편집할 수 있는 형태—옮긴이)으로 데이터를 게시한다. 그러한 정보를 통해 특정 지역이나 시민 집단이 심각한 삶의 질 저하로 고통받고 있다는 분명한 증거가 드러나면, 도시 지도자들은 책임을 추궁당할 것이다.

이러한 실시간 데이터베이스 구축은 정치적 책임을 지는 데서 필요조건이지 충분조건은 아니다. 만약 아무도 그 데이터를 분석하지 않을 경우, 또한 데이터가 어느 특정 시점에서 모든 도시를 비교하거나 혹은 어느 특정 도시를 시간 경과에 따라 비교할 수 있는 형태로 제시되어 있지 않을 경우, 그런 데이터는 삶의 질 동학의 기준이 되지 못한다.

빅데이터의 부상은 시민과 학자들이 과거보다 훨씬 더 많은 정보에 접근할 수 있다는 것을 뜻한다. 1990년대만 해도 로스앤젤레스 같은 거대 카운티조차 대기 오염 추적 관찰 사무소가 25개밖에 개설·가동되고 있지 않았다. 이 사무소들은 매일 실외 대기 오염 수준을 기록했다. 많은 환경 정의 활동가들은 극빈 지역이나 소수 집단 지역에서는 데이터를 거의 수집하지 않는다고 염려했다. 중국에서는 정부가 실제로 대기 오염이 심한 날을 '맑은 날'로 재분류했다는 비난을 받으면서 데이터 조작 이슈가 불거졌다.[20] 하지만 이제는 저렴하고 연속적인 대기 오염 추적·관찰 장치의 증가로 개인들이 저만의 오염 데이터를 수집할 수 있게 되었다. 이는 책임성을 장려한다. 이런 정보가 법적 책임을 묻는 집단 소송에 쓰일 수 있기 때문이다.

빅데이터 생성의 또 다른 예는 좀더 재미있다. 2018년 7월, 〈월스트리트 저널〉은 프로 농구 선수 제러미 린(Jeremy Lin)이 홈코트(HomeCourt)라는 기업에 투자했다고 보도했다. 그 기업의 핵심 상품은 애플 아이폰을 이용해 농구공을 던지는 선수를 찍는다. 그 기업의 알고리즘은 비디오만으로 얻은 데이터를 고속 처리해 선수가 코트의 어느 장소에서 어떤 유형의 슛을 던지는지에 대한 공간적·시간적 추세를 알아낸다.[21] 이는 데이터의 패턴을 파악하고 개선이 필요한 영역을 식별하는 데 유용하다. 빅데이터는 이제 더 쉽게 만들어낼 수 있다. (컴퓨터가 비디오를 데이터의 행렬로 변환한다.) 과거에는 제러미 린의 데이터 스프레드시트를 만들려면, 사람이 직접 그의 비디오를 보면서 관련 정보를 기록하고 그것을 스프레드시트에 입력해야 했다. 이제 스포츠 선수와 코치들은 정보 처리 비용을 낮추어 많은 양의 데이터를 통해 선수의 기량을 키우는 방법을 순식간에 알아낼 수 있다.

이러한 스포츠 사례는 운동선수들이 어떻게 빅데이터의 조사 결과를 이용해 자신의 기술을 연마하는지 실증적으로 보여준다. 학자들도 이런 데이터를 생성하는 민간 기업이나 도시와 제휴함으로써 비슷한 길을 걷고 있다. 이런 연구에는 기후 적용과 연관된 것도 더러 있다. 다음과 같은 질문을 다루는 연구가 한 가지 예다. 극도로 무더운 날에는 모든 가구의 전기 소비가 늘어나는가, 아니면 오직 부자들의 전기 소비만 늘어나는가?

빅데이터 혁명은 공공 부문이 사람들을 보호하도록 도와준다. 무더위 기간 동안, 지방 정부는 911 긴급 전화의 발신지와 범죄 신고 장소의 공간적 지역을 알아낼 수 있다. 이런 정보는 관계 당국이 경찰과 구급 대원을 어디에 배치해야 하는지 판단하도록 돕는다. 연구자나 정부 공무원은 지역 코드화한 데이터를 이용해 극도로 무더운 날 해당 도시에서 긴급 의료 상황 발생으로 인한 911 전화 건수가 가장 많은 동네가 어디인지 식별해낼 수 있다. 이런 연구는 해당 지역에 자원을 추가로 쏟아붓도록 도움으로써 기후 사건이 건강에 미치는 영향을 줄여준다. 예컨대 만약 1935년부터 1950년 사이 지은 건물에서 살아가는 사람들이 극도로 무더운 날 기습적 폭염으로 열사병을 앓을 가능성이 더 많다면, 지방 당국은 그런 지역 가까이에 공공 무더위 쉼터를 더 많이 설치해 거주민이 이상 기후에 대처하도록 도울 수 있다.

에어컨은 사람들을 극심한 무더위로부터 보호한다. 실시간 전력 소비 지표는 이런 대처 행동을 누가 하는지, 누가 하지 않는지 말해주는 직접적 단서다. 연구자들이 전력 공급업체의 주거용 전기 소비 데이터에 접근할 수 있다면, 각 주거용 고객의 데이터 수집이 가능하다. 시간대별로 데이터를 이용할 수 있다면, 해당 계정 번호에 따라 그 가구의 우편 번호, 날짜, 시간 및 그 시간대별 총 전력 소비량을 확인할 수 있다. 또한 계정 번호를 알면 동일 가구가 더운 날과 선선한 날 소비한 시간당 전력량을 비교할 수 있다. 연구자들은 전기 계량기가 작동한 날짜와 시간을 알기 때문에, 해당 시점의 기상 데이터를 병합할 수 있다. 또한 각 가구의 우편 번호를 알기에 인구 센서스 데이터를 이용해 해당 도시에서 부유한 동네와 가난한 동네를 식별할 수 있다. 더운 날 전력 소비가 거의 늘지 않은 우편 번호가 존재하고, 그 우편 번호가 가난한 지역의 것이라면, 이는 그들 지역이 무더운 날 적응에 필요한 에어컨을 틀지 않고 있음을 말해준다. 이러한 연구 결과는 공중 보건 당국에 시사점을 제공한다.

일단 기후 취약 집단을 찾아내면, 그들의 삶의 질을 개선하기 위한 개입을 시도해볼 수 있다. 공식적 실험군과 대조군을 두고 실시하는 임상 실험과 유사하게, 무작위로 일련의 취약 집단에는 처치를 부과하고 다른 집단에는 그렇게 하지 않는 방식이다. 예컨대 탈모를 치료하기 위한 임상 실험에서 처치는 치료용 알약이 될 수 있다. 한편 기후 위기 적응의 경우 처치는 이를테면 무료 선풍기를 제공하는 것이다. 만약 선풍기 가격이 100달러인데, 그로 인해 각 개인이 얻는 건강 및 생산성 관련 이득이 총 700달러라면, 그 처치는 그에게 도움을 주는 게 분명하다. 여기서 필요한 데이터는 시간이 가면서 실험군과 대조군의 웰빙을 추적한 결과다. 만약 이런 무작위 실험 프로그램이 효과적인 것으로 드러난다면, 그 연구 결과는 유튜브 비디오를 비롯한 여타 소셜 미디어를 통해 널리 알려질 수 있다. 그리고 그 프로그램은 다른 가난한 사람을 위해 딴 지역들로까지 널리 퍼져나갈 것이다. 좋은 아이디어는 공공재다. 아이디어를 발견하기만 하면, 우리는 여러 장소에 그것을 도입함으로써 많은 취약한 사람에게 이득을 안겨줄 수 있다.

빅데이터에 기반한 자연재해 적응 사례 연구

2017년 9월, 허리케인 마리아가 푸에르토리코를 덮쳐 커다란 피해를 안겼다. 끔찍한 허리케인의 여파로 수많은 사람이 그 섬을 등졌다. 연구자들은 휴대폰 기록을 이용해 그 사람들의 이주를 연구했다. 그들은 휴대폰 기록을 살펴봄으로써 허리케인 마리아 이전에 푸에르토리코에서 살았던 사람들을 파악했다. 그런 다음 휴대폰 소지자가 어디로 이주했는지 확인하기 위해 허리케인 이후 수개월 동안 이루어진 통화, 그리고 가장 가까운 이동전화 기지국 위치에 관한 정보를 검토했다. 시간 경과에 따른 동일인의 휴대폰 위치 데이터를 사용함으로써 연구자들은 삶터에서 전치된 (displaced) 기후 난민들이 어떻게 댈러스나 휴스턴 같은 새로운 장소를 선택하는지 연구할 수 있었다. 그들이 선택한 목적지의 실업률, 그리고 푸에르토리코계 혈통이면서 이미 그곳에 정착해 살아가는 사람들의 비율은 허리케인 마리아 난민들이 그곳으로 이주할지 말지 결정하는 데 어떤 역할을 하는가?[22] 휴대폰 데이터를 기반으로 한 연구에서 연구자들이 개별 휴대폰 사용자의 인구통계학적 정보를 사용할 수는 없다. 그는 남성인가? 만약 그렇다면 젊은가? 교육 수준은 높은가? 이런 마이크로데이터가 없으면 연구자는 재해 발생기의 이주를 다룰 때 여러 인구통계학적 집단 사이에서 변인에 대한 가설을 검증하기가 어렵다. 이런 데이터는 또한 그 개인의 삶의 질에 대한 직접적 증거도 되어주지 못한다. 우리는 그 사람이 여전히 살아 있고 어디에 사는지는 알 수 있지만 소득이 얼마인지, 건강한지, 직업은 있는지, 가족과 함께 지내는지 따위는 파악할 수 없다. 만약 정부가 이런 데이터에 접근한다면, 새로운 이주자들에게 문자를 보내 기본적인 사회 복지 제도와 그들을 연결해줄 수 있다. 이런 점에서 빅데이터 혁명은 개인들이 기후 충격에서 좀더 빠르게 회복하도록 돕는다.

플랫폼 간 빅데이터 결합의 이점

연구자들은 서로 다른 인터넷 플랫폼에 게시된 콘텐츠를 통해 뚜렷한 교훈을 얻는다. 만약 트위터 소셜 미디어 콘텐츠와 구글 검색이 동일인에 의해 이루어진다면, 연구자가 두 가지로부터 무엇을 알아낼지 생각해보

자. 어느 혁신적인 연구팀은 수십억 건의 트윗을 분석함으로써 사람들이 극심한 무더위에 반복적으로 노출되면 이후의 폭염에 대해서는 트윗을 덜 한다는 사실을 확인했다.[23] 저자들은 이를 '끓는 물 속 개구리 효과(boiling frog effect: 끓는 물 속에 개구리를 집어넣으면 곧바로 뛰쳐나와 목숨을 건지지만, 찬물에 넣고 서서히 가열하면 개구리는 점진적으로 고조되는 위험을 인지하지 못해 결국 화를 당한다는 주장. 하지만 2002년 오클라호마 대학의 동물학자 빅터 허친슨(Victor Hutchinson)은 동물마다 생존 가능 최대 온도(critical thermal maxima)라는 게 있어 만약 뚜껑이 열려 있었다면 개구리가 빠져나왔을 거라며, 불가능한 실험이라고 비판하기도 했다—옮긴이)'의 증거라고 해석한다. 그들의 주장에 따르면 우리는 모두 개구리이며, 더위에 오랫동안 노출되면 그에 대해 더 이상 트윗하지 않는 데서 드러나듯, 스스로가 점점 더 끔찍해지는 상황에 처해 있음을 의식하지 못하게 된다. 그들은 이를 우리가 무더위에 무뎌진 결과라고 해석한다. 또 다른 대안적 설명은 사람들이 자기가 느끼는 모든 걸 트윗하지는 않는다는 것이다. 사람들은 새로운 것을 좋아하는 경향이 있어 만약 자신이 과거 트윗에 같은 내용을 되풀이해 올렸다 싶으면, 그 주제를 또다시 트윗하는 일이 의미 없다고 여긴다. 이 경우 우리의 영혼을 더 잘 비추는 거울은 우리의 트윗보다 구글 검색이다. 소셜 미디어에서 자신에 대해 표현할 때 우리는 그것이 사적 일기장이 아님을 의식한다. 구글 검색은 사적 활동이지만 트윗은 공적 소비의 대상임을 우리는 알고 있다.

이 간단한 사실을 통해 우리는 두 정보 출처가 어느 개인이 특정 시점에 무엇을 가장 우선시하는지 말해주는 소중한 단서가 된다는 결론에 이른다. 2018년 가을, 나는 2026년을 위한 '빅 아이디어(Big Idea)'에 공모하려고 국립과학재단에 연구 계획서를 제출했다.[24] 미국인을 대표하는 표본을 한 프로그램에 등록시켜 그들이 날마다 수행하는 인터넷 상호 작용을 표준화 데이터 세트에 기록하자고 제안하는 내용이었다. 구체적으로 만약 내가 그 표본의 일원이라면 나의 구글 검색, 아마존 검색, 휴대폰 문자 메시지와 위치(내 휴대폰을 기준으로 한), 트위터의 트윗, 트위터 검색, 페이스북 게시물이 표준화한 데이터베이스에 기록되는 것이다. 인터넷에서 상호 작용하고 있을 때의 내 지리적 위치, 그리고 상호 작용이 이루어진 시간 등이 담긴 데이터베이스 말이다. 이처럼 시간 흐름에 따라 동일인(이름으로 식별할 수 없다)을 추적하는 통합 플랫폼 데이터는 사람들이 스트레스를 받는 시기에 어떻게 대처하는지와 관련해 더없이 귀중한 통찰을 제공한다. 연구자들은 동일인을 1년 동안 추적함으로써 사람들이 폭염·화재·자연재해 같은 부상하는 위협에 대처하기 위해 구글 등의 검색 엔진이나 소셜 네트워크를 어떤 식으로 이용하는지 확인할 수 있다. 우리는 이처럼 지역 코드화한 데이터를 실외 온도나 대기 오염 수준과 연결 지음으로써, 그 같은 외부적 환경 요인이 인터넷 플랫폼 상호 작용과 어떤 상관관계를 보이는지 연구할 수 있다. 마지막으로는 그것을 심박수, 질병, 신체적·정신적 불편 사항 등 개인의 건강을 드러내는 실시간 지표들과 연결 짓는다. 이렇게 하면 자신이 마주한 나날의 위협을 완화하는 각 개인의 능력에 대한 최종 지표를 얻을 수 있다.

하지만 나의 국립과학재단 연구 계획서는 보기 좋게 퇴짜 맞았다! 이런 데이터 프로젝트의 진가를 알아보려면, 2019년 12월 중국 우한에서 코로나19 바이러스가 퍼져나가기 시작하고, 그 지역의 일부 의사들이 진짜 팬데믹이 전개되고 있다고 우려한 상황을 상기해보라. 중국이 구글의 국내 사업을 허락하고, 우한 사람들이 구글을 이용해 그들이 겪는 건강 상태에 관한 의료적 단서를 검색해볼 수 있었다면 상황이 어떻게 달라졌을까? 구글 트렌즈(Google Trends)는 그간 구글 검색에서 드러난 공간적 상관관계를 이용해 독감 발발을 확인해왔다.[25] 구글의 데이터과학자들은 초기에 감염 증가 상황을 포착하고, 그 사실을 전 세계 관계 당국에 알릴 수 있었을 것이다. 우한의 현지 지도자들은 이 사실을 은폐할 수 없었을 테고, 공중 보건 조치를 더욱 빨리 취했을 테고, 감염 속도는 느려졌을 것이다. 내가 연구 계획서에서 구체화한 교차 플랫폼 데이터는 어떤 사람이 그 감염병에 민감한지 좀더 잘 이해하도록 도와주었을 터다. 이는 누군가를 물리적으로 검사하지 않고도 가능한 일이다. 이 같은 저비용 원격 실험은 위험에 처한 사람들을 격리하려는 정밀한 노력을 가속화했을 것이다.

빅데이터 재산권

이 같은 빅데이터의 소유 구조는 우리가 서로 다른 사람이 부상하는 기후 조건에 어떻게 대처하는지 이해하는 속도를 늦출 수 있다. 아마존은 이윤 창출에 도움을 받고자 자사 내에 함께 일할 데이터과학자를 고용하려는 강력한 동기를 지닌다. 반면 학자들과 손잡고 그들이 기후 회복 탄력성 연구를 추진하도록 도우려는 동기는 그보다 훨씬 약하다. 페이스북은 케임브리지 어낼리틱스(Cambridge Analytics) 같은 기업과의 데이터 공유에서 심각한 규제 문제에 봉착해 있다. 기업 소속 변호사들은 데이터 공유가 기업에 끼치는 해악을 항시 우려해왔다. 최근의 뉴스 헤드라인이 이 문제를 거듭 부각함에 따라 기업들은 학계와 데이터를 공유하는 걸 한층 꺼리게 되었다.

구글이 독점하는 데이터를 생각해보자. 개개인이 구글 검색에 참여하면, 그들은 인터넷의 지혜를 통해 배우고, 구글은 그 개인들에 대해 더 많은 것을 알게 된다. 구글은 이윤 극대화를 추구하는 기업이다. 그런데 만약 구글이 자사의 이윤 창출과 동시에 개인의 목적 달성을 돕는 광고로써 검색자를 겨냥한다면, 그들의 이윤 추구 동기는 기후 회복 탄력성 향상과 나란히 갈 수 있다. 예컨대 개인들이 곰팡이 해결 전문가를 찾고 있다면 이윤 동기를 지닌 구글이 그 검색자와 상호 호혜적 거래를 할 수 있는 전문가에게 우선권을 주려 할 것이다. 이런 의미에서 구글의 검색 엔진은 인터넷 검색자가 직면한 새로운 문제를 해결하는 매칭을 촉진한다. 구글은 이런 식으로 이윤을 키울 수 있다. 하지만 학계 연구자들과 자사 데이터를 공유함으로써 손에 넣는 것은 그보다 적다.

구글과 학계의 제휴는 적응 연구 진척을 가속화할 것이다. 구글은 지역을 코드화하고 웹 검색이 이루어진 시간을 기록할 수 있으며, 당신의 IP 주소를 알고 있다. 따라서 시간 경과에 따라 동일인을 추적할 수 있다. 각 개인은 실시간으로 서로 다른 정보를 검색하므로, 구글은 무수히 많은 사람이 인지하는 위협과 기회에 대해 알게 된다. 구글은 이런 정보를 이용해 비즈니스 주기를 연구하고〔직종이나 실업(unemployment)을 검색하는 사람들을 통해〕 유행병을 예측해왔다.[26] 만약 구글이 검색 행동 역학을 이해하는 데 주력하는 연구 프로젝트에서 더 많은 학자와 협력한다면 적응 연구는 더욱 속도를 낼 것이다. 그러나 구글은 이런 파트너십에 참여하는 데는 도무지 관심이 없는 것 같다.

아마존 플랫폼은 사람들이 부상하는 과제에 어떻게 예산을 할애하는지와 관련해 소중한 정보를 제공한다. 이들 플랫폼의 약점은 가정의 예산서를 공개하지 않는다는 것이다. 에퀴팩스(Equifax) 같은 신용 평가 업체는 각 가정의 신용 점수를 알고 있다. 이 정보를 개인 수준에서 통합한다면, 연구자들은 빈곤층·중산층·부유층 가정이 각각 어떻게 부상하는 도전에 대처하는지 추적할 수 있다.

빅데이터는 서로 다른 사람이 특정 일시에 특정 지역을 덮친 동일한 무더위, 오염, 재난 위험 도전에 어떻게 대처하는지 잘 보여주는 실시간 지표다. 이런 정보는 능력 있고 부유하며 교육 수준 높은 사람들이 어떻게 이상 기후 상황에서 그들의 손실을 줄이는지 검증하는 데 쓰일 수 있다. 이런 특수한 데이터 세트를 생성하려면 영리 추구 기업이 독점 데이터 일부를 공유해야 한다. 우리 사회가 어떻게 민간 부문 데이터를 이용해 오픈소스(open-source: 소프트웨어의 소스 프로그램이 공개되어 있는 것—옮긴이) 학습이 가능하도록 그들에게 유인을 제공할지는 조만간 다루어야 할 중요한 문제다.

부동산 분야의 재해석

미국인의 자가 보유율은 약 63퍼센트다. 주택 구매자들은 대담하게 장소 기반 내기에 뛰어든다. 우리 집은 로스앤젤레스 웨스트우드(Westwood)에 있다. 나는 우리 동네와 캘리포니아주 남부가 둘 다 향후 유망하리라는 데 베팅했다. 가진 계란을 모두 한 바구니에 담지 말고 투자를 다각화하라는 게 표준적인 재정 조언이지만 많은 사람이 이를 귓등으로 듣는다. 기후 위험이 증가하는 와중이니만큼 이는 점점 더 위험한 도박이 되어가고 있다.

증가하는 임대 경제의 이점

임대(renting)는 소유(owning)에 비해 많은 적응적 이점을 지닌다. 임차인은 이주 비용이 낮으므로 지리적 이동성이 커진다. 주택 담보 대출을 받은 집주인은 그것을 갚기 위해 집 매도 문제를 처리해야 한다. 자가 보유는 사람들을 특정 지리적 지역에 묶어놓는지라 그들의 실업 위험을 키운다.[1] 예컨대 만약 시카고 같은 해당 지역의 노동 시장이 심각한 불황으로 고전한다면, 그 지역의 임금과 임대료가 동시에 떨어진다. 임차인은 좀더 나은 기회를 제공하는 다른 지역의 노동 시장으로 이주하는 게 한결 쉽다. 임차인은 장소 기반 내기를 덜 하므로 좀더 다각화한 금융 포트폴리오를 보유할 수 있다.

다각화의 정의에 의하면, (휴스턴을 덮친 허리케인 하비 같은) 장소 기반 충격은 다각화한 뮤추얼 펀드에 투자한 사람의 포트폴리오에는 최소한의 영향밖에 미치지 않는다. 노후 대비 저축 대부분을 주택 자산에 묶어두는 것은 표준적인 다각화 조언과 맞지 않는다.

주택 구매자는 해당 지역 노동 시장이 계속 탄탄하고 직종이 꾸준히 늘어나리라 믿고 있다. 또한 해당 지방 정부가 계속해서 양질의 공립 학교와 안전한 치안을 제공해주리라 확신한다. 아울러 그 지역이 기후가 변화해도 회복 탄력성을 지닐 거라고 장담한다.

미국에는 주택 보유 전통이 있지만, 다른 나라들에서는 임대 비율이 미국보다 훨씬 높다.[2] 주택 보유는 아메리칸드림의 꽃이었다. 앞으로 이런 상징은 지위를 드러내는 다른 방식으로 대체될 수 있다. 주택 보유가 미국 문화에서 왜 그토록 중요한지는 아직 규명되지 않은 문제로 남아 있다.

더 많은 개인이 임차인이 되면 그들은 사적으로 이익을 얻을 테고, 사회 역시 금융 시스템이 좀더 안정화함으로써 이득을 볼 것이다. 2008년 금융 위기 당시 중산층은 대출 채무 불이행 가능성이 높았다. 만약 집주인이 실직하고 현재 주택 가액보다 갚아야 할 주택 담보 대출이 더 많다면 그가 채무 불이행을 할 가능성은 커진다.[3] 중산층은 실직 위험이 더 많고, 주택 구입 시 계약금을 더 낮게 걸기 때문에 흔히 주택 지분이 적어서 채무 불이행 가능성이 높다. 채무 불이행은 그가 사는 지역에서 도미노 효과를 낳는다. 만약 당신의 이웃들이 최근 대출에 대해 채무 불이행을 했고 은행이 원치 않는 그 담보물을 서둘러 헐값에 팔아치우려 애쓰고 있다면, 이는 주변에 있는 당신 주택의 가치마저 떨어뜨릴 테고 당신의 채무 불이행 가능성도 덩달아 높아진다.[4]

기후 위험이 증가하면 주택 담보 대출의 채무 불이행 위험도 커질 수 있다. 부동산 소유주는 주택의 시장가가 현재의 주택 담보 대출보다 더 떨어지면 채무 불이행 가능성이 커진다. 주택을 구입할 때 돈을 대출해주는 은행이 높은 계약금을 요구할수록 집주인의 채무 불이행 가능성은 낮아진다. 이 경우 소유주는 그 집에 대한 지분이 커서 주택 담보 대출 잔액에 대해 채무 불이행하려는 동기가 줄어든다. 예컨대 소유주가 집을 40만 달러에 구입했는데, 계약금을 4만 달러만 걸고 나머지 36만 달러는 대출을 받았다고 치자. 주택 가액의 10퍼센트라는 낮은 계약금은 구매자가 그 집에 대한 지분을 거의 가지고 있지 않다는 의미다. 만약 부정적 충격으로 인해 주택 가격이 이제 34만 달러로 떨어지고 남은 대출이 35만 달러라 치자. 그러면 소유주는 그 집에 대한 지분이 마이너스 1만 달러로 역자산(negative equity: 담보 잡힌 주택 가격이 갚아야 할 대출금보다 낮은 것 ─옮긴이) 상황에 놓인다. 채무 불이행 동기를 갖게 되는 것이다. 이제 같은 예지만 구매자가 집을 살 때 주택 가액의 50퍼센트인 20만 달러를 계약금으로 내야 하는 상황을 생각해보자. 이 경우 주택 가격이 35만 달러로 하락해도 집주인은 여전히 15만 달러(35만 달러에서 20만 달러를 뺀 값)라는 주택 지분을 가진다. 그는 대출에 대해 채무 불이행을 하지 않을 것이다. 이 사례는 임대를 장려하는 대안이 신규 주택 구매자에게 더 높은 비율의 계약금을 요구하는 것임을 보여준다. 대출 기관은 주택 가액에서 대출이 차지하는 비율을 낮추면 채무 불이행 위험을 줄일 수 있다.

임대 경제의 세 가지 위험

경제가 활황인 지역에서는 임차인이 대폭적인 임대료 상승에 처할 수 있다. 이런 지역에서 젠트리피케이션이 진행되면 일부 사람들은 더 이상 임대료를 감당하지 못해 자신이 살던 동네를 등져야 할 수도 있다. 자가 보유는 사람들을 이런 위험으로부터 보호해준다.[5] 보스턴이나 샌프란시스코 같은 도시에서는 그 지역의 '토지 용도 지역제' 정책이 임대료 상승을 부채질한다. 이런 연안 도시에서는 지형 관련 정책과 도시 관련 정책으로 신규 주택 건설이 몹시 까다롭다. 만약 부동산 개발업체들이 수요가 증가하는 지역에 더 많은 주택을 건설한다면, 그 지역의 임대료 상승을 억제할 수 있을 것이다.[6]

임대는 또한 그 자산 소유주에게 위험을 안겨주기도 한다. 소득 불평등이 심화하는 시기에는 많은 진보적인 도시들이 임대료 규제법과 퇴거 금지법을 강화한다. 버클리나 샌타모니카 같은 도시(아마 로스앤젤레스도 조만간 가세할 것이다)에서는 집주인이 임대료 인상 규제에 직면해 있다. 이러한 가격 규제는 임차인이 터무니없는 가격에 세 들어 살 가능성을 낮춘다. 하지만 그 제약은 은연중에 수익 흐름이 집주인에서 세입자로 이전되는 사태를 낳는다. 일부 도시에서는 부동산 소유주들이 세입자를 내보내는 게 점차 어려워지자 일부 세입자가 임대료 지불을 거부할 정도로까지

대담해지고 있다. 이럴 경우 부동산 소유자는 수입이 줄 테고 그 투자에 따른 수익률은 낮아진다.

당신이 매달 5000달러, 연간 6만 달러에 세를 줄 의도로 100만 달러짜리 집을 산다고 가정해보자. 만약 당신이 이 집을 구입한 뒤 지역 유권자들이 월 임대료 4000달러를 초과할 수 없도록 명시한 법률을 제정한다면, 당신은 그 집의 매입을 후회할 가능성이 있다. 이 경우 당신은 그 부동산을 인위적으로 계속 낮은 가격에 임대해야 한다. 경제학의 언어로 말하자면, 이와 관련한 기회 비용은 당신이 원래의 그 100만 달러를 은행에 넣어 이자를 받는 것이다. 부동산 소유주는 해당 지역 관리들이 재산세를 인상하거나 임대료 상한선을 정할지 모르는 정치적 위험에 직면한다. 만약 투자자들이 이런 위험을 예상한다면 그들은 주택 자산에 덜 적극적으로 입찰할 테고, 현재 소유주는 자산 가치 상실로 고통을 겪을 것이다. 부동산 소유주들이 마주한 두 번째 위험은 임대 부동산이 입는 손상이다. 임대 계약에서 임차인은 매일 그 자산을 사용할 뿐 그것을 소유한 사람이 아니다. 이 같은 소유권과 통제권의 분리는 나쁜 동기를 유발한다. 이를테면 임차인은 짧은 기간 동안 거주할 계획이므로 그 부동산을 돌보려는 동기가 거의 없다. 빅데이터의 증가는 이런 당면 과제를 완화해준다. 부동산 소유주는 이제 그들 자산이 어떻게 다뤄지는지 확인하기 위해 드론, 원격 감지, 위성 사진, 전기와 수도 소비량의 실시간 접근 등을 이용해 과거보다 저렴하게 세입자를 추적·관찰할 수 있다. 이 정보는 자산 소유자가 특정 계약 조건이 잘 이행되고 있는지 실시간으로 파악하도록 돕는다.

더 많은 이가 임차인으로 바뀐 환경이 낳는 세 번째 위험은 공동체 의식과 시민 정신이 옅어질 수 있다는 점이다. 몇몇 선도적 학자들은 주택 보유는 지역의 사회 자본에 기여한다고 주장해왔다.[7] 도시 계획 전문가들은 주택 보유가 해당 지리 공동체에 대한 장기적 투자임을 확인했다. 사람들은 어느 장소에서 오랫동안 살 거라고 기대하면, 이웃과 잘 어울리거나 그 지역 공동체가 더욱 번성하도록 돕는 조치(지역 치안 강화, 부상하는 이슈에 대해 지역 대표에게 전화 걸기 등)를 취할 가능성이 커진다. 그들은 부동산이 유지·관리되도록 더 많은 노력을 기울인다. 빅데이터 경제에서, 임대 부동산 소유자들은 세입자가 그 부동산을 유지·관리하거나 시민 정신을 발휘해 지역 사회 이슈에 적극 동참하려는 금전적 동기가 약하다는 것을 깨닫는다. 그들은 기본적인 부동산 유지·관리에 투자하고, 여러 지역 사회 성원을 한데 묶어주는 행사를 개최함으로써 그 문제를 완화할 수 있다. 상가 소유주가 입점한 상점들 간의 긍정적 시너지 효과를 극대화하고자 노력하는 것처럼, 인근의 임대 부동산을 다수 거느린 소유주는 소풍이나 구역별 바비큐 파티 같은 행사를 통해 지역 사회가 활기를 띠도록 분위기를 조성할 수 있다. 이런 행사는 모든 사람이 임차인일 때도 진행할 수 있다. 부동산 소유주가 그들에게 공동체를 창출하고자 하는 요구가 있다고 예상한다면 말이다. 이는 사소한 예처럼 보일지 모르지만, 실제로 이 책의 주요 주제와 깊이 관련된다. 자본주의에서는 의사 결정권자들이 문제가 불거지고 있음을 예상하면 늘 그것을 완화하는 전략을 이용할 수 있다. 이러한 동학은 그 문제의 사회적 비용을 줄이는 게 가능하다는 뜻이다.

장소 기반 공공 정책에 로비를 벌이는 집주인

주택 소유자는 그들의 자산 가치를 키워줄 지역의 장소 기반 정책을 위해 주와 연방의 선출직 공무원에게 로비하려는 강력한 동기를 가진다.[8] 이러한 로비 활동은 만약 공무원이 비용 효과적인 규정을 이용해 대기 오염이나 범죄를 줄이는 식의 공익적 정책을 시행하도록 이끄는 것이라면 사회적으로 이득이 된다. 하지만 납세자 전체를 희생하면서 지역 보조금을 타내는 형태가 된다면 사회적 비용이 커진다. 기존의 규정은 화재·가뭄·홍수에 직면한 지역의 부동산 자산 가치를 끌어올림으로써 사실상 기후 변화 적응을 가로막는다.[9]

예를 들어보자. '야생 동식물 지역과 도시 지역의 경계면'에서 화재가 발생하지 않도록 보호하기 위한 연방 정부 지출은 화재 지대의 개발을 부추긴다.[10] 오늘날 연방 정부는 화재 보호에 보조금을 지급하고 있다.[11] 최근 몇 년 동안 미국삼림청(US Forest Service)은 산불 진압에 그 부처 예산의 절반 이상을 쏟아부었다. 이 비율은 다가오는 몇 해 동안 더욱 늘어나리라 전망된다. 이 정부 기관은 화재에 대처하기 위해 연간 10억 달러가 넘는 돈을 지출하고 있다.

위험에 직면한 부동산 구매자는 이런 위험으로부터 그들을 보호해 줄 정부 정책에 뭐가 있는지 파악하려는 동기가 강하다. 두드러진 한 가지 예가 연방 정부의 국가 홍수 보험 프로그램(National Flood Insurance Program, NFIP)이다. 만약 어떤 주거 공동체가 이 프로그램에 가입했다면, 그에 속한 주택 소유자는 1년에 약 700달러를 지출한 뒤 25만 달러의 손해 보험 혜택을 누릴 수 있다. 기후 변화에 처한 세상에서 이는 보험 적격 지역의 주택 소유자에게 점점 더 좋은 거래가 되고 있다.[12] 정부가 이런 보조금 지급 상품을 내놓고 있는 마당이라 민간 보험사로서는 수익성 있는 홍수 보험을 출시해 판매할 기회가 적어진다.

연방재난관리청이 보조하는 홍수 보험은 홍수 지대의 개발에 암묵적으로 보조금을 지급하는 꼴이다. 2017년 허리케인 하비가 휴스턴을 강타한 뒤 연방재난관리청은 NFIP에 따른 의무를 이행하느라 110억 달러의 보험금을 지출했다.[13] 이런 수준의 보조금 지급 보험은 집주인이 끔찍한 재난을 복구하는 데 도움을 준다. 이 같은 사후적 자금 접근은 더없이 소중하다. 하지만 경제학자들은 보조금 지급 보험의 사용 가능성은 나쁜 동기를 유발한다고 우려한다. 만약 주택 소유자가 발생 확률 낮은 끔찍한 사건이 일어나도 연방 정부로부터 구제받을 거라고 예상한다면, 그들로서는 다양한 사전 조치를 취하려는 동기가 낮아진다. 만약 이 같은 안전망에 접근할 수 없음을 안다면, 개인들은 위험 지역에서 덜 살려고 하거나(빅데이터 혁명이 그런 지역이 어디인지 식별하도록 돕는다) 아니면 좀더 회복 탄력적인 자재를 써서 집을 짓거나 할 것이다.

만약 거주자가 집주인이 아니라 세입자라면, 의회가 보험에 보조금을 지급하는 데 그리 관대할 것 같지는 않다. 특정 사법권에서 살아가는 집주인은 거주자임과 동시에 유권자요 자산 보유자다. 그들은 자신에게 혜택을 주는 공간적 보조금을 추구하려는 강력한 동기를 가진다. 부재지주는 자신이 부동산을 소유한 사법권(jurisdiction)에서 투표하지 않는 경향이 있다. 그들은 정치인에게 선거 기부는 할 수 있을지언정 집주인 유권자와 동일한 영향력을 발휘하는 것 같지는 않다.

점차 위험해지는 지역의 부동산에 세 들어 사는 주민은 그 지역을 보호하는 보조금을 따내려고 그렇게 열심히 로비를 벌이지는 않는다. 세입자는 집을 소유한 게 아니므로 후한 보조금을 따내기 위해 정부에 로비를 벌어서 집의 자산 가치가 불어난다 해도 뾰족한 이득이 없다. 임대 경제의 부상은 (기후 변화 때문에) 위험도가 높아지는 지역에서 공간적 보조금 추구와 투표·로비 활동을 분리함으로써 비효율적인 로비 활동을 줄여준다.

기존 규정 아래서는 위험 지역의 집주인이 정부의 보험과 보호가 아쉬운 순진한 피해자라는 점을 부각하려는 강한 동기를 가진다. 이는 몇 가지 아름답지 못한 결과를 낳는다. 첫째, 사람들을 점차 위험도가 높아지는 지역에 살도록 부추긴다.[14] 둘째, 정부가 균형 예산 제약에 직면해 있다는 점을 고려할 때, 이는 화재 지대에서 화재를 진압하고 홍수 지대에서 수해를 상쇄하느라 발생하는 비용을 부담하기 위해 그 외 사람들의 세금을 인상해야 한다는 의미다. 상대적으로 안전한 장소에서 살아가기로 선택한 이들에게 부과하는 이 같은 높은 세금은 세후 소득을 낮추고 그들의 동기를 왜곡시킨다. 그들은 세후 소득이 계속 적게 유지되므로 열심히 일하거나 저축하려는 의욕이 꺾인다.

연방 정부가 위험 지역에서 보험에 보조금을 지급하는 정책을 적극적으로 실시한 데 따른 세 번째 결과는, 그런 노력이 민간 부문 보험사의 노력을 몰아낸다는 것이다. 민간 부문 보험사는 수익성 있는 보험 계약을 체결하려는 동기를 가진다. 만약 연방 정부가 보험에 보조금을 지급하는 정책을 중단하고 거기서 발을 뺀다면, 위험을 회피하는 집주인은 그런 지역에서 임차인이 되기로 선택하거나, 아니면 민간 보험에 가입하려 할 것이다. 만약 이처럼 민간 보험을 구매하려는 고객 수가 늘어나면 민간 보험사는 빅데이터와 공간 위험 파악에 더 많은 투자를 하고, 이런 위험을 평가하기 위해 인재를 대거 고용할 것이다. 연방 정부가 이들 지역에 보험 혜택을 주면 민간 부문은 이런 전문성에 투자하려는 동기를 갖기 어렵다.

인적 자본 투자를 통한 회복 탄력성 기술 개발

생활 수준이 지속적으로 향상하리라는 경제학자 줄리언 사이먼의 낙관을 뒷받침하는 것은 인적 자본에 대한 끊임없는 투자다. 우리는 기술 위에 기술을 쌓으면서 새로운 발견에 도달할 수 있다. 이 일반적 통찰은 점점 더 많은 사람이 주택 소유에서 임대로 전환하도록 장려하는 시도가 어떤 결과를 낳을지 생각할 때 중요한 함의를 지닌다.

개인 주택 소유자는 부동산 관리의 아마추어다. 일부 훈련받은 엔지니어나 주택 개선에 취미가 있는 사람은 자신의 부동산을 업그레이드하는 기술을 보유하고 있을 것이다. 그렇지만 보통의 주택 소유자는 그저 현지 수리 인력에 의존한다. 그들이 사는 곳에 집을 소유한 사람이 적어진다면 다른 누군가가 그 자산을 소유할 것이다. 부동산 관리 지식을 갖춘 전문가는 일군의 인근 주택을 관리하는 데서 유리한 위치를 차지한다. 부동산 지주 회사가 소유권을 통합한다는 것은 그 기업이 부동산 자산을 보호하기 위한 회복 탄력성에 투자할 금융 자본에 접근할 수 있는 능력과 전문성을 지녔다는 의미다. 구체적 사항은 사례마다 다를지 몰라도 연안 주택을 스틸트 위에 짓는 것이 한 가지 예다.

임대 경제의 부상을 촉진하는 새로운 규정은 주택의 관리 결정을 아마추어 주택 소유자(위험을 과소평가하고, 비용 효과적으로 그에 대처할 줄 모르는 사람들)에서 이사회의 감시를 받는 전문적인 상장 기업으로 넘겨준다. 이런 점에서 임대 경제는 이 핵심적 경제 부문에 좀더 많은 책임성과 더욱 전문적인 관리 능력을 제공한다.

부동산 투자 신탁(real estate investment trusts), 즉 리츠(REITs)는 호텔, 상업용 오피스 빌딩 같은 실물 자산 모음을 자산으로 둔 상장 기업이다. 만약 더 많은 주거용 부동산이 임대용 부동산으로 달라지고 이들 주택이 리츠에 묶인다면, 리츠 대주주들은 그 부동산 회사의 경영진을 모니터링하고자 하는 강력한 동기를 가진다. 그들이 자기네 부동산이 직면한 새로운 위험을 미리 내다보도록 주피터나 코스털 리스크 컨설팅 같은 기업을 고용하는지 확인하기 위해서다. 그 상황에서 현명한 판단을 내리는 축은 리츠의 대주주들이다. 그들은 리츠가 새로운 위험을 과소평가하면 돈을 잃을 수 있기 때문이다.

신규 건설에 뛰어드는 대형 부동산 개발업체는 양질의 주택을 공급할 수 있는 규모의 경제, 인적 자본, 자금 조달 능력을 갖추고 있다. 만약 이런 민간 기업이 '야생 동식물 지역과 도시 지역의 경계면'에 부동산을 소유한다면, 그들은 공적 자금 없이도 이들 지역에 자체적으로 화재 보호를 제공할 수 있는 동기와 자원을 가질 것이다. 만약 민간 개발업체가 화재 보호를 제공하지 않는다면 (기후 빅데이터 기업의 부상에 힘입어) 누구나 그 부동산이 위험하다는 사실을 알게 된다. 이런 추가적 위험이 있으면 거기서 살아감으로써 그 위험을 감수하는 데 대해 임차인에게 보상해야 하기에 임대료가 낮아진다. 이윤 극대화를 추구하는 교외·시골 개발업체는 화재 위험이 적고 안전한 부동산을 보유하고 있다는 평판 덕분에 거둘 수 있는 추가 임대료가 화재 보호 투자로 발생하는 추가 비용보다 많다면 기꺼이 방화 장치를 설치할 것이다. 이처럼 계획된 공동체에서는 개발업체가 부상하는 위험의 모든 사회적 비용을 내재화하려는(internalize) 동기를 가진다.

쇼핑몰의 경제학, 그리고 교외 개발에 관한 연구는 둘 다 이 사실을 확인했다. 이 두 곳의 소유자들은 그 단지 내의 긍정적 시너지 효과[이를테면 쇼핑몰에 멋진 아트리움(atrium: 현대식 건물 중앙 높은 곳에 보통 유리로 지붕을 얹은

넓은 공간─옮긴이)을 짓거나 녹지를 조성한다]는 장려하고 부정적 외부 효과(이를테면 화재 위험)는 저지하고자 한다.[15]

임대 경제에서, 일부 부동산 개발업체는 만약 그들의 돈이 몽땅 마이애미의 콘도 빌딩처럼 장소 특이적 부동산을 관리하는 데만 묶여 있다면 포트폴리오 다각화에 실패할 거라고 우려할 수도 있다. 이들은 그런 빌딩을 부동산 투자 신탁에 매각하는 선택지를 가진다. 위험도 낮은 자산은 더 높은 가격에 팔린다. 만약 부동산 투자 신탁이 위험 소지가 있는 장소에서 기후 회복 탄력적인 부동산을 보유하고 있다는 평판을 얻으면, 그 부동산은 공실이 없을 테고 임대료도 높을 것이다.

부동산 관리 기업은 그들이 노출된 위험을 측정하기 위해 퍼스트 스트리트 재단 같은 위험 예측팀과 공조하려는 강력한 동기를 가진다. 이런 부동산 지주 회사는 대재해 채권(catastrophe bond, 大災害債券: 간단히 'cat bond'라고 하며, 보험사가 인수한 자연재해 위험을 채권을 통해 자본 시장에 전가하는 새로운 형태의 위험 관리 기법─옮긴이)을 구매함으로써 위험을 분산할 수 있다. 대재해 채권은 특정 재해가 발생하면 채권 소유자가 피해자에게 일시불 금액을 지급하도록 설계한 금융 상품이다. 재해가 발생하지 않으면 채권 소유자는 지급 흐름을 받게 된다. 이 금융 자산은 끔찍한 일이 일어난다면 채권 매도인이 피해자가 자금을 받을 수 있도록 보장해주는 일종의 보험 증권으로 기능한다. 부동산 관리 기업은 또한 스스로 리츠로 변신해 자사 주식을 외부 투자자에게 판매할 수도 있다. 이런 접근은 장소 기반 위험을 많은 투자자의 포트폴리오로 분산하도록 해준다.

장소에 얽매이지 않는 자유로운 임차인과 찰스 티부

찰스 티부(Charles Tiebout: 1924~1968, 미국의 경제학자이자 지리학자—옮긴이)는 어떻게 지방 정부가 서로 각축을 벌이는지 다룬 저술로 도시경제학 분야에서 유명하다.[16] 각 지리적 지역은 저마다 나름의 자연적 색채를 띤다. 예컨대 캘리포니아주 버클리는 날씨가 좋고 경치 뛰어난 언덕이 많으며 만(灣)의 경관을 자랑한다. 이런 특성을 기정사실로 받아들이는 지역 선출직 공무원들은 어떤 서비스를 제공하고 어떤 수준의 세금을 요구할지 선택한다. 일부 지역은 질 낮은 서비스를 제공하고 거주자에게 세금을 덜 내도록 요구하는 쪽을 택한다. 반면 일부 지역은 양질의 공립 학교를 제공하지만 세금이 비싸다.

티부의 주장에 따르면, 사람들은 자신이 살고 싶은 지역 사회에 대한 순위를 매기는 데서 제각각이다. 어떤 가구는 세금이 낮고 지역의 공공 서비스 수준도 낮은 지역을 찾아 나선다. 이런 조합이어야 자신이 사고 싶은 재화와 서비스에 소비할 수 있는 세후 소득이 늘기 때문이다. 반면 양질의 공공 서비스를 선호하는 이들은 그런 서비스를 제공받으려면 그 대가로 세금을 많이 내는 게 당연하다고 여긴다. 티부는 공동체가 저마다 이 같은 세금-공공 서비스 스펙트럼상에서 어디 위치하고 싶은지 선택한다고 주장한다. 플로리다주의 공동체는 낮은 세금과 질 낮은 공공 서비스를 특징으로 한다. 반면 캘리포니아주는 유수 공립 대학 같은 공공 서비스의 수준이 높고 세금도 비싼 것으로 유명하다. 사람들은 직접적 행동으로 의사 표시를 하며 자신에게 가장 부합하는 공동체를 선택한다.

일부 지역 사회는 세수를 투자해 열섬 효과(heat island effect: 열섬은 주변보다 온도가 높은 지역을 말한다—옮긴이)를 상쇄하기 위한 식재 사업이나 홍수

억제 등 여러 차원에 걸친 방어 체제를 구축한다. 티부의 주장을 수용하는 사회는 수많은 상이한 신념과 우선순위를 충분히 담아낼 수 있다.

이 대목에서 가난한 사람들이 안전한 지역 사회의 임대료를 감당할 수 있느냐 하는 타당한 우려를 제기해볼 필요가 있다. 만약 안전한 지역 사회에서 임대료가 매우 높다면, 주택 바우처를 발행함으로써 이들 집단이 그런 지역에 접근할 여지를 키워줄 수 있다. 그게 아니라면 다음 장에서 논의하려는 바와 같이, 안전한 지역에 주택 공급을 늘리기 위해 '토지 용도 지역제' 법규의 변경을 허용하는 조치도 필요하다. 임대 경제에서는 이미 어느 지역에 살고 있는 기존 주택 소유주들이 신규 주택 건설에 반대할 가능성이 낮다.[17] 질 낮은 공공 서비스, 낮은 세금 지역에서 살아가는 임차인은 기후 변화가 생각보다 심각하다는 것을 깨닫는다면 여전히 좀더 비싸지만 안전한 지역으로 이주할 여력이 있다.

이런 임대 지역 사회의 주택 공급업체가 그들이 계획한 지역 사회의 회복 탄력성을 광고하지만 실은 비용 절감을 위해 거짓말을 하고 있을 가능성은 없는가? 경제학 이론은 그에 대해 두 가지로 설명한다. 첫째, 기업은 평판을 목숨처럼 여긴다. 그들은 옐프(Yelp: 미국의 대표적인 로컬 리뷰 서비스. 지역별로 음식점·미용실·세탁소·병원 등을 직접 이용한 사용자의 후기를 모아 제공한다—옮긴이) 리뷰에서 보듯 인터넷으로 연결된 오늘날 세상에서 조잡한 상품을 내놓을 경우 장차 매출을 잃게 되리라는 것을 간파한다. 그들이 주거용 지역 사회의 회복 탄력성 질을 과장한 사실이 들통 난다면 말이다. 둘째, 연방 정부가 이러한 지역 사회의 회복 탄력성 질을 인증하는 에너지부(Department of Energy)의 '에너지 스타(Energy Star: 미국의 대표적인 에너지 효율성 마크—옮긴이)' 프로그램 비슷한 역할을 할 수 있다.

회복 탄력성 기술 투자 장려하기

중산층 주택 소유자는 집을 좀더 회복 탄력적으로 업그레이드하는 데 필요한 저축액이 없으므로 유지·관리를 차일피일 미룰 가능성이 있다. 이런 주택은 극심한 기후 조건에 처했을 때 회복 탄력성을 갖추지 못할 것이다. 200채의 주택으로 이루어진 동네가 있다고 치자. 주택 관리의 아마추어인 개별 주택 소유자 200명을 두는 대신, 하나의 부동산 기업이 200채를 모두 소유하고 각각을 200개 가구에 임대한다고 생각해보자. 이 기업은 부상하는 문제를 다룰 최고의 엔지니어를 고용하기 위해 고정 비용을 지불하려는 적절한 동기를 가질 것이다. 이런 해법의 수요는 엔지니어에게 문제 해결에 능한 인적 자본을 축적하게끔 동기를 부여한다. 나는 이전 연구를 통해 월마트가 경쟁 관계에 놓인 다른 소규모 소매업체보다 제곱피트당 에너지 효율이 더 높다는 것을 확인했다.[18] 월마트는 그들의 자산 소유 규모에 힘입어 효율성을 키우는 청사진을 제공해줄 최고 인재를 고용하려는 동기를 가진다. 다른 많은 대형 매장도 그들의 아이디어를 모방할 수 있다. 부동산을 기후 위험으로부터 보호하는 데서도 동일한 논리가 적용된다. 소유권 통합에 힘입은 규모의 경제는 점차 심각해지는 문제를 해결하기 위해 적절한 인재들—시간의 흐름에 따라 이들은 더욱 보강될 것이다—을 고용할 수 있도록 해준다. 모든 젊은이는 생산성 있는 이력을 갖추기 위해 학교에서 어떤 기술을 습득할지 선택한다. 기후 회복 탄력성 문제가 서서히 불거짐에 따라 더 많은 젊은이가 그런 기술을 개발하는 데 유리한 전공을 선택한다. 전문 부동산 기업은 프로젝트를 진행하기 위해 이들을 고용한다. 인적 자본에 대한 투자는 결국 기후 충격을 너끈히 견딜 수 있는 고품질 부동산 구조물로 귀결된다.

대규모 부동산 소유자는 최고 수준의 컨설턴트를 고용할 수 있으므로 아마추어 집주인보다 토지를 더욱 생산적으로 사용한다. 그들은 전문 지식을 더 많이 축적하고 있을 가능성이 높고, 홍수 위험 완화 같은 까다로운 문제에 새로 직면할 때 우수한 컨설턴트를 유치할 수 있다. 이에 따른 생산성 격차는 위험 자산을 이제는 거대 기업이 통제하게 된다는 것을 의미한다. 따라서 모든 부동산이 더욱 안전해진다. 이 대목에서 다음과 같은 중요한 경험적 질문을 던져볼 수 있다. 이런 식으로 부동산을 통합해 전문가들이 관리하는 체제는 이후 수십 년간 전개될 기후 충격으로부터 부동산을 보호하기에 충분한가? 이 질문은 자연 실험을 기반으로 검증해볼 수 있다. 미래에 허리케인이 연안 지역을 덮칠 때, 중산층 집주인이 개별적으로 주택을 소유한 지역보다 통합 부동산 소유가 특징인 지역에서 경제적 피해가 덜한지 확인해보는 것이다.

회복 탄력적 개발의 장려

임대 경제에서는 만약 임차인이 주택에 대해 고품질과 기후 회복 탄력성을 요구한다면, 그 두 가지 특성을 동시에 갖출 수 있다. 공급업체는 소비자가 원하는 차별화 상품에 대해 프리미엄 가격을 청구할 수 있다. 자동차 시장에서는 이 점이 쉽게 이해된다. 안전에 대한 관심은 제너럴 모터스(General Motors, GM)로 하여금 구매자에게 안전한 차량을 제공하려는 강력한 동기를 갖도록 만든다. 만약 기후 변화에 대한 관심이 증가하면서 임차인이 좀더 안전한 주택을 찾는다면, 개발업체는 그런 특징을 주택에 포함시키고 그를 근거로 프리미엄 가격을 요구할 것이다. 부동산 개발업체가 어떻게 안전하고 회복 탄력적인 주택을 건설한다는 평판을 누리게 될지는 알 수 없다. 자동차의 경우 볼보는 안전한 차를 만든다는 평판을 쌓아왔다. 날마다 도로에서 볼보가 무수히 달리고 있으며, 훌륭한 통계학자는 볼보를 모는 사람들이 교통사고 시 살아남을 가능성이 더 많은지 여부에 대해 데이터를 수집할 수 있으니 말이다. 이는 이들 차량이 안전한지 그렇지 않은지에 대한 직접적인 시험이다.

그런데 주택 건설의 경우에도 자동차와 유사한 자연 실험이라는 게 존재할까? 토네이도나 허리케인 같은 자연재해가 덮칠 경우 전국적인 건설업체 KB 홈이 지은 주택이 이러한 충격을 견딘다면, 이는 그들의 상품이 말 그대로 직격탄을 맞을 때 좀더 회복 탄력적임을 곧바로 말해주는 증거다. 〈월스트리트 저널〉은 일부 부동산 개발업체가 새로운 건물을 극심한 허리케인 상황에 노출시켜 성능을 확인한 다음 그 자연 실험 결과를 광고하고 있다고 보도했다.[19]

회복 탄력성 있는 부동산을 건설하는 또 다른 대안적 접근법은 20년 이하로만 거주하도록 되어 있는 덜 내구적인 구조물을 짓는 것이다.[20] 이런 구조물은 건설 비용이 저렴하다. 게다가 차후에 분해할 수 있는 조립식 자재로 짓는다. 아마도 해수면 상승 때문에 어느 지역에서 홍수가 전에 예상한 정도보다 심해지고 있는 것으로 드러난다면, 그 자재들을 좀더 높은 지대로 옮겨가 재사용할 수 있다. 그런 부동산의 주인은 위험에 처한 자본이 적을 것이다. 또한 장차 그 지역이 직면한 공간적 위험을 세밀하게 구별 짓는 데서 기후과학이 좀더 진척될 때, 집을 재건하는 선택지를 가질 수도 있다. 만약 그 지역이 큰 위험에 직면해 있다면 현재로서는 그곳에 자본 투자를 덜 해야 옳다.

어느 때든 대다수 주택은 지은 지 수십 년 된 것들이다. 오래된 주택은 노후화가 시작되므로 업그레이드할 필요가 있다. 만약 손 큰 투자자들이 아파트나 주택을 소유한다면 그들은 품질을 업그레이드하기 위해 부동산을 레트로피트할까? 에너지경제학자들은 부동산 소유주가 에너지 효율 업그레이드에 투자하지 않는 경우가 더러 있다고 지적해왔다. 부동산 소유주는 높은 임대료를 부과할 수 있다면 그 구조물의 기후 회복 탄력성에 투자할 가능성이 높다. 그런데 부동산의 경우에는 그 아파트가 에너지 효율이 높다는 것을 인증하는 문제가 생긴다. 네덜란드에서는 인증 제도를 도입했는데, 연구에 따르면 에너지 효율이 좋은 구조물은 프리미엄 가격에 판매되는 것으로 드러났다.[21] 건물주가 고에너지 효율 아파트에 비싼 임대료를 부과할 수 있다면 (혹은 건물주가 세입자의 공과금을 내주는 계약 조건이라면), 그들은 좀더 에너지 효율이 높은 내구재(창문이나 식기세척기 등)에 투자하려는 동기를 갖게 된다.

같은 논리가 위험 회복 탄력성의 증진에도 적용된다. 만약 친환경적이고 회복 탄력적인 부동산임을 인증하는 믿을 만한 기관이 존재한다면, 품질 인증은 그러한 부동산을 공급하려는 유인을 심어줄 것이다. 특정 지역의 특정 부동산과 관련해, 그 건물이 회복 탄력적인지 아닌지 우리가 어떻게 판단하느냐 하는 문제를 제기할 수 있다. 만약 지난 30년 동안 그 건물이 아무런 피해를 입지 않았다면, 그것은 그 건물이 잘 지어졌기 때문일까, 아니면 요행히 운이 좋았기 때문일까? 극심한 홍수처럼 일어날 확률이 극히 낮은 사건의 경우 그 두 가지 설명 방식을 분간하기란 어렵다. 건물주는 흔히 극한적인 기후 상황을 견디는 건물의 능력을 과장하는 경향이 있다. 토목공학자들은 컨설팅 기업을 세우고 그 인증 사업을 따내기 위해 평판(마치 식당의 옐프 평점과 비슷하다)을 쌓을 수 있다.

새로운 기후 회복 탄력성을 갖춘 부동산의 출현에서 여전히 미지수로 남아 있는 것은 바로 시간이다. 만약 모든 사람이 미래의 기후 변화가 마이애미에 새로 들어선 콘도를 위험에 빠뜨리리라는 데는 동의하지만, 대다수 임차인이 그런 일은 15년 뒤에나 가능할 거라고 믿는다면 어떻게 될까? 과연 새로운 부동산 개발업체는 그 같은 고비용의 회복 탄력성 특성을 담아내려 할까? 개발업체는 동일 부지에 더 적은 수의 주택을 짓고 더 많은 녹지를 조성할 수도 있다. 만약 그 녹지가 공원이라는 편의 시설이 되어주는 한편, 홍수를 억제하거나 도시를 열섬 효과로부터 보호하는 역할도 한다면 말이다.[22]

주택 보유에 대한 세금 우대 폐지

나는 이 장 전체에 걸쳐 주택 보유자의 수를 줄이면 우리 경제가 점점 더 많은 혜택을 볼 거라고 주장했다. 연방 정부가 세법과 주택 담보 대출 규정을 수정한다면 그러한 전환을 더욱 가속화할 수 있다. 정부는 지금껏 주택 보유를 보조하는 규정을 시행해왔다. 그중 하나가 주택 소유주의 귀속 임대료에 과세하지 않는다는 규정이다.[23] 스위스를 비롯한 다른 나라에서는 부동산 소유주가 그에 대해 세금을 낸다. 100만 달러짜리 주택의 소유주가 있다고 해보자. 소유주가 만약 그 집에 살지 않는다면, 그는 다른 가구에 세를 주고 예컨대 매년 4만 달러를 모을 수 있다. 그리고 그 소득을 신고하고 그에 따른 세금을 납부해야 한다. 하지만 만약 그가 그 집에 산다면 귀속 임대료를 소득으로 신고하지 않는다. 이러한 세금 절감은 주택 소유주를 위한 암묵적 보조금이다.

대규모 주택 담보 대출을 이용해 구매 자금을 조달하는 주택 소유주는 또 한 가지 세금 보조금을 받는다. 주택 담보 대출 잔액이 100만 달러이고 대출 금리가 5퍼센트인 가구는 그해에 이자를 5만 달러 납부한다. 만약 그 이자를 연방 세금에서 공제받을 수 있다면, 그리고 33퍼센트의 세율을 적용받는다면, 그 가구는 세금 절감으로 연간 1만 7000달러의 이득을 볼 수 있다.

많은 성인이 자가 주택에서 살기 때문에, 이들 집단은 현재의 주택 보유 보조금을 계속 누리려는 동기가 강하다. (캘리포니아처럼) 임대료가 비싼 지역에 살면서 주택 담보 대출을 잔뜩 받은 현재의 주택 소유자는 기존 규정으로 혜택을 누린다. 연안에서 멀리 떨어진 내륙에 사는 이들은 이러한 규정으로 보는 혜택이 훨씬 적다. 세금을 내고 임대로 사는 젊은이들도 이런 세금 규정으로 혜택을 덜 본다. 우리는 앞으로 주택 보조금을 개정하기 위한 새로운 정치 연합을 어떻게 꾸릴 것이냐 하는 문제를 진지하게 모색해보아야 한다. 미국은 코로나19 팬데믹의 여파로 훨씬 더 심각한 재정 적자에 허덕일 것이다. 이런 적자는 결국 세금 인상과 지출 삭감이라는 양면 작전을 통해 메워가야 한다. 주택 소유에 대한 기존 보조금의 단계적 폐지는 이러한 적자 재정 정책의 일환이 될 수 있다.

적응을 촉진하는 법률과 규정의 재해석

부자는 시장자본주의가 제공하는 온갖 알짜들만 골라서 사용하는 반면 가난한 사람은 그러한 재화에 제한적으로밖에 접근하지 못한다. 이런 점에 비추어 불평등에 대한 우려가 고조되고 있다. 더 많은 사람이 좀더 안전한 지역에서 살아간다면, 가난한 이들이 기후 위험에 적응할 기회는 더 많아질 것이다. 기후과학자들은 그런 지역이 어디인지 알아내야 하고, 정책 입안자들은 더 많은 사람이 거기서 살아가도록 해주는 일련의 법률을 제정해야 한다. 이 장에서 나는 회복 탄력성을 크게 증진할 지역 및 주 차원의 법률에 대해 제안할 것이다. 도시의 토지 사용, 도시의 교통, 자원 가격 책정을 포괄하는 새로운 법령은 가난한 자와 부유한 자 모두를 위한 많은 새로운 적응 전략을 만들어낼 것이다.

도시의 용도 지역제

토지 이용 용도 지역제 정책은 상이한 지역들에 어떤 유형의 건물을 지을 수 있는지 결정한다. 오늘날 부동산 용도 지역제 법률은 상당한 도시 땅을 단독 주택용으로 묶어두고 있다. 그런데 이는 안전한 장소에 거주하는 비용을 터무니없이 올려놓음으로써 그런 장소에서 가난한 사람을 내쫓는 뜻하지 않은 결과를 낳는다.

주택 공급, 용도 지역제, 토지 사용과 관련한 각종 규제는 공급을 제한한다. 이는 샌프란시스코 도심 같은 살기 좋은 지역의 집값을 올려놓는다. 그리고 머잖은 미래에는 기후 변화 적응을 가로막을 것이다. 빅데이터를 이용해 고지대를 정확히 파악하고 거기에 어떤 가옥을 지을 수 있는지와 관련해 유연한 법규를 마련한다면, 좀더 많은 사람이 좀더 안전한 장소에서 살아가도록 유도할 수 있다. 만약 현행 토지 사용 정책을 고집한다면, 안전한 장소의 공급이 부족해질 것이며, 시장 체제 아래서 주택 가격은 치솟을 테고, 가난한 사람은 그것을 감당할 수 없게 된다.

로스앤젤레스에서는 면적의 3분의 2가 주거용 주택을 위한 지역으로 설정되어 있으며, 그 75퍼센트는 단독 주택이나 2세대용 아파트로 용도가 묶여 있다. 이곳에 용도 지역제 법규가 없다면, 기후과학자들은 고온이나 홍수 위험이 덜한 그 도시의 여러 지역을 찾아낼 테고, 부동산 개발업체는 부족한 토지를 절약하기 위해 그러한 지역에서 건물을 더 높이 올릴 것이다. 용도 지역제는 이렇듯 부동산 개발업체와 이들 도시에서 살아가려는 사람들 간에 이루어질 수 있는 상호 호혜적 거래를 인위적으로 가로막는다.

용도 지역제 규정은 우리가 장소 기반 위험에 어떻게 적응할지를 결정해주는 지방 정부의 핵심 정책 중 하나다. 이러한 규정은 비효율적인 토지 자원 배분을 낳는다. 오늘날 미국에서는 보스턴·뉴욕·로스앤젤레스·샌프란시스코·시애틀·포틀랜드 등 가장 생산성 높은 도시가 하나같이 신규 주택 건설 수량을 제한하는 규정을 시행해왔다. 도시경제학 분야의 연구는 이처럼 생산성 높은 도시에서의 용도 지역제가 전반적인 거시 경제의 소득 성장 수준을 낮춘다고 주장한다.[1]

이들 도시가 한결같이 기후가 선선하고 온화한 지역에 들어서 있음을 감안할 때, 주택 공급에 대한 제약 부과는 사람들을 (예컨대 휴스턴·피닉스·라스베이거스 같은) 덜 온화하고 더 무더운 도시로 향하도록 만든다. 이들 지역에서 사람들은 점점 더 극심한 무더위에 노출될 것이다. 나는 과거 연구를 통해 이러한 전치가 의도치 않게 탄소 발자국을 늘리는 데도 영향을 미친다는 사실을 밝혀냈다.[2] 이는 사람들이 밀도가 높지만 선선한 도시에서보다 제멋대로 뻗어나간 무더운 도시에서 살아갈 때 차를 더 많이 몰고 전기도 더 많이 쓰기 때문에 나타난 결과다.

기득 이익을 누리는 주택 소유자들은 신규 개발을 저지하고자 하는 유인을 가진다. 그래야 자신의 자산 가치가 올라가고 점점 더 부유해지기 때문이다.[3] 현재의 주택 소유자는 흔히 신규 주택 건설이 이루어지면 동네가 혼잡해지는 경향이 있다고, 고층 건물은 그 지역의 특성을 바꿔놓고 경관을 해친다고 주장하곤 한다. 만약 주택 소유자가 그들의 토지를 인근 장소를 통합할 수 있는 개발업체에 판매하는 선택지를 가진다면, 개발업체는 통합한 구역에 고층 건물을 지을 수 있다. 이럴 경우 개발업체는 그 토지에 대해 기꺼이 더 많은 가격을 지불할 테고, 토지 소유자는 더 많은 소중한 자산을 보유할 것이다. 하지만 토지에 대한 고정된 용도 지역제(단독 주택용)와 해당 지역의 용도 지역제 통제가 특징인 현행 법규는 현재 부동산 소유자에게 그들이 소유한 토지 빈터에 신규 건설이 이루어지지 않도록 막고자 하는 동기를 심어준다.

이와 관련해 미니애폴리스는 초기 실험 대상 역할을 하고 있다. 2019년 10월, 시 의회가 '2040 종합 계획'을 승인했다. 미니애폴리스에서 단독 주택 용도 지역제를 폐지하고 도시 어디에나 2세대용 혹은 3세대용 주택을 지을 수 있도록 허용하는 계획이다.[4] 그 도시가 이 정책 개혁안을 시행하면, 연구자들은 미니애폴리스에서 시간 경과에 따라 삶의 질이며 주택 구입 능력이 어떻게 달라지는지 연구할 수 있다. 이 실험은 용도 지역제 폐지에 따른, 의도한 결과와 의도치 않은 결과에 대해 다른 도시들에도 소중한 교훈을 안겨줄 것이다.

도시 범죄율이 낮아진 시대이니만큼 사람들 간의 물리적 근접성은 소중한 속성이 된다. 현재 진행형인 코로나19 팬데믹이 뉴욕 같은 고밀도 도시에 위험을 안겨주고 있기는 하지만, 점점 더 많은 사람이 도시적 생활 양식에 이로운 다가구 아파트에서 살아가길 원할 것이다.

범죄율이 높은 시기에는 개인 사유지들이 가치가 있다. 프라이버시나 이웃과의 물리적 분리를 제공하기 때문이다. 싱가포르·홍콩·상하이·뉴욕 등의 도시에서는 부자들이 기꺼이 아파트 타워에 살면서 뉴욕의 센트럴파크 같은 공동 녹지 공간을 이용하고자 한다. 뉴욕을 비롯한 대도시에서 범죄율이 감소하자 사람들은 점점 더 기꺼이 낯선 사람과 교류하고 밤에 외출하려 한다. 최근 몇 년 사이 더 많은 사람들(특히 젊은이들)이 고밀도 생활 방식에 매력을 느끼고 있다. 인터넷의 연결성에 힘입어 이상적인 여가 기회를 삽시간에 찾아내고, 친구들과 조율해 그런 기회를 함께 누리게 되면서 주민들은 이런 도시에서 여가를 통해 즐거움을 키운다.

만약 좀더 생산성 높은 도시에 좀더 많은 다가구 주택이 들어서면, 사람들은 거기에 세 들어 살면서 그런 생활 방식이 자신에게 맞는지 안 맞는지 판단할 수 있다. 평생에 걸쳐 사람들은 학령기에는 저밀도 지역에서, 청년기와 노년기에는 고밀도 지역에서 살 수 있다. 현재의 토지 이용 패턴에서는 이런 역학이 가능하지 않으며 막대한 양의 생산성 높은 토지를 단독 주택에 할당하고 있다. 만약 우리가 더 높은 밀도로 살아간다면, 이런 토지를 대안적 용도로 재할당할 수 있을 것이다. 그 가운데 일부가 공원이나 습지 따위인데, 이것들은 홍수 통제를 돕고 도시 열섬 효과를 보완해준다.

도시 계획과 다가구 주택을 위한 용도 지역제

보스턴·맨해튼·상하이·홍콩 등의 사례가 잘 보여주듯이, 다가구 아파트 건물은 부자들의 입맛을 맞출 수 있다. 로스앤젤레스 같은 도시에서는 많은 주택이 널찍한 부지에 들어서 있는 게 특징이다. 만약 개발업체가 용도 지역제라는 제한에 묶여 있지 않다면, 그중 일부는 인근 주택을 사들여 철거한 다음 거기에 예컨대 5층짜리 건물을 세울 것이다. 이렇게 되면 주택 수가 늘고 밀도도 조밀해진다. 인구 밀도가 높아지면 걸어 다닐 수 있는 새로운 도시 공간을 조성해서 그 지역의 삶의 질을 향상시킬 수 있는 인근 소매상점에 대한 수요가 촉진된다.

점점 더 많은 젊은이가 다가구 건물에 거주하려는 의향을 보인다면, 이는 기후 변화 적응을 용이하게 한다. 미래에는 우리가 더 적은 토지를 이용해 도시를 건설할 수 있기 때문이다. 다음과 같은 문제를 생각해보자. 만약 미국 인구가 3억 4000만 명이고, 이들 모두가 홍콩 같은 인구 밀도(제곱마일당 1만 7000명)에서 살아간다면, 그 도시 인구 전체를 수용하는 데 2만 제곱마일의 토지만 있어도 족하다. '붙어 있는 미국 본토(contiguous continental US: 지리적으로 떨어져 있는 알래스카와 하와이 주를 제외한 나머지 48개 주를 일컫는 말—옮긴이)'는 모두 290만 제곱마일이다. 이는 이 거대한 땅덩어리에서 2만 제곱마일의 토지를 확보할 가능성이 무궁무진하다는 것을 의미한다. 만약 몬태나주의 딱 절반만 홍콩 같은 인구 밀도로 건설해도 그곳에서 자그마치 15억 명이 살 수 있다.

이들 도시 중 일부는 처음부터 새로 지어야 할 것이다. 이러한 새로운 도시 구축은 저숙련 노동자를 위한 건설 일자리를 창출할 테고, 그 도시의 핵심 인프라에 최첨단 기술이 접목되도록 보장할 것이다. 이런 신도시는 구도시의 거주민과 지도자들에게 신도시의 삶이 어떤 모습일지 보여주는 시험대로 쓰인다. 다른 도시 사람들은 그 신도시를 방문해 거기서 누리는 생활 방식이 마음에 드는지 가늠해볼 수 있다.

심지어 로스앤젤레스처럼 제멋대로 뻗어나간 방만한 도시에서도 새로운 고밀도 지역 사회의 사례가 존재한다. 로스앤젤레스 플라야비스타(Playa Vista)는 이런 생활 방식에 대한 수요가 있음을 분명하게 보여준다. 과거에 '멋진 거위'〔Spruce Goose: 휴스 H-4 허큘리스(Hughes H-4 Hercules)의 별명으로, 휴스 항공사가 설계·제작한 일회성 대용량 수송 비행기. 1947년 처음이자 마지막으로 비행했다. '멋진 거위'는 하워드 휴스가 정부 재원을 낭비한다고 비판하던 이들이 붙인 별명이다—옮긴이〕'를 축조한 것으로 유명한 하워드 휴스(Howard Hughes) 소유의 습지대이던 곳이 일련의 신규 도시 다가구 주택 단지로 재개발되었다.[5] 플라야비스타는 토지 사용 규정이 허용하면 토지가 어떻게 이미지 전환을 꾀할 수 있는지 잘 보여주는 유용한 사례다. 사람들이 늦게 결혼하고 아이도 적게 낳게 되면서 사유지에 들어선 단독 주택의 수요는 줄어들고 있다.

현행 토지 사용 규정 아래서 현재 주택 소유주들은 흔히 새로운 개발을 저지하기 위해 소송을 제기하곤 한다. 개발업체에 부과하는 불필요한 요식은 신규 주택의 공급을 낮추고, 이는 중산층과 젊은이들이 더 높은 주택 가격에 부딪히게 된다는 것을 뜻한다. 임대가 활성화한 경제에서는 이런 주민 유권자들이 용도 지역제의 변경을 지지할 것이다. 더 많은 주택을 건설할수록 그들의 임대료가 하락할 테니 말이다. 가령 주피터 같은 기후 위험 평가 기업이 (홍수 위험이 적은) 고지대를 정확히 찾아낼 수 있다면 그런 지역에 고층 건물이 들어설 테고, 도시 안에서 상대적으로 안전한 장소에 더 많은 주택을 건설함에 따라 인구의 전반적 회복 탄력성도 커질 것이다.

더 많은 사람이 다가구 주택에 살게 되면, 공공 고속 기술 거점(뉴욕의 지하철을 생각해보라)까지 걸어 다닐 수 있는 거리에 거주하게 되어 대중교통 이용도 손쉬워진다. 도시 설계자들은 대중교통망 교차점 부근의 '용도 지역 상향(upzoning: 개발 밀도가 높은 용도 지역으로 변경하는 것―옮긴이)'을 지지한다. 예컨대 로스앤젤레스에서 살았을 때 나는 새로 깔린 엑스포선(Expo Line)을 이용해 서던캘리포니아 대학까지 출퇴근했다. 컬버시티(Culver City)는 그 노선상에 있는 전철역인데, 컬버시티 대부분 지역은 새로 지은 그 전철역까지 보행 가능한 장소에 단독 주택이 들어서 있다. 도시 설계자들은 역세권이 다가구 주택으로 용도를 재설정하면, 수천 명이 전철역까지 걸어 다니는 식의 저탄소 생활 방식을 채택할 수 있다고 주장한다. 이런 역학은 경제적으로 좀더 감당 가능한 주택과 수백만 명으로 이루어진 고밀도 도시를, 즉 임차인이 다가구 아파트 건물에 살면서 대중교통 이용 지점까지 보행 가능한 도시를 특징으로 하는 다수의 로스앤젤레스 지역을 새로 창출할 것이다.

고밀도 지역에서 살아가는 데는 몇 가지 이점이 있다. 먼저 사람들이 더 많이 걸을 테고, 개중 더러 체중 감량에 성공하는 이도 생길 것이다. 경제학자들의 생각은 다르지만, 도시 설계자들은 교외의 난개발이 비만의 주원인이라고 주장해왔다.[6] 빅데이터 혁명은 경찰이 시간을 효율적으로 배분하고 상황에 적절하게 대응하도록 도움으로써 범죄율을 낮추는 데 기여했다. 이는 더 많은 사람이 밤에도 마음 놓고 돌아다니도록 해준다. 이런 수요는 도시 기업가들이 흥미로운 야간 활동과 여가를 제공하도록 장려한다. 그 결과 좀더 활기찬 지역이 탄생한다.

밀도 높은 도시는 회복 탄력성이라는 이점을 제공한다. 생태학자들은 토지를 습지로(주택이 아니라) 보존하는 것의 이점이 지역 전체를 위해 홍수 방지를 강화하는 것임을 밝혀냈다. 습지에 새로운 주택을 지으면 도로를 비롯한 여타 인프라로 인해 그 지리적 지역에서 살아가는 모든 사람을 위한 홍수 조절이 어려워진다. 주택 용도 지역제 법규가 덜 엄격한 경제에서는 부동산 개발업체가 기후 예보를 이용해 상대적으로 안전한 지역이 어디인지 알아내고, 거기에 고밀도 주택을 건설할 수 있다. 3D 프린팅과 조립식 주택 건설을 특징으로 하는 경제에서 우리는 실상 과거보다 훨씬 더 빠르게 새로운 도시를 건설할 수 있다. 2018년 버클리에서는 조립식 자재를 이용해 4층짜리 건물을 단 나흘 만에 뚝딱 해치운 일도 있었다.[7]

화재 지대의 개발 줄이기

미국 서부에서 화재가 점차 잦아지는 상황이므로 만약 샌프란시스코·시애틀·포틀랜드 같은 도시 근처에서 좀더 저렴한 주택을 구할 수 있다면, 화재 위험 지대로 이사할 사람은 줄어들 것이다. 도시가 범죄 감소와 활력 증대를 구가하고 있기 때문에, 만약 도심의 토지 사용에 규제를 가하면 교외 지역이 성장할 가능성은 더욱 커진다. 사람들을 흥미로운 행사, 맛집 탐방과 이어주고 그런 활동에서 친구들을 만나게 해주는 도시 앱들이 개선되고 범죄가 감소함에 따라, 점점 더 많은 이들이 도심에서 살아가고 싶어 한다. 이러한 수요는 새로운 주택이 거의 공급되지 않을 경우 임대료를 끌어올린다. 용도 지역제 법률의 변경은 도심의 신규 주택 건설을 가속화할 것이다.

만약 볼더(Boulder: 미국 콜로라도주 북동부에 있는 도시—옮긴이)·포틀랜드·샌프란시스코 같은 도시에 높은 다가구 아파트 건물이 대거 들어선다면, 이들 도시의 외곽에서는 주택 건설이 느려질 것이다. 미국 서부에서는 더 많은 사람이 '야생 동식물 지역과 도시 지역의 경계면'이라 부르는 장소에서 살아간다는 우려가 있어왔다. 가뭄과 무더위의 조합은 화재 위험을 키운다. 화재가 야기하는 경제적 피해는 해당 지역에 거주하는 사람들 수가 많을수록 커진다. 그들 모두가 화재 위험과 높은 수준의 대기 오염에 노출되기 때문이다.

캘리포니아의 화재 지대는 상세히 지도로 정리되어 있다. 부동산 개발 업체나 주택 구매자는 이 위험 지역을 인식하고자 하는 강한 동기를 가진다.[8] 반전원(semi-rural) 지역의 주택 증가가 훌륭한 편의 요소(숲 같은)를 제공하는 장소에서 살고자 하는 욕구 때문인지, 도심의 용도 지역제 법규가 집값을 올려서 중산층 거주민을 도시 밖으로 몰아낸 결과인지는 따져볼 문제다. 2017년 경제학자 엔리코 모레티(Enrico Moretti)가 〈뉴욕 타임스〉에 글을 한 편 실었다. 캘리포니아에서 도심의 님비주의〔NIMBYism: 님비(Not In My Back Yard, NIMBY)는 새로운 개발에 찬성하면서도 그런 일이 정작 자기 집 가까이에서 이루어지거나 자기 생활을 방해하는 데는 반대하는 것을 지칭한다—옮긴이〕가 점점 더 많은 중산층을 화재 지대에 더 가까이 살도록 내모는 뜻하지 않은 결과에 대해 다룬 글이다.

제약 위주의 도심 지역 주택 정책이 초래하는 두 번째 부정적 결과는 변두리 지역의 환경 악화다. 훌륭한 '환경 청지기 정신(environmental stewardship)'의 제안에 따르면, 우리는 대중교통이나 일자리와 가까운 도심에는 집을 더 많이 짓고, 외곽에는 집을 덜 지어야 한다. 하나 도시의 엄격한 주택 규제 탓에 우리는 거꾸로 도시 외곽의 농경지에는 더 많은 집을 짓고, 수요가 더 높은 도심에는 집을 덜 짓는다.

샌프란시스코, 버클리 혹은 실리콘밸리의 집값을 감당하기 어려운 가정은 준(準)교외(exurb: 교외보다 더 떨어진 반전원 지역—옮긴이)로 울며 겨자 먹기 식 이사를 떠나야 한다. 매년 약 3800명의 캘리포니아 주민이 더 저렴한 집을 구하기 위해 베이에어리어〔Bay Area: 샌프란시스코만 주변 지역의 광역 도시권으로, 샌프란시스코·오클랜드·새너제이(San Jose) 등을 아우른다—옮긴이〕의 도시 지역을 벗어나 서노마(Sonoma) 카운티나 내퍼(Napa) 카운티로 향한다. 이로 인해 교통 체증이 심해지고 지역 변두리의 개발 압박이 거세지고 있다. 이번 달 발생한 화재들로 가장 크게 타격 입은 장소가 그렇게 조성된 동네 가운데 일부를 포함한 샌타로사(Santa Rosa)다.[9]

미국 정부는 많은 전원 지역의 소방 서비스에 보조금을 지급하고 있다.[10] 이는 언뜻 보기에는 올바른 처사인 것 같다. 어쩌다 화재 지대에서 살아가게 된 사람들을 보호해주니 말이다. 하지만 무상 소방 서비스는 실제로 더 많은 이들이 그곳에서 살아가도록 부추긴다. 이 예는 위험 노출 및 위험 인식과 관련해 중요한 윤리적 문제를 제기한다. 화재 지대에서 살아가는 모든 사람이 제가 직면한 진짜 위험을 이해하고, 그것이 기후 변화가 촉발한 가뭄과 무더위 때문에 갈수록 악화하고 있음을 인식하는 예외적인 경우를 가정해보자. 이 경우 경제학자들은 연방 정부가 무상으로 제공하는 소방 보조금은 도덕적 해이를 낳는다고, 기후 회복 탄력성은 이런 보조금을 단계적으로 폐지해야만 올라갈 거라고 강변할 것이다. 자원 가격 책정의 변화(가령 소방 서비스에 대한 비용 부과)는 더 많은 사람이 화재 지대에서 살지 않도록 장려한다. 또한 부득이 위험 지역에서 살기로 결정한다면 그런 위험을 줄이기 위해 좀더 많은 사전적 예방 조치를 취하도록 안내한다.

이제 화재 지대에서 살아가는 사람 가운데 5퍼센트만이 위험을 인식하고 나머지 95퍼센트는 그렇지 못한 또 다른 경우를 생각해보자. 집주인 대다수가 실제 위험에 무지한 경우다. 사회는 이러한 개인들을 그 자신의 실수로부터 보호해줄 윤리적 책임이 있는가? 만약 미국인들이 '그렇다'고 답한다면, 5퍼센트의 합리적인 사람들이 몸을 잔뜩 웅크린 채, 배려 깊은 미국 납세자로부터 관대함을 이끌어내는 사람들과 더불어 사는 데서 오는 혜택을 누린다는 사실에 주목하라. 이 예는 누가 기후 위험의 비용을 떠안는지 잘 보여준다. 만약 연방 정부가 소방에 보조금을 지급하지 않는다면, 화재에 영향받는 지역에서 살아가는 땅주인들이 그 비용의 상당 부분을 부담한다. 반면 만약 납세자가 소방비를 지원한다면, 특정 장소(미국 서부의 화재 지대)에서 발생하는 기후 변화 비용을 인구 전체가 떠안는 셈이다.

미국 서부에서 만약 집주인이 그들 자신의 화재 보험에 지출해야 한다면, 토지 사용 패턴과 화재 지대 근처의 인구 밀도가 달라질 것이다.[11] 표준적인 경제 논리는 사람들이 재해 발생 시 구제 조치 따위는 없으리라는 것을 알고 있으면, 그런 지역에서 살아가려는 이들이 적어질 테고, 부득이 거기서 계속 살아가는 사람들은 화재 예방 조치(이를테면 지붕을 화재에 강한 형태로 바꾸거나 초목을 손질하는 것)를 위해 더 많은 돈을 투자하리라고 예측한다. 다음과 같이 가정해보자. 만약 정부가 더 이상 화재 방지 지출을 제공하지 않겠다고 똑똑히 밝힌다면, 각 가구는 화재 지대에서 퇴각할 것이다. 이는 원인(화재)이 동일하다 해도 피해라는 사후적 결과가 더 적어지리라는 것을 뜻한다. 그 지역에 피해 입을 사람이 더 적게 살 것이기 때문이자, 여전히 남아서 사는 이들이 더 많은 사전적 예방 조치를 취할 것이기 때문이다.

이런 주장은 루커스 비판이 기후 회복 탄력성 정책에도 고스란히 적용되고 있음을 말해준다. 루커스 비판은 노벨상 수상자 로버트 루커스의 이름을 딴 것임을 기억하라. 그는 거시경제학적 맥락에서 정부가 게임 규칙을 바꾸면 개인과 투자자 역시 자기 행동을 변화시킨다고 주장했다. 이는 우리가 사람들의 미래 행동을 이해하기 위해 가까운 과거를 기반으로 순진하게 추론할 수 없다는 것을 뜻한다. 과거 규칙에 의거한 선택을 보고 사람들의 미래 행동을 점칠 수는 없다. 그들이 이제 상이한 게임 규칙을 따르고 있기 때문이다. 따라서 화재와 불타버린 주택의 과거 상관관계를 보고 미래의 상관관계를 예측해선 안 된다. 그사이 사람들의 행동이 바뀌었기 때문이다. 도시의 토지 용도 지역제와 화재 지대의 화재 진압을 위한 보조금 지원, 이 두 가지 정책을 변경하면 화재 지대에서 살아가는 사람들 수는 대폭 줄어들 것이다.

홍수 보험법 개정

사람들은 보험에 가입하면 희귀 재해가 발생할 때 막대한 손실에서 벗어날 수 있다. 많은 경제학자는 민간 부문이 보험을 공급하는 데서 공공 부문보다 우위에 있다고 믿는다. 자동차 보험이나 생명 보험 같은 시장에서는 민간 기업이 그러한 보험을 제공한다. 반면 홍수 보험의 경우 국가 홍수 보험 프로그램, 즉 NFIP가 보조금을 지원하는 보험을 제공한다. 그런데 그 존재로 인해 민간 보험사들은 홍수 보험에 대해 연구하고 보험 계약을 체결하려는 노력을 등한시한다. 현재 엄청난 적자에 시달리고 있는 연방재난관리청의 NFIP는 기후 변화에 따른 해수면 상승 과제를 반영하기 위한 홍수 지도 업데이트에 한없이 굼뜨다. 만약 연방 정부가 NFIP를 중단하는 과감한 조치를 취하고, 모든 주택 소유자에게 최소 수준(물론 그 이상의 보험을 구매하는 것도 가능하다)의 민간 부문 홍수 보험에 가입하도록 요구한다면, 일련의 적응 친화적 사건이 일어날 것이다.

모든 부동산 소유주에게 홍수 보험에 들도록 요구하는 것은 마치 의료 보험 개혁에서 추구하는 최근의 접근법과 유사하다. 오바마 대통령이 추진한 의료 보험 개혁의 핵심은 역선택(adverse selection: 의사 결정을 할 때 충분한 정보가 없어 불리한 선택을 하는 상황. 예컨대 보험 가입 대상자에 관해 충분한 정보가 없을 경우 보험사는 위험 발생 가능성이 높은, 즉 보험금을 탈 가능성이 높은 사람을 받아들임으로써 보험 지출 부담이 커진다―옮긴이)의 우려를 최소화하기 위해 더 많은 건강한 사람이 보험을 구매하도록 독려하는 것이었다. 만약 병든 사람만 의료 보험에 가입한다면 의료 보험사는 보험료를 너무 낮게 책정할 경우 파산하기 십상이다. 건강한 사람은 낮은 보험료로 보상받지만 여전히 보험을 구매하고 있다. 연안의 홍수 보험 경우에도 비슷한 전략을 추구할 수 있다.[12]

민간 보험사는 만약 홍수 보험 구매자가 충분히 많으리라고 예측한다면, 어떤 부동산이 가장 심각한 기후 변화 위험에 직면해 있는지를 정확히 가려낼 줄 아는 인적 자본과 전문 지식에 투자하려는 강렬한 동기를 갖게 된다. 일단 위험을 진단하고 나면 그들은 관목을 정리하거나 집을 스틸트 위에 올리는 것 같은 위험 완화 조치를 취한 주택 소유주에게는 보상하는 보험 계약서를 작성할 수 있다. 자동차 보험 시장에서는 혁신적인 보험 상품이 도입되었다. 가령 주행 거리와 상관없이 고정 연회비를 지불하는 대신 주행 마일당 보험료를 지불하는 보험 상품이 한 가지 예다. 모든 운전자는 민간 보험에 반드시 가입해야 하므로, 업계는 다양한 상품에 대한 수요를 조사하고자 한다.

이런 식의 보험 혁신이 홍수 보험 경우에는 이루어지지 않았다. 정부가 NFIP를 통해 적극적인 역할을 떠안았기 때문이다. 정부 보조금을 받는 공공 보험은 민간 보험의 공급을 대체했다. 또한 인적 자본과 금융 자본을 동원해 부상하는 이 과제(홍수)를 제대로 연구하고자 하는 민간 부문의 의욕을 꺾어버렸다.

내 제안을 비판하는 사람은 만약 민간 부문이 보조금을 지원받는 NFIP를 대체한다면, 위험한 홍수 빈발 지역의 집주인이 홍수 보험에 가입할 때 보험료가 올라가리라고 주장할 것이다. 일리 있는 지적이지만, 우리는 그에 대해 이렇게 반문해볼 수 있다. 현재 주택 소유자가 무슨 권리로 그런 재산상의 혜택을 누려야 한단 말인가? 생명 보험 가격 책정의 경우, 고령자는 젊은 사람에 비해 조만간 사망할 확률이 높으므로 보험료가 비싸다. 만약 보험업계가 사망 위험이 큰 사람에게 생명 보험료를 더 높게 책정하는 것처럼 위험 부동산에 더 많은 보험료를 부과한다면, 우리는 새로운 기후 변화 위험에 더욱 잘 적응할 수 있다. 한마디로 부동산 보험을 생명 보험과 다르게 취급할 이유는 딱히 없다. 위험이라는 점에서는 같으니 말이다.

사회적 차원에서 보험료 인상이 기후 변화로 위기에 처한 장소에서 살아가는 현재 집주인에게 가하는 분배 효과를 진심으로 걱정한다면, 이런 부동산 소유자를 새로운 규칙 적용에서 배제함으로써, 그들의 보험료가 좀더 점진적으로 보험 계리 요율에 수렴하도록 할 수 있다. 이렇게 하면 적응의 진척이야 더뎌지겠지만, 이 같은 정책 개혁에 대한 정치적 지지는 더욱 커질 것이다.

정부가 점차 위험해지는 화재 지대와 홍수 지대에서 주택 보험에 관여하지도, 그에 보조금을 지급하지도 않는 경우를 생각해보자. 이 경우 주택 구매자는 그런 장소의 주택 입찰에 덜 적극적으로 임할 테고, 위험이 커지는 지역에 신규 주택을 짓는 부동산 개발업체의 이윤을 떨어뜨릴 것이다. 주택 구매자는 만약 끔찍한 사건(홍수나 화재)이 발생시키는 비용을 몽땅 떠안아야 한다고 예상한다면, 위험을 견딜 수 있도록 그 구조물을 지을 때만 그곳에서 거주하려 할 것이다. 이런 의미에서 정부의 구제 조치를 없앤 '엄한 사랑(tough-love: 상대를 생각해 엄격한 방법으로 도움을 주는 것—옮긴이)' 접근법은 기후 회복 탄력성을 구축하는 데 기여한다. 그래야 부동산 개발업체가 위험이 점증하는 장소에 집을 덜 짓고, 혹여 짓더라도 위험 노출을 줄이는 더 나은 자재를 사용할 것이기 때문이다.

정보의 공개

조지 애컬로프(George Akerlof)는 유명한 중고차 시장 사례를 통해 비대칭적 정보에 관한 연구를 수행한 공로로 노벨 경제학상을 수상했다. 중고차 시장에서 판매자는 구매자보다 차량의 품질에 대해 더 많은 것을 알고 있다. 중고차 거래에서 꼼꼼한 구매자는 구매를 잠시 미루고 생각할 것이다. '판매자는 왜 팔려고 할까? 차가 좋다면 굳이 팔려고 할까? 만약 차가 좋지 않다면, 구매에 더욱 신중해야 한다.'

　이런 레몬(lemon: 레몬에는 '불량품'이라는 의미가 있다. 경제학에서 레몬 시장은 구매자가 재화나 서비스의 품질을 모르기 때문에 불량품이 유통되는 시장을 말한다. 1965년 생산된 레몬 색깔의 폭스바겐 차량 가운데 결함 있는 것들이 유독 중고차 시장에 많이 흘러 들어가면서 레몬이 결함 있는 중고차의 은어로 쓰이기 시작했다—옮긴이) 문제는 새로운 기후 위험 상황에서도 불거질 수 있다. 정보를 가진 편, 즉 위험에 처한 자산의 소유자가 그에 대해 까맣게 모르고 의심도 하지 않는 잠재적 구매자에게 그 자산을 떠넘기려 시도하기 때문이다. 부동산 시장에서 이런 시나리오가 펼쳐지기 쉬운 것은 점차 위험해지고 있지만 얼핏 아름다워 보이는 지역의 경우다. 연안에 위치한 부동산이 이에 해당한다. 잠재적 구매자는 부상하는 위험을 인식하지 못할 수도 있고, 위험을 무릅쓰는 것을 좋아할 수도 있다. 아니면 설령 심각한 자연재해가 발생한다 해도 연방 정부가 구제 조치를 통해 자신을 보호하고 지켜줄 거라 믿을 수도 있다. 기후 변화 관련 경제학 문헌에 나와 있는 다음의 질문은 아직 답을 얻지 못한 상태다. "얼마나 많은 부동산 구매자가 자신이 특정 부동산을 구매함으로써 스스로를 기후 위험에 빠뜨리고 있음을 모른다는 사실을 알까?" 자신이 그 위험을 '모른다는 것을 아는' 성숙한 부동산 구매자는 구매 전에 좀더 꼼꼼하게 조사를 실시할 것이다.

노스캐롤라이나주 연안은 부동산 시장의 레몬 문제를 보여주는 귀중한 사례다. 2012년 주 정부는 연안 해수면 상승 지도는 미래의 위험이 아니라 과거의 데이터에 기반을 두어야 한다고 요구하는 법률을 통과시켰다. 이 법률이 근거로 삼은 것은 미래 지향적인 지도를 사용하면 인프라 업그레이드에 막대한 사전 경비가 들어 돈을 낭비할 수 있다는 주장이었다. 주 정부는 연안 지역이 지금과 다름없이 내내 번창하리라고 철석같이 믿으며 도박에 뛰어든 꼴이다.

만약 연방 정부가 아무 낌새도 못 챈 부동산 구매자들이 깜빡 속아 넘어가서 점차 위험해지는 부동산을 구매할까 봐 걱정이라면, 모든 연안 주택 구매자에게 위험을 알리는 30분짜리 짧은 강좌를 듣도록 요구할 수 있다. 캘리포니아 주법은 부동산 판매자에게 그 집의 지진 위험에 관한 정보를 공개하도록 요구한다.[13] 부상하는 화재 위험과 홍수 위험을 전달하는 데도 그와 유사한 전략을 사용할 수 있다. 주택 구매자는 객관적으로 심각한 위험에 놓인 부동산은 더 낮은 가격에 사려 할 것이다. 심지어 순진한 투자자조차 중요한 금융 투자를 하기 전에 예비 조사를 시행하려는 동기를 가진다. 이처럼 불확실한 상황에서는 거액의 계약금을 지불하기 전에 해당 지역에서 1년 동안 세를 살면서 그곳에 대해 요모조모 알아보는 편이 신중한 투자 전략이다.[14]

투자자들은 만약 거액의 계약금을 걸어야 한다면, 주택 담보 대출을 신청하기 전에 해당 지역의 홍수 위험이나 화재 위험에 초점을 맞춰 예비 조사를 해보려는 의욕을 보일 것이다. 충분한 투자자들이 믿을 만한 정보를 추구할 경우, 그런 정보를 제공할 수 있는 기업에는 기회가 열린다. 월가에서 무디스나 S&P 같은 기업이 이처럼 자산 위험에 대한 제삼

자적 평가를 제공하는 역할을 담당한다. 이러한 정보가 자산 가치에 반영되므로 위험 자산의 가격은 낮아진다.

요즘 예비 주택 구매자는 부동산의 가격과 그 집의 건축 연도, 크기, 편의성 같은 물리적 특성을 조회해본다. 질로는 동네의 보행 적합성, 범죄율, 지역 학교의 수준 같은 정보도 제공한다. 기후과학이 진보하고 점점 더 공간적으로 정제된 예측이 이루어지면, 지역적 정보는 기후 위험(기온 변화)과 홍수 위험을 아우르는 정도로까지 확장될 수 있다. 이는 정보 운동장을 평평하게 만들고, 정보의 비대칭성 탓에 잠재적 구매자가 판매자보다 물건에 대해 아는 게 적은 상황을 바로잡아준다.

연방 정부는 만약 최소 수준의 홍수 보험과 화재 보험에 가입하도록 모든 가정(심지어 최근 몇 년 동안 홍수 위험을 겪지 않은 가정까지 포함)에 요구한다면 시장 조성자(market maker)로서 중요한 역할을 할 수 있다. 이 경우 집을 보러 다니는 사람은 이제 특정 주택의 홍수 위험을 조사하려는 의욕을 품게 된다. 이러한 정보의 총수요는 관련 위험에 관한 고품질 보고서를 제공할 수 있는 기업에 시장을 열어준다. 객관적으로 위험한 주택은 만약 집주인이 부상하는 위험에 맞서서 고비용의 보호 조치를 취할 능력이나 의향이 없다면 할인 가격에 팔릴 것이다.

비영리 스타트업인 퍼스트 스트리트 재단은 부동산 홍수 위험에서 레몬 문제를 완화하기 위해 광범위한 데이터베이스를 구축하고 있다. 나는 퍼스트 스트리트 재단의 연구 자문이자 연구 협력자로 일하고 있다. 기후 변화 적응을 가속화하기 위해 최고의 기후과학을 이용하는 가능성에 관심이 많기 때문이다. 퍼스트 스트리트 재단의 광범위한 데이터베이스는 미국의 주택들이 과거에 수해를 입었는지, 미래에 수해를 입을 위험이 있는지 보여준다. 과거에는 이 정보를 거대 투자자만 사용할 수 있었다.

소규모 투자자나 집주인은 어림도 없어서 관련 정보를 얻으려면 큰 비용이 들었다. 하지만 이제는 그 정보가 널리 보급되면서 부동산 시장에서 기후 관련 레몬 우려를 낮추는 데 기여하고 있다. 퍼스트 스트리트 재단은 웹페이지에서 이렇게 말한다. "절대 다수의 미국인에게 가장 가치 있는 자산은 바로 집이다. 홍수의 진짜 위험을 이해하는 것은 집주인이 자신의 투자를 보호하도록 해준다."15

질로 같은 부동산 검색 인터넷 플랫폼이 홍수 위험 점수를 널리 게시하면 과잉 반응을 유발해 홍수 지대의 주택 가격이 폭락하리라는 우려는 지극히 정당하다. 그런 우려는, 만약 홍수 위험에 처한 지역의 주택 구매자가 위험을 극도로 싫어한다면, 그리고 퍼스트 스트리트 재단이 공표하는 홍수 위험 점수를 이해하는 데 어려움을 겪는다면, 현실이 될 수 있다. 이럴 경우 주택 구매자는 위험 점수로 드러난 새로운 뉴스에 과잉 반응을 보일 수도 있다. 하지만 비교적 낮은 가격에(다른 입찰자들이 겁먹고 달아났기 때문에) 여러 채의 연안 주택을 사들일 여력이 있는 부동산 투자자는 차익 거래로 이익을 실현할 수 있다. 부동산을 다수 보유한 투자자는 (다양한 시장에서 주택을 구매함으로써) 위험을 분산할 테고, 홍수 위험이 모델의 예측보다 덜 심각한 것으로 드러날지 여부를 지켜볼 수 있다. 만약 위험한 홍수 점수를 받은 특정 연안 지역이 몇 년 동안 심각한 수해를 입지 않는다면 일부 구매자는 그 주택을 기꺼이 프리미엄 가격에 구매할 것이다. 재산 목록에 여러 주택을 보유할 능력이 있는 차익 거래자는 (아마 당분간 그 주택들을 세놓는 방식으로) 큰 수익을 거둘 것이다.

도시의 교통 속도

도시 내에서 이동 속도가 빨라지면 기후 변화 적응을 촉진할 수 있다. 사람들의 거주지 선택권이 넓어지기 때문이다. 메리가 편도 30분 거리를 출퇴근할 의향이 있고, 시속 40마일(약 65킬로미터)로 이동 가능하다고 해보자. 그러면 그녀는 자신의 근무지를 중심으로 반경 20마일 내 공간에서 집을 구할 수 있다. 반경 20마일의 원이 만드는 면적은 3.14×20×20, 즉 1200제곱마일이 넘는다! 이런 방대한 면적은 메리가 자기 욕구를 충족할 수 있는 동네를 찾는 데 충분한 기회가 있다는 의미다. 이 점을 제대로 인식하기 위해 메리가 혼잡한 도시에서 시속 15마일로 통근하리라 예상되는 경우를 가정해보자. 30분 동안 이동할 수 있다면 근무지를 중심으로 반경 7.5마일 내에서만 집을 구해야 하고, 그 원의 면적은 3.14×7.5×7.5, 즉 176제곱마일에 그친다. 거주지 후보 면적이 앞의 경우보다 훨씬 작다. 각 가정은 주거 선택의 기회가 넓어지면 기후 회복 탄력적 지역을 찾을 가능성이 크다.

싱가포르에서는 혼잡 통행료(road pricing) 덕분에 차량이 언제나 도로에서 시속 40마일로 달릴 수 있다.[16] 돈을 낼 여력이 있는 부자가 그 속도를 누릴 가능성이 크지만, 버스 역시 그 속도로 달린다. 버스는 규모의 경제 덕에 1인당 이동 요금을 낮출 수 있다. 총 출퇴근 비용에는 자가 부담인 기름값, 주차비, 도로 이용료뿐만 아니라 잃어버린 시간의 가치도 포함된다. 만약 교통 혼잡 탓에 통근 시간이 15분에서 30분으로 늘어나면, 통근자는 15분을 손해 본다. 경제학자들은 경험 법칙을 적용해 이렇게 잃어버린 시간의 가치를 그 개인의 시간당 임금의 절반으로 산정했다. 일테면 만약 내가 시간당 80달러를 벌고 교통이 막혀 15분을 손해 본다면, 잃어버린 시간의 가치는 10달러(0.25×80×0.5)다.

스톡홀름·런던·싱가포르 같은 도시는 교통 체증 탓에 손해 보는 시간을 줄이려고 혼잡 통행료를 채택·시행해왔다. 이런 도시의 운전자는 더욱 빠른 속도로 이동하며 시간을 절약하지만, 도로 이용량이 많은 피크 타임에 돌아다니려면 자가 부담 비용을 내야 한다. 그런데 이런 제도를 채택하는 도시가 왜 그토록 소수일까? 행동경제학은 이에 대해 사람들이 도로를 무상으로 사용하는 데 익숙해 있기 때문이라고 설명한다. 그런데 이는 경제학자를 당혹스럽게 만드는 설명이다. 혼잡한 도로는 우리가 귀중한 시간을 잃어버리게 만들기 때문이다. 시간 비용을 고려하면 공짜 도로는 결코 공짜로 사용하는 게 아니다. 혼잡 통행료에 반발하는 이유에 대한 또 다른 설명은 많은 가난한 사람도 차를 모는데, 그들은 도로 이용료를 무느니 차라리 시간을 들여서 통근 비용을 지불하는 쪽(즉 늘어나는 통근 시간을 감수하는 쪽)을 선호한다는 것이다.

혼잡 통행료의 단계적 도입뿐 아니라 자동화 차량 기술의 부상도 도시 내와 도시 간 이동 속도를 크게 늘려줄 것이다. 캘리포니아주 파라다이스의 화재는 재해 중 도로 접근이 개인의 탈출 가능성에 어떤 영향을 미치는지 잘 보여준다. 이들 개인은 각 차량의 탑승 인원을 늘리기 위한 승차 공유에 참가하려는 동기를 가진다.[17] 도로 접근에 요금을 부과함으로써 정부는 도로를 업그레이드하고 부가 수용력을 키우는 데 쓸 세수를 확보할 수 있다. 이런 수용력은 재해 기간 동안 소개를 용이하게 해준다.

혼잡 통행료, 자동화 차량 그리고 광범위한 우버식 승차 공유제를 특징으로 하는 미래 도시를 상상해보라. 이런 도시에서는 사람들의 이동성이 커질 테고, 이는 그들의 시간당 생산성을 높인다. 사람들은 도시를 구석구석 누빌 수 있게 됨으로써 이득을 본다. 교통 자본 스톡을 공유하면 자가 소유 차량과 주차 공간에 대한 수요는 대폭 줄어든다. 수가 적어진 차량을 더욱 집약적으로 사용할 테니 말이다. 로스앤젤레스를 위시한 여타 도시에서는 토지 상당 부분이 주차 공간으로 쓰인다. 자동화 차량과 혼잡 통행료가 특색인 미래 도시에서는 사람들이 차량을 소유하기보다 렌트 서비스를 이용할 것이다. 차량이 쉴 새 없이 이동하므로 주차 공간에 대한 수요는 크게 줄어든다. 콘크리트 주차장은 주택이나 공원으로 재사용되고, 이는 적응을 촉진한다. 좀더 많은 땅을 습지로 확보함으로써 홍수 위험을 얼마간 상쇄하고 도시의 열섬 효과도 완화할 수 있기 때문이다. 이 예는 혼잡 통행료 같은 새로운 공공 정책과 교통 혁신의 결합이 어떻게 희소 자원(토지)을 '최고 최선의 이용' 상태로 전환(일부는 공원으로, 일부는 홍수 방지용으로)하는지 잘 보여준다. 토지 할당 방식에 경제적 유인을 도입하면 회복 탄력성을 키울 수 있다. 이러한 새로운 시장을 도입하면 적응이 촉진된다.

적응 친화적 법률 제정의 호기

자연재해가 일어난 후에는 새로운 법률을 제정할 수 있는 짧은 기회가 생긴다. 대중이 최근 일어난 두드러진 사건에 집중하기 때문이다. 나는 2006년 발표한 논문에서, 환경 재해에 일말의 희망이 있다면 그것은 바로 의회가 다음번 재해를 예방할 목적의 법안에 좀더 적극적으로 투표한다는 점임을 입증해 보였다.[18] 이러한 주장을 좀더 확대하면 그것은 중대 자연재해 직후 이익 단체들이 개혁을 밀어붙일 수 있는 정책적 기회가 잠시나마 열린다는 의미다.[19]

눈에 띄는 사건은 정책 변화를 이끌어낼 수 있지만, 그런 개혁이 좋으냐 나쁘냐는 여전히 미지수다. 국가 간 데이터를 이용한 경험적 연구는 중대 홍수 이후에는 수해로 인한 사망률이 감소한다는 것을 밝혀냈다.[20] 그 이유에 대한 한 가지 설명은 두드러진 사건이 회복 탄력성을 키우는 데 유용한 적응 반응을 촉발한다는 것이다. 하지만 대형 산불 같은 중대 사건이 뜻하지 않은 결과를 초래하는 그 밖의 경우도 없지는 않다. 연구에 따르면, 화재 지대의 자원 할당을 책임지는 정부 공무원들은 화재 사건에 과민 반응하면서 화재를 겪은 지역에 지나치게 많은 돈을 쏟아붓는다. 이러한 결과가 빚어지는 것은 사람들이 눈에 띄는 사건에 대해 호들갑을 떨고, 정부 관리들은 대중의 압박에 지체 없이 응하기 때문이다. 만약 이제 위험이 덜해진 장소로 돈이 흘러 들어간다면, 좋은 의도의 자금 할당이 결과적으로는 잘못된 배분이 될 수도 있다. 생태학자들은 최근 화재와 관련해 불행 중 다행이라면 이들 지역이 불붙을 연료가 적어졌으므로 가까운 미래에는 화재 위험이 낮아진다고, 그런데도 이들 지역이 더 많은 회복 탄력성 자금을 받는 경우가 허다하다고 지적해왔다.[21]

이상적으로야 사회가 후자의 경우를 피할 수 있다. 하지만 그러기 위해서는 과거의 실수를 통해 배워야 한다. 실수에서 배우려면 회복 탄력성을 키우는 데 효과적인 것이 무엇인지 밝히는 실험을 미국 전역의 여러 장소에서 실시해볼 필요가 있다. 회복 탄력성을 키우는 전략은 그것이 다른 환경에서도 효과적인 것으로 드러난다면 시행될 가능성이 높다. 이 점은 정책의 실험과 평가가 얼마나 중요한지 잘 보여준다.

농업 생산의 혁신

〔브라이언 케이시(Brian Casey), 놀런 존스(Nolan Jones)와 공동 집필〕

농업은 기후 변화로 인해 가장 심각한 적응 문제에 부딪친 경제 부문이다. 미주리주 록포트(Rockport)의 옥수수 농부 릭 오즈월드(Rick Oswald)가 말했다. "나는 지금 바로 여기 기후 변화의 한복판에 서 있다." 오즈월드가 기르던 작물은 2019년 봄 중서부 지역을 강타한 사이클론으로 엉망이 되었다. 사이클론이 몰고 온 유례없는 물 폭탄에 2000만 에이커가 작물을 심을 수 없을 만큼 망가진 것이다. 폭풍우는 오즈월드의 밭에 있던 옥수수로 가득 찬 곡물 저장통 4개도 부숴버렸다. 지은 지 80년 된 가족의 집도 난생처음 수해를 입었다.[1] 미국 전역의 농민이 최근 그와 비슷한 어려움에 부딪혔다. 2019년 6월, 오하이오주 로스(Ross) 카운티의 옥수수 농부들은 폭우로 인해 작물을 재배하기가 극도로 어려워졌다.[2] 2018년 8월, 유타주 샌피트(Sanpete) 카운티 농민들은 극심한 가뭄에 시달렸다. 그로 인해 농민 스콧 선덜랜드(Scott Sunderland)의 농장에서는 밀과 알팔파 생산량이 대폭 감소했다.[3]

미국 농무부는 2019년 농작물 보험금을 25억 달러 넘게 지급했지만, 농민의 적응 노력을 돕는 데는 4억 달러밖에 지출하지 않았다.[4] 오즈월드는 적응 노력에 대한 자금 지원을 받아보기는커녕, 주 농무부 사무소에서 나온 누군가가 적응 문제를 제기하는 경우도 본 적이 없다고 말했다. 오즈월드의 말은 미국 농민이 미래에 직면할 어려움이 무엇인지 보여준다. 기상 이변의 발생 빈도가 잦아지면 수확량이 낮아질뿐더러 작물 수확 작업도 어려워질 수 있다는 것을 말이다.

세계 인구와 1인당 소득이 증가함에 따라 칼로리에 대한 수요도 덩달아 늘어날 것이다. 농민들은 그에 부응하는 생산량을 공급하는 데 더 큰 어려움에 직면할 터이다. 만약 수요가 공급을 앞서면 식량 가격이 상승할 테고, 이는 불균형하다 할 정도로 가난한 사람들의 구매력을 떨어뜨린다. 그들은 소득 가운데 상당 비율을 식량에 소비하기 때문이다.

연구에 따르면, 미국의 농업은 기후 변화에 적응하는 데서 거의 진척을 이루지 못했다.[5] 50년 넘는 기간 동안 카운티의 연간 데이터를 이용해 에이커당 생산량과 실외 기후 상태의 장기적 관련성을 파헤친 연구자들은 무더위에 대한 옥수수의 민감성 문제가 좀체 해결되지 않은 채 지속되었음을 확인했다. 이는 지난 수십 년 동안 무더위 적응 문제에 전혀 진전이 없었음을 말해준다. 다른 연구들도 작물마다 특정 온도의 임계 문턱 값이 존재하며(밀의 경우 화씨 86도(섭씨 30도)), 기온이 그보다 높아지면 그 작물의 생산량이 급감한다는 것을 확인했다.[6] 기후 변화 모델은 캘리포니아와 중서부의 농업 지역이 극심한 무더위에 더욱 빈번하게 노출될 것으로 예측하고 있다. 이는 미래의 국내 식량 공급이 고전할 수 있음을 예고한다.

농업 기술, 혁신, 실험은 부상하는 이 같은 문제를 해결하는 데 큰 도움을 줄 수 있다. 2018년 7월, 〈뉴욕 타임스〉는 프랑스에서 샴페인을 제조하는 기업가 장바티스트 레카용(Jean-Baptiste Lécaillon)을 인물난에 소개했다. 그는 더위에 견딜 수 있는 포도 재배 기술을 알아냈다.

최대 관심사가 테루아(terroir: 자연환경으로 인한 포도주의 독특한 향미 – 옮긴이)와 농사인 레카용 씨는 포도밭까지 맡는다는 조건으로 1999년 셰프 드 카브(chef de cave: 수석 와인 제조자 – 옮긴이) 지위를 인계받았다. 지구 온난화에 대응하고 포도나무에 장소 감각을 일깨우려면 모종의 과감한 변화가 필요했다.
그는 포도나무가 백악질 석회암과 점토로 이루어진 암반 속으로 퍼져나가는 훨씬 더 깊은 뿌리 체제를 가졌으면 하고 바랐다. 그렇게 되면 포도밭의 특성을 더욱 잘 표현할 뿐 아니라 무더위와 가뭄으로부터 포도나무를 보호할 수 있으리라 믿었다. 이를 달성하기 위해 그는 제초제와 비료의 사용을 배제했으며, 아래로 뻗어나가도록 뿌리를 훈련시키는 기법을 개발했다. 또한 유기농 재배와 생체역학적 재배 실험에 돌입했다.[7]

레카용의 실천은 이 장에서 다룰 몇 가지 주제를 미리 보여준다. 변화하는 상황에서 민첩함을 발휘하는 이들은 기후 변화에 대처하는 데서도 경쟁 우위를 점한다. 기후 변화로 가장 많은 손해를 보게 될 농부는 달라지는 상황을 다루는 데서 턱없이 굼뜬 부류다. 이런 개인에게는 새로운 상황에 대처하는 데 유리한 다른 농부들에게 자기 땅을 파는 선택지가 있다. 정부는 기상 이변에 따른 피해를 줄이려면 농민에게 어떤 도움을 제공해야 하는지 파악해야 한다.

적응적 전환의 경로

지구의 기후가 점차 따뜻해짐에 따라, 야외에서 일하는 농부는 적어도 세 가지 조정 전략을 활용할 수 있다. 첫째, 그들 지역의 새로운 기후에 더 잘 맞는 다른 작물로 갈아탈 수 있다. 둘째, 땅을 팔고 자신이 지금 기르는 작물이 자라는 데 적합한 지역의 농지를 새로 구입할 수 있다. 마지막으로, 자신의 땅을 농사가 아닌 다른 어떤 활동에 사용할 수 있다.

미국 남서부에서 기후 변화가 야기한 가뭄은 농부들이 농경지를 다르게 사용할 수 있는 방안을 고민하도록 내몬다. 농경지를 무엇으로 활용할 수 있는지는 그 위치에 따라 저마다 다르다. 실리콘밸리나 포틀랜드 혹은 시애틀 같은 생산성 높은 대도시의 도심 가까이 자리한 농경지는 부동산 개발업체에 매력적인 부지로 다가갈 것이다. 개발업체가 그런 농경지에 지불하는 가격은, 용도 지역제 법률이 소규모 주택을 짓도록 허락하는 쪽으로 변경될지 여부에 따라 달라진다. 아마존 같은 인터넷 기업은 대도시 변두리의 교통 요지 근처에 물류 창고를 계속 짓는다. 이런 창고는 고도로 토지 집약적이다.

오늘날 캘리포니아주는 주택 가격이 턱없이 비싼 게 특징이지만, 미국의 주요 농업 생산지 가운데 하나이기도 하다. 미국 채소 생산량의 3분의 1 이상, 과일 생산량의 3분의 2 이상을 감당하고 있다.[8] 센트럴밸리(Central Valley)—캘리포니아주의 광대한 최대 농업 생산 지역—의 대부분은 지난 세기에 그 지역이 드러낸 기후 동향을 토대로 판단하건대, 향후 100년 동안 점차 사막화할 것으로 예상된다.[9] 시골 지역 토지의 시장 가격은 진즉부터 기후 변화 예보를 반영하고 있다. 따라서 가뭄과 무더위가 악화하리라 전망되는 지역의 농지 가격은 시간이 갈수록 하락하고 있다.[10]

토지는 교외 주택 같은 새로운 용도로 전환될 수 있다. 시간이 가면서 도시의 교통 속도가 빨라짐에 따라(아마도 자동화 차량과 혼잡 통행료 덕분에) 교외의 경계는 도심으로부터 농경지 쪽으로 더욱더 밀려날 것이다. 실내 구조물이 무더위 같은 이상 기후에 더욱 잘 견디게 된 점을 감안할 때, 농경지가 에어컨을 장착한 주거용·상업용 부동산으로 바뀌는 현상은 유익한 적응적 전환이라 할 수 있다.

도시경제학 연구에 따르면, 가장 생산성 높은 대도시에 부과된 토지개발 제한은 미국 거시 경제의 성장을 늦춘다.[11] 만약 가령 샌프란시스코처럼 생산성 높은 대도시 지역의 변두리에 거주하는 캘리포니아주 농민이 농경지를 교외 개발업체에 팔아 그 토지가 고밀도로 변경되게끔 한다면, 더 많은 사람이 생산성 높은 지역에서 살아갈 수 있고, 그곳의 주택 가격 역시 좀더 감당 가능한 수준이 될 것이다. 이런 논지에 비판적인 사람이라면 만약 그렇게 될 경우 샌프란시스코 지역의 교통이 더욱 혼잡해질 거라고 우려할지 모른다. 하지만 그 도시의 주요 도로에 혼잡 통행료를 부과하면 그러한 우려를 잠재울 수 있다.

샌프란시스코 같은 주요 대도시 지역에서는 많은 기업이 교외에 들어서 있다. 오늘날 농경지인 곳도 점차 그 같은 기업의 건물 및 부속 부지로 전환될 수 있다. 하이테크업계 종사자들은 근무지로부터 적절한 통근 시간 반경 내에서 양질의 주택을 구하려 들 것이다. 9장에서 나는 교통 체증을 줄이기 위해 혼잡 통행료 제도를 도입하면 어떤 이점이 따르는지 논의했다. 혼잡 통행료를 부과하면 통근 반경은 한층 넓어지고, 과거 농경지이던 곳은 교외 주택 후보지로서 값어치가 껑충 뛸 것이다. 코로나19 팬데믹이 유행하는 동안 더 많은 노동자(특히 테크놀로지 부문 종사자)가 재택근무를 하고 있다. 컴퓨터를 이용한 재택근무가 늘면서 하이테크 중심지 근처의 농경지는 주택으로 전환될 가능성이 점차 커지고 있다.

장차 우리 먹거리가 캘리포니아주에서 덜 재배된다면, 다른 지역의 토지가 농경지로 바뀔 것이다. 에이커당 생산성 증가는 더 적은 땅에 농사를 짓고도 같은 칼로리의 농산물을 얻어낼 수 있음을 의미한다. 또한 그것은 캘리포니아주 같은 곳에서 사막화로 농경지가 소실되는 데 따른 피해를 상쇄해준다.

농민들 간 대처 능력 차이

기후 조건의 변화 때문에 수확량이 줄고 있는 농민은 변화에 대처하는 데 이점이 있는 다른 농부에게 자신의 땅을 판매할 수 있다. 그런데 일단 땅을 팔고 나면 그들은 이제 어떻게 해야 하나? 농민이 새로운 직업이나 직종으로 전환하는 데 어려움을 겪는다면, 그들의 기후 변화 적응 비용은 커진다. 노동경제학 문헌은 중년 노동자를 위한 직업 훈련 프로그램이 재교육에 별반 효과적이지 않은 것으로 드러났다는 비관적인 연구 결과를 내놓았다.[12]

그렇다면 어째서 농민은 대처 능력이 저마다 다를까? 자본에 대한 접근성과 개인의 인적 자본에서 드러나는 차이가 그 이유를 설명해준다. 농경지 자체도 신종 작물 재배로 전환을 꾀하려면 새로운 투자가 필요하다. 배수용 수로를 파고 관개 시설을 설치하고 종전과는 다른 방식으로 토양을 기름지게 만드는 것 등이 그러한 예다. 대규모 농장은 이런 전환 비용을 감당할 만한 자본을 지녔을 가능성이 있다. 이는 소규모 농장이 땅을 팔고 대규모 농장에 통합되리라는 것을 시사한다. 인적 자본 차원은 관리자의 자질과 직접적으로 연관된다. 자질이 우수한 관리자는 변화에 대처하는 자리를 배치받기 쉽다. 새로운 문제를 해결할 가능성이 더 많기 때문이다.

일부 농민은 오로지 수익 흐름의 극대화만을 추구하지 않을 수도 있다. 어느 농민에게는 농사가 이전 세대로부터 물려받은 생활 방식이기도 한 것이다. 이들은 만약 땅에 남아야 하는 사회적·개인적 이유가 있다면, 재배 작물을 바꾸고 새로운 기후 조건에서 잘 자라는 품종을 기르는 선택을 할 수 있다. 가족농의 경우, 또는 자기 땅에 애착을 품은 개인이 꾸려가는 농장의 경우, 새로운 상황에 발 빠르게 적응하기 어려울지도 모른다. 애착이 그만 못한 농장주가 취하는 적응 전략 메뉴에 접근할 수 없을 테니 말이다. 이런 농민 가운데 일부는 시골을 찾아와서 그들의 생활 방식을 체험하고 농가에서 만든 상품을 구매하도록 도회지 사람들을 맞아들이는 농촌 관광 같은 새로운 수입원을 추구할 수 있다. 이런 수익 다각화는 생산 부진으로부터 농민을 보호하는 데 도움을 준다.

만약 농민이 기후 조건의 변화를 인지하지 못한다면, 그들이 새로운 해결책을 모색하는 노력에 뛰어들 가능성은 낮다. 이 경우 일기 조건의 변화에 대비되어 있지 않으므로 그들의 생산성은 감소한다. 우리는 부상하는 기후 위험에 관한 농민의 주관적 신념이 어떻게 형성되고 시간이 지나면서 어떻게 변화하는지 연구해볼 필요가 있다.

많은 소규모 농장 운영자는 '농촌 진흥 전문가'와 함께 일한다. 이들은 흔히 대학 농업 프로그램과 연계되어 있으며, 학계의 새로운 아이디어를 농민에게 전달해주는 핵심 중개자 노릇을 한다. 농민은 반복적인 상호 작용을 통해 그들을 신뢰하게 된다. 그들은 변화하는 조건에 적응할 채비가 되어 있지 않은 채 위험에 빠진 농민이 누구인지 식별해낼 수 있는 독특한 위치를 점하고 있다. 기후 조건이 어떻게 변화하는지 자신이 알지 못한다는 것을 아는 농민은 좀더 신중하게 일을 진행하고, 부상하는 위험에 최적화한 신규 작물의 생장 전략에 투자할 가능성이 높다.

만약 경쟁적인 농지 시장이 존재한다면, 실적이 저조한 농부는 자신의 땅을 다른 농부에게 팔 수 있다. 농지를 '최고 최선의 이용' 상태로 새롭게 전환할 수 있는 인적 자본과 자금 접근성을 갖춘 이들에게 말이다. 이런 의미에서 농지 시장은 희소 자원인 토지를 사용하는 데서 우위를 차지하는 관리자에게 그것을 할당함으로써 적응을 촉진한다. 그 어떤 젊은 농부도 자신의 지식을 적용할 농지를 가질 수 없다면, 기후 회복 탄력적인 농업 전문가가 되려고 귀한 시간과 자원을 투자하지 않을 것이다. 이런 의미에서 인적 자본 획득과 토지 시장에 대한 접근 사이에는 시너지 효과가 존재한다.

실내 농업의 부상

'실내 농업(indoor farming)'은 작물에 요구되는 다양한 수준의 온도 조절이 가능한 실내 구조물에서 이루어지는 여러 유형의 농업을 총칭하는 두루뭉술한 용어다. 가장 오래되고 흔한 유의 실내 농업은 온실이다. 이 경우 햇빛은 들어오지만 온도나 습도 같은 다른 요소는 통제하는, 투명 벽으로 지은 건물 안에서 식물이 자란다. 지금껏 온실은 주로 추운 나라에서 본시 훨씬 더 남쪽 지방산인 채소를 키우기 위해 사용되었다. 온실은 전통 농업과 현대적인 수직 농업(vertical farming) 기법의 중간 정도 위상을 지니며, 전기를 전자보다는 많이 후자보다는 적게 쓴다. 그리고 수직 농업 같은 전면적인 통제력은 부족하다. 인간이 제어하는 식물 육성 조명(grow light)과 달리 식물에 에너지를 공급하기 위해 태양에 의존하기 때문이다. 또한 온실은 토지의 단위 면적당 수확량을 기준으로 할 때 전통 농업과 수직 농업의 중간 정도 결과를 낳는다. 즉, 생산성이 전통 농업보다는 높지만 수평 선반을 겹쳐 쌓아올릴 수 있는 수직 농업만큼은 아니라는 얘기다. 노동 사용량은 전통 농업보다 더 높은 경향이 있다. 대체로 온실이 규모가 더 작은 데다 닫힌 공간이니만큼 콤바인이나 자동화 수확기 같은 장비를 사용하기에 실용적이지도 비용 효과적이지도 않기 때문이다.

수직 농업은 작물을 키우기 위해 인공조명에 의존한다. 이 농법은 온실이나 전통 농업보다 전기를 더 많이 쓴다. 수직 농업은 온실과 비교할 때 식물 육성 조명을 구입해야 하므로 사전 고정 비용이 더 비쌀뿐더러 건물의 운영 비용도 더 높다.[13] 하지만 이런 투자의 결과, 모든 다른 측정 항목에서는 실적이 향상된다. 즉, 농업용수 이용량이 대폭 감소하고(실외 농업과 비교할 때 약 95퍼센트), 살충제는 거의 사용할 필요가 없어지며, 토지 단위 면적당 수확량은 훨씬 더 높아진다. 이러한 이득이 가능한 것은 다양한 유형의 식물 재배 기술을 사용하고, 위로 층층이 쌓아 올린 수평 선반에서 식물을 기를 수 있기 때문이다. (그래서 '수직 농업'이라고 부른다.)

실내 농업이 시금치나 토마토처럼 마진이 큰 작물을 재배하는 농부에게 유망한 기술임에도, 미국의 식물 재배 면적 대부분을 그에 상당하는 실내 농업 면적으로 대체하는 것은 실용적이지 못하다. 미국에서 목초지가 아닌 농지 대부분은 옥수수·밀·대두 같은 상업 작물에 할애된다. 이들 작물은 에이커당 기준에 비추어보면 수익성이 한참 떨어지지만, 미국에서 칼로리 섭취의 대부분을 감당하고 있다.[14] 이들 상업 작물은 수직 농업이 이루어지는 제한적 공간에서는 결코 가능하지 않은 대규모 수확 작업을 필요로 한다.

더 많은 농민이 작업을 실내로 들여오면 여러 가지 환경적 이점이 생긴다. 가장 즉각적인 이점은 농업용수 사용량이 현저히 줄어든다는 것이다. 캘리포니아주에 본사를 둔 실내 농업 기업 로컬 루츠(Local Roots)는 자사의 농장이 상추 재배 시 전통 농법에 비해 물을 97퍼센트나 덜 쓴다고 주장한다.[15] 물 사용 감소 폭은 실내 농업의 종류에 따라 저마다 다르다. 하지만 농업용수가 90퍼센트가량 감소하면 농업이 캘리포니아주의 물 공급에 가하는 압박이 크게 줄어든다. 이런 농장은 캘리포니아주에서 주요 인구 중심지에 훨씬 더 가까이 위치할 수 있다. 그렇게 되면 소비자에게 농산물을 실어 나르는 데 드는 에너지 지출이 줄고, 이들 도시에 공급하는 농산물의 품질이 개선되며, 캘리포니아주 식량 공급에서 공간적 다양성이 더욱 커진다.

그렇다고 모든 농작물을 실내 농업으로 들여올 수는 없다. 감귤류나 견과류는 캘리포니아주의 주요 농업 생산품 가운데 일부지만, 둘 다 작물 크기가 커서 실내에서 효율적으로 재배하기 어렵다. 반면 상추처럼 크기가 작은 작물은 실내 농업을 통해 재배용 수평 선반에 층층이 쌓아 올릴 수 있으므로 건물 공간의 제곱피트당 수확량이 늘어난다.

가장 중요한 변화는 식물한테 어떻게 물을 주느냐와 관련이 있다. 점적 관개(drip irrigation, 點滴灌漑: 작은 구멍이 뚫린 관을 땅속에 약간 묻거나 땅 위로 늘여서 작물 포기마다 물방울 형태로 물을 주는 방식—옮긴이)처럼 상대적으로 저비용인 기술, 그리고 식물에 물이 필요한 순간을 포착하기 위해 토양 습도를 부지런히 모니터링하는 (그보다는) 고비용의 기술은 농부가 물을 덜 사용하도록 돕는다.[16] 가뭄 저항성 작물에 대한 수요가 늘면 생명공학 기업은 무더위와 가뭄을 더욱 잘 견디는 새로운 작물 품종의 개발에 뛰어들 것이다.

실내 농업의 부상은 정책 위험에 직면한다. 지방 정부가 이런 목적을 위해 토지 용도의 변경을 허락할지가 여전히 미지수이기 때문이다. 실내 농업은 기본적으로 제조업처럼 기능한다. 즉, 지방의 수도망과 전력망에 큰 짐을 지우며, 규모의 경제를 누릴 정도로까지 성장하면 농사를 짓고 농산물을 실어 나르기 위한 작업자와 수송 트럭을 계속 필요로 한다. 실내 농업이 소비자 가까이 위치하면 여러모로 혜택이 늘지만, 실상 그 같은 농업은 지역 이웃에게 부정적 외부 효과를 안겨줄 수도 있다. 제조업 공장은 지역의 대기와 수질을 오염시킨다. 실내 농장도 그와 비슷하게 부정적 영향을 미치는지 여부는 아직 밝혀지지 않았다. 인근의 실내 농업을 통해 혜택을 누리는 지방 정부는 이 같은 토지 사용을 수용하는 용도 지역제 법률을 시행하도록 노력해야 한다. 지방 정부가 취할 수 있는 한 가지 접근법은 실내 농업을 경공업처럼 취급하고, 실내 농장을 도시 변두리 산업 단지에 유치하는 것이다. 실내 농장을 산업 단지에 들어선 다른 집단 속에, 그리고 물류 창고와 경공업 부근에 배치하면, 교통 접근성이 좋아지고 그들의 농사가 인접 지역 사회에 미치는 부정적 영향도 줄어든다. 그뿐만 아니라 실내 농장을 만들기에 앞서 그들의 필요에 부응하는 적절한 공익사업(수도·전기·가스 같은) 인프라가 건설될 수 있다. 이렇게 되면 인구 밀집 지역에서 고비용의 공익사업 업그레이드 필요성이 사라진다.

GMO의 부상

작물과학의 진척은 농업 부문의 회복 탄력성 개선으로 이어진다. 대규모 영농 기업은 재배 작물을 위한 회복 탄력적 조치를 새로 마련하게끔 해주는 자본 접근성과 규모를 갖추고 있다. 이는 어떻게 미국과 개발도상국 농민 사이에서 유전자 변형 유기체(genetically modified organisms, GMO) 사용이 대세가 되었는지를 말해준다. GMO는 기상 이변 사건과 관련해 농업 생산량의 기후 민감도를 낮출 가능성을 열어준다.

　제너럴 일렉트릭(General Electric, GE: 토머스 에디슨이 1878년 설립한 전기 조명 회사를 모체로 성장한 세계 최대의 복합 기업―옮긴이) 소속 과학자들에게 유전자 조작 박테리아에 대한 특허를 허락한 미국 대법원 판결에 고무된 오늘날의 GMO 연구는 농업 부문이 생산물의 양과 질을 개선하도록 해주는 수익성 있는 투자로 떠올랐다.[17] 미국에서 카운티 차원의 옥수수 수확량에 대한 35년간의 패널 연구(panel study: 같은 주제에 대해 시간 경과에 따른 변화를 연구하기 위해 반복적으로 관찰하는 종단 연구(longitudinal study)의 일종―옮긴이)는 카운티에서 유전자 조작 옥수수를 채택할 경우 생산량이 17퍼센트 증가한다는 사실을 확인했다.[18] 이러한 생산량 이득은 부분적으로 유전자 조작 작물이 살충제나 가뭄에 좀더 잘 견디게끔 만들어졌다는 사실에 기인한다. 하지만 이러한 개선에는 비용이 많이 들 수 있다. 유전자 변형 작물을 시장에 내놓기까지는 평균 13의 세월과 1억 3000만 달러의 투자비가 소요된다.[19]

　GMO 기반 혁신은 기후 변화가 제기하는 숱한 난제를 해결하는 데 쓰일 수 있다.[20] GMO는 무더위와 변덕스러운 날씨에 대한 작물의 저항성을 키워준다. 물 사용량과 영양 손실의 최소화를 목적으로 하는 C4 벼가 그러한 프로젝트의 일례다. 무더위와 가뭄으로 증발이 심해지고 있으므로 물은 다가오는 미래에 농민에게 점점 더 소중한 자원이 될 것이다. 농업 부문은 진즉부터 주된 물 사용자였으며, 전 세계적으로 농업용수는 매년 쓰이는 물의 70퍼센트를 차지한다.[21] 농작물의 물 요구량 감소는 가뭄에 대한 작물의 회복 탄력성을 키워주는 데뿐 아니라 농업 부문의 물 수요를 줄이는 데도 반드시 필요하다. 캘리포니아주에서 물 부족이 어떤 영향을 미치는지 다룬 연구에 따르면, 물 부족은 단기적으로 농가 수입을 최대 85퍼센트나 떨어뜨릴 수 있다. 따라서 장기적 적응 전략을 활용할 수 있기까지 단기적으로 이런 감소 폭을 줄이는 기술을 확보하는 것은 농업 부문의 건전성에 더없이 중요하다.[22]

GMO는 작물이 과거에 척박했던 장소에서도 잘 자라도록 도움으로써 사용 가능한 총 농지 면적을 늘려준다. 중국 농학자 위안룽핑(袁隆平, 1930~2021)은 건조한 두바이 사막에서 자랄 수 있는 벼를 개발했다.[23] 이러한 혁신은 과거에는 버려져 있던 메마른 땅에서도 농사를 지을 수 있도록 만들고, 기온 상승으로 가장 큰 타격을 입는 사막 거주민 가까이에서 작물이 자라도록 해준다. 또한 유전자를 조작해 작물을 속성 재배할 수도 있는데, 그에 따라 과거에는 이들 작물에 알맞은 생육 기간이 너무 짧았던 지역에서도 이제 그것들을 재배할 수 있다. 유전학의 진보는 경작 가능 토지에 대한 농민의 선택지를 넓혀준다. 설사 기후 변화가 오늘날 토지의 많은 부분을 농사짓기에 부적절하도록 내몬다 해도 말이다.

GMO는 또한 농작물의 수확량과 영양소 함유량을 개선함으로써 전 세계 인구의 먹거리 수요를 더욱 잘 충족하도록 돕는다. 가난한 지역에서 비타민 결핍은 질병을 악화해 커다란 경제적 손실을 초래할 수 있다. 이를테면 특히 가난한 지역에 만연한 비타민 A 결핍은 아동의 시각 상실로 이어지곤 한다. 이 문제를 해결하기 위해 과학자들은 보통 벼를 유전자 조작해 한 끼분으로 반일치 비타민 A를 공급할 수 있는 황금쌀(golden rice)을 개발했다.[24] GMO 기술이 점차 저렴해짐에 따라 서로 다른 지역의 먹거리 부족을 벌충하기 위해 작물을 맞춤형으로 조작하는 일이 한층 쉬워졌다.

이러한 혁신은 흔히 전 세계 차원의 조직이나 제1세계(부유한 선진국―옮긴이)의 기업들에서 나온다. 하지만 GMO 농작물 가격은 결국에 가서 개발도상국 농민에게도 판매할 수 있을 만큼 충분히 낮아진다. 비선진국의 추가적 수요로 인해 GMO 개발업체를 위한 시장은 한층 커지며, 이는 그들이 연구에 더욱 많은 돈을 투자하도록 북돋운다. 기후 변화는 농업을 주력 산업으로 삼는 아프리카에서 가장 파괴적인 결과를 낳을 것으로 여겨진다.[25] 이 때문에 GMO 작물에 대한 세계적 수요는 기후 변화가 악화함에 따라 더욱 큰 폭으로 늘어나리라 전망되며, 이는 GMO 연구를 더욱 장려한다.

GMO 기술의 채택은 새롭게 모호한 위험을 제기한다.[26] 유전자 편집(gene-editing) 기법은 오직 특정 유전자에만 영향을 미치도록 설계되었으나, 작물의 유전적 구성의 다른 측면에 의도치 않은 결과를 안겨줄 수 있다.[27] 적절한 시험 과정을 거치지 않으면 유전자 변형 작물에서 예상치 못한 취약성이 드러날지도 모른다. 더욱이 농약 저항성(pesticide resistance) 같은 특정 조작은 농약 사용을 부추기고 지역 생태계에 해를 끼칠 소지가 있다.

오늘날과 같은 빅데이터 시대에 정부와 농민은 서로 협력해 GMO 기술의 가능성과 위험성을 정확히 파악하기 위한 무작위 현장 실험을 실시해볼 수 있다. 2019년 노벨 경제학상은 개발도상국에서 그러한 현장 실험을 수행한 3명의 학자에게 돌아갔다. 그들의 연구는 빈곤을 경감하고 가난한 사람들의 삶의 질을 개선하는 비용 효과적 전략을 고안하는 데 초점을 맞추었다. 그와 유사하게 미국 농업에서도 GMO 기술 사용에 따른 의도한 결과와 의도치 않은 결과를 측정하기 위해 새로운 현장 실험을 수행해볼 수 있다. 진행 중인 경제학 연구에서 강조하는 요점은 처치 효과가 서로 다르다는 것이다. 쉽게 말해 (GMO 기술 채택 같은) 동일한 개입도 각 농촌에 따라 서로 다른 결과를 낳는다는 것이다. 이 같은 결과의 상이함은 아마도 새로운 기술로 작업을 최적화할 수 있는 농부의 역량과 토양 조건이 저마다 다르기 때문일 것이다. GMO는 만약 농민이 최선의 결과를 얻어낼 수 있는 인적 자본과 금융 자본을 보유하고 있다면 더욱 많은 편익을 제공할 것이다. 양질의 인적 자본을 갖춘 관리자가 운영하는 대규모 농장은 이 기술을 통해 가장 많은 이득을 볼 터이다. 이런 논리는 GMO 같은 새로운 기술이 상이한 농장들 사이에서 소득 불균형을 키울 소지가 있음을 시사한다. 어쨌거나 도회지 사람들을 위한 전반적인 식량 공급의 회복 탄력성은 점차 커질 것이다.

전통 농법에 따른 수확량이 기후 조건에 얼마나 민감한지 밝혀낸 연구는 부상하는 기술의 비용-편익 실험을 장려할 필요가 있음을 보여준다. 만약 농업 생산자와 규제 당국이 우리가 GMO 채택으로 인한 온갖 결과에 대해 모른다는 것을 안다면 어떨까? 우리는 (의학 문헌에서 볼 수 있는) 임상 실험에 준하는 실험을 상이한 기후 조건에 놓인 서로 다른 구역에서 실시해봄으로써 GMO의 이익이 무엇인지 알아낼 수 있다. 실내 농업의 경우 그보다 훨씬 더 많은 실험도 가능하다. 기업은 동일 설비 내에 다양한 기후 조건을 복제함으로써 특정 기후 조건에 알맞은 GMO 품종을 더욱 빠르게 개발해낼 수 있다.

최근 몇십 년 동안 농작물 적응은 주로 수확량 증가에서 드러났다뿐 가뭄과 무더위에 대한 작물의 저항성은 크게 개선되지 않았다. (일부 농작물의 경우에는 외려 가뭄에 더욱 취약해지기도 했다.)[28] 가뭄 발생 가능성이 커짐에 따라 이런 추세를 인지하는 농민은 가뭄에 잘 견디는 생장 전략을 구사할 것이다. 이러한 총수요는 새로운 기후 조건 아래서 효능 좋은 GMO 품종을 개발할 수 있는 이들에게 기회를 열어준다.

농작물 회복 탄력성은 수확에서 끝나지 않는다. 농작물의 수송은 특히 신선도 유지에 특정 습도와 온도 조건이 요구되는 까다로운 농산품의 경우에 비용이 많이 든다. 농작물이 썩으면 수익을 잃는다. 긴 이동 시간 내내 품질을 유지할 수 있는 농작물은 식량 낭비를 줄일뿐더러 원거리 수입을 좀더 손쉽게 해준다. 이는 만약 기후 변화로 일부 농작물이 특정 지역에서 자라지 못할 경우 핵심적인 적응 방식으로 떠오를 것이다.

농가에 도입된 빅데이터

빅데이터 시대 이전에는 농민이 과거의 기후 변동성에 대한 본인의 기억에 의존했다. 이런 정보는 그들이 특정 지역, 특정 작물의 생장 조건에 적응하도록 도왔다. 비록 날씨 조건이 정상 궤도에서 벗어나는 해가 없지 않았지만 농민은 기후가 비교적 일관되리라 기대할 수 있었다. 농장은 과거의 평균 기온과 강수량을 기반으로 그 땅에 가장 적합한 농작물과 농법을 선택한다. 이런 안정적 기후 아래서는 농민이 자신의 현지 지식이 미래 예측력을 지닐 거라 예상할 수 있었다.

하지만 기후 변화는 이러한 동학을 완전히 달라지게 만드는 듯하다. 장기적인 날씨 추세의 변화는 농업 부문이 과거에는 결코 대면한 적 없는 상황을 재빨리 인식하고 그에 대응하도록 촉구한다. 기후 변화로 인해 농장은 더 이상 미래의 날씨 추세가 과거의 흐름을 되비추리라고 가정할 수 없다. 어느 해의 악천후가 그저 일회성 사건에 그치는 게 아니라 장기 추세를 반영한 결과일 가능성이 있다. 농업 부문은 조기에 이런 변화를 알아차리고자 점차 데이터와 통계에 의존할 것이다.

빅데이터 사용은 농민이 새로운 생육 조건에 대처하도록 돕는다. 이제 통계학자는 서로 다른 농민의 서로 다른 농산물 생산량, 생산 요소(노동·토지·양분)와 날씨 조건에 관한 데이터 등 수백만 개의 기록에 접근할 수 있다. 기계 학습 기법은 데이터과학자로 하여금 어떤 기후 조건이 어느 작물의 생육에 유리한지 재빨리 터득하도록 해준다.

컨설팅 기업은 이런 보고서를 작성하고 그 정보를 농민에게 판매할 것이다. 이 정보는 농민의 생산성을 끌어올릴 터이다. 기계 학습 접근법은 핵심 생산 요소를 측정해주는 접근법 및 정확한 물 투입 정보를 농민에게 제공할 수 있다. 이는 개선된 센서와 자동화 증가의 결합으로 농업 부문에서 현실이 되어가고 있다.

농민은 정보화 시대를 열렬히 끌어안으면서 얼핏 농사와 거의 무관해 보이는 기술적 발달에 편승해왔다. 그들은 시각적으로 농작물을 모니터링하고 관개 시스템의 누수를 확인하기 위해 땅을 살피는 저렴한 방법으로서 드론을 사용한다.[29] 일상용품에 센서를 장착하는 사물 인터넷은 여전히 초보 단계지만, 농민은 진즉부터 대규모로 데이터를 수집하기 위해 밭에 센서를 달았다. 그들은 자신의 땅 전체에 센서를 설치해 토양의 질, 습도, 심지어 농작물의 완숙도를 추적·관찰할 수 있다.[30] 농민은 수공으로 이들 자료를 수집할 때보다 시간을 절약하며, 과거에 가능한 정도보다 훨씬 더 대규모로 정보를 모을 수 있게 되었다.

예컨대 '디시전 농업[decision agriculture: 정보통신 기술(ICT)을 이용해 작물 재배에 영향을 미치는 요인에 관한 정보를 수집하고 정밀 분석을 통해 불필요한 농자재 및 작업을 최소화하면서 작물의 생산 관리 효율을 최적화하는 시스템을 정밀 농업(precision agriculture)이라고 한다. 디시전 농업은 거기서 한 걸음 더 나아간 개념으로, 농부가 데이터에 기반해 가장 효과적인 의사 결정(decision)을 내리도록 돕는다―옮긴이]' 기업 애러블 랩스(Arable Labs)는 토양 위 및 토양 속의 조건을 평가하는 부착형 센서를 생산한다.[31] 그들의 측정 항목에는 광 수준(light level), 토양 습도, 강수, 증발이 포함된다. 5분마다 데이터를 수집하고 그것을 매 시간 또는 매일 전송하는 센서는 농민을 위해 데이터를 종합하고, 그들이 거의 실시간으로 그 데이터에 대응하도록 해준다. 농민은 이런 조건을 수동으로 일일이 체크하는 노력을 절감하고, 추가 자원을 필요로 하는 지역에 그것을 곧바로 제공하거나 과한 물 주기처럼 낭비되는 자원에 대해서도 즉각 조치를 취할 수 있다. 기계 학습 통계 도구는 센서가 수집한 데이터를 이용해 기후 조건을 단기적으로 예측할 수도 있다.

농기구는 무인 자동차 개발에 쓰이는 기술을 빌려옴으로써 서서히 인간 조작자의 손에서 벗어나고 있다. 자동화 농기구가 안겨주는 이점은 많다. 기후 변화는 평균 기온을 상승시킴으로써 농민의 생산성을 낮추고 그들의 실외 노동에 제약을 줄 것으로 예상된다. 하지만 기계류가 높은 실외 온도로부터 받는 영향은 인간보다 덜하다. 더군다나 자동화 농기구는 인간 중개자를 거치지 않고 농작물에서 얻은 데이터를 직접 해석한 다음, 재빨리 각 작물에 가장 알맞은 양의 물과 비료를 제공할 수 있다.

또한 빅데이터는 국지적 규모에서 날씨가 농작물에 미치는 영향을 정확하게 예측하고, 농민에게 땅을 보호할 시간을 부여함으로써 농업 부문에 좀더 널리 이득을 안길 수 있다. 이러한 기술적 해법은 개발도상국에서 전통 농부들의 회복 탄력성을 키워줄 소지도 있다. 아프리카 연합(African Union)의 산하 기관 아프리카 리스크 커패서티(African Risk Capacity)는 위성 기상 감시 소프트웨어를 이용함으로써 가난한 농민을 위해 생장철 동안의 가뭄 위험을 예측해준다. 이는 그들이 한참 뒤인 수확기에 이르러서야 손실을 알아차리게 되는 사태를 막아준다.[32]

예측 소프트웨어가 안겨주는 이점은 선진국 농민에게까지 확대된다. 그들은 조기 가뭄 경보에 대응해서 무더위 등의 환경적 스트레스를 차단하기 위해 농작물에 화학 물질을 살포할 수 있다.[33] 이러한 조치는 생장철마다 취하기에는 비용 부담이 크다. 하지만 농사를 완전히 망치는 사태는 면해주는 최후의 필사적 시도가 될 수는 있다. 위성 데이터를 이용해 좀더 효과적으로 농사짓는 것은 일개 농부가 취하기에는 비용이 턱없이 높다. 하지만 그런 정보를 취약 지역 전체가 공유하면 개별 농부가 치르는 평균 비용은 훨씬 낮아진다.[34] 정보는 지역의 공공재다. 만약 국가가 그러한 원격 감지에 관여하는 위성 프로그램에 투자했다면, 지역 농업 부문의 생산성은 높아질 것이다. 일리노이 대학의 연구진은 위성 데이터와 계절적 기후 예측을 통합한 농업 수확량 모델을 구축했다. 이 모델의 성공적 예측은 위성 데이터가 장차 농민을 돕는 데서 담당하게 될 역할을 잘 보여준다.[35]

또한 빅데이터로 무장한 스마트 팜(smart farm)은 자체의 농업 현장 실험을 더욱 잘 수행할 수 있다. 지역 생장 조건의 장기적 추세를 확인하기 위해 소프트웨어 프로그램을 설계하는 것도 가능하다. 농민은 이 정보를 사용해 계속해서 동일한 농작물을 경작할지, 아니면 새로운 농작물이나 생육 기법으로 갈아탈지 결정할 수 있다. 지하 매설 센서가 알려주는 토양 악화 예측치는 농민으로 하여금 땅이 메마르지 않도록 거름을 뿌리는 것 같은 선제 조치를 취하도록 이끈다. 고군분투하는 농장은 또한 생장 조건 악화에 맞선 승산 없는 싸움에 뛰어들지, 아니면 더 손해 보기 전에 자신의 땅을 팔아넘길지 더욱 잘 판단할 수 있다. 최근에 연구자들은 지리 정보 시스템(geographic information systems, GIS) 데이터를 활용해 농경지로 전환하면 수익성이 있을 미사용 지역이나 삼림 파괴로부터 보호받아야 하는 지역을 식별해왔다.[36]

연구자들은 상이한 농민의 결과물에 대한 실시간 데이터를 이용해 정책 변화와 기후 충격이 그들의 생산성에 어떤 영향을 끼치는지 알아볼 수 있다. 트럼프 행정부가 밀어붙인 중국과의 무역 전쟁, 그리고 미국의 대두 수출에 대한 중국의 보복 관세는 농민이 달라지는 게임 규칙에 어떻게 대응하는지를 보여주는 자연 실험이었다. 이 같은 국제 관계의 혼란은 미국 농민이 대두 수출 가격의 폭락 상황에 직면하게 된다는 것을 의미한다.[37] 최근 몇 년 동안 많은 미국 농민이 재배 작물을 옥수수에서 대두로 대거 전환했다. 주로는 중국의 대두 수요가 늘어났기 때문이다. 그러다가 트럼프의 관세 부과 이후 적잖은 농민이 다시 옥수수로 되돌아왔다. 이 사례는 미국 농민 다수가 단일 작물을 재배함으로써 수익을 얻으려 한다는 것을 보여준다. 농민 수준의 데이터를 써서 그들이 어떤 선택을 하는지, 그 선택이 시간 경과에 따라 어떻게 달라지는지 살펴보면, 어떤 농민 집단이 변화하는 상황 대처에 민첩한지와 관련해 중요한 통찰을 얻을 수 있다. 시간이 갈수록 좀더 민첩한 농부가 더 많은 농지를 획득하게 될까? 이런 시장 전이가 농업 부문을 더욱 회복 탄력적으로 만든 결과, 농업 생산량과 무더위의 상관관계가 사라질까? 만약 이 질문에 긍정적인 증거가 나온다면, 그것은 농업 부문의 적응이 더욱 빠르게 진척되고 있다는 주장을 뒷받침할 것이다.

새로운 농민 세대를 위한 교육

교육은 적응의 진척을 촉진하는 데 가장 중요한 역할을 할 것이다. 새로운 농법에 관한 지식 확산은 진즉부터 개발도상국 전역에서 적잖은 영향을 끼쳐왔다. 한 연구에 따르면, 나이지리아에서 농민 교육은 기술 혁신과 함께 이루어질 경우 생산성을 크게 증가시키고, 새로운 기술을 더욱 적극적으로 채택하도록 북돋운다는 사실이 드러났다.[38]

세계 식단의 주식인 밀·옥수수·쌀은 전 세계적으로 소비되는 칼로리의 42퍼센트 정도를 담당한다.[39] 하지만 기후 변화로 인해 이제는 세계 차원에서 좀더 회복 탄력적인 주식 작물을 새로 마련할 필요성이 제기될지도 모른다. 농민은 야생 풀 같은 농작물의 재배법을 터득할 수도 있다. 물을 적게 주어도 살아남고 연중 재배할 수 있는 다년생 작물 말이다. 이런 작물의 생육 패턴은 많은 농민의 몸에 밴 것과는 다른 경작법을 요구한다. 이는 농민이 농작물 전환에 필요한 지식 획득 방법을 고민해야 한다는 의미도 된다.

소농은 최근의 농법을 습득하기 위해 몇 달이나 몇 년씩 땅을 떠나 있을 여력이 없다. 대신 농업 전문가들이 지역 차원에서 농민을 직접 찾아가 생산성을 극대화하고 이상 기후에 대비해 회복 탄력성을 키우는 기법을 전수하는 시도가 성공리에 이루어지고 있다. 동남아에 설립된 농촌 학교는 분권화 접근법에 따라 약 20명 정도로 구성된 농민 집단에 매주 체험적 농업 교육을 실시하고 있다.[40]

남아프리카공화국을 비롯한 세계 여러 나라에서는 미국 국제개발처 (US Agency for International Development, USAID)의 '농부 대 농부 프로그램 (Farmer-to-Farmer Program)'이 그와 비슷한 방식으로 진행되고 있다.[41] 미국인 자원 봉사자들이 직접 가난한 농촌을 방문해 농업 생산성을 향상시킬수 있는 전문 지식과 기술을 제공하는 것이다. 농업 부문의 지식 격차를 줄이는 빼어난 사례인 이 프로그램은 농민이 가장 효과적인 기법을 사용하도록 보장한다. 기후 변화 압력에 대응하는 혁신이 늘어남에 따라, 새로운 지식을 적극적으로 채택하도록 이끄는 교육적 노력이 특히 중요해지고 있다. 도제 제도, 준학사 학위(associate degree: 2년제 대졸자에게 수여하는 학위-옮긴이), 그리고 심지어 학사 학위도 농학자들이 고안해낸 최신 도구와 농민을 연결해줄 수 있다.

농민 교육은 특히 기후 변화로 그들이 익숙하게 작업해오던 환경이 달라지면서 더욱 중요해질 것이다. 기온 상승과 점차 잦아지는 기상 이변 사태는 농민에게 기후가 안정적이던 과거에는 필요치 않았던 농법을 채택하도록 요구한다. 농민은 이따금 발생하는 가뭄이나 폭풍우로부터 농작물을 지키는 법에 대해서는 잘 알고 있다. 하지만 이런 상태가 이례적인 게 아니라 일반적인 것으로 자리 잡으면 새로운 접근법을 배워야 한다.

금융 시장에 대한 접근

농업 부문의 적응 노력은 새로운 자본 투자를 요구한다. 그 자본을 공급하는 것이 바로 금융 부문이다. 이는 미국에서 월가와 농민의 상호 작용이 농업 전환의 타이밍과 정도를 결정하는 데 핵심 역할을 하리라는 걸 의미한다. 미국에서 농업은 자본 집약적 산업으로, 2016년 부채가 3950억 달러에 달했으며 그 규모는 계속 불어나고 있다.[42] 이렇듯 농민은 민간 자본에 크게 의존하고 있는지라 만약 금융업자가 대출해줄 가치가 없다고 여긴다면 농사에 상당히 고전할 것이다. 대출업체는 현재 실적이 좋지 않거나 기후 변화로부터 스스로를 보호하지 못하는 기업에 대출해주길 꺼리는 경향이 있다. 농민에게 돈을 빌려주는 금융 기업은 지금껏 농업 부문에서 경험을 축적해왔으며, 어떤 농민이 새로운 기후 위험에 처하게 될지 판단할 수 있는 전문 지식을 갖추고 있다. 투자자는 보험사나 주택 담보 대출 담당 기관과 비슷하게 현명한 판단을 내린다. 농업의 경우에도 대출 기관이 그와 마찬가지로 농민을 부드럽게 설득해 회복 탄력적 전략에 투자하도록 독려하는 역할을 할 수 있다. 농민은 만약 기후 위험에 제대로 대처하지 못하고 있어 자신이 좀더 까다로운 대출 조건을 적용받는다는 것을, 따라서 수익은 적어지고 대출 채무 불이행의 위험은 커진다는 것을 깨닫는다면, 그 위험에 대처하기 위해 새로운 조치를 취하려 할 것이다.

선물 시장(futures market)은 투자자로 하여금 옥수수·밀·대두 같은 상업 작물의 가격 향배에 베팅하도록 허락한다. 선물 가격은 다양한 투자자, 농민, 기타 금융 행위자의 기대와 지식을 한데 버무려서 이들 농작물의 예측된 실적에 신호를 보낸다. 농민은 선물 가격의 추세를 이용해 자신이 수확물을 출시할 때 받게 될 가격을 예측할 수 있다. 존재하지 않는 선물 시장도 많다. 오늘날 지금으로부터 15년 뒤 오렌지를 판매하기 위한 선물 시장은 없다. 선물 시장은 그렇게 먼 미래까지는 확장되지 않는다. 만약 그러한 선물 시장이 존재하지 않는다면, 계약 가격은 중기 계획을 수립하는 농민에게 중요한 정보를 제공한다. 오렌지에 대한 15년 선물 계약이 오늘날의 오렌지 가격보다 상대적으로 높은 가격을 특징으로 한다면, 이는 투자자가 미래에 공급이 수요를 따라잡지 못하리라는 비관론을 드러낸다는 신호다. 이 신호는 기후 위험이 부상해도 오렌지 재배를 자신하는 공급자가 더 많은 오렌지를 수확하기 위해 각고의 노력을 기울인다면 이로운 적응적 결과로 이어질 것이다.

기후 변화는 세계적·국지적 기후 추세에 영향을 끼침으로써 보험사로 하여금 농작물 보험이 보장하는 위험을 분산하기 어렵도록 만든다. 가뭄 같은 재해는 전국의 모든 농부에게 일시에 영향을 끼칠 가능성이 있다. 이렇게 되면 보험사는 한꺼번에 어마어마한 보험금 청구 사태에 직면하고, 지불 능력을 위협받을 수 있다. 위험을 분산할 재간이 없는 보험사는 보험료를 인상하거나 단순히 보장 제공을 거부할 것이다. 그 대안으로 보험사는 농민에게 제공하는 보험 상품 유형을 다양화하는 식으로 좀더 창의성을 발휘해볼 수 있다. 이는 농민과 보험사 양쪽을 기후 변화의 비용으로부터 보호해준다.

금융 접근성과 전문화한 인적 자본이 함께 어우러져서 회복 탄력성을 구축한 한 가지 사례가 바로 앞서 언급한 아프리카 리스크 커패서티다. 이 프로그램은 날씨를 추적·관찰하는 위성 소프트웨어와 여러 아프리카 국가로 구성된 위험 풀(risk pool)을 연결 짓는다. 회원국은 마치 시장에서 소비자가 가입하는 보험처럼, 다양한 수준의 보험 보장을 위해 보험료를 지불한다. 참가국들이 아프리카 대륙 전역에 걸쳐 존재하므로 이 프로그램은 위험을 분산해준다. 하나의 기후 사건이 그 모든 나라를 한꺼번에 타격할 수는 없기 때문이다. 이 프로그램은 파라메트릭 트리거[parametric trigger: 트리거(trigger)는 보험의 지급 조항을 뜻하며, 파라메트릭 트리거는 지진의 강도 같은 재해의 물리적 기준에 기초한다—옮긴이]에 의해 운용된다. 즉, 실제 피보험 자산이 손상되었을 때가 아니라 특정 기후 사건(가령 극심한 가뭄)이 발생했을 때 보험사가 가입자에게 지불하는 것이다. 이런 계약은 보험 가입자가 이례적인 기후 조건이 촉발한 수확 실패의 재무적 여파를 줄이도록 돕는다.[43] 또한 참가국들은 기상 이변이 뒤따를 경우 이들 국가에 추가적 민간 자금 지원을 촉발하는 금융 메커니즘, 즉 '극단 기후 퍼실러티(Extreme Climate Facility)'도 이용할 수 있다.

가까운 미래에는 서로 상이한 지리적 지역에 걸쳐 좀더 유사한 기후 센서를 설치할 것이다. 이렇게 되면 더 많은 민간 보험사가 (실질적인 기후 사건과 관련한) 파라메트릭 보험(parametric insurance: 기후 변화, 코로나바이러스 등 환경 변화에 따른 새로운 위험을 보상하는 보험—옮긴이)을 판매할 가능성이 높다. 보험사는 각 지역의 센서 데이터를 참조해 청구 보험금의 지급 가능성을 저울질할 수 있다. 또 이러한 센서 데이터는 보험사로 하여금 기후 사건의 심각성을 한결 손쉽게 판단하고, 그에 따라 서로 다른 지불 수준을 제공하도록 해준다. 만약 어느 지역의 센서 데이터가 누구나 이용할 수 있는 공유 재산(public domain)이라면, 고객을 유치하려는 보험사 간 경쟁으로 구매자가 가입 가능한 보험 유형의 선택지는 많아지고 계약 구매가는 더욱 싸질 것이다. 보험 구매력이 있는 농민은 혹여 나쁜 기후 사건이 발생하더라도 보험사로부터 돈을 받을 수 있으므로 마음의 평화를 누린다. 이는 그들 가정의 소비 위험(consumption risk) 노출을 줄이고 기후 변화로 인한 경제적 피해가 덜하도록 돕는다. 이런 위험 평활화(risk smoothing)는 특히 위험 회피형 농민에게 소중하다. 가령 날씨가 끔찍해진다 해도 그들의 소득이 결코 기준선 아래로 떨어지지는 않을 테니 말이다.

또한 금융 기업은 새로운 농업 혁신을 위한 자금 조달에서도 핵심 역할을 담당한다. 애그리테크(agritech: 농업(agriculture)과 기술(technology)의 합성어로, 첨단 기술에 힘입어 농업 분야에 혁신을 일으키고 있는 비즈니스를 말한다—옮긴이)는 여전히 맹아적 산업이어서, 농업 스타트업 산업의 인지된 위험 탓에 연금 펀드 같은 많은 주류 투자자의 자금 지원이 이따금씩밖에 이루어지지 않는다.[44] 그렇기는 하지만 농업 벤처 캐피털(venture capital: 잠재력 있는 벤처 기업에 자금을 대고 경영과 기술 지도 등을 지원해 높은 이득을 꾀하는 금융 자본―옮긴이)은 예사롭지 않은 속도로 꾸준히 증가해 2015년에는 2012년보다 10배나 껑충 뛴 46억 달러를 상회했다.[45] 벤처 캐피털은, 유망 기술을 개발하고는 있지만 여전히 은행 같은 전통적 출처에서 안정적으로 자금을 확보하는 데 필요한 규모와 일관된 수입원을 갖추지 못한 애그리테크 기업의 자금 조달 부족분을 메워줄 수 있다.

농업 부문을 위한 적응 친화적 공공 정책

정부의 농업 정책은 이 부문의 투자 선택에 막대한 영향을 끼친다. 농업은 미국에서 가장 보조금을 많이 받는 산업 가운데 하나로, 연방 정부는 2016년 약 172억 달러를 지불했다.[46] 그런데 보조금은 농업 시장을 크게 왜곡시키고 있다. 농민은 실제 그들 집단의 규모보다 더 큰 정치적 영향력을 행사하며, 지금껏 자신들에게 유리한 정부 정책을 따내왔다. 그들은 이런 정책으로부터 적잖이 혜택을 받고 있지만, 그 비용은 고스란히 납세자에게 전가된다. 각 납세자에게 돌아가는 비용이 전체 가운데 극히 일부에 불과하므로 비효율적인 정책은 대체로 슬그머니 묻힌다.

　정부 정책은 농민의 적응 노력에 활력소가 되어주지만, 다른 한편 그저 현상 유지에 안주하게 만들어 결국 농민과 납세자에게 동시에 해를 끼치기도 한다. 한 가지 적응 친화적 농업 정책 어젠다는 농업 생산물 회복 탄력성에 관한 기초 연구를 촉진하고 인적 자본과 금융 자본을 소유한 이들에게 희소 자원(가령 토지)을 넘겨주어 그걸 가장 잘 사용하도록 장려하는 것이다.

농민은 위험 노출을 줄이기 위해 연방의 농작물 보험에 의존한다. 미국에서 재배하는 대다수 상업 작물은 보험에 가입된 상태로, 옥수수와 대두의 경우 그 수치가 무려 90퍼센트에 이른다.[47] 그런데 2017년 그들은 농작물 보험금 청구 시 평균 26퍼센트의 본인 부담금을 적용받았다.[48] 이 비율은 꽤 높은 편이지만, 그렇다고 보험에 가입하지 않으면 심각한 재해가 닥칠 경우 아예 농사를 접어야 할지도 모른다. 농작물 보험 제도에 참여하는 비율이 높은 데는 다 그만한 이유가 있는 것이다. 하지만 이처럼 본인 부담금이 높으면 농민이 더 많은 회복 탄력성 조치에 투자해야 한다고 깨닫는 바로 그 순간 돈에 쪼들릴 수 있다. 농부의 적응을 장려하는 한 가지 방법은 구체적 적응 개선 조치에 대해 본인 부담금을 낮추어 농작물 보호에 투자할 수 있는 즉각적인 인센티브를 제공하는 것이다.

점차 험악해지는 기후는 농민의 수익을 위협한다. 그렇게 되면 농민은 더더욱 정부 지원에 기대는 경향이 있다. 2017년 애그리비즈니스〔agribusiness: 농업(agriculture)과 비즈니스(business)를 결합한 개념으로, 가축이나 농작물 생산에 그치는 '농업'에서 벗어나 농산물의 가공·유통·수출입 등을 아우르는 '농업 관련 산업'을 지칭한다—옮긴이〕는 정책 입안자에게 영향을 끼치기 위해 1억 3000만 달러 이상을 지출했다. 같은 해 방산업체의 로비스트들이 쏟아부은 액수를 웃도는 수치였다.[49] 주마다 2명의 상원의원을 두고 있다는 사실은 농업 중심 주들이 (인구 밀도가 그리 높지 않음에도) 계속 강력한 정치적 영향력을 행사하도록 보장한다. 기후가 안정적일 경우 정부가 보조금을 지급하는 농작물 보험 같은 정책은 사회에 부과하는 비용이 적다. 하지만 기후가 나빠지면 그런 정책은 정부에, 그리고 궁극적으로 납세자 전체에 상당한 비용을 떠안길 소지가 있다.

농업 부문에 대한 보조금은 수십 년간 감시망을 잘도 피해왔다. 그것이 주로 연간 정부 예산의 1퍼센트 미만을 차지하는 데 그쳤기 때문이다. 하지만 농업의 손실이 증가하면 그 비율도 덩달아 커질 것이다.[50] 자신이 낸 혈세가 정확히 어떻게 쓰이는지에 대한 유권자의 정보 탐색이 정당하게 여겨지기에는 지금껏 농민에게 배분되는 농업 보조금 비용이 너무 적었다. 이런 장애물 탓에 정치인들이 국가 세수로 지역 유권자에게 혜택을 베푸는 '선심성 정치(pork barrel politics)'가 판을 치게 된다.

최근 몇 년 동안 인터넷은 상이한 출처에서 선거 기부금을 받는 선출직 관리들에 관한 소상한 통계를 발표하는 오픈시크리츠(OpenSecrets) 같은 데이터베이스의 창출을 통해 정부의 투명성을 키워왔다. 이처럼 정치 자금을 추적하는 언론의 능력이 향상하면 그들의 책임성도 높아진다. 노벨상 수상자 게리 베커는 정부 보조금의 비효율성이 갈수록 심화함에 따라, 정치 개혁에 착수할 필요성이 더욱 커지고 있다고 주장했다.[51] 기후변화는 정부의 농업 보조금에 따른 비용 증가를 통해 이 주장을 검증하는 중대 시험대가 될 것이다.

오늘날 미국의 농업 보조금은 농업 부문이 회복 탄력성과 효율성을 키우고자 하는 동기를 떨어뜨린다.[52] 이러한 공적 농작물 보험은 보조금을 지급하는 본인 부담금과 더불어 생산물 가격과 수확량의 변동으로부터 농민을 보호해준다. 가뭄이 중서부를 강타해 작물 생산량이 큰 폭으로 줄어들었다고 가정해보자. 현행 보조금 제도 아래서는 보험에 가입한 농민이 정부로부터 지불을 받을 테고, 심지어 그 수확을 통해 수익을 낼 수도 있다. 가뭄이 들었는데도 이득을 볼 수 있다면 어떤 농부가 미래의 가뭄에 대비하고 농작물을 보호하는 데 투자하겠는가? 그들이 뭐 하러 새로운 기후 조건에서 위험이 덜한 새로운 농작물로 방향 전환을 모색하겠는가? 불리한 상황은 혁신을 촉발하지만, 그것은 어디까지나 의사 결정권자들이 적응에 실패할 경우 심각한 불이익에 직면하게 될 때에만 그렇다.

농민의 혁신 의지를 떨어뜨리는 농작물 보험과 상업 작물 지원 제도는 합해서 농업 보조금 예산의 75퍼센트 이상을 차지한다. 농작물 보험 같은 정책은 악천후에 의한 손실로부터 농민을 보호해주지만 그 비용은 오롯이 납세자에게 전가된다. 작황이 형편없어도 아무런 나쁜 영향을 받지 않는다면, 농민은 그저 늘 해오던 대로 꾸역꾸역 농사를 지을 테고 납세자도 계속 그 비용을 부담할 것이다.

물 같은 천연자원에 보조금을 지급하는 주 정부와 지방 정부의 정책도 농민의 적응 동기를 떨어뜨린다. 캘리포니아주에서는 농민이 지불하는 물값이 도시민의 그것에 비해 훨씬 낮다. 이 같은 암묵적 보조금은 그들이 물 시세에 직면해 서로 다른 결정을 내리게 될 때, 일부 농민으로 하여금 알팔파처럼 물을 다량 사용하는 농작물을 재배하도록 만든다. 그들이 만약 자기가 사용하지 않은 물을 판매할 재산권을 가진다면, 알팔파를 덜 재배하고 도시민에게 더 많은 물을 팔려고 할 것이다. 이런 예는 어떻게 보조금 제도가 자원 가격이 보내도록 되어 있는 희소성 신호를 모호하게 만들어버리는지 보여준다. 이 이슈는 기후 변화로 캘리포니아주의 가뭄 위험이 늘어남에 따라 시간이 지날수록 더욱 중요해질 것이다.

기초 연구에 대한 민간 투자와 공공 투자의 상보성

정부는 농업 혁신의 강도와 방향에 직접적으로 영향을 줄 수 있다. 정부와 농업 대기업에 고용된 과학자들 간의 민관 협력은 진즉부터 그렇게 해오고 있다. 민간 연구자는 자력으로 제 고용주에게 직접 수익을 안겨줄 진보에 노력을 쏟아붓는 경향이 있다. 이를테면 미국에서 민간 연구자는 농작물의 수확량과 농약 저항성을 향상시키는 유전자 삽입 기술을 개발할 수 있다. 비타민 함량 같은 품질은 연구자에게 별 의미가 없다. 오늘날에는 영양 결핍으로 고통받는 미국인 소비자가 거의 없으니 말이다. 수익을 낳는 혁신은 성격상 덜 분명하고 더 장기적이다. 이는 기후 변화에 맞선 싸움에서 만나게 되는 두 가지 중요한 문제다. 그런데 공공 연구자들은 흔히 수익을 낳는 혁신을 추구하는 데서 상대적으로 더 많은 자유를 누린다.

국립과학재단은 기초과학 구축에 기여하는 경쟁적인 연구비 보조금(grant) 제도를 운영한다. 이 연구비 보조금은 학자들에게 재정적 자원을 제공함으로써 그들이 전문 장비를 구입하고, 탐구 영역을 더욱 확장하는 연구 시간을 확보하게끔 교수(敎授) 의무에서 벗어나도록 돕는다. 한 가지만 예를 들어보자. 조이스 반 에크(Joyce Van Eck)와 그녀의 동료들은 게놈 편집 도구 크리스퍼(CRISPR)를 써서 꽈리(groundcherry: 미국에서는 다소 생소한 식물인지 저자는 '토마토의 사촌 격'이라고 부연해놓았다—옮긴이) 재배와 관련한 작물 생산성을 향상시키기 위한 연구를 제안한다. 영양적 가치가 높은 꽈리 열매에는 비타민 C와 B, 베타카로틴, 항산화 성분이 듬뿍 들어 있다.[53] 일단 반 에크 연구진 같은 과학팀이 새로운 농작물 품종을 완성하면, 농민이 그것을 도입하기 위해 그 청사진을 널리 이용할 수 있다. 그 지식은 공유 재산이기에, 벤치 과학(bench science: 주로 실험실에서 이뤄지는 과학적 연구 실험—옮긴이)에서 현장으로 흘러 들어가 적응에 도움을 준다. 노벨상 수상자 폴 로머는 이와 관련해 규모 확대에 따른 이익 증가를 강조한다. 즉, 일단 청사진을 확보하면 그 신품종의 사용자 수가 늘어남에 따라 사회가 그것을 채택하는 데 드는 평균 비용이 줄어든다는 것이다.

국립과학재단이 자금을 지원하는 과학자와 정부가 고용한 연구자는 둘 다 공적 농업 지식의 양을 늘려준다. 이러한 연구자들이 해충 방제, 토양의 질 유지, 종자의 품질과 회복 탄력성 같은 핵심적 농업 문제에서 진척을 이룸에 따라, 획기적 발전에 힘입어 개별 농민의 생산성도 증가하고 있다. 기후 변화로 기후 조건이 달라지면 더 많은 연구가 기후 문제에 초점을 맞출 테고, 그로 인한 과학자 간 경쟁은 소중한 돌파구를 마련할 것이다. 이러한 발전 속도는 국립과학재단이 연구 예산을 더 많이 따내면 더욱 가속화할 것이다. 국립과학재단의 매력적 특징은 동료 평가에 힘을 쏟고 우승자를 가리지 않는다는 점이다. 이 기관은 열린 경쟁을 통해 연구 자금을 제공하는 데 자부심을 갖는지라, 모든 연구 계획서가 이해 상충 없는 독립적 전문가들로부터 동료 평가를 받는다. 그들이 연구 계획서에 매긴 순위는 또 다른 전문가 위원회에 제출된다. 위원들은 어떤 연구 계획서에 자금을 지원할지 결정하기 위해 회의를 소집한다. 연구 계획서의 순위는 과학적 가치, 연구자의 자질, 핵심적 연구 목적을 바탕으로 결정된다. 이 모든 과정은 미국 납세자가 기초 연구에 세금을 쏟아붓는 보람이 있음을 의미한다.

이 장에서 나는 농민이 사용할 수 있는 다양한 적응 방법을 다루었다. 이렇듯 풍성한 메뉴는 우리가 기후 변화에 직면한 농업의 미래를 얼마간 낙관할 수 있는 근거가 되어준다. 세계 인구는 점차 증가하고 그들 모두는 생존을 위해 반드시 먹어야 한다. 이 점에 비추어볼 때 기후 변화가 식량 공급을 위협하리라는 예상은 변화에 민첩하게 대처할 수 있는 미래 농부에게는 엄청난 수익 기회가 열린다는 뜻이다.

우리는 날마다 스스로의 위험 노출을 줄이는 문제와 관련해 새로운 교훈을 배운다. 코로나19 팬데믹 와중에 그나마 한 가닥 희망이 있다면, 그것은 농민이 위기 동안에도 식량 공급망을 유지하는 것과 관련해 소중한 교훈을 얻었다는 점이다. 언론은 일부 가난한 도시민은 굶주리고 있는데 농장에서는 식량이 썩어나가고 있다고 보도한다. 농민이 농산품 구매자를 다양화하려고 노력하면 좀더 회복 탄력적인 식량 공급망이 구축될 것이다. 식품 가공업체와 슈퍼마켓 역시 공급처를 다양화하려고 노력할 것이다.

적응을 돕는 세계화와 국제 무역

낮아진 국제 무역 장벽으로 정의되는 세계화는 개인들이 무역 파트너가 될 가능성을 키운다. 만약 누군가가 10명으로 구성된 나라에 사는데 그 나라가 국제 무역에 폐쇄적이라면, 그는 오직 9명하고만 무역을 할 수 있다. 지상의 모든 사람과 무역할 수 있는 가능성은 있을 법한 대안의 규모를 엄청나게 늘려준다.

노동력·자본·재화의 국제 무역에서 장벽을 제거하면 기후 적응이 촉진된다. 특정 장소에서 경험하는 충격이 점차 거세짐에 따라, 더 멀리까지 이주할 수 있는 능력이며 재화와 자본을 수입할 수 있는 능력은 사람들이 지역적 충격에 잘 대처하도록 돕는다. 중국 등 다른 나라들과 미국 간 무역 및 노동의 흐름에 제약을 가한 트럼프 행정부의 정책을 고려할 때, 세계화의 이런 이점은 특히 중요하다.

2020년 현재 코로나바이러스를 억제하기 위한 노력이 계속되고 있다. 세계 차원의 항공기 여행이 이 질병의 전파를 부채질했다. 이는 세계화가 우리에게 어떤 비용을 부과하는지 잘 보여준다. 세계화의 비용은 공평하게 배분되지 않으므로 그 비용을 측정하는 일은 중요하다. 세계화는 기존 사업자(incumbent)를 더 많은 경쟁에 노출시킨다. 새로운 구매자는 상품을 사거나 돈을 빌리는 데서 더 많은 선택지를 갖기 때문이다. 미국에서 어떤 공장은 문을 닫고 어떤 공장은 해외로 옮아갔는데, 그로 인해 소득이 감소하고 실업 위기에 내몰린 것은 부유한 사람보다 가난한 사람 쪽이었다.

이렇듯 세계화는 비용이 없지 않으나, 대다수 경제학자는 그로 인한 편익이 훨씬 더 크다고, 그리고 그 편익은 우리가 더 많은 기후 변화에 직면함에 따라 갈수록 늘어날 가능성이 있다고 믿는다. 사람들은 타인과의 무역이 가능해지자 전문적 기술을 개발하는 데 주력하고, 그 재능을 통해 수입을 얻고, 시장에서 소비하고 싶은 재화와 서비스를 구매할 수 있게 되었다. (이민 장벽이나 관세 탓에) 무역 가능성이 위축되면 소득과 웰빙이 악화한다.

국제 이주와 기후 변화

국제 이주를 제한하면 자신의 삶터를 덮친 충격에 적응하려는 개인들의 삶의 질이 현저히 떨어진다. 1930년대의 건조 지대(Dust Bowl: 건기에 극심한 먼지 폭풍을 겪은 미국의 중부 평원 지대─옮긴이)가 미친 영향을 고찰한 연구는 그 지역 거주민의 삶의 질이 다른 지역으로 이주했을 때 더 나아졌음을 발견했다.[1] 이주에는 두 가지 중요한 효과가 있다. 최근의 충격에 시달린 장소를 떠나기로 결정한 이주자는 자신에게 맞는 장소를 찾아 나설 것이다. 그러므로 첫 번째, 그들은 이주하면 새로운 정착지에서 더 많은 소득을 벌어들일 가능성이 있고, 그에 따라 가족에게도 도움을 준다. 경제학자들은 다음의 두 번째 효과를 더 강조한다. 만약 충분한 사람이 최근에 나쁜 충격을 겪은 장소를 떠나면 그 영향을 받은 지역에 눌러앉은 사람들의 삶의 질이 실제로 개선된다는 것이다. 사람들이 떠나면 수요 공급의 논리에 따라 남은 이들의 임대료가 낮아지고 임금은 올라갈 거라고 예측할 수 있다. 만약 사람들이 시골 지역을 떠나는 거라면, 그들의 이촌 향도는 남은 이들이 차지할 수 있는 1인당 토지 면적을 늘려주고 그들을 빈곤 위협에서 벗어나도록 돕는다.

기후과학자들은 미래에 개발도상국에서 가뭄과 무더위로 수많은 기후 난민이 발생할 거라고 단정적으로 말한다. 농작물이 초토화하고 가축이 숨지면 절박해진 사람들은 살아남기 위해 어떤 전략이라도 쓰려 할 것이다. 국제적으로 이루어지는 국가 간 이주는 사람들이 이런 위험을 피하도록 돕는다. 개발도상국의 수많은 가난한 사람이 부유한 나라로 이주하길 원하지만, 정작 부유한 국가는 누구를 들어오도록 허락할지 결정할 재산권(property right)을 쥐고 있다.

오늘날 국제 이주에 대한 반발 때문에 개발도상국 국민은 유럽을 비롯한 여타 부유한 지역으로 이주하지 못한다. 도시가 몇 개밖에 없는 작은 나라의 시골 사람들은 자국 내에서 이주할 만한 선택지가 별로 없다. 이런 국가의 국민은 새로운 기후 압박에 시달리게 되면 이주하려 하겠지만 국내적 선택은 제한되어 있다. 개발도상국의 가난한 사람들은 만약 국가 간 이주를 선택지로 계속 사용할 수 있다면, 자신의 출신지가 맞닥뜨린 위험에 훨씬 더 잘 적응할 것이다.

이주자들은 여러 가능한 정착지를 놓고 거기서 본인 삶의 질이 어떨지 따져본다. 그러려면 결코 방문해본 적 없기 십상인 장소에서 자신의 삶이 어떻게 펼쳐질지 상상해보는 능력이 필요하다. 그들은 먼 거리를 이동하지는 않을 것이다. 자신의 출신지와 가능한 정착지 사이의 거리를 고려하면서, 자신이 보유한 기술에 대한 수요가 있고 해당 지역의 문화와 언어가 자신에게 우호적인 장소로 이주할 가능성이 높다. 이주 가능 후보지는 이주민이 대거 몰려들면 단기적 비용이 상당히 올라갈 것이다. 첫째, 고통받는 이주민에게 제공하는 서비스의 비용이 일시적으로 상승한다. 이주민은 의료·주택·교육을 필요로 한다. 기존의 저숙련 노동자는 이제 새로운 이민자와 일자리를 놓고 다투면서 좀더 심한 경쟁에 내몰린다. 기본적인 수요 공급 논리에 따르면, 이민자가 유입되는 국가는 저숙련 노동자의 임금 하락과 임대료 상승을 겪는다.[2] 둘째, 문화적 부조화와 동화 문제가 불거진다. 상이한 종교와 문화, 그리고 과거의 역사적 악연을 특징으로 하는 세상에서 수십만 명의 뉴커머(newcomer)를 받아들이는 일은 정착 지역의 사회적 구조와 성격을 보존하는 것과 관련해 중요한 문제를 제기한다.

이민은 도착 국가에 단기적 비용을 부과하지만, 그럼에도 그런 나라들은 젊은 노동자의 유입으로 편익을 누린다. 세계은행(World Bank) 연구자들은 이렇게 말했다. "미국으로 이주해온 젊은 미숙련 노동자 한 명의 평균 소득 증가는 매년 약 1만 4000달러로 추정된다. 만약 개발도상국에서 1억 명의 젊은이를 이주시켜 고소득 국가의 이민자 수가 갑절로 불어나면, 그들의 연간 소득 증가분은 약 1조 4000억 달러에 이를 것이다."[3]

많은 유럽 국가와 미국은 사회 보장 제도와 연금의 수혜 자격을 다수 약속받은 노령 인구를 두고 있다는 게 특징적이다. 은퇴자보다 젊은 노동자 비율이 높은 나라에서는 선불제(pay-as-you-go) 은퇴 제도가 재정적으로 무리 없이 굴러갈 가능성이 한층 높다. 미국과 유럽연합은 젊은 층보다 노령층의 비율이 높은 게 특징이다. 이런 나라에서는 노인들에게 약속한 여러 혜택에 자금을 조달하기 위해 젊은이한테 막대한 세금을 부과할 가능성이 있다.[4]

경제학자들은 자본주의의 '보이지 않는 손'을 숭배한다. 더 나은 새로운 삶을 추구하는 이주민은 고임금을 제공하는 새로운 목적지를 찾아가려는 맹렬한 동기를 지닌다. 고임금은 목적지에 젊은 인재가 필요하다고 말해주는 희소성 신호로 작용한다. 이런 의미에서 시장 가격 제도는 이주민이 올바른 목적지를 찾아가도록 안내한다.

이주 시장 설계

2005년 노벨상 수상자 게리 베커는 새로운 입장권 시장은 이민자가 돈을 써서 다른 나라로 이주할 수 있도록 해준다며 이렇게 제안했다.

그렇기 때문에 나는 각국이 이민권을 판매해야 한다고 믿는다. 특히 항상 이민 대기자가 장사진을 이루는 미국 같은 경우는 더 그렇다. 이러한 가격 제도가 어떻게 작동할지 이해하기 위해, 미국이 이민권을 5만 달러에 판매하고, 그 가격을 지불할 용의가 있는 모든 신청자를 받아들이는 데 동의한다고 하자. 물론 그들은 심각한 질병을 앓고 있지 않아야 한다, 테러리스트 이력이 없어야 한다, 범죄 기록이 깨끗해야 한다 등 몇 가지 중요한 자격 조건을 충족하기는 해야 한다. 기꺼이 상당액의 입국비를 지불하는 이민자는 각국이 그들에게 요구하는 다양한 특색을 특수 프로그램, 점수제, 길고 지루한 심리(hearing) 없이 자동으로 갖추게 된다. 그들은 젊은 사람일 가능성이 높다. 젊은 성인은 이민을 통해 상대적으로 오랜 기간 고소득을 얻음으로써 이득을 누릴 테니 말이다. 숙련 이민자는 비숙련 이민자보다 소득이 더 많이 늘어나므로 일반적으로 기꺼이 높은 입국비를 지불하려 할 것이다. 더욱 야망 있고 근면한 개인 역시 마찬가지다. 미국은 이런 유의 이민자에게 다른 나라보다 더 나은 기회를 제공하기 때문이다. 미국에 계속 체류하는 데 골몰하는 개인도 입국비를 기꺼이 내고자 한다. 반면 몇 년 뒤 본국에 귀국하기로 되어 있는 개인은 적잖은 입국비를 달가워하지 않을 것이다. 헌신적인 이민자는 영어, 미국의 풍습과 관습을 배우는 데도 더 부지런히 투자하며, 결국 더 많은 정보를 획득하고 적극적인 시민이 된다. 명백한 몇 가지 이유로, 정치적 망명객이나 자국에서 박해받는 이들은 기꺼이 자유 국가로의 입국 허가를 따내기 위해 상당액을 지불할 것이다. 그러므로 이런 입국비 부과제는 그들이 만약 강제 송환당한다면 실제로 물리적 위험에 처하게 될지 여부를 따지는 시간 소모적 심리를 자동으로 피하게 해준다. 대다수 이민자가 5만 달러 혹은 그 이상의 입국비를 회수하는 기간은 대체로 짧다. 흔히 대학 교육에 대한 일반적 자금 회수 기간보다 더 짧다. 예컨대 만약 숙련 노동자가 인도나 중국 같은 나라에서 시간당 10달러를 버는 데 반해 미국에서는 40달러를 벌 수 있다면, 그들은 이민으로 연간 6만 달러(연간 2000시간을 근무한다고 가정할 때의 세전(稅前) 금액)의 이득을 얻는 셈이다. 이렇게 되면 이민에 의해 늘어난 소득으로 대략 1년 만에 입국비 5만 달러를 너끈히 감당할 수 있다! 모국에서는 시간당 1달러를 벌지만 미국에서는 8달러를 벌 수 있는 비숙련 노동자조차 4년 남짓이면 입국비 회수가 가능하다. 이러한 계산은 입국비 5만 달러가 너무 낮은 액수이고, 알맞은 가격은 그보다 상당히 높아야 한다는 점을 말해주는 것일 뿐인지도 모른다. 하지만 입국비가 너무 비싸면 대다수 이민 후보자는 자체 재원을 통해 그 돈을 마련하는 데 커다란 어러움을 겪는다. 이를 해결하는 좋은 방법은 입국 자금을 조달해야 하는 이민자의 필요에 맞춘 대출 제도를 실시하는 것이다.[5]

베커의 제안을 채택했다고 가정해보자. 기후 변화 위기에 직면한 세상에서, 개발도상국의 가정들은 자녀 가운데 일원이 미국 이주에 대비하도록 기술을 익히는 데 투자할 것이다. 시장 청산 가격[market clearing price: 균형 가격(equilibrium price)이라고도 하며, 공급 측의 공급량과 수요 측의 수요량이 일치하는 가격―옮긴이]의 정의에 의하면, 미국으로 이민 가기 위한 슬롯 할당[rationing of slots: 본래 슬롯(slot)은 항공 용어로 '항공기가 특정 시간대에 운항을 이용할 권리'를 말한다―옮긴이]은 없다. 하지만 입국비를 지불할 수 있는 사람은 이민에 성공할 것이다.[6]

이민을 준비하는 젊은이는 미국에서 성공하도록 도와줄 기술을 개발하기 위해 교육을 받을 것이다. 출신 국가의 가족들은 이 목표를 이루면 경제적으로 이득임을 간파한다.

젊은 자녀를 이민 보내려고 준비하는 가족은 이런 전략을 추구할 것이다. 그 자녀가 집으로 돈을 송금해주리라 기대하기 때문이다. 인도 시골에서 실시한 연구에 따르면, 부모는 자녀가 이용할 수 있는 도시 노동 시장 기회가 많아질수록 자녀의 기술에 더 많은 투자를 하는 것으로 드러났다.[7] 선진국에서는 그 기술이 수익을 낳으므로 그것을 보유한 젊은 자녀들은 더 많은 돈을 벌고 집으로 송금도 할 수 있다. 이런 현금 이체를 받는 가정은 에어컨이나 양질의 식품 및 주택 등 자기 보호 제품에 더 많은 돈을 지출할 수 있으며, 이는 그들 가정의 기후 위험 노출을 줄여준다.

한정된 수의 의욕적인 고급 인력을 빼가는 이 같은 국제 인재 시장이 그 출신국에 두뇌 유출 문제를 안겨줄 여지는 없는가? 소규모 국가의 경우 단기적으로는 분명 이런 문제가 발생할 수 있다. 하지만 중기적으로는 공급 측면의 여러 반응이 촉발될 것이다. 교육받은 이민자가 보유 기술 덕에 외국에서 많은 돈을 벌 수 있다는 기대감 때문이다. 부모는 자녀가 미국으로 이민 갈 가능성이 있다고 예상하면 그들의 기술 개발에 더 많은 투자를 한다. 또한 지역 학교와 선출직 공무원이 그런 기술을 촉진하는 정책을 지지하도록 촉구한다. 이 모든 개인의 선택이 해당 국가의 인적 자본 성장을 가속화한다. 만약 개발도상국에서 더 많은 아동이 더 많은 교육을 받으려 하면 정부는 응당 양질의 교육을 제공하려는 동기를 가질 수밖에 없다.

2018년 에릭 포즈너(Eric Posner)와 글렌 웨일(Glen Weyl)은 《래디컬 마켓(Radical Markets)》을 출간했다. 그들의 새로운 정책 제안 가운데 하나가 미국에서 한 사람당 하나의 국제 비자를 발급하도록 허용하자는 구상이다.[8] 베커는 자신의 제안에서 미국이나 다른 종착지 국가들이 거둬들인 입국비 수입으로 무엇을 해야 하는지는 분명하게 명시하지 않는다. 이렇게 모은 돈은 상당액에 이를 수 있다. 만약 해마다 100만 명이 미국(인구 3억 3000만 명)으로 이민 오고 그들이 각각 입국비를 5만 달러씩 지불한다면, 연간 새로운 수입이 500억 달러 창출된다.

이민자가 늘고 일자리와 주거 경쟁이 치열해지면 일부 토박이의 삶은 더욱 고달파진다. 이를 고려할 때 국제 이민에 대한 반대를 최소화하려면 패자들을 다독이는 일이 무엇보다 중요하다. 포즈너와 웨일의 제안은 바로 이런 우려를 다룬다. 살기 좋은 나라의 토박이들은 함께 일할 국제 이민자를 찾을 것이다. 포즈너와 웨일은 이런 계약이 양자에게 어떤 이득을 안겨줄 수 있는지 설명한다. 그들이 썼다시피, "이민으로 경제적 파이는 커졌지만, 보통 사람들한테는 너무 볼품없는 조각만 돌아간다".

지금까지 나는 질서 정연한 이주 과정, 그리고 시장과 새로운 규정이 담당할 수 있는 역할에 대해 논의해왔다. 그런데 전쟁 등의 충격이 난민 위기를 촉발하고 많은 사람이 이주를 시도하면서 상황이 빠르게 변화하고 있다. 젊은 노동력을 찾는 나라는 이민자가 토착민의 삶의 질에 어떤 영향을 끼칠지 촉각을 곤두세우는 나라들보다 이민자를 한층 기꺼이 반길 것이다. 난민을 순순히 받아들이는 착한 사마리아인(good Samaritan: 곤경에 처한 사람에게 위로와 도움을 주는 사람—옮긴이)의 나라에 대해 세계의 나머지 국가들은 국경을 개방해준 데 대해 보상해야 할까? 만약 더 많은 국가가 기꺼이 이런 이주민을 받아들인다면 가능한 종착지 메뉴도 늘어나고 난민이 누리리라 기대되는 삶의 질도 개선될 것이다.[9] 이 논리는 각 나라가 더 많은 이주민을 받아들인 다른 나라들에 보상하는 메커니즘이 빠르게 위험을 완화할 것임을 시사한다.

　　일단 어느 나라가 이주자를 받아들이면 뉴커머들을 어떻게 그 나라에 동화시킬 것이냐와 관련해 새로운 문제가 대두된다. 본인의 기술과 재능에 대해 잘 아는 새로운 이주자는 그것을 가장 잘 쓸 수 있는 도시로 갈 것이다. 미국에서 많은 이주민은 과거에 그들 나라 출신 이민자들이 진즉부터 자리 잡은 도시를 선택하는 경향이 있다. 하나의 예가 뉴욕주 북부의 유티카(Utica)다.[10] 이민자들이 임대료가 저렴한 도시로 이주하면 해당 지역의 주택 수요가 늘고 주택 가격이 안정화한다. 이 예는 이민자가 어떻게 쇠락해가는 도시에서 지역 경제를 부양하는 데 생산적 역할을 할 수 있는지 보여준다. 3장에서 나는 지난 수십 년 동안 디트로이트가 경험한 빈곤 자석 효과에 대해 논의했다. 자동차 생산 호황기였던 1950년대에 디트로이트의 건설업체들은 더없이 내구적인 주택을 지었다. 최근 수십 년 동안 공장이 문을 닫으면서 사람들이 그 도시를 떠나갔을 때, 견고한 주택들은 고스란히 남아 헐값이 되어버렸다. 2020년 현재 디트로이트는 거대한 이민자의 도시로 달라지고 있다. 이민자는 그 도시를 안정화하는 데 기여한다. 만약 그들이 찾아오지 않았다면 시종 쇠락 일로를 걷고 있었을 지역에 신분 상승을 추구하는 야심 찬 젊은 피를 수혈한 결과다. 도시경제학과 관련해 한 가지 답해야 할 질문은 이민자가 공립 학교와 시민적 삶의 질에 어떤 영향을 미치느냐 하는 것이다. 새로운 이민자는 그들이 새로 발들인 도시에 잘 뿌리내리는가, 아니면 스스로 격리된 채 마냥 겉도는가? 이 질문에 대한 답은 경우마다 다르겠지만, 쇄도하는 이민자가 해당 도시의 전반적 삶의 질에 끼치는 영향을 좌우할 것이다.

재화와 농산품의 국제 무역

2018년 트럼프 행정부는 중국에서 수입하는 수많은 상품에 대한 관세를 인상했다. 만약 다른 나라들이 식량 등의 제품에 무역 장벽을 높이면, 그 나라의 도시 빈민은 장소 기반 위험에 대처하는 능력이 손상된다. 소규모 국가들이 해외에서 수입하는 농산물에 대한 관세와 할당제(quota)를 철폐하면, 그 나라의 도시 식량 소비자와 해외 식량 생산자 사이의 무역이 활발해진다. 국가 간 자유 무역은 해당 지역의 기후가 농업에 가하는 충격으로부터 도시민을 보호해준다.[11] 이는 그 나라 농민이 무더위와 가뭄으로 고전하고 있다 해도 슈퍼마켓의 식품 물가는 크게 요동치지 않는다는 뜻이다. 어느 때든 작황이 좋은 다른 나라의 식량 생산자는 있게 마련이고, 그들은 그 농산품을 수출할 수 있다.[12]

반대의 경우도 생각해볼 수 있다. 만약 어느 나라가 농산품의 국제 무역을 중단한다면, 도시민은 그저 자국에서 재배하는 식품만 소비해야 한다. 만약 이상 기후 상황이 이어져 생산량이 줄면 해당 지역의 식량 가격은 껑충 치솟는다. 식품 가격이 인상되더라도 실상 부유한 사람의 구매력은 크게 달라지지 않는다. (그들이 식품에 소비하는 비율은 소득의 극히 일부에 지나지 않기 때문이다.) 반면 그럴 경우, 가난한 사람의 구매력은 현저히 떨어진다.

개발경제학자들은 정부가 도시 소비자보다 자국의 농업 이해 집단에 더 우호적인지 여부를 따지는 정치경제학 문제를 다룬다.[13] 많은 나라에서 도시화가 진행되고 더 많은 유권자가 도시에 거주하자 농업의 국제 무역을 지지하는 정치적 유권자 집단이 형성되었다. 국제 무역에 폐쇄적인 나라에서 기후 변화로 식량 가격이 점차 널을 뛰면 그 국가의 선출직 공무원들이 무역 장벽을 제거할 것인지는 여전히 미지수다. 만약 무역 장벽이 낮아진다면 도시의 가난한 사람은 기후 위험에 덜 직면할 것이다. 설사 국내적으로 기후 충격이 일어난다 해도 계속 식품을 이용할 수 있을 테니 말이다.

농업의 국제 무역은 한 국가의 생산과 소비 간 연결 고리를 끊는다. 그것은 국내 기후 충격을 막아주는 암묵적 보험처럼 작용한다. 어느 국가가 극심한 가뭄을 겪는다 해도, 가령 과일을 수입한다면 도시 소비자는 계속 그 식품을 구매할 수 있다. 이러한 논의는 국제 무역 정책이 소비자의 기후 변화 적응을 돕는 데서 핵심 역할을 한다는 것을 잘 보여준다.

수송선의 크기를 키우고 저장 기술을 향상하면 세계 전역으로 식품을 운반하는 비용이 크게 낮아지므로 국제 무역이 촉진된다. 초대형 컨테이너 수송선의 부상으로 해상 무역은 새로운 규모의 경제를 누리게 되었다. 경제협력개발기구(OECD)가 발표한 보고에 따르면, 컨테이너 수송선의 최대 규모는 2005년부터 2015년 사이 약 2배로 증가했다. 이렇게 선박 크기가 커지자 컨테이너당 총수송비가 3분의 1 정도 줄었다. 초대형 선박은 규모의 경제 편익에서 거의 상한선에 다가갔을지 모른다. 하지만 다른 기술들도 수송 가격을 더욱 낮출 수 있는 잠재력을 지닌다.[14]

항구에서 최종 소비자에게 제품을 실어 나르는 운송 인프라를 갖춘 국가는 농산품 소비자를 국지적 기후 충격으로부터 보호해준다. 매사추세츠 공과대학(MIT) 연구팀은 숙성 과일의 부산물인 에틸렌 가스를 감지하는 새로운 형태의 센서를 개발했다. 현재의 에틸렌 가스 센서는 시스템 비용 때문에 대규모 물류 창고에서만 간신히 사용할 수 있다. 하지만 MIT 연구진이 개발한 탄소 나노튜브 기반 시스템(carbon nanotube-based system)은 센서당 1달러 미만의 비용으로 생산할 수 있다. 출하할 때 개별 과일 패키지마다 사용해도 좋을 만큼 저렴한 가격이다.[15] 이 새로운 방법은 수송 도중 과일의 숙성도를 관리함으로써 상하는 농산물의 양을 대폭 줄일 수 있다. 이는 과일을 좀더 먼 거리까지 수송하도록 도움으로써 국지 차원의 기후 충격이 전 세계적 식량 공급망에 가하는 영향을 약화한다.

자유 무역은 농산물 거래에 그치지 않는다. 태양광 패널에서 에어컨·냉장고·드론에 이르는 내구재의 자유 무역은 소비자가 제품에 지불하는 가격을 낮춰준다. 세계적 공급망은 각 나라가 자국의 비교 우위에 집중하도록 만들고, 이런 식의 특화는 소비자가 고품질 제품을 더욱 저렴하게 구매하도록 해준다. 소비자가 좀더 낮은 가격에 제품을 구매할 수 있게 되면 가능한 적응 전략의 메뉴가 늘어난다. 만약 어느 나라가 무역 장벽을 시행해 국내 생산업자를 보호한다면, 소비자는 선택의 여지가 줄고 더 높은 가격을 지불하게 될 것이다. 기업가들은 자유 무역이 지속될 거라 기대할 경우, 세계 시장을 무대로 판매 가능한 제품을 설계하려는 동기를 더 많이 가진다. 러시아 기업가들이 오직 본국에서만 제품을 판매할 수 있는 극단적 사례를 생각해보라. 한 나라는 새로운 적응 제품을 설계하는 초기 비용과 위험을 감수할 만큼 충분히 큰 시장이 아니다. 이런 기업가들은 만약 자신이 세계 시장에서 그 제품을 판매할 수 있다는 사실을 안다면, 시간·돈·노력 따위의 선지급 비용을 쏟아부을 것이다. 이런 의미에서 국제 수출 시장에 계속 접근할 수 있다는 기대는 기업가적 노력을 부추긴다.

국제 자본 무역

국제 자본 시장에서 신용 위험이 적다고 인식되는 국가와 도시는 낮은 이자율에 돈을 빌릴 것이다. 투자자는 항시 위험은 낮고 수익률은 높은 투자처를 물색한다. 이 책 전반에서 나는 건설하는 데 자본이 드는 다양한 공공 부문 회복 탄력성 프로젝트(가령 방파제)와 민간 부문 회복 탄력성 프로젝트(가령 고층 빌딩)에 대해 논의했다. 국제 자본 시장은 이들 프로젝트의 건설을 용이하게 해준다.

자본 이동에 상당한 장벽이 존재하는 세계 경제에서, 개발도상국은 국내 자본이 부족하기 때문에 고금리로 대출받을 것이다. 기후 적응 프로젝트는 자본 집약적 성격을 띤다. 여기에는 연안 방조제에 대한 비용 지출, 공항 업그레이드, 폭우에 대비한 하수 인프라 개선 등이 포함된다. 개발도상국은 이에 필요한 비용을 조달하기 위해 자본 접근을 모색한다. 그리고 부유한 나라로부터 국제 자본을 끌어들이기 위한 경쟁에 뛰어든다. 외국 자본을 효과적으로 운용하고 채무를 충실히 이행한다는 평판을 키워온 개발도상국은 저리로 돈을 빌릴 수 있다. 그에 따라 좀더 적응 친화적인 프로젝트를 시행하고 미래의 기후 위험에도 덜 직면할 것이다.

이런 식의 자금 조달력은 개인·기업·정부가 선제적으로 회복 탄력성에 투자하도록 도울 뿐 아니라 자연재해 여파에 따른 소비 위험을 줄여준다. 중대 재해를 입은 사람들은 당장의 소비를 가능하도록 해주는 자본에 접근하지 못하면 굶주림에 허덕일지도 모른다. 대재해 채권 시장은 그 채권을 구매한 피해 지역이 재정 지급금을 받도록 함으로써 재해 이후의 재건을 돕는다. 이 경우 민간 부문은 복구를 촉진한다.

필리핀에서는 정부가 대재해 채권을 발행해왔다. 이 채권은 만약 그 나라가 검증 가능한 자연재해를 겪는다면 채권 보유자가 곧바로 국가에 지불하도록 보장한다. 이는 국민이 그런 투자를 적극 필요로 할 때 국가가 민간 자본에 접근할 수 있게끔 돕는다.[16] 이 같은 국제 민간 자본 시장 접근은 연방 정부의 이전(transfers)에 의존하는 형태를 대체해준다. 이렇게 지방 정부에 유입된 현금이 실제로 무슨 일에 쓰일지는 여전히 미지수로 남아 있다. 만약 그 돈이 새로운 인프라나 안전을 위한 예방 조치에 생산적으로 사용된다면, 그 지역이 빈곤 자석으로 전락할 가능성은 줄어들 것이다.

보험 산업의 세계화는 민간 보험사들이 공간적 위험을 분산하도록 해준다. 이것이 왜 중요한지 이해하기 위해, 보험사가 플로리다주에서만 보험 상품을 판매할 수 있는 극단적 예를 생각해보자. 이 보험사는 극히 다각적이지 않은 포트폴리오를 보유하고 있다. 만약 아무런 심각한 폭풍우도 플로리다주를 덮치지 않으면 보험사는 큰 수익을 누린다. 보험료 수익은 많고 보험금 청구 상황에는 직면하지 않기 때문이다. 그러나 만약 재해가 플로리다주를 덮치면, 보험사는 돈을 잃고 파산할지도 모른다. 이럴 경우 보험 가입자들은 자신이 원할 때 지불금을 받지 못하게 된다. 보험 산업의 세계화는 보험사가 이런 위험에 몰리지 않도록 보장한다. 세계 대부분 지역이 한꺼번에 동일한 재난을 겪지는 않기 때문이다. 글로벌 보험사는 전 세계적으로 팔려나간 보험에 대한 수익을 거둬들임으로써 수입원을 다각화하고, 따라서 최근 피해자들에게 지불할 수 있는 재정적 역량을 갖추게 된다.

세계화를 장려하면 기후 변화 적응에 많은 이점이 생긴다. 이는 우리가 세계 여러 나라에서 보고 있는 민족주의의 부상과 대조되는 측면이다. 부유층은 세계화를 통해 숱한 이득을 누린다. 따라서 민주주의 국가의 지도자들이 계속 세계화를 지지하려면 빈곤층과 중산층도 그로 인해 혜택을 본다는 믿을 만한 증거가 필요하다. 오늘날과 같은 빅데이터 시대에 연구자들은 세계 자유 무역을 지지하는 실시간 측정 지표에 주의를 기울여야 한다. 어떤 요인이 세계화를 지지하는지는 우리가 차차 규명해야 할 문제다. 코로나19 위기가 이어지자 각국은 전파되는 바이러스로부터 자국민을 보호하고자 국제 항공 여행을 중단시켰다. 이는 우리가 세계화로 치러야 할 대가가 무엇인지 잘 보여준다.

맺음말: 적응의 연료, 인적 자본

기후 변화는 우리의 건강, 편안함, 생산성, 삶의 질에 고루 도전을 제기한다. 그리고 기업에는 물류, 생산, 노동력 및 물리적 자산 보호 등에 대해 새로 계획을 수립해야 하는 과제를 안겨준다. 기후 변화는 끔찍한 자연재해가 발생할 가능성을 키운다.

〈뉴욕 타임스〉 같은 유력 언론 매체, 미국 하원의원 알렉산드리아 오카시오코르테스(Alexandria Ocasio-Cortez: AOC라는 애칭으로 불린다—옮긴이) 등의 환경 지도자, 그리고 그레타 툰베리를 위시한 기후 활동가는 기후 변화가 열어갈 미래는 험난하리라고 경고한다. "세상은 12년 안에 멸망할 것"(AOC가 한 말—옮긴이)이라는 얘기는 지나치게 극적이지만, 이런 메시지는 우리가 부상하는 섬뜩한 위험에 주의를 기울이도록 해준다.[1] 더 많은 사람이 새로운 기후 위험에 대해 알아차릴수록, 탄소세 제정 같은 집단행동에 대한 요구는 늘어날 것이다. 민주주의 사회에서는 이러한 법률 제정과 관련해 한 가지 어려움이 따른다. 바로 새로운 규정 때문에 소득 상실을 겪게 될 사람들이 그에 반대하려는 동기를 가진다는 점이다. 탄소에 가격을 부과하는 경우 화석 연료 소비자, 화석 연료 산업 종사자 그리고 화석 연료 추출과 관련한 지역(가령 텍사스주)에 부동산을 보유한 이들은 하나같이 탄소세로 인해 부를 잃는다. 이들은 그 사실을 똑똑히 간파하고 있으며, 따라서 그러한 규정에 반대하는 경향이 있다.[2]

온실가스 배출량이 늘어나면서 우리는 점점 더 큰 기후 변화 위기에 직면해 있다. 하지만 위험에 대처하는 능력 면에서도 날로 강해지고 있다. 이러한 성공의 측정 항목 가운데 하나가 자연재해로 인한 사망자 수가 시간이 가면서 줄어들고 있다는 사실이다. 지금껏 우리는 시장의 힘이 어떻게 우리가 기후 변화 위기에 적응하도록, 따라서 스스로의 생활 수준을 유지하도록 돕는지 살펴보았다. 우리는 향상된 인적 자본과 실험에 힘입어 현재 마주하고 있는 겁나는 위협 속에서도 점차 회복 탄력적으로 되어가고 있다.

내기 2라운드

우리가 기후 변화에 훨씬 더 잘 적응할 수 있게 되었다는 사실은 해묵은 논쟁을 다시 불러일으킨다. 1980년 저명한 두 학자 사이에서 이루어진 유명한 내기가 전국적 뉴스거리로 떠올랐다. 그 내기는 생태학자 폴 에를리히와 경제학자 줄리언 사이먼 사이의 중요한 논쟁으로 구체화되었다. (줄리언 사이먼이 폴 에를리히에게 다섯 가지 천연자원을 골라 200달러씩 총 1000달러를 걸고 10년 뒤 그것들의 가격이 오르면 에를리히가, 내리면 자신이 이기는 내기를 제안했다. 에를리히는 승리를 확신하며 내기에 임했지만 10년 뒤 그가 선택한 다섯 가지 자원의 가격이 폭락했고 승리는 사이먼에게 돌아갔다—옮긴이.) 그들은 세계 인구가 증가하면 우리의 생활 수준이 해를 입을지 여부에 대해서 논쟁했다.[3] 에를리히는 인구가 증가하면 희소 자원에 대한 수요가 커지고 1인당 자원이 급락한 결과, 맬서스식 붕괴가 초래될 거라고 주장했다. 그의 주장을 이해하기 위해, 만약 세계 인구 74억 명 모두가 화석 연료로 구동하는 자동차를 구입할 만큼 부유하고, 각자 매년 1만 마일(약 1만 6000킬로미터-옮긴이)을 운전한다고 가정해보자. 각 자동차의 연비가 갤런당 25마일이라면, 휘발유 총수요는 매년 2조 9600억 갤런에 이를 것이다. 그리고 이런 추세로 소비하면 세계의 남은 석유 공급은 이내 바닥나고 말 것이다. 처음 내기에서 에를리히는 행동 변화를 명시적으로 모델링하지 않았다. 대신 더 많은 사람이 더 많은 돈을 벌면 분명 자원 소비가 늘어나리라는 기계적인 모델을 제시했다. 이런 식의 논리 전개는 재러드 다이아몬드(Jared Diamond)의 책 《문명의 붕괴(Collapse)》에 나오는 주장을 연상케 한다.

사이먼은 시장 가격 신호가 행동 변화를 안내하는 데서 맡은 역할에 주목함으로써 에를리히에 맞섰다. 그는 자원의 희소성이 커지면 그것을 반영해 가격이 상승하겠지만, 오른 가격은 대체물(아마 전기 자동차 같은)을 찾아내기 위한 공급 측의 혁신과 보존 노력을 촉발하리라고 주장했다. 사이먼은 또한 인구 증가가 일련의 혁신자(토머스 에디슨이나 일론 머스크의 후예)를 길러낼 거라고 강조했다. 새로운 아이디어를 통해 자원의 풍부함을 키워낼 수 있는 이들 말이다. 내기에서 에를리히는 천연자원 가격이 오를 거라고 예상한 반면, 사이먼은 인간의 창의성이 대체물을 찾아내고 사람들이 가격 신호에 담긴 유인에 반응하면서 그 가격이 내릴 거라고 내다보았다. 결국 사이먼이 내기에서 이겼다.

현재 진행형인 기후 변화 적응 과제는 그와 유사하게 판돈이 큰 시합을 제기한다. 세계는 면적은 한정적인데 인구는 많다. 이 점을 고려할 때 기후 변화가 점차 악화하면 어떤 지역이 생존 가능한 곳으로 남을까? 우리는 사이먼의 논리를 확장해, 인적 자본이 늘어나면 새로운 환경적 압박을 상쇄해줄 많은 방법을 찾아내는 게 가능하다고 가정해볼 수 있다. 사이먼을 비판하는 사람들은 우리가 이런 혁신을 발견하기에 시간이 충분한지 물을 것이다. 혁신가들은 매 순간 이윤을 극대화할 다음번 기회를 모색한다. 미래 수요에 대한 기대는 오늘 잠재적 해법을 연구하도록 동기를 심어준다. 충분한 기업가들이 이 경쟁에 뛰어든다면 의미심장한 돌파구를 마련할 수 있다.

다음번 유니콘(unicorn: 기업 가치가 10억 달러 이상이고 창업한 지 10년 이하인 비상장 스타트업 기업－옮긴이)을 찾는 자금 풍부한 벤처 투자자들이 활약하는 세상에서, 도전을 예견하는 젊은 기업가들은 차세대 구글을 꿈꾸며 기업을 출범하려는 강한 유인을 가진다. 한 가지 예를 들어보자. 2018년 물과 폐기물 서비스 관련 기업 수에즈(Suez)는 글로벌 워터 어워즈(Global Water Awards)로부터 '세계담수화상(Global Desalination Award)'을 받았다.[4] 이 회사의 시도는 이집트의 물 공급을 늘려주고 있다. 수에즈의 미래를 판단할 자격은 내게 없지만, 이 예는 어떻게 새로운 기업이 자신에게 기회를 열어주는 도전에 뛰어드는지 잘 보여준다.

기술 진보만으로 얼마든지 보호받을 수 있다는 '희망적 사고(wishful thinking)'는 피해야겠지만, 기술의 최전선은 몰라보게 발전하고 있다. 새로운 위험에 대처하도록 돕고 세계 자본 시장으로부터 자금을 조달받는 신제품을 찾는 전 세계 차원의 중산층이 부상한 결과다. 인터넷 사용으로 수십억 인구가 떠오르는 도전과 관련한 실시간 정보에 접근할 수 있게 되었다.

적응낙관론자들이 풀어야 할 중요한 과제는 행동경제학자들의 비판을 다루는 것이다. 이 사상 학파는 우리 다수가 대자연의 동학에 관한 새로운 신호를 제대로 처리하고 있지 못하다고 주장한다. 뉴스가 양극화한 시대에, 우리는 저마다 전문가라고 자처하는 상이한 목소리들이 빚어내는 불협화음 속에서 부상하는 위험과 관련한 진짜 신호를 가려내지 못한 채 우물쭈물하고 있다. 아울러 정치적으로 치우친 것처럼 보이는 전문가들에 대한 불신도 커지고 있다. 이 책 전반에 걸쳐 나는 자기 인식(self-awareness)의 중요성에 대해 논의해왔다. 만약 사람들이 자기 스스로가 행동경제학자들이 지적하는 여러 편향에 시달리고 있다는 것을 인식한다면, 자신의 위험 노출을 줄이기 위해 여러 전략을 취할 수 있다. 예컨대 자신이 스스로의 결정에 지나치게 낙관적이라는 사실을 인식하는 사람은 무턱대고 주택 담보 대출부터 받기보다 주어진 지역에서 우선 세를 살아보기로 선택할 수 있다. 이런 신중한 전략은 지나친 낙관론자들이 미래에 심각한 위기에 맞닥뜨릴지 모를 부동산을 덜컥 사들이고 나서 섣부른 판단에 대해 뒤늦게 땅을 치지 않도록 막아준다.

국가 정책은 적응을 촉진하기도 하고 억제하기도 한다. 연방 정부는 국립과학재단을 통해 부상하는 위험에 관한 실시간 정보를 수집하는 데서, 그리고 기초 연구에 자금을 대주는 데서 우위를 점하고 있다. 이런 공공재 투자는 적응을 촉진하도록 돕는다. 반면 보험이나 농업 활동에 보조금을 지급하는 국가 정책은 적응을 늦추는 의도치 않은 결과를 낳는다. 정부 정책과 민간 부문의 상호 작용은 장차 적응적 진보의 속도를 좌우하는 데 중요한 역할을 할 것이다.

2020년 현재 우리는 코로나바이러스가 제기하는 새로운 감염병 위험에 적응하고 있다. 그뿐만 아니라 경제적 봉쇄 조치에 따른 재정 위험에도 직면해 있다. 팬데믹 와중에 연방 정부는 여러 차례 규칙과 정책을 변경했다. 이는 민간 부문 기업과 각 가정에 불확실성을 안겨주고, 그들이 계획을 짜기 어렵도록 내몰았다. 만약 연방 정책이 실험·혁신·투자에 뛰어들 수 있도록 믿을 만한 유인을 창출해낸다면, 민간 부문은 충격(감염병이든 자연재해든)에 맞선 적응을 촉진하는 데서 좀더 생산적인 역할을 떠안을 수 있다.

적응 촉진에서 인적 자본이 맡은 역할

인적 자본은 문제를 해결하는 우리의 기술을 의미한다. 인적 자본은 삶의 면면에서 우리를 더욱 생산적으로 가꾸어준다. 배움은 배움을 낳고 기술은 기술을 낳는다. 우리는 친구들이 제안한 전략과 인터넷에서 배운 것을 실험하고 시험해봄으로써 회복 탄력성 기술을 익힌다. 시행착오를 통한 이런 접근은 결국에 가서 우리 자신을 보호하는 새롭고도 놀라운 방법을 제시한다. 오늘날에는 전 세계적으로 저마다 다른 사람들이 기후 변화의 위협에 직면해 있다. 이는 남들에게서 배우고 실험해보려는 강력한 동기를 불러일으킨다. 아이디어는 공공재다. 일단 혁신가가 하나의 전략을 생각해내면, 그 청사진은 그 외 다른 곳에서 더없이 저렴하게 복제될 수 있다. 〔복제약(generic drug: 상표 등록에 의해 법적 보호를 받고 있지 않는 약―옮긴이)의 대량 생산으로 낮아진 비용을 떠올려보라.〕

교육에 대한 투자가 증가 일로이고, 이러한 투자는 개인·국가 그리고 사회 전반을 위한 인적 자본 확대로 귀결된다. 인터넷 접근이 확산하면서 인적 자본을 취득하기 위한 비용은 꾸준히 낮아졌다. (칸 아카데미와 구글의 검색 가능성을 생각해보라.) 중국이나 인도 같은 대국은 교육을 확대하기 위해 막대한 자금을 쏟아붓고 있다. 수십억 명이 교육 기회를 더 많이 누린 결과, 인재 공급이 크게 늘었다. 교육 수준이 높은 사람은 새로운 과제를 식별하고, 문제를 해결하고, 민간 부문이나 선출직 공무원에게 해법을 요구하는 데 뛰어나다. 그들은 또한 복잡한 문제를 잘 이해하며, 지속적으로 장기 과제에 관심을 기울인다.[5]

주어진 과업을 수행하는 우리의 능력은 시간이 가면서 점차 강화될 수 있다. 훌륭한 농구 선수는 재능을 타고날 수도 있지만 기술을 연마하기 위해 수천 시간 연습해야 한다. 아기가 태어나면 햇병아리 부모는 좋은 부모가 되고 싶지만 어떻게 해야 좋은 엄마 아빠가 되는지 모른다. 이런 기술은 시간과 노력을 들여야만 습득할 수 있다.

인적 자본은 기후 변화 과제에 대한 우리의 이해를 촉진한다. 기후과학 과제의 중요성을 간파한 젊은이들이 새로운 연구를 수행하기 위해 그 분야에 뛰어들고 있다. 오늘날에는 더 많은 일류 대학이 핵심적 기후과학 이슈를 연구하는 학제적 박사 프로그램을 운영한다. 구글의 정보 조직 능력은 검색하는 이들이 유용한 정보를 찾아내도록 보장한다. 인터넷 접속은 이런 개인들이 저렴한 비용으로 정보에 접근하게끔 돕는다. 조사해보고 싶은 주제가 생기면 번거롭게도 (집에서 3킬로미터 남짓 떨어진) 동네 도서관을 직접 찾아가야 했던 나의 십대 시절을 떠올리자니 격세지감이 느껴진다. 오늘날 내 아들은 간단히 컴퓨터에 검색어를 입력하면 구글이 답을 내놓는다. 내가 '듀이 십진분류법(Dewey Decimal System)'에 따라 정리된 장서 목록을 휙휙 넘긴 다음, 관련 서적이나 신문 마이크로피시(microfiche: 축소 촬영한 시트 필름—옮긴이)를 찾아내던 때보다 훨씬 더 빠르게 말이다. 이 같은 손쉬운 정보 접근은 학습과 발견을 촉진한다.

이 책 전반에 걸쳐 나는 기후 위험과 관련해 우리가 '모르는 것이 있음을 모르는' 상태에 대해 논의해왔다. 이런 상태는 심대한 적응 위협을 제기한다. 예상치 못하는 위협에 대비해 자원을 투자할 수는 없는 노릇이기 때문이다. 상상력은 그런 상태를 극복하도록 돕는다. 상상력이 풍부한 사람은 어떤 일이 펼쳐질 수 있는지 더욱 잘 인식하기 때문이다. 수 세대 동안 독서가들은 공상과학 소설을 좋아했다. 쥘 베른(Jules Verne)이나 아이작 아시모프(Isaac Asimov) 같은 작가들은 상상력을 확장해 우리의 미래상을 그려 보였다. 우리는 전례 없는 문해율과 정보에 대한 광범위한 접근을 특징으로 하는 시대를 살고 있다. 글을 읽을 줄 아는 수십억 명이 살아가는 시대이니만큼 새로운 아이디어를 위한 시장이 확장된다. 이 같은 잠재 시장은 창의적인 작가들에게 보상을 하며, 철저히 검토되지 않은 문제의 수를 줄여준다. 그리고 우리가 '모르는 것이 있음을 모르는' 상태에서 '모르는 것이 있음을 아는' 상태로 달라지게끔 거든다. 한 가지 예가 《거주 불능 지구(The Uninhabitable Earth)》라는 책에 대한 폭발적 관심이다.[6] 이 으스스한 책은 끔찍한 기후 시나리오를 인식할 수 있도록 우리의 상상력을 북돋우려는 의도로 집필되었다. 과거의 무지를 점차 깨달아가는 것이야말로 인간을 다른 피조물과 구별 짓는 특성이다. 9·11 테러 이후 수많은 사람은 미국의 안보 기관이 왜 그 사건을 예견하지 못했는지 따져 물었다. 일각에서는 국가 안보 기관들이 다르게 생각하라는 스티브 잡스(Steve Jobs)의 지침을 따르려는 동기가 취약한 데다 '집단 순응 사고(groupthink: 너무 많은 사람이 관여하는 데 따른 개인의 창의성이나 책임감 결여─옮긴이)'에 젖어 있었기 때문이라고 지적한다.

모호한 위험에 직면해, 아마존 창립자 제프 베이조스에서 보스턴 시장에 이르는 의사 결정권자는 최악의 시나리오에 대비하는 데서 어느 정도 신중하고 싶은지 결정해야 한다. 서로 다른 실수가 어떤 비용을 낳는지와 관련해서는 비대칭성이 발생한다. 일례로 당신이 비가 올지 안 올지 모르는 상황에서 우산을 챙겼다고 치자. 날씨가 쾌청했을 때 우산을 가져간데 따른 비용이 더 큰가, 아니면 비가 억수로 쏟아질 때 우산을 챙겨가지 않은 데 따른 비용이 더 큰가? 의사 결정권자는 많은 다양한 상황에서 이 같은 트레이드오프에 직면해야 한다. 집주인은 자기 집을 스틸트 위에 올려놓는 일이 그만한 가치가 있는 조치인지 따져봐야 한다. 버클리 거주 민은 에어컨에 투자할지 말지 판단해야 한다. 이런 소규모 투자 결정 모 두가 경제 전반의 회복 탄력성을 뒷받침하는 토대다.

인간과 나머지 생명체

모든 생명체는 안전함과 편안함을 추구한다. 그런데 서서히 위험이 늘어나는 세계에서는 그러기가 점차 어려워진다. 우리와 달리 새와 동물들은 편안함·건강·안전을 꾀하기 위해 시장을 이용할 수 없다. 대신 자신의 시간을 들여서 먹이를 구하거나 둥지를 짓는 것 같은 방어 태세를 갖춘 다. 그 같은 단순한 경제에서는 내구재 생산이 저렴한 에어컨의 대량 생 산에서 보는 것 같은 규모의 경제를 이루지 못한다. 이 생명체들은 부상 하는 도전을 미리 내다볼 수 있는 예지력도 없다. 이들도 진화적 힘을 통 해 좁은 기후 지위(climate niche) 내에서 나름대로 대처하는 법을 터득했 다. 기후가 변화하면 새들은 더 높고 시원한 지점까지 날고자 노력한다. 하지만 새들이 날아갈 수 있는 높이와 거리에는 한계가 있다. 새들의 적 응 전략은 인간보다 적다. 추악한 미래 시나리오를 상상하고 예측하는 인 간의 능력은 우리에게 준비할 수 있는 시간을 제공한다.

인적 자본의 역할을 이해할 수 있는 한 가지 방법은 오늘날 다른 생명체들이 마주한 적응 문제를 고려해보는 것이다. 거주를 예로 들어보자.

이례적일 정도로 무덥거나 건조한 상태 같은 이상 기후 사건은 생리적 한계를 초과해 생명체를 죽음으로 내몰 수 있다. 이는 개체 수 감소의 원인이 되기도 한다. 취약한 유기체의 생존은 그들이 극한 조건을 완충하는 피난처를 찾아낼 수 있느냐 여부에 달려 있다. '미소 서식지(microhabitat)'는 드넓은 생태계에서 발견되는 것과는 다른 미소 기후를 제공한다. 그렇다면 이 미소 서식지는 그 동물들에게 익숙한 생리적 필요조건이라는 관점에서 극심한 기후 사건을 효과적으로 완충해줄까? 우리는 필리핀의 주요 열대 우림에서, 땅바닥에서 나무 천개까지 위치한 네 가지 일반적인 미소 서식지(토양·나무구멍·착생식물·초목)로부터 온도 데이터를 수집했다. 우리는 대조군인 거대 서식지(macrohabitat)를 의미하는 숲 천개 상부, 그리고 실험군인 각 미소 서식지 부근에서 주변 온도를 모니터링했다. 연구진은 이들 미소 서식지에서 살아가며 온도에 민감한 개구리와 도마뱀 종을 대상으로 그들의 '생존 가능 최대 온도(critical thermal maxima, CTmax)'를 측정했다.[7]

연구를 진행한 저자들은 네 가지 서식지가 실제로 이상 기후로부터 동물을 보호해준다는 결론을 얻었다. 자연 세계에서 볼 수 있는 이러한 사례는 우리가 가정에 난방 기구나 에어컨을 설치하는 데 비견된다.

적응하고자 노력하는 또 다른 생명체의 예는 켈프(kelp: 다시마목 다시마과에 속하는 대형 갈조류의 총칭—옮긴이)다. 다음은 켈프 지대(kelp bed)에 관한 새로운 연구 보고서에서 따온 구절이다. "연구자들이 발견한 것은 기후 변화가 가속화하는 시대에 생태학 연구에서 드물게 만나는 긍정적 이야기다. 워싱턴주 연안의 켈프 지대는 대부분 지난 세기 동안 해수 온도가 섭씨 0.72도 상승했는데도 일정한 상태를 유지했다. 퓨젓사운드(Puget Sound: 워싱턴주 북서부의 태평양에 면한 긴 만—옮긴이), 시애틀, 타코마(Tacoma: 퓨젓사운드에 면한 항구 도시—옮긴이)에서 가장 가까운 켈프 지대만이 극소수 예외다."[8]

오늘날 생태학 연구는 다양한 생물의 적응 역량을 조사한다.[9] 새로운 연구는 펭귄이 종마다 적응 능력에 차이가 난다는 것을 확인했다. 예컨 대 젠투펭귄(gentoo penguin: *Pygoscelis papua*)은 턱끈펭귄(chinstrap penguin: *Pygoscelis antarctica*)보다 먹이 사냥에서 더욱 날렵한 것으로 드러났다.[10] 생물들은 생존 및 삶의 질에 필요한 여러 투입 요소와 식량을 구하기 위 해 시장에 접근할 수 없다. 그런 점에서 자연은 위험이 닥쳤을 때 보호 장치가 부족하다.

빠른 속도로 이동할 수 있는 생물은 먹이 사냥을 위한 공간적 위치 메 뉴가 더욱 풍부해진다. 이런 생태학 연구는 다른 생물들이 인간보다 적 응 전략의 세트(set)가 적다는 것을 실증적으로 보여준다. 그들은 다른 곳 으로 이동하기 위해 비행기 여행을 하지도, 고지대로 이사하기 위해 돈 을 대출받지도 않는다. 또한 치료제도 정부도 없다. 인적 자본은 우리가 새로운 도전에 대처할 수 있는 능력을 길러준다. 전 세계적으로 수십억 명이 폭염, 가뭄, 해수면 상승 같은 난제에 직면함에 따라 총수요가 창출 된다. 이는 기업가에게 그런 위협을 줄이는 혁신적 타개책을 고안해내려 는 동기를 심어준다. 우리는 이러한 혁신 덕택에 대처 전략을 점점 더 풍 부하게 보유하고 있다. 이 대목에서 가난한 사람이 그런 제품을 구매할 수 있느냐와 관련해 사회 정의 문제가 대두된다. 하지만 답은 낙관적이 다. 중국처럼 대량 생산에 능한 나라들을 이어주는 국제 공급망이 특화 와 상품 시장 경쟁에 힘입어 제품 가격의 하락 가능성을 열어주기 때문이다.

과학자와 사회과학자들은 차후에 비(非)인간의 적응이 인간에게 어떻게 영향을 미치는지에 주목해 연구를 진행해야 한다. 생물학자들은 칸디다 아우리스(*Candida auris*: 심각한 혈류 감염이나 침습적 칸디다증을 유발하는 진균—옮긴이)가 인간 병원체로 부상하는 현상을 연구하고, 그 균의 공간적 분포를 추적한 끝에 기온 상승이 그것을 번성하게 만드는 원인임을 밝혀냈다.[11] 그 균은 취약한 사람을 감염시키고 그들을 숨지게 만들 수도 있다. 이는 살아 있는 생명체가 인간에게 새로운 위험을 가하는 방식으로 부상하는 기후 패턴에 적응하는 것처럼 보이는 예다. 상이한 유기체들의 변화 대처법에 중점을 두고 이런 피드백 고리를 이해하면, 점차 더워지는 세상에서 부상할 법한 새로운 의료 문제를 예측하는 데 도움이 될 것이다.

누가 적응에 어려움을 겪을까

우리는 변화에 대처하는 능력이 저마다 다르다. 가난한 사람은 경제적으로 감당 가능한 대처 전략을 더 적게 가지며, 따라서 더 많은 위험에 노출될 것이다. 기후 변화는 불평등을 가중시킨다. 이런 우려에 대해 잘 알고 있는 나는 노동과 저축의 동기를 왜곡하지 않는 사회 안전망과 시장을 통해 빈곤을 경감하고 가난한 이들이 스스로를 보호하도록 돕는 몇 가지 전략에 대해 논의했다. 경제학이 경험적 사회과학임을 감안할 때, 우리는 가난한 사람이 오늘날 과거보다 기후 충격으로 피해를 덜 입는지, 그리고 가까운 미래에 폭염 같은 기후 충격이 발생하면 위험에 훨씬 덜 직면하게 될지 따져보아야 한다. 인도에서 최근 발생한 태풍에 관한 증거는 정보 기술에 대한 접근의 개선에 힘입어 개발도상국에서 자연재해에 따른 사망자 수가 점차 줄고 있음을 보여준다. 친(親)적응 제품의 가격 하락도 가난한 이들이 위험에 좀더 회복 탄력적이 되도록 거드는 데 한몫한다.

우리는 앞으로 가난한 이들이 새로운 도전에 더욱 잘 적응하도록 도우려면 어떤 유인을 제공해야 하는가라는 과학적 질문에 답해야 한다. 그러한 유인이 무엇인지는 실험을 통해 알아낼 수 있다. 2019년 노벨 경제학상은 개발도상국에서 국민들 삶의 질을 개선하기 위해 현장 실험을 실시한 3명의 경제학자에게 돌아갔다. 그들의 핵심 접근법은 겸손을 잘 드러내준다. 연구팀은 자신들이 빈곤을 줄이는 비용 효과적인 처방이 무엇인지 '모른다는 것을 안다'고 솔직하게 인정한다. 연구진의 핵심적 접근법은 사람들을 무작위로 실험군이나 대조군에 할당한 것이다. 동전 던지기 결과는 무작위적이므로, 실험군에 속한 이들이 누린 후속 이득(대조군에서 시간이 흐름에 따라 관찰한 이득과 비교되는)은 모두 처치의 결과임에 틀림없다. 실험군과 대조군(처치받지 않은 이들)의 '전후' 비교는 '무엇이 효과적인지' 알아내는 강력한 도구다. 불이익 계층이 기후 위험 노출을 줄이도록 돕는데도 이와 동일한 접근법을 사용할 수 있다.

기후 변화에 따른 생활 수준 추적

경제학자들은 우리가 어떻게 진보를 측정하는지에 대해 논쟁을 이어오고 있다. 간단히 말해, 2020년에 태어난 평균인(平均人)은 1970년, 혹은

1920년에 태어난 평균인보다 훨씬 더 나은 삶을 사는가? 만약 타임머신이 존재하고 우리가 그 타임머신에 접근할 수 있는 시장이 있다면, 경제학자들은 타임머신의 시장 가격을 살펴볼 것이다. 우리가 1970년보다 2020년에 태어나는 데 더 높은 가격을 지불해야 한다면, 이야말로 삶이 점차 나아진다고 말해주는 분명한 신호일 것이다.

1987년에 노벨상을 수상한 로버트 솔로(Robert Solow)는 모든 이후 세대가 이전 세대보다 더 나은 삶의 질을 누린다면 우리 경제는 지속 가능한 성장을 이룬 거라고 주장했다.[12] 지난 20년 동안 암 정복에서는 상당한 진척이 이루어졌지만, 전 세계의 대기 중 이산화탄소 수준은 20ppm 정도 증가했다. 그렇다면 솔로의 기준에 비추어볼 때 지속 가능성은 과연 커졌는가, 작아졌는가? 앞으로 수십 년 동안 지속 가능성은 증가할까, 감소할까?

거시경제학적 기후 연구는 기후 변화가 향후 몇십 년 동안 세계 경제에 수조 달러의 소득 감소라는 비용을 떠안길 거라고 결론 내렸다.[13] 이 같은 엄청난 비용 예측치는 최근의 극심한 무더위가 부진한 경제 성장과 상관관계를 보였다는 사실 및 기후 변화로 무더위가 더욱 기승을 부릴 거라는 예상에 기반을 둔 것이다.

우리에게는 새로운 대처 전략을 마련할 수 있는 개인적·집단적 역량이 있다. 따라서 과거의 통계적 인과관계를 보고 미래에 기후 변화가 야기할 영향을 점치면 결과를 과장할 소지가 있다. 이 핵심적 적응 가설은 꾸준히 검증해볼 필요가 있다. 내가 이 적응 가설을 기각하도록 만드는 증거에는 향후 몇십 년 동안 갈수록 자연재해로 인한 사망자 수가 증가하는 경우, 극심한 폭염이 덮칠 때마다 사람들이 계속 건강 문제로 고생하는 경우, 그리고 기업들이 자연재해를 겪거나 무더위가 닥칠 때 대규모 생산성 상실로 고전하는 경우가 포함될 것이다.

빅데이터의 부상은 시간이 흐르면서 개인·기업·정부가 어떻게 적응해가는지 판단할 수 있는 새로운 데이터를 우리에게 끊임없이 제공해준다. 페이스북·아마존·트위터·구글 같은 실시간 인터넷 플랫폼이 생성하는 데이터는 휴대폰 지표와 더불어 상이한 미국인들이 어떻게 새로운 위험에 대처하는지를 실시간으로 관찰할 수 있도록 만든다. 이런 개인 차원의 생활 수준 지표는 우리 손자 손녀 세대의 삶의 질이 부단히 개선되고 있는지 여부를 드러내준다.

주

머리말: 왜 적응인가

1. ABC7News, "Miley Cyrus, Gerard Butler among Celebrities to Lose Homes."

2. Lopez, "It Wasn't Just the Rich Who Lost Homes."

3. Wolfram, Shelef, and Gertler, "How Will Energy Demand Develop?"; Gertler et al., "Demand for Energy-Using Assets."

4. European Commission, "Paris Agreement."

5. "World Is Losing the War against Climate Change."

6. Metcalf, *Paying for Pollution*.

7. Plumer, "Carbon Dioxide Emissions Hit Record in 2019."

8. Nordhaus, "To Slow or Not to Slow"; Weitzman, "What Is the 'Damages Function' for Global Warming?"

9. Park et al., "Heat and Learning."

10. Hansen, "Nobel Lecture."

11. Kahn, "Climate Change Adaptation Will Offer a Sharp Test."

12. Chetty et al., "Is the United States Still a Land of Opportunity?"

13. Rao, "Climate Change and Housing."

14. Burke and Emerick, "Adaptation to Climate Change."

15. Clemens, "Economics and Emigration."

01 기후과학 예측에 관한 미시경제학적 관점

1. Lakoff, *Unprepared*.

2. Bauer, Thorpe, and Brunet, "Quiet Revolution of Numerical Weather Prediction."

3. Ebert et al., "Progress and Challenges in Forecast Verification"; Stensrud et al., "Progress and Challenges with Warn-on-Forecast."

4. Dessai et al., "Do We Need Better Predictions?"

5. Chinoy, "Places in the US Where Disaster Strikes."

6. Federal Emergency Management Agency, "Disaster Declarations by Year."

7. Wuebbles et al., "Executive Summary."

8. Becker and Lewis, "Interaction between the Quantity and Quality of Children."

9. Weitzman, "Modeling and Interpreting Economics of Catastrophic Climate Change."

10. Curry, "Climate Uncertainty and Risk."

11. 거시경제학 연구는 또한 기후 변화가 우리 경제에 미치는 영향을 평가하고자 한다. Hansen and Brock, "Wrestling with Uncertainty in Climate Economic Models" 참조.

12. Hsiang et al., "Estimating Economic Damage from Climate Change"; Hsiang, "Climate Econometrics"; Baylis, "Temperature and Temperament."

13. Heyes and Saberian, "Temperature and Decisions."

14. Zheng et al., "Air Pollution Lowers Chinese Urbanites' Expressed Happiness."

15. Kahn and Li, "Effect of Pollution and Heat."

16. Kahn et al., "Long-Term Macroeconomic Effects of Climate Change."

17. Jagannathan, "High Temperatures Can Lead to More Violent Crime."

18. Burke et al., "Warming Increases Risk of Civil War in Africa."

19. Lucas, "Econometric Policy Evaluation."

20. Thaler, *Misbehaving*.

21. Romm, *Climate Change*.

22. Nobel Prize, Sveriges Riksbank Prize in Economic Sciences in Memory of Alfred Nobel 1978.

23. Meeuwis et al., "Belief Disagreement and Portfolio Choice"; Gennaioli and

Shleifer, *Crisis of Beliefs*.

24. Benjamin, Brown, and Shapiro, "Who Is 'Behavioral'?"; Grinblatt, Keloharju, and Linnainmaa, "IQ and Stock Market Participation"; Grinblatt, Keloharju, and Linnainmaa, "IQ, Trading Behavior, and Performance."

25. DellaVigna and Kaplan, "Fox News Effect."

26. Nordhaus, *Climate Casino*.

27. Becker and Murphy, *Social Economics*.

28. Malmendier and Nagel, "Depression Babies."

29. Costa and Kahn, "Changes in the Value of Life."

02 일상적 삶의 질

1. Ritchie and Roser, "Natural Disasters"; Kahn, "Death Toll from Natural Disasters"; Formetta and Feyen, "Empirical Evidence of Declining Global Vulnerability."

2. Costa and Kahn, "Changes in the Value of Life."

3. Gallagher and Hartley, "Household Finance after a Natural Disaster."

4. Bunten and Kahn, "Optimal Real Estate Capital Durability."

5. Molloy, Smith, and Wozniak, "Job Changing and Decline in Long-Distance Migration."

6. Costa and Kahn, "Power Couples."

7. Büutikofer and Peri, "Effects of Cognitive and Noncognitive Skills."

8. Deryugina, Kawano, and Levitt, "Economic Impact of Hurricane Katrina."

9. Egan, "Seattle on the Mediterranean."

10. Rohwedder and Willis, "Mental Retirement"; Smith, McArdle, and Willis, "Financial Decision Making and Cognition."

11. Compton and Pollak, "Proximity and Coresidence of Adult Children and Their Parents."

12. Glaeser, Laibson, and Sacerdote, "Economic Approach to Social Capital."

13. Dingel and Neiman, "How Many Jobs Can Be Done at Home?"

14. Sun, Kahn, and Zheng, "Self-Protection Investment."

15. Simon et al., "Ozone Trends across the United States"; Bento, Mookerjee, and Severnini, "New Approach to Measuring Climate Change."

16. Baylis, "Temperature and Temperament."

17. Zheng et al., "Air Pollution Lowers Chinese Urbanites' Expressed Happiness."

18. Burke et al., "Higher Temperatures Increase Suicide Rates."

19. Constine, "Facebook Rolls Out AI."

20. Bobb et al., "Heat-Related Mortality and Adaptation"; Barreca et al., "Adapting to Climate Change"; Burgess et al., "Weather, Climate Change and Death in India."

21. Petkova, Gasparrini, and Kinney, "Heat and Mortality in New York City."

22. Lo et al., "Increasing Mitigation Ambition."

23. Zheng and Kahn, "New Era of Pollution Progress in Urban China?"

24. Masood, "Dozens Die in Karachi from Relentless Heat."

25. Davis and Gertler, "Contribution of Air Conditioning Adoption."

26. Holland et al., "Environmental Benefits from Driving Electric Vehicles?"

27. Kahn and Zheng, "Blue Skies over Beijing."

28. Heutel, Miller, and Molitor, "Adaptation and Mortality Effects."

29. KB Home, "Energy Efficient Homes."

30. Liu et al., "Particulate Air Pollution from Wildfires"; Liu et al., "Future Respiratory Hospital Admissions."

31. Alen, "Alen BreatheSmart FIT50 True HEPA Air Purifier."

32. Deschênes and Moretti, "Extreme Weather Events."

33. Schwartz, "Canada's Outdoor Rinks Are Melting."

34. Mims, "Scramble for Delivery Robots."

35. US Department of Agriculture, Economic Research Service, "Food Expenditure Series."

36. Yeginsu, "KFC Will Test Vegetarian 'Fried Chicken.'"

37. Acemoglu and Linn, "Market Size in Innovation."

38. Kahn and Zhao, "Impact of Climate Change Skepticism on Adaptation."

39. Koslov, "Avoiding Climate Change."

40. Gates, "Can This Cooler Save Kids from Dying?"

41. Kremer, "Creating Markets for New Vaccines."

42. Boskin, "Toward a More Accurate Measure."

43. Barreca et al., "Adapting to Climate Change."

03 가난한 사람들 보호하기

1. Kishore et al., "Mortality in Puerto Rico."

2. Deryugina, "Fiscal Cost of Hurricanes."

3. Hendricks, "Right-Wing Case for Basic Income."

4. Mulligan, "Redistribution Recession."

5. Becker and Mulligan, "Endogenous Determination of Time Preference."

6. Currie, "Healthy, Wealthy, and Wise"; Currie, Neidell, and Schmieder, "Air Pollution and Infant Health."

7. Heckman Equation.

8. Deming, "Growing Importance of Social Skills."

9. Autor, Dorn, and Hanson, "China Syndrome."

10. Neal, "Industry-Specific Human Capital."

11. DiPasquale and Kahn, "Measuring Neighborhood Investments."

12. Boustan et al., "Effect of Natural Disasters."

13. Glaeser and Gyourko, "Urban Decline and Durable Housing."

14. Zillow, "Paradise, California, Home Values."

15. Quigley and Raphael, "Economics of Homelessness."

16. Flavelle and Popovich, "Heat Deaths Jump in Southwest United States."

17. Renthop, "Building Ages and Rents in New York."

18. US Energy Information Administration, "Air Conditioning in Nearly 100 Million U.S. Homes."

19. Home Depot, "8,000 BTU Portable Air Conditioner with Dehumidifier."

20. US Energy Information Administration, "Household Energy Use in Arizona."

21. SMUD, "Low-Income Assistance and Nonprofit Discount."

22. Rawls, *Theory of Justice*.

23. Banzhaf, Ma, and Timmins, "Environmental Justice."

24. Arango, "'Turn Off the Sunshine.'"

25. City of Los Angeles, "Beat the Heat."

26. Heilmann and Kahn, "Urban Crime and Heat Gradient."

27. Heller et al., "Thinking, Fast and Slow?"

28. Chetty, Hendren, and Katz, "Effects of Exposure to Better Neighborhoods."

29. Bütikofer and Peri, "Effects of Cognitive and Noncognitive Skills."

30. Friedman, *Capitalism and Freedom*.

31. Chyn, "Moved to Opportunity."

32. Mervosh, "Unsafe to Stay, Unable to Go."

33. Deryugina, Kawano, and Levitt, "Economic Impact of Hurricane Katrina."

34. Henderson, Storeygard, and Deichmann, "Has Climate Change Driven Urbanization in Africa?"

35. Bryan, Chowdhury, and Mobarak, "Underinvestment in a Profitable Technology."

36. Kinnan, Wang, and Wang, "Access to Migration for Rural Households."

37. Card, "Impact of Mariel Boatlift."

38. Saiz, "Room in the Kitchen."

39. Field, "Property Rights and Investment."

40. Feler and Henderson, "Exclusionary Policies in Urban Development."

41. Kumar, Gettleman, and Yasir, "How Do You Save a Million People from a Cyclone?"

42. Costa, "Estimating Real Income"; Hamilton, "Using Engel's Law to Estimate CPI Bias."

43. Barreca et al., "Adapting to Climate Change."

04 공공 인프라 업그레이드

1. Climate Ready Boston, "Climate Change and Sea Level Rise Projections for Boston"; San Diego Foundation, "San Diego's Changing Climate."

2. Mufson, "Boston Harbor Brings Ashore a New Enemy."

3. Bloomberg and Pope, *Climate of Hope*.

4. American Society of Civil Engineers, "2016 Report Card for Humboldt County's Water Infrastructure."

5. Anderson et al., "Dangers of Disaster-Driven Responses"; Wibbenmeyer, Anderson, and Plantinga, "Salience and Government Provision of Public Goods."

6. Healy and Malhotra, "Myopic Voters and Natural Disaster Policy."

7. Kluijver et al., "Advances in the Planning and Conceptual Design of Storm Surge Barriers"; US Army Corps of Engineers, "NY & NJ Harbor & Tributaries Focus Area Feasibility Study."

8. Barnard, "$119 Billion Sea Wall."

9. Sweet, "Why China Can Build High-Speed Rail So Cheaply."

10. Federal Reserve Board, "Federal Reserve Board Releases Results of Supervisory Bank Stress Tests."

11. American Society of Civil Engineers, "2017 Infrastructure Report Card."

12. Hird, "Political Economy of Pork."

13. Flint, "Riches of Resilience."

14. City of Baltimore, "Bond Issue Questions."

15. Cutler and Miller, "Water, Water Everywhere."

16. Costa and Kahn, "Declining Mortality Inequality."

17. Gartner and Zach, "Fighting Fire with Finance."

18. US Environmental Protection Agency, "DC Water's Environmental Impact Bond."

19. Kolden, "What the Dutch Can Teach Us about Wildfires."

20. Paradise Ridge Fire Safe Council.

21. Con Edison, "Our Energy Vision."

22. Kennedy, "Restoring Power after a Natural Disaster."

23. Li et al., "Networked Microgrids"; National Academies of Sciences, Engineering, and Medicine, "Enhancing the Resilience of the Nation's Electricity System"; Moser and Hart, "Adaptation Blindspot."

24. Bruzgul et al., *Rising Seas and Electricity Infrastructure*.

25. Federal Communications Commission, "FCC Seeks Industry Input."

26. New York State Sea Level Rise Task Force, "Report to the Legislature."

27. Tesla, "Gigafactory."

28. Greenstone, Hornbeck, and Moretti, "Identifying Agglomeration Spillovers."

29. US Environmental Protection Agency, "Flood Resilience"; Critical Messaging Association, "Technology That Delivers Reliable Communications."

30. McGeehan, "Report Offers 50 Ways to Avoid Chaos."

31. Jerch, Kahn, and Li, "Efficiency of Local Government"; Holmes, "Effect of State Policies on the Location of Manufacturing."

32. Altshuler and Luberoff, "Mega-Projects."

33. Agence France-Presse, "People of Venice Protest."

34. Berkowitz, "What a Chief Resilience Officer Does."

35. Mika et al., "LA Sustainable Water Project."

36. Matchar, "This Concrete Can Absorb a Flood"; Elkhrachy, "Flash Flood Hazard Mapping."

37. St. John and Phillips, "Despite Fire after Fire, Paradise Continued to Boom."

38. Cragg et al., "Carbon Geography"; Dunlap and McCright, "Widening Gap."

39. Madison, "Elizabeth Warren."

40. Fishman, "System That Actually Worked."

05 기후 변화는 경제 생산성을 위협할까

1. Moretti, *New Geography of Jobs*.

2. Glaeser, *Triumph of the City*; Rosenthal and Strange, "Evidence on the Nature and Sources of Agglomeration Economies."

3. "Heated Debate."

4. Hyde, "Schelling's Focal Points."

5. Henderson, Lee, and Lee, "Scale Externalities in Korea."

6. Wang, "Economic Impact of Special Economic Zones."

7. First Street Foundation.

8. Rosen, "Markets and Diversity."

9. Olick, "Amazon's HQ2 in Queens."

10. Adhvaryu, Kala, and Nyshadham, "Management and Shocks to Worker Productivity."

11. Bloom et al., "Does Management Matter?"

12. Jacobson, LaLonde, and Sullivan, "Earnings Losses of Displaced Workers."

13. Bloom et al., "Modern Management."

14. Kunreuther and Useem, *Mastering Catastrophic Risk*.

15. Bloom et al., "Does Management Matter?"

16. Colt, "Here's How Apple Is Making Its New HQ."

17. Levy, "One More Thing."

18. Zivin and Kahn, "Industrial Productivity in a Hotter World."

19. Dingel and Neiman, "How Many Jobs Can Be Done at Home?"

20. Dingel and Neiman, "How Many Jobs Can Be Done at Home?"

21. Bloom et al., "Does Working from Home Work?"

22. Carney, "Resolving the Climate Paradox."

23. Carvalho et al., "Supply Chain Disruptions"; Carvalho, "From Micro to Macro."

24. Kunreuther and Useem, *Mastering Catastrophic Risk*.

25. Donaldson and Storeygard, "View from Above."

26. Walmart, "Enhancing Resilience in the Face of Disasters."

27. Amazon, "FlexiFreeze Ice Vest, Navy."

28. Cahalan, "American Lobster Bonanza Is About to Go Bust."

29. Livingston, "In Alaska, Climate Change."

06 도시의 부동산 보호하기

1. Zillow, "Home Values."

2. Rao, "Climate Change and Housing."

3. Hoffman, Shandas, and Pendleton, "Effects of Historical Housing Policies."

4. Ortega and Taşpınar, "Rising Sea Levels and Sinking Property Values."

5. Beltrán, Maddison, and Elliott, "Impact of Flooding on Property Prices."

6. Kahn, "Climate Change Adaptation Will Offer a Sharp Test."

7. Bernstein, Gustafson, and Lewis, "Disaster on the Horizon."

8. Bakkensen and Barrage, "Flood Risk Belief Heterogeneity."

9. McCright and Dunlap, "Politicization of Climate Change."

10. Ouazad and Kahn, "Mortgage Finance in the Face of Rising Climate Risk."

11. Brannon and Blask, "Government's Hidden Housing Subsidy."

12. DeBonis, "Congress Passes Flood Insurance Extension."

13. Dixon, Tsang, and Fitts, *Impact of Changing Wildfire Risk on California's Residential Insurance Market.*

14. Flavelle and Plumer, "California Bans Insurers from Dropping Policies."

15. Floodscores.

16. Miller, "Startup Plans to Analyze Rising Sea Levels."

17. Rappaport and Sachs, "The United States as a Coastal Nation."

18. Kahn, "Death Toll from Natural Disasters."

19. Kocornik-Mina et al., "Flooded Cities."

20. Butsic, Hanak, and Valletta, "Climate Change and Housing Prices."

21. Commonwealth of Virginia, Executive Order No. 24, 2018.

22. Schwartz and Fausset, "North Carolina, Warned of Rising Seas."

23. Albouy et al., "Climate Amenities"; Kahn, "Urban Growth and Climate Change."

24. Lee, "Singapore's Founding Father"; Oi, "Welfare Implications of Invention."

25. Hsiang, "Climate Econometrics."

26. Chen, "New Buildings in Flood Zones."

27. City of Phoenix, "Phoenix Growth."

28. Barrage, Lint, and Furst, "Housing Investment, Sea Level Rise."

29. Walters, "Plight of Phoenix."

30. Gilbreath, "How I Survived Scorching Hot Phoenix Summers."

31. Josephson, "Cost of Living in Arizona."

32. Glaeser, Kolko, and Saiz, "Consumer City"; Glaeser and Gottlieb, "Urban

Resurgence and Consumer City."

33. Costa and Kahn, "Rising Price of Nonmarket Goods."

34. Bakkensen and Barrage, "Flood Risk Belief Heterogeneity."

35. Sorrel, "This Quaint English House."

36. Caughill, "How to Prevent Your House from Flooding"; Adams, "When Waters Rise."

37. Bloomberg and Pope, *Climate of Hope*.

38. Bandell, "Sea-Level Rise Spurs South Florida Developers."

39. Dastrup et al., "Understanding Solar Home Price Premium"; Kahn and Kok, "Capitalization of Green Labels."

40. Kolden, "What the Dutch Can Teach Us about Wildfires."

41. Prescriptive Data, "About Us."

42. Bunten and Kahn, "Optimal Real Estate Capital Durability."

43. Johnson et al., "Benefit-Cost Analysis of Floodplain Land Acquisition."

44. Genesove and Mayer, "Loss Aversion and Seller Behavior."

07 적응을 용이하게 하는 빅데이터 시장

1. Rappold et al., "Smoke Sense Initiative."

2. Flavelle, "Almost 2 Million Homes Are at Risk."

3. Zheng et al., "Air Pollution Lowers Chinese Urbanites' Expressed Happiness."

4. Shelgikar, Anderson, and Stephens, "Sleep Tracking, Wearable Technology."

5. Sun, Kahn, and Zheng, "Self-Protection Investment."

6. Goldberg, Macis, and Chintagunta, "Leveraging Patients' Social Networks to Overcome Tuberculosis Underdetection."

7. Wolak, "Do Residential Customers Respond to Hourly Prices?"

8. Carter, "First Presidential Report to the American People."

9. Fowlie et al., "Default Effects and Follow-On Behavior"; Gillan, "Dynamic Pricing, Attention, and Automation."

10. House Committee on Science, Space, and Technology, Testimony of Rich

Sorkin.

11. Beatty, Shimshack, and Volpe, "Disaster Preparedness and Disaster Response."

12. Courtemanche et al., "Do Walmart Supercenters Improve Food Security?"

13. Amazon, "Sustain Supply Co. Premium Emergency Survival Bag/Kit."

14. Voelker, "Vulnerability to Pandemic Flu."

15. Galbraith, *Affluent Society*.

16. University of Pennsylvania, "Portland Flood Insurance Study."

17. Bishop, "Jeff Bezos Explains Amazon's Artificial Intelligence."

18. USC Viterbi, "Data Science."

19. Moser, "Array of Things."

20. Ghanem and Zhang, "Effortless Perfection."

21. Cohen, "iPhone App Making NBA Smarter."

22. Echenique and Melgar, "Mapping Puerto Rico's Hurricane Migration."

23. Moore et al., "Rapidly Declining Remarkability of Temperature Anomalies."

24. National Science Foundation, "NSF 2026 Idea Machine!"

25. Kang et al., "Using Google Trends for Influenza Surveillance."

26. Choi and Varian, "Predicting the Present with Google Trends."

08 부동산 분야의 재해석

1. Blanchflower and Oswald, "Does High Home-Ownership Impair the Labor Market?"

2. Fisher and Jaffe, "Determinants of International Home Ownership Rates"; Earley, "What Explains the Differences in Homeownership Rates in Europe?"

3. Foote, Gerardi, and Willen, "Negative Equity and Foreclosure."

4. Campbell, Giglio, and Pathak, "Forced Sales and House Prices."

5. Sinai and Souleles, "Owner-Occupied Housing as a Hedge against Rent Risk."

6. Glaeser, Gyourko, and Saks, "Why Is Manhattan So Expensive?"

7. DiPasquale and Glaeser, "Incentives and Social Capital."

8. Olson, *Logic of Collective Action*.

9. Kirwan and Roberts, "Who Really Benefits from Agricultural Subsidies?"

10. Baylis and Boomhower, "Moral Hazard, Wildfires, and the Economic Incidence of Natural Disasters."

11. Lueck and Yoder, "Clearing the Smoke from Wildfire Policy."

12. Federal Emergency Management Agency, "Participation in the National Flood Insurance Program."

13. Hunn, "FEMA on Track to Pay $11 Billion."

14. Cutter and Emrich, "Moral Hazard, Social Catastrophe."

15. Henderson and Mitra, "New Urban Landscape"; Pashigian and Gould, "Internalizing Externalities."

16. Tiebout, "Pure Theory of Local Expenditures."

17. Fischel, "Economics of Zoning Laws."

18. Kahn and Kok, "Big-Box Retailers and Urban Carbon Emissions."

19. Clarke, "Skyscrapers Face the Apocalypse."

20. Bunten and Kahn, "Optimal Real Estate Capital Durability."

21. Brounen and Kok, "Economics of Energy Labels."

22. Henderson and Mitra, "New Urban Landscape"; Pashigian and Gould, "Internalizing Externalities."

23. Poterba and Sinai, "Tax Expenditures for Owner-Occupied Housing."

09 적응을 촉진하는 법률과 규정의 재해석

1. Hsieh and Moretti, "Housing Constraints and Spatial Misallocation."

2. Glaeser and Kahn, "Greenness of Cities."

3. Fischel, *Homevoter Hypothesis*.

4. Minneapolis 2040, "Access to Housing."

5. Garner, "Neighborhood Spotlight."

6. Frank, Andresen, and Schmid, "Obesity Relationships with Community Design"; Eid et al., "Fat City."

7. Brinklow, "Four-Story Building in Berkeley Built in Four Days."

8. CPUC FireMap.

9. Moretti, "Fires Aren't the Only Threat to the California Dream."

10. Baylis and Boomhower, "Moral Hazard, Wildfires."

11. Baylis and Boomhower, "Moral Hazard, Wildfires."

12. HealthCare.gov, "Glossary: Minimum Essential Coverage (MEC)."

13. State of California, Seismic Safety Commission, "Homeowner's Guide to Earthquake Safety."

14. Harish, "New Law in North Carolina."

15. First Street Foundation.

16. Singapore Government, "Electronic Road Pricing."

17. Nicas, Fuller, and Arango, "Forced Out by Deadly Fires."

18. Kahn, "Environmental Disasters as Risk Regulation Catalysts?"

19. Gagliarducci, Paserman, and Patacchini, "Hurricanes, Climate Change Policies and Electoral Accountability."

20. Miao, "Are We Adapting to Floods?"

21. Wibbenmeyer, Anderson, and Plantinga, "Salience and Government Provision of Public Goods."

10 농업 생산의 혁신

1. Evich, "'I'm Standing Right Here.'"

2. Barnhart, "Local Farmers Forced to Gamble."

3. Penrod, "Drought Forces Hard Choices."

4. Evich, "'I'm Standing Right Here.'"

5. Burke and Emerick, "Adaptation to Climate Change."

6. Schlenker and Roberts, "Nonlinear Temperature Effects."

7. Asimov, "Climate Change."

8. Pathak et al., "Climate Change Trends and Impacts."

9. Pathak et al., "Climate Change Trends and Impacts."

10. Severen et al., "Forward-Looking Ricardian Approach."

11. Hseih and Moretti, "Housing Constraints and Spatial Misallocation."

12. Heckman, Ichimura, and Todd, "Matching as an Econometric Evaluation Estimator."

13. Lages et al., "Comparison of Land, Water, and Energy Requirements."

14. US Department of Agriculture, National Agricultural Statistics Service, "Farms and Farmland Numbers."

15. Cooke, "40-Foot Shipping Container Farm."

16. Eddy, "Take Caution in Watering Walnuts."

17. Rangel, "From Corgis to Corn."

18. Lusk, Tack, and Hendricks, "Heterogeneous Yield Impacts."

19. Dobert, "Think GMOs Aren't Regulated?"

20. Barrows, Sexton, and Zilberman, "Agricultural Biotechnology."

21. Food and Agriculture Organization of the United Nations, "Water Uses."

22. Hagerty, "Scope for Climate Adaptation."

23. Yan, "Chinese Team Succeeds in Planting Saltwater Rice."

24. Coghlan, "GM Golden Rice Gets Approval."

25. Christensen et al., "Regional Climate Projections."

26. Entine, "Debate about GMO Safety Is Over."

27. Prakash et al., "Risks and Precautions of Genetically Modified Organisms."

28. Roberts and Schlenker, "Is Agricultural Production Becoming More or Less Sensitive to Extreme Heat?"

29. Margaritoff, "Drones in Agriculture."

30. Moore, "'Sensors Will Profoundly Change Agriculture Decision-Making.'"

31. Velazco, "Arable's Mark Crop Sensors Give Farmers a Data-Driven Edge."

32. African Risk Capacity, "Introduction."

33. Savvides et al., "Chemical Priming of Plants against Multiple Abiotic Stresses."

34. Donaldson and Storeygard, "View from Above."

35. Peng et al., "Benefits of Seasonal Climate Prediction."

36. Carrasco et al., "Global Economic Trade-Offs."

37. Newman and Bunge, "Tariffs May Crown Corn King Again."

38. Alene and Manyong, "Effects of Education on Agricultural Productivity."

39. Ricepedia, "Global Staple."

40. Food and Agriculture Organization of the United Nations, "Farmer Field School Approach."

41. CNFA, "Farmer-to-Farmer: Southern Africa (Closed 2018)."

42. Gloy, "Farm Sector Debt Continues Higher."

43. African Risk Capacity, "How the African Risk Capacity Works."

44. Burwood-Taylor, "Guide to the Investors Funding the Next Agricultural Revolution."

45. Leclerc, "How Sustainable Is the Agritech Venture Ecosystem?"

46. Environmental Working Group, "United States Farm Subsidy Information."

47. US Department of Agriculture, Farm Credit Administration, "Crop Insurance Covers Most Major Crops."

48. US Department of Agriculture, Farm Credit Administration, "Crop Insurance Covers Most Major Crops."

49. OpenSecrets.org, "Center for Responsive Politics."

50. Becker, "Public Policies, Pressure Groups, and Dead Weight Costs"; Annan and Schlenker, "Federal Crop Insurance."

51. Becker, "Theory of Competition among Pressure Groups."

52. Annan and Schlenker, "Federal Crop Insurance."

53. Lemmon et al., "Rapid Improvement of Domestication Traits."

11 적응을 돕는 세계화와 국제 무역

1. Hornbeck, "Enduring Impact of the American Dust Bowl."

2. Saiz, "Room in the Kitchen"; Saiz, "Immigration and Housing Rents."

3. Ozden, Wagner, and Packard, "Moving for Prosperity."

4. Auerbach, Gokhale, and Kotlikoff, "Generational Accounting."

5. Becker, "Sell the Right to Immigrate."

6. Moraga and Rapoport, "Tradable Immigration Quotas."

7. Jensen and Miller, "Keepin' 'Em down on the Farm."

8. Posner and Weyl, "Sponsor an Immigrant Yourself."

9. *Refugees*.AI.

10. Hartman, "New Life for Refugees."

11. Glaeser, *World of Cities*.

12. Hutchins, "Carriers Say Mega-Ship Sizes Maxing Out."

13. Bates, *Markets and States in Tropical Africa*.

14. International Transport Forum, "Impact of Mega Ships."

15. Trafton, "Comparing Apples and Oranges."

16. World Bank, "World Bank Catastrophe Bond Transaction."

맺음말: 적응의 연료, 인적 자본

1. Cummings, "World Is Going to End."

2. Cragg et al., "Carbon Geography."

3. Sabin, *The Bet*.

4. Global Water Awards, "2018 Desalination Company of the Year."

5. Becker and Mulligan, "Endogenous Determination of Time Preference."

6. Wallace-Wells, *Uninhabitable Earth*.

7. Scheffers et al., "Microhabitats Reduce Animal's Exposure to Climate Extremes."

8. Wood, "World War I-Era Maps Help Track History of Kelp Forests."

9. Pinsky et al., "Greater Vulnerability to Warming."

10. McMahon et al., "Divergent Trophic Responses of Sympatric Penguin Species."

11. Casadevall, Kontoyiannis, and Robert, "Emergence of *Candida auris*."

12. Solow, *Sustainability*.

13. Burke, Davis, and Diffenbaugh, "Large Potential Reduction in Economic Damages."

참고문헌

100 Resilient Cities. https://www.100resilientcities.org/.

ABC7News. "Miley Cyrus, Gerard Butler among Celebrities to Lose Homes in Woolsey Fire." November 12, 2018. https://abc7news.com/miley-cyrus-among-celebs-to-lose-homes-in-woolsey-fire/4657842/.

Acemoglu, Daron, and Joshua Linn. "Market Size in Innovation: Theory and Evidence from the Pharmaceutical Industry." *Quarterly Journal of Economics* 119 (2004): 1049-90.

Adams, Dallon. "When Waters Rise, These Flood-Proof Houses Rise Right with Them." *Digital Trends*, September 9, 2017. https://www.digitaltrends.com/home/flood-proof-homes/.

Adhvaryu, Achyuta, Namrata Kala, and Anant Nyshadham. "Management and Shocks to Worker Productivity." NBER Working Paper No. 25865, May 2019.

African Risk Capacity. "Africa RiskView: Introduction." October 31, 2016. https://www.africanriskcapacity.org/2016/10/31/africa-riskview-introduction/.

____. "How the African Risk Capacity Works." https://www.africanriskcapacity.org/about/how-arc-works/.

Agence France-Presse. "People of Venice Protest over Floods and Cruise Ships." *Guardian*, November 24, 2019.

Albouy, David, et al. "Climate Amenities, Climate Change, and American Quality of Life." *Journal of the Association of Environmental and Resource Economists* 3 (2016): 205-46.

Alen. "Alen BreatheSmart FIT50 True HEPA Air Purifier＋HEPA－Pure＋White." https://www.alencorp.com/products/alen-breathesmart-fit50-hepa-air-purifier.

Alene, Arega D., and V. M. Manyong. "The Effects of Education on Agricultural Productivity under Traditional and Improved Technology in Northern Nigeria: An Endogenous Switching Regression Analysis." *Empirical Economics* 32 (2007): 141-59.

Alsan, Marcella. "The Effect of the Tsetse Fly on African Development." *American Economic Review* 105 (2015): 382-410.

Altshuler, Alan A., and David E. Luberoff. *Mega-Projects: The Changing Politics of Urban Public Investment*. Washington, DC: Brookings Institution Press, 2003.

Amazon. "FlexiFreeze Ice Vest, Navy." https://www.amazon.com/FlexiFreeze-Ice-Vest-Velcro-Closure/dp/B001P30358.

＿＿＿. "Sustain Supply Co. Premium Emergency Survival Bag/Kit." https://www.amazon.com/Premium-Emergency-Survival-Bag-Kit/dp/B0722L37PL/.

American Society of Civil Engineers. "2016 Report Card for Humboldt County's Water Infrastructure." https://www.infrastructurereportcard.org/wp-content/uploads/2013/02/ASCE-Humboldt-CA-Report-Card-Water-3.24.16.pdf.

＿＿＿. "2017 Infrastructure Report Card: State Infrastructure Facts." https://www.infrastructurereportcard.org/state-by-state-infrastructure/.

Anderson, Sarah E., et al. "The Dangers of Disaster-Driven Responses to Climate Change." *Nature Climate Change* 8 (2018): 651-53.

Annan, Francis, and Wolfram Schlenker. "Federal Crop Insurance and the Disincentive to Adapt to Extreme Heat." *American Economic Review* 105 (2015): 262-66.

Arango, Tim. "'Turn Off the Sunshine': Why Shade Is a Mark of Privilege in Los Angeles." *New York Times*, December 1, 2019.

Asimov, Eric. "Great Bubbly from England, Believe It or Not." *New York Times*, December 20, 2018.

_____. "How Climate Change Has Altered the Way Cristal Champagne Is Made." *New York Times*, July 19, 2018.

Auerbach, Alan J., Jagadeesh Gokhale, and Laurence J. Kotlikoff. "Generational Accounting: A Meaningful Way to Evaluate Fiscal Policy." *Journal of Economic Perspectives* 8 (1994): 73-94.

Autor, David H., David Dorn, and Gordon H. Hanson. "The China Syndrome: Local Labor Market Effects of Import Competition in the United States." *American Economic Review* 103 (2013): 2121-68.

Bakkensen, Laura, and Lint Barrage. "Flood Risk Belief Heterogeneity and Coastal Home Price Dynamics: Going under Water?" NBER Working Paper No. 23854, 2018.

Bandell, Brian. "Sea-Level Rise Spurs South Florida Developers to Action." *South Florida Business Journal*, July 12, 2018. https://www.bizjournals.com/southflorida/news/2018/07/12/sea-level-rise-spurs-s-fla-developers-to-action.html.

Banzhaf, Spencer, Lala Ma, and Christopher Timmins. "Environmental Justice: The Economics of Race, Place, and Pollution." *Journal of Economic Perspectives* 33 (2019): 185-208.

Barnard, Anne. "The $119 Billion Sea Wall That Could Defend New York ⋯⋯ or Not." *New York Times*, January 17, 2020.

Barnett, Michael. "A Run on Oil: Climate Policy, Stranded Assets, and Asset Prices." Working Paper, November 2018.

Barnhart, Toria. "Local Farmers Forced to Gamble with Crops as the Poor Weather Persists." *Chillicothe (OH) Gazette*, June 22, 2019.

Barrage, Lint, and Jacob Furst. "Housing Investment, Sea Level Rise, and Climate Change Beliefs." *Economics Letters* 177 (2019): 105-8.

Barreca, Alan, et al. "Adapting to Climate Change: The Remarkable Decline in the U.S. Temperature-Mortality Relationship over the Twentieth Century." *Journal of Political Economy* 124 (2016): 105-59.

Barrett, Scott. "The Incredible Economics of Geoengineering." *Environmental and Resource Economics* 39 (2008): 45-54.

Barrows, Geoffrey, Steven Sexton, and David Zilberman. "Agricultural Biotechnology: The Promise and Prospects of Genetically Modified Crops." *Journal of Economic Perspectives* 28 (2014): 99-120.

Bates, Robert H. *Markets and States in Tropical Africa: The Political Basis of Agricultural Policies.* Berkeley: University of California Press, 2014.

Bauer, Peter, Alan Thorpe, and Gilbert Brunet. "The Quiet Revolution of Numerical Weather Prediction." *Nature* 525 (2015): 47-55.

Baylis, Patrick. "Temperature and Temperament: Evidence from Twitter." *Journal of Public Economics* 184 (2020): 104161.

Baylis, Patrick, and Judson Boomhower. "Moral Hazard, Wildfires, and the Economic Incidence of Natural Disasters." NBER Working Paper No. 26550, December 2019.

Beatty, Timothy K. M., Jay P. Shimshack, and Richard J. Volpe. "Disaster Preparedness and Disaster Response: Evidence from Sales of Emergency Supplies before and after Hurricanes." *Journal of the Association of Environmental and Resource Economists* 6 (2019): 633-68.

Becker, Gary S. "Nobel Lecture: The Economic Way of Looking at Behavior." *Journal of Political Economy* 101 (1993): 385-409.

_____. "Public Policies, Pressure Groups, and Dead Weight Costs." *Journal of Public Economics* 28 (1985): 329-47.

_____. "Sell the Right to Immigrate—BECKER." Becker-Posner Blog, February 21, 2005. https://www.becker-posner-blog.com/2005/02/sell-the-right-to-immigrate-becker.html.

_____. "A Theory of Competition among Pressure Groups for Political Influence." *Quarterly Journal of Economics* 98 (1983): 371-400.

Becker, Gary S., and H. Gregg Lewis. "On the Interaction between the Quantity and Quality of Children." *Journal of Political Economy* 81 (1973): S279-88.

Becker, Gary S., and Casey B. Mulligan. "The Endogenous Determination of Time Preference." *Quarterly Journal of Economics* 112 (1997): 729-58.

Becker, Gary S., and Kevin M. Murphy. *Social Economics: Market Behavior in a*

Social Environment. Cambridge, MA: Harvard University Press, 2009.

Beltrán, Allan, David Maddison, and Robert Elliott. "The Impact of Flooding on Property Prices: A Repeat-Sales Approach." *Journal of Environmental Economics and Management* 95 (2019): 62-86.

Benjamin, Daniel J., Sebastian A. Brown, and Jesse M. Shapiro. "Who Is 'Behavioral'? Cognitive Ability and Anomalous Preferences." *Journal of the European Economic Association* 11 (2013): 1231-55.

Bento, Antonio, Mehreen Mookerjee, and Edson Severnini. "A New Approach to Measuring Climate Change Impacts and Adaptation." Working Paper, March 2017.

Berkowitz, Michael. "What a Chief Resilience Officer Does." 100 Resilient Cities, March 18, 2015. http://100resilientcities.org/what-a-chief-resilience-officer-does/.

Bernstein, Asaf, Matthew T. Gustafson, and Ryan Lewis. "Disaster on the Horizon: The Price Effect of Sea Level Rise." *Journal of Financial Economics* 134 (2019): 253-72.

Bishop, Todd. "Jeff Bezos Explains Amazon's Artificial Intelligence Machine Learning Strategy." *Geek Wire*, May 6, 2017. https://www.geekwire.com/2017/jeff-bezos-explains-amazons-artificial-intelligence-machine-learning-strategy/.

Blanchflower, David G., and Andrew J. Oswald. "Does High Home-Ownership Impair the Labor Market?" NBER Working Paper No. 19079, May 2013.

Bleakley, Hoyt. "Disease and Development: Evidence from Hookworm Eradication in the American South." *Quarterly Journal of Economics* 122 (2007): 73-117.

———. "Health, Human Capital, and Development." *Annual Review of Economics* 2 (2010): 283-310.

———. "Malaria Eradication in the Americas: A Retrospective Analysis of Childhood Exposure." *American Economic Journal: Applied Economics* 2 (2010): 1-45.

Bloom, Nicholas, and John Van Reenen. "Why Do Management Practices Differ across Firms and Countries?" *Journal of Economic Perspectives* 24 (2010): 203-24.

Bloom, Nicholas, et al. "Does Management Matter? Evidence from India." *Quarterly Journal of Economics* 128 (2013): 1-51.

____. "Does Working from Home Work? Evidence from a Chinese Experiment." *Quarterly Journal of Economics* 130 (2014): 165-218.

____. "Modern Management: Good for the Environment or Just Hot Air?" *Economic Journal* 120 (2010): 551-72.

Bloomberg, Michael, and Carl Pope. *Climate of Hope: How Cities, Businesses, and Citizens Can Save the Planet.* New York: St. Martin's, 2017.

Bobb, Jennifer F., et al. "Heat-Related Mortality and Adaptation to Heat in the United States." *Environmental Health Perspectives* 122 (2014): 811-16.

Boomhower, Judson. "Drilling Like There's No Tomorrow: Bankruptcy, Insurance, and Environmental Risk." *American Economic Review* 109 (2019): 391-426.

Boskin, Michael J. *Toward a More Accurate Measure of the Cost of Living: Final Report to the Senate Finance Committee from the Advisory Commission to Study the Consumer Price Index.* [Washington, DC]: Advisory Commission to Study the Consumer Price Index, 1996.

Boskin, Michael J., et al. "Consumer Prices, the Consumer Price Index, and the Cost of Living." *Journal of Economic Perspectives* 12 (1998): 3-26.

Boustan, Leah Platt, et al. "The Effect of Natural Disasters on Economic Activity in US Counties: A Century of Data." *Journal of Urban Economics* 118 (2020): 103257.

Brannon, Ike, and Ari Blask. "The Government's Hidden Housing Subsidy for the Rich." *Politico*, August 8, 2017. https://www.politico.com/agenda/story/2017/08/08/hidden-subsidy-rich-flood-insurance-000495.

Brinklow, Adam. "Four-Story Building in Berkeley Built in Four Days." Curbed San Francisco, August 6, 2018. https://sf.curbed.com/2018/8/6/17656118/fast-apartment-residential-building-berkeley-patrick-kennedy-prefab.

Brooks, Nancy, and Rajiv Sethi. "The Distribution of Pollution: Community Characteristics and Exposure to Air Toxics." *Journal of Environmental Economics and Management* 32 (1997): 233-50.

Brounen, Dirk, and Nils Kok. "On the Economics of Energy Labels in the Housing Market." *Journal of Environmental Economics and Management* 62 (2011): 166-79.

Bruzgul, Judsen, et al. *Rising Seas and Electricity Infrastructure: Potential Impacts and Adaptation Actions for San Diego Gas and Electric.* A Report for California's Fourth Climate Change Assessment. California Energy Commission, Publication No. CCCA4-CEC-2018-004, August 2018.

Bryan, Gharad, Shyamal Chowdhury, and Ahmed Mushfiq Mobarak. "Underinvestment in a Profitable Technology: The Case of Seasonal Migration in Bangladesh." *Econometrica* 82 (2014): 1671-748.

Bunten, Devin, and Matthew E. Kahn. "Optimal Real Estate Capital Durability and Localized Climate Change Disaster Risk." *Journal of Housing Economics* 36 (2017): 1-7.

Burgess, Robin, et al. "Weather, Climate Change and Death in India." Working Paper, 2017.

Burke, Marshall, W. Matthew Davis, and Noah S. Diffenbaugh. "Large Potential Reduction in Economic Damages under UN Mitigation Targets." *Nature* 557 (2018): 549-53.

Burke, Marshall, and Kyle Emerick. "Adaptation to Climate Change: Evidence from US Agriculture." *American Economic Journal: Economic Policy* 8 (2016): 106-40.

Burke, Marshall, et al. "Higher Temperatures Increase Suicide Rates in the United States and Mexico." *Nature Climate Change* 8 (2018): 723-29.

———. "Warming Increases the Risk of Civil War in Africa." *PNAS* 106 (2009): 20670-74.

———. "Weather and Violence." *New York Times*, August 30, 2013.

Burwood-Taylor, Louisa. "A Guide to the Investors Funding the Next Agricultural Revolution." *AgFunderNews*, October 6, 2016. https://agfundernews.com/a-guide-to-investors-funding-the-next-agricultural-revolution.html.

Bütikofer, Aline, and Giovanni Peri. "The Effects of Cognitive and Noncognitive

Skills on Migration Decisions." NBER Working Paper No. 23877, September 2017, rev. September 2018.

Butsic, Van, Ellen Hanak, and Robert G. Valletta. "Climate Change and Housing Prices: Hedonic Estimates for Ski Resorts in Western North America." *Land Economics* 87 (2011): 75-91.

Cahalan, Susannah. "American Lobster Bonanza Is About to Go Bust." *New York Post*, June 9, 2018.

Campbell, John Y., Stefano Giglio, and Parag Pathak. "Forced Sales and House Prices." *American Economic Review* 101 (2011): 2108-31.

Card, David. "The Impact of the Mariel Boatlift on the Miami Labor Market." *Industrial and Labor Relations Review* 43 (1990): 245-57.

Carney, Mark. "Resolving the Climate Paradox." Bank of England, Arthur Burns Memorial Lecture, Berlin, September 22, 2016.

Carrasco, Luis R., et al. "Global Economic Trade-Offs between Wild Nature and Tropical Agriculture." *PLOS Biology* 15 (2017): e2001657.

Carter, Jimmy. "First Presidential Report to the American People." February 3, 1977. Available at https://www.nytimes.com/1977/02/03/archives/the-text-of-jimmy-carters-first-presidential-report-to-the-american.html.

Carvalho, Vasco M. "From Micro to Macro via Production Networks." *Journal of Economic Perspectives* 28 (2014): 23-48.

Carvalho, Vasco M., et al. "Supply Chain Disruptions: Evidence from the Great East Japan Earthquake." Becker Friedman Institute for Research in Economics Working Paper No. 2017-01, January 2017.

Casadevall, Arturo, Dimitros P. Kontoyiannis, and Vincent Robert. "On the Emergence of *Candida auris:* Climate Change, Azoles, Swamps, and Birds." *mBio* 10 (2019): e01397-19.

Caughill, Daniel. "How to Prevent Your House from Flooding." ValuePenguin, March 24, 2020. https://www.valuepenguin.com/homeowners-insurance/how-to-prevent-home-flooding.

Chen, Stefanos. "New Buildings in Flood Zones." *New York Times*, July 6, 2018.

Chetty, Raj, Nathaniel Hendren, and Lawrence F. Katz. "The Effects of Exposure to Better Neighborhoods on Children: New Evidence from the Moving to Opportunity Experiment." *American Economic Review* 106 (2016): 855-902.

Chetty, Raj, et al. "Is the United States Still a Land of Opportunity? Recent Trends in Intergenerational Mobility." *American Economic Review* 104 (2014): 141-47.

Chinoy, Sahil. "The Places in the U.S. Where Disaster Strikes Again and Again." *New York Times*, May 24, 2018.

Choi, Hyunyoung, and Hal Varian. "Predicting the Present with Google Trends." *Economic Record* 88 (2012): 2-9.

Christensen, J. H., et al. "Regional Climate Projections." In *Climate Change 2007: The Physical Science Basis*. Contribution of Working Group I to the Fourth Assessment Report of the Intergovernmental Panel on Climate Change. Ed. S. Solomon et al. Cambridge: Cambridge University Press, 2007.

Chyn, Eric. "Moved to Opportunity: The Long-Run Effects of Public Housing Demolition on Children." *American Economic Review* 108 (2018): 3028-56.

City of Baltimore. "Bond Issue Questions: GO Bond Loan Authorization." https://planning.baltimorecity.gov/bond-issue-questions.

City of Los Angeles. "Beat the Heat." http://emergency.lacity.org/heat.

City of Phoenix. "Phoenix Growth." https://www.phoenix.gov/budgetsite/Documents/2013Sum%20Community%20Profile%20and%20Trends.pdf.

Clarke, Katherine. "Skyscrapers Face the Apocalypse." *Wall Street Journal*, February 15, 2018.

Clemens, Michael A. "Economics and Emigration: Trillion-Dollar Bills on the Sidewalk?" *Journal of Economic Perspectives* 25 (2011): 83-106.

Climate Ready Boston. "Climate Change and Sea Level Rise Projections for Boston." Boston Research Advisory Group Report, June 1, 2016. https://www.boston.gov/sites/default/files/document-file-12-2016/brag_report_-_final.pdf.

CNFA. "Farmer-to-Farmer: Southern Africa (Closed 2018)." https://www.cnfa.org/program/farmer-to-farmer/.

Coghlan, Andy. "GM Golden Rice Gets Approval from Food Regulators in the

US." *New Scientist*, March 30, 2018. https://www.newscientist.com/article/ mg23831802-500-gm-golden-rice-gets-approval-from-food-regulators-in-the-us/.

Cohen, Ben. "The iPhone APP Making the NBA Smarter with Artificial Intelligence." *Wall Street Journal*, July 17, 2018.

Colt, Sam. "Here's How Apple Is Making Its New HQ 'The Greenest Building on the Planet.'" *Business Insider*, September 29, 2014. http://www.businessinsider.com/heres-how-apple-is-making-its-new-hq-the-greenest-building-on-the-planet-2014-9.

Commonwealth of Virginia. Executive Order No. 24, 2018: "Increasing Virginia's Resilience to Sea Level Rise and Natural Hazards." https://www.governor.virginia.gov/media/governorvirginiagov/executive-actions/ED-24-Increasing-Virginias-Resilience-To-Sea-Level-Rise-And-Natural-Hazards.pdf.

Compton, Janice, and Robert A. Pollak. "Proximity and Coresidence of Adult Children and Their Parents: Description and Correlates." Michigan Retirement Research Center Research Paper No. 2009-215, October 2009.

Con Edison. "Our Energy Vision: Our Climate Change Resiliency Plan." https://www.coned.com/en/our-energy-future/our-energy-vision/storm-hardening-enhancement-plan.

Constine, Josh. "Facebook Rolls Out AI to Detect Suicidal Posts before They're Reported." *TechCrunch*, November 27, 2017. https://techcrunch.com/2017/11/27/facebook-ai-suicide-prevention/.

Cooke, Lacy. "40-Foot Shipping Container Farm Can Grow 5 Acres of Food with 97% Less Water." InHabitat, July 11, 2017. https://inhabitat.com/40-foot-shipping-container-farm-can-grow-5-acres-of-food-with-97-less-water/.

Costa, Dora L. "Estimating Real Income in the United States from 1888 to 1994: Correcting CPI Bias Using Engel Curves." *Journal of Political Economy* 109 (2001): 1288-310.

Costa, Dora L., and Matthew E. Kahn. "Changes in the Value of Life, 1940-1980." *Journal of Risk and Uncertainty* 29 (2004): 159-80.

____. "Declining Mortality Inequality within Cities during the Health Transition."

American Economic Review 105 (2015): 564-69.

_____. "Power Couples: Changes in the Locational Choice of the College Educated, 1940-1990." *Quarterly Journal of Economics* 115 (2000): 1287-315.

_____. "The Rising Price of Nonmarket Goods." *American Economic Review* 93 (2003): 227-32.

Costinot, Arnaud, Dave Donaldson, and Cory Smith. "Evolving Comparative Advantage and the Impact of Climate Change in Agricultural Markets: Evidence from 1.7 Million Fields around the World." *Journal of Political Economy* 124 (2016): 205-48.

Courtemanche, Charles J., et al. "Do Walmart Supercenters Improve Food Security?" *Applied Economic Perspectives and Policy* 41 (2019): 117-98.

CPUC FireMap. https://ia.cpuc.ca.gov/firemap/.

Cragg, Michael I., et al. "Carbon Geography: The Political Economy of Congressional Support for Legislation Intended to Mitigate Greenhouse Gas Production." *Economic Inquiry* 51 (2013): 1640-50.

Critical Messaging Association. "Technology That Delivers Reliable Communications When Disaster Strikes." White Paper. https://www.americanmessaging.net/about/news/ReliableTechnologyWhitePaper.pdf.

Cummings, William. "'The World Is Going to End in 12 Years If We Don't Address Climate Change,' Ocasio-Cortez Says." *USA Today*, January 22, 2019.

Currie, Janet. "Healthy, Wealthy, and Wise: Socioeconomic Status, Poor Health in Childhood, and Human Capital Development." *Journal of Economic Literature* 47 (2009): 87-122.

Currie, Janet, Matthew Neidell, and Johannes F. Schmieder. "Air Pollution and Infant Health: Lessons from New Jersey." *Journal of Health Economics* 28 (2009): 688-703.

Curry, Judith. "Climate Uncertainty and Risk." *Variations* 16 (2018): 1-7.

Cutler, David M., and Grant Miller. "Water, Water Everywhere: Municipal Finance and Water Supply in American Cities." In *Corruption and Reform: Lessons from America's Economic History*, ed. Edward L. Glaeser and Claudia Golding,

153-84. Chicago: University of Chicago Press, 2006.

Cutter, Susan L., and Christopher T. Emrich. "Moral Hazard, Social Catastrophe: The Changing Face of Vulnerability along the Hurricane Coasts." *Annals of the American Academy of Political and Social Science* 604 (2006): 102-12.

Dastrup, Samuel, et al. "Understanding the Solar Home Price Premium: Electricity Generation and 'Green' Social Status." *European Economic Review* 56 (2012): 961-73.

Davis, Lucas W., and Paul J. Gertler. "Contribution of Air Conditioning Adoption to Future Energy Use under Global Warming." *PNAS* 112 (2015): 5962-67.

DeBonis, Mike. "Congress Passes Flood Insurance Extension, Again Punting on Reforms." *Washington Post*, June 31, 2018.

DellaVigna, Stefano, and Ethan Kaplan. "The Fox News Effect: Media Bias and Voting." *Quarterly Journal of Economics* 122 (2007): 1187-234.

Delmas, Magali A., Matthew E. Kahn, and Stephen L. Locke. "The Private and Social Consequences of Purchasing an Electric Vehicle and Solar Panels: Evidence from California." *Research in Economics* 71 (2017): 225-35.

Deming, David J. "The Growing Importance of Social Skills in the Labor Market." *Quarterly Journal of Economics* 132 (2017): 1593-640.

Deryugina, Tatyana. "The Fiscal Cost of Hurricanes: Disaster Aid versus Social Insurance." *American Economic Journal: Economic Policy* 9 (2017): 168-98.

Deryugina, Tatyana, Laura Kawano, and Steven Levitt. "The Economic Impact of Hurricane Katrina on Its Victims: Evidence from Individual Tax Returns." *American Economic Journal: Applied Economics* 10 (2018): 202-33.

Deschênes, Olivier, and Enrico Moretti. "Extreme Weather Events, Mortality, and Migration." *Review of Economics and Statistics* 91 (2009): 659-81.

Dessai, Suraje, et al. "Do We Need Better Predictions to Adapt to a Changing Climate?" *Eos, Transactions of the American Geophysical Union* 90 (2009): 111-12.

Dingel, Jonathan, and Brent Neiman. "How Many Jobs Can Be Done at Home?" Becker Friedman Institute for Economics, White Paper, June 19, 2020. https://

bfi.uchicago.edu/working-paper/how-many-jobs-can-be-done-at-home/.

DiPasquale, Denise, and Edward L. Glaeser. "Incentives and Social Capital: Are Homeowners Better Citizens?" *Journal of Urban Economics* 45 (1999): 354-84.

DiPasquale, Denise, and Matthew E. Kahn. "Measuring Neighborhood Investments: An Examination of Community Choice." *Real Estate Economics* 27 (1999): 389-424.

Dixit, Avinash K., and Robert S. Pindyck. *Investment under Uncertainty*. Princeton, NJ: Princeton University Press, 1994.

Dixon, Lloyd, Flavia Tsang, and Gary Fitts. *The Impact of Changing Wildfire Risk on California's Residential Insurance Market*. California's Fourth Climate Change Assessment. California Natural Resources Agency, Publication No. CCCA4-CNRA-2018-008, 2018.

Dobert, Ray. "Think GMOs Aren't Regulated? Think Again." *Forbes*, December 21, 2015.

Donaldson, Dave, and Adam Storeygard. "The View from Above: Applications of Satellite Data in Economics." *Journal of Economic Perspectives* 30 (2016): 171-98.

Dunlap, Riley E., and Aaron M. McCright. "A Widening Gap: Republican and Democratic Views on Climate Change." *Environment: Science and Policy for Sustainable Development* 50 (2008): 26-35.

Dunlap, Riley E., Aaron M. McCright, and Jerrod H. Yarosh. "The Political Divide on Climate Change: Partisan Polarization Widens in the US." *Environment: Science and Policy for Sustainable Development* 58 (2016): 4-23.

Earley, Fionnuala. "What Explains the Differences in Homeownership Rates in Europe?" *Housing Finance International* 19 (2004): 25-30.

Ebert, E., et al. "Progress and Challenges in Forecast Verification." *Meteorological Applications* 20 (2013): 130-39.

Echenique, Martin, and Luis Melgar. "Mapping Puerto Rico's Hurricane Migration with Mobile Phone Data." CityLab, May 11, 2018. https://www.citylab.com/environment/2018/05/watch-puerto-ricos-hurricane-migration-via-mobile-phone-data/559889/.

Eddy, David. "Take Caution in Watering Walnuts." Growing Produce, July 10, 2012. https://www.growingproduce.com/nuts/take-caution-in-watering-walnuts/.

Egan, Timothy. "Seattle on the Mediterranean." *New York Times*, July 3, 2015.

Eid, Jean, et al. "Fat City: Questioning the Relationship between Urban Sprawl and Obesity." *Journal of Urban Economics* 63 (2008): 385-404.

Elkhrachy, Ismail. "Flash Flood Hazard Mapping Using Satellite Images and GIS Tools: A Case Study of Najran City, Kingdom of Saudi Arabia (KSA)." *Egyptian Journal of Remote Sensing and Space Science* 18 (2015): 261-78.

Entine, Jon. "The Debate about GMO Safety Is Over, Thanks to a New Trillion-Meal Study." *Forbes*, September 17, 2014.

Evich, Helena B. "'I'm Standing Right Here in the Middle of Climate Change': How USDA Is Failing Farmers." Politico, October 15, 2019. https://www.politico.com/news/2019/10/15/im-standing-here-in-the-middle-of-climate-change-how-usda-fails-farmers-043615.

Environmental Working Group. "The United States Farm Subsidy Information." https://farm.ewg.org/region.php?fips=00000&progcode=total&yr=2016.

European Commission. "Paris Agreement." https://ec.europa.eu/clima/policies/international/negotiations/paris_en.

Eyer, Jonathan, and Matthew E. Kahn. "Prolonging Coal's Sunset: Local Demand for Local Supply." *Regional Science and Urban Economics* 81 (2020): 103487.

Federal Communications Commission. "FCC Seeks Industry Input in Review of Wireless Resiliency Framework." November 6, 2018. https://www.fcc.gov/document/fcc-seeks-industry-input-review-wireless-resiliency-framework.

Federal Emergency Management Agency. "Disaster Declarations by Year." https://www.fema.gov/disasters/year.

____. "Participation in the National Flood Insurance Program," March 18, 2019. https://www.fema.gov/participation-national-flood-insurance-program.

Federal Reserve Board. "Federal Reserve Board Releases Results of Supervisory Bank Stress Tests." Press Release, June 21, 2018. https://www.federalreserve.

gov/newsevents/pressreleases/bcreg20180621a.htm.

Feler, Leo, and J. Vernon Henderson. "Exclusionary Policies in Urban Development: Under-Servicing Migrant Households in Brazilian Cities." *Journal of Urban Economics* 69 (2011): 253-72.

Field, Erica. "Property Rights and Investment in Urban Slums." *Journal of the European Economic Association* 3 (2005): 279-90.

Figlio, David N., and Maurice E. Lucas. "What's in a Grade? School Report Cards and the Housing Market." *American Economic Review* 94 (2004): 591-604.

First Street Foundation. https://firststreet.org/.

Fischel, William A. *The Economics of Zoning Laws: A Property Rights Approach to American Land Use Controls.* Baltimore: Johns Hopkins University Press, 1987.

———. *The Homevoter Hypothesis: How Home Values Influence Local Government Taxation, School Finance, and Land-Use Policies.* Cambridge, MA: Harvard University Press, 2009.

Fisher, Lynn M., and Austin J. Jaffe. "Determinants of International Home Ownership Rates." *Housing Finance International* 18 (2003): 34-42.

Fishman, Charles. "The System That Actually Worked." *Atlantic*, May 6, 2020.

Fisman, Raymond, and Yongxiang Wang. "The Mortality Cost of Political Connections." *Review of Economic Studies* 82 (2015): 1346-82.

Flavelle, Christopher. "Almost 2 Million Homes Are at Risk from Dorian; Most Lack Flood Insurance." *New York Times*, September 6, 2019.

Flavelle, Christopher, and Brad Plumer. "California Bans Insurers from Dropping Policies Made Riskier by Climate Change." *New York Times*, December 5, 2019.

Flavelle, Christopher, and Nadja Popovich. "Heat Deaths Jump in Southwest United States, Puzzling Officials." *New York Times*, August 26, 2019.

Flint, Anthony. "The Riches of Resilience." Lincoln Institute of Land Policy, January 13, 2020. https://www.lincolninst.edu/publications/articles/2020-01-riches-resilience-cities-investing-green-infrastructure-should-developers-foot-bill.

Floodscores. https://floodscores.com/.

Food and Agriculture Organization of the United Nations. "Farmer Field School

Approach." www.fao.org/agriculture/ippm/programme/ffs-approach/en/.

_____. "Water Uses." *International Rice Commission Newsletter* 48. www.fao.org/
nr/water/aquastat/water_use/index.stm.

Foote, Christopher L., Kristopher Gerardi, and Paul S. Willen. "Negative Equity
and Foreclosure: Theory and Evidence." *Journal of Urban Economics* 64
(2008): 234-45.

Formetta, Giuseppe, and Luc Feyen. "Empirical Evidence of Declining Global
Vulnerability to Climate-Related Hazards." *Global Environmental Change* 57
(2019): 101920.

Fowlie, Meredith, Christopher R. Knittel, and Catherine Wolfram. "Sacred Cars?
Cost-Effective Regulation of Stationary and Nonstationary Pollution Sources."
American Economic Journal: Economic Policy 4 (2012): 98-126.

Fowlie, Meredith, et al. "Default Effects and Follow-On Behavior: Evidence from
an Electricity Pricing Program." NBER Working Paper No. 23553, June 2017.

Fox, Karyn M., et al. "Climate Change Adaptation in Ethiopia: Developing a Method
to Assess Program Options." In *Resilience: The Science of Adaptation to Climate
Change*, ed. Zinta Zommers and Keith Alverson, 253-65. Amsterdam: Elsevier,
2018.

Frank, Lawrence D., Martin A. Andresen, and Thomas L. Schmid. "Obesity Rela-
tionships with Community Design, Physical Activity, and Time Spent in Cars."
American Journal of Preventive Medicine 27 (2004): 87-96.

Frank, Robert H., and Philip J. Cook. *The Winner-Take-All Society: Why the
Few at the Top Get So Much More Than the Rest of Us*. New York: Random
House, 2010.

Friedman, Milton. *Capitalism and Freedom*. Chicago: University of Chicago Press,
2009.

Gabaix, Xavier. "The Granular Origins of Aggregate Fluctuations." *Econometrica*
79 (2011): 733-72.

Gabaix, Xavier, and David Laibson. "Shrouded Attributes, Consumer Myopia,
and Information Suppression in Competitive Markets." *Quarterly Journal of*

Economics 121 (2006): 505-40.

Gabaix, Xavier, and Agustin Landier. "Why Has CEO Pay Increased So Much?" *Quarterly Journal of Economics* 123 (2008): 49-100.

Gagliarducci, Stefano, M. Daniele Paserman, and Eleonora Patacchini. "Hurricanes, Climate Change Policies and Electoral Accountability." NBER Working Paper No. 25835, May 2019.

Galbraith, John Kenneth. *The Affluent Society*. 4th ed. New York: Houghton Mifflin Harcourt, 1998.

Gallagher, Justin, and Daniel Hartley. "Household Finance after a Natural Disaster: The Case of Hurricane Katrina." *American Economic Journal: Economic Policy* 9 (2017): 199-228.

Garner, Scott. "Neighborhood Spotlight: Playa Vista Has Master-Planned Convenience, but Developing an Identity Will Take Time." *Los Angeles Times*, June 24, 2017.

Gartner, Todd, and Zach Knight. "Fighting Fire with Finance." *PERC* 37 (2018): https://www.perc.org/2018/07/13/fighting-fire-with-finance/.

Gasparro, Annie, and Jesse Newman. "Six Technologies That Could Shake the Food World." *Wall Street Journal*, October 2, 2018.

Gates, Bill. "Can This Cooler Save Kids from Dying?" GatesNotes, June 13, 2018. https://www.gatesnotes.com/Health/The-big-chill.

Geanakoplos, John. "The Leverage Cycle." *NBER Macroeconomics Annual* 24 (2010): 1-66.

Genesove, David, and Christopher Mayer. "Loss Aversion and Seller Behavior: Evidence from the Housing Market." *Quarterly Journal of Economics* 116 (2001): 1233-60.

Gennaioli, Nicola, and Andrei Shleifer. *A Crisis of Beliefs: Investor Psychology and Financial Fragility*. Princeton, NJ: Princeton University Press, 2018.

Gertler, Paul J., et al. "The Demand for Energy-Using Assets among the World's Rising Middle Classes." *American Economic Review* 106 (2016): 1366-401.

Ghanem, Dalia, and Junjie Zhang. "'Effortless Perfection': Do Chinese Cities

Manipulate Air Pollution Data?" *Journal of Environmental Economics and Management* 68 (2014): 203-25.

Gilbreath, Aaron. "How I Survived Scorching Hot Phoenix Summers." *High Country News*, September 16, 2011. https://www.hcn.org/issues/43.15/how-i-survive-scorching-phoenix-summers.

Gillan, James. "Dynamic Pricing, Attention, and Automation: Evidence from a Field Experiment in Electricity Consumption." Working Paper, November 2017.

Gitig, Diana. "Local Roots: Farm-in-a-Box Coming to a Distribution Center Near You." *Ars Technica*, December 16, 2017. https://arstechnica.com/science/2017/12/local-roots-farm-in-a-box-coming-to-a-distribution-center-near-you/.

Glaeser, Edward. *Triumph of the City: How Urban Spaces Make Us Human*. New York: Pan Macmillan, 2011.

_____. "A World of Cities: The Causes and Consequences of Urbanization in Poorer Countries." *Journal of the European Economic Association* 12 (2014): 1154-99.

Glaeser, Edward L., and Joshua D. Gottlieb. "Urban Resurgence and the Consumer City." *Urban Studies* 43 (2006): 1275-99.

Glaeser, Edward L., and Joseph Gyourko. *Rethinking Federal Housing Policy: How to Make Housing Plentiful and Affordable*. Washington, DC: AEI Press, 2008.

_____. "Urban Decline and Durable Housing." *Journal of Political Economy* 113 (2005): 345-75.

Glaeser, Edward L., Joseph Gyourko, and Raven Saks. "Why Is Manhattan So Expensive? Regulation and the Rise in Housing Prices." *Journal of Law and Economics* 48 (2005): 331-69.

Glaeser, Edward L., and Matthew E. Kahn. "The Greenness of Cities: Carbon Dioxide Emissions and Urban Development." *Journal of Urban Economics* 67 (2010): 404-18.

Glaeser, Edward L., Jed Kolko, and Albert Saiz. "Consumer City." *Journal of Economic Geography* 1 (2001): 27-50.

Glaeser, Edward L., David Laibson, and Bruce Sacerdote. "An Economic Approach to Social Capital." *Economic Journal* 112 (2002): F437-58.

Global Water Awards. "2018 Desalination Company of the Year." https://global waterawards.com/2018-desalination-company-of-the-year/.

Gloy, Brent. "Farm Sector Debt Continues Higher." *Agricultural Economic Insights*, August 7, 2017. https://aei.ag/2017/08/07/farm-sector-debt-continues-higher/.

Gold, Russell. "Harvard Quietly Amasses California Vineyards—and the Water Underneath." *Wall Street Journal*, December 10, 2018.

Goldberg, Jessica, Mario Macis, and Pradeep Chintagunta. "Leveraging Patients' Social Networks to Overcome Tuberculosis Underdetection: A Field Experiment in India." IZA Discussion Paper No. 11942, December 2018.

Goldstein, Allie, et al. "The Private Sector's Climate Change Risk and Adaptation Blind Spots." *Nature Climate Change* 9 (2018): 18-25.

Gorvett, Richard W. "Insurance Securitization: The Development of a New Asset Class." 1999 Casualty Actuarial Society "Securitization of Risk" Discussion Paper Program, 133-73.

Greenstone, Michael, Richard Hornbeck, and Enrico Moretti. "Identifying Agglomeration Spillovers: Evidence from Winners and Losers of Large Plant Openings." *Journal of Political Economy* 118 (2010): 536-98.

Grinblatt, Mark, Matti Keloharju, and Juhani Linnainmaa. "IQ and Stock Market Participation." *Journal of Finance* 66 (2011): 2121-64.

_____. "IQ, Trading Behavior, and Performance." *Journal of Financial Economics* 104 (2012): 339-62.

Hagerty, Nick. "The Scope for Climate Adaptation: Evidence from Water Scarcity in Irrigated Agriculture." Job Market Paper, November 21, 2019. http://economics.mit.edu/files/18266.

Hamilton, Bruce W. "Using Engel's Law to Estimate CPI Bias." *American Economic Review* 91 (2001): 619-30.

Hampton, Liz, and Ernest Scheyder. "Houston Still Rebuilding from 2017 Floods as New Hurricane Season Arrives." Reuters, June 1, 2018. http://news.trust.org/item/20180601100017-pzceg/.

Hansen, Lars Peter. "Nobel Lecture: Uncertainty Outside and Inside Economic

Models." *Journal of Political Economy* 122 (2014): 945-87.

Hansen, Lars Peter, and William Brock. "Wrestling with Uncertainty in Climate Economic Models." Becker Friedman Institute for Economics Working Paper No. 2019-71, October 2018.

Harish, Alon. "New Law in North Carolina Bans Latest Scientific Predictions of Sea-Level Rise." *ABC News*, August 2, 2012. https://abcnews.go.com/US/north-carolina-bans-latest-science-rising-sea-level/story?id=16913782.

Hartman, Susan. "A New Life for Refugees, and the City They Adopted." *New York Times*, August 10, 2014.

HealthCare.gov. "Glossary: Minimum Essential Coverage (MEC)." https://www.healthcare.gov/glossary/minimum-essential-coverage/.

Healy, Andrew, and Neil Malhotra. "Myopic Voters and Natural Disaster Policy." *American Political Science Review* 103 (2009): 387-406.

"Heated Debate." *Economist*, December 8, 2012.

Heckman, James J., Hidehiko Ichimura, and Petra E. Todd. "Matching as an Econometric Evaluation Estimator: Evidence from Evaluating a Job Training Programme." *Review of Economic Studies* 64 (1997): 605-54.

The Heckman Equation. https://heckmanequation.org.

Heilmann, Kilian, and Matthew E. Kahn. "The Urban Crime and Heat Gradient in High and Low Poverty Areas." NBER Working Paper No. 25961, June 2019.

Heller, Sara B., et al. "Thinking, Fast and Slow? Some Field Experiments to Reduce Crime and Dropout in Chicago." *Quarterly Journal of Economics* 132 (2017): 1-54.

Henderson, Vernon, and Arindam Mitra. "The New Urban Landscape: Developers and Edge Cities." *Regional Science and Urban Economics* 26 (1996): 613-43.

Henderson, Vernon, Todd Lee, and Yung Joon Lee. "Scale Externalities in Korea." *Journal of Urban Economics* 49 (2001): 479-504.

Henderson, Vernon, Adam Storeygard, and Uwe Deichmann. "Has Climate Change Driven Urbanization in Africa?" *Journal of Development Economics* 124 (2017): 60-82.

Hendricks, Scotty. "The Right-Wing Case for Basic Income." *Big Think*, June 11, 2019. https://bigthink.com/politics-current-affairs/negative-income-tax.

Hershfield, Hal E., et al. "Increasing Saving Behavior through Age-Progressed Renderings of the Future Self." *Journal of Marketing Research* 48 (2011): S23-37.

Heutel, Garth, Nolan H. Miller, and David Molitor. "Adaptation and the Mortality Effects of Temperature across US Climate Regions." NBER Working Paper No. 23271, March 2017.

Heyes, Anthony, and Soodeh Saberian. "Temperature and Decisions: Evidence from 207,000 Court Cases." *American Economic Journal: Applied Economics* 11 (2018): 238-65.

Hird, John A. "The Political Economy of Pork: Project Selection at the US Army Corps of Engineers." *American Political Science Review* 85 (1991): 429-56.

Hoffman, Jeremy S., Vivek Shandas, and Nicholas Pendleton. "The Effects of Historical Housing Policies on Resident Exposure to Intra-Urban Heat: A Study of 108 US Urban Areas." *Climate* 8 (2020): 12.

Holian, Matthew J., and Matthew E. Kahn. "Household Demand for Low Carbon Policies: Evidence from California." *Journal of the Association of Environmental and Resource Economists* 2 (2015): 205-34.

Holland, Stephen P., et al. "Are There Environmental Benefits from Driving Electric Vehicles? The Importance of Local Factors." *American Economic Review* 106 (2016): 3700-3729.

Holmes, Thomas J. "The Effect of State Policies on the Location of Manufacturing: Evidence from State Borders." *Journal of Political Economy* 106 (1998): 667-705.

Home Depot. "8,000 BTU Portable Air Conditioner with Dehumidifier." https://www.homedepot.com/p/Arctic-Wind-8-000-BTU-Portable-Air-Conditioner-with-Dehumidifier-AP8018/300043872r.

Hornbeck, Richard. "The Enduring Impact of the American Dust Bowl: Short- and Long-Run Adjustments to Environmental Catastrophe." *American Economic Review* 102 (2012): 1477-507.

Hornbeck, Richard, and Daniel Keniston. "Creative Destruction: Barriers to Urban

Growth and the Great Boston Fire of 1872." *American Economic Review* 107 (2017): 1365-98.

Hsiang, Solomon. "Climate Econometrics." *Annual Review of Resource Economics* 8 (2016): 43-75.

Hsiang, Solomon, et al. "Estimating Economic Damage from Climate Change in the United States." *Science* 356 (2017): 1362-69.

Hsieh, Chang-Tai, and Enrico Moretti. "Housing Constraints and Spatial Misallocation." *American Economic Journal: Macroeconomics* 11 (2019): 1-39.

Hummel, Michelle A., Matthew S. Berry, and Mark T. Stacey. "Sea Level Rise Impacts on Wastewater Treatment Systems along the US Coasts." *Earth's Future* 6 (2018): e312.

Hunn, David. "FEMA on Track to Pay $11 Billion in Hurricane Harvey Insurance Claims." *Houston Chronicle*, September 13, 2017.

Hurtado-Díaz, Magali, et al. "Influence of Increasing Temperature on the Scorpion Sting Incidence by Climatic Regions." *International Journal of Climatology* 38 (2018): 2167-73.

Hutchins, Reynolds. "Carriers Say Mega-Ship Sizes Maxing Out, but Doubts Remain." *JOC.com*, May 23, 2017. https://www.joc.com/maritime-news/container-lines/carriers-say-mega-ship-sizes-maxing-out-doubts-remain_20170523.html.

Hyde, Tim. "Can Schelling's Focal Points Help Us Understand High-Stakes Negotiations?" *American Economic Association*, January 4, 2017. https://www.aeaweb.org/research/can-schellings-focal-points-help-us-understand-high-stakes-negotiations.

International Transport Forum. "The Impact of Mega Ships." 2015. https://www.itf-oecd.org/sites/default/files/docs/15cspa_mega-ships.pdf.

Ito, Koichiro. "Do Consumers Respond to Marginal or Average Price? Evidence from Nonlinear Electricity Pricing." *American Economic Review* 104 (2014): 537-63.

Jacobson, Louis S., Robert J. LaLonde, and Daniel G. Sullivan. "Earnings Losses of Displaced Workers." *American Economic Review* 83 (1993): 685-709.

Jagannathan, Meera. "High Temperatures Can Lead to More Violent Crime," Study Finds." *New York Post*, June 18, 2019. https://nypost.com/2019/06/18/high-temperatures-can-lead-to-more-violent-crime-study-finds/.

Jensen, Robert, and Nolan H. Miller. "Keepin' 'Em Down on the Farm: Migration and Strategic Investment in Children's Schooling." NBER Working Paper No. 23122, February 2017.

Jerch, Rhiannon, Matthew E. Kahn, and Shanjun Li. "The Efficiency of Local Government: The Role of Privatization and Public Sector Unions." *Journal of Public Economics* 154 (2017): 95-121.

Johnson, Kris A., et al. "A Benefit-Cost Analysis of Floodplain Land Acquisition for US Flood Damage Reduction." *Nature Sustainability* (December 2019): 1-7.

Josephson, Amelia. "The Cost of Living in Arizona." *Smartasset*, May 28, 2019. https://smartasset.com/mortgage/the-cost-of-living-in-arizona.

Kahn, Matthew E. "The Beneficiaries of Clean Air Act Regulation." *Regulation Magazine* 24 (2001): 34.

_____. "Climate Change Adaptation Will Offer a Sharp Test of the Claims of Behavioral Economics." *Economists' Voice* 12 (2015): 25-30.

_____. "The Death Toll from Natural Disasters: The Role of Income, Geography, and Institutions." *Review of Economics and Statistics* 87 (2005): 271-84.

_____. "Environmental Disasters as Risk Regulation Catalysts? The Role of Bhopal, Chernobyl, Exxon Valdez, Love Canal, and Three Mile Island in Shaping US Environmental Law." *Journal of Risk and Uncertainty* 35 (2007): 17-43.

_____. "Urban Growth and Climate Change." *Annual Review of Resource Economics* 1 (2009): 333-50.

Kahn, Matthew E., and Nils Kok. "Big-Box Retailers and Urban Carbon Emissions: The Case of Wal-Mart." NBER Working Paper No. 19912, February 2014.

_____. "The Capitalization of Green Labels in the California Housing Market." *Regional Science and Urban Economics* 47 (2014): 25-34.

Kahn, Matthew E., and Pei Li. "The Effect of Pollution and Heat on High Skill Public Sector Worker Productivity in China." NBER Working Paper No. 25594,

February 2019.

Kahn, Matthew E., and Frank A. Wolak. "Using Information to Improve the Effectiveness of Nonlinear Pricing: Evidence from a Field Experiment." California Air Resources Board, Research Division, March 2013.

Kahn, Matthew E., and Daxuan Zhao. "The Impact of Climate Change Skepticism on Adaptation in a Market Economy." *Research in Economics* 72 (2018): 251-62.

Kahn, Matthew E., and Siqi Zheng. *Blue Skies over Beijing: Economic Growth and the Environment in China*. Princeton, NJ: Princeton University Press, 2016.

Kahn, Matthew E., et al. "Long-Term Macroeconomic Effects of Climate Change: A Cross-Country Analysis." IMF Working Papers, October 2019.

Kang, Min, et al. "Using Google Trends for Influenza Surveillance in South China." *PloS One* 8 (2013): e55205.

KB Home. "Energy Efficient Homes." https://www.kbhome.com/energy-efficient-homes.

Keith, David W. "Geoengineering." *Nature* 409 (2001): 420.

Kennedy, Chad. "Restoring Power after a Natural Disaster: How to Plan for the Worst." *Plant Services*, July 11, 2017. https://www.plantservices.com/articles/2017/es-restoring-power-after-a-natural-disaster/.

Kinnan, Cynthia, Shing-Yi Wang, and Yongxiang Wang. 2018. "Access to Migration for Rural Households." *American Economic Journal: Applied Economics* 10 (2018): 79-119.

Kirwan, Barrett E., and Michael J. Roberts. "Who *Really* Benefits from Agricultural Subsidies? Evidence from Field-Level Data." *American Journal of Agricultural Economics* 98 (2016): 1095-113.

Kishore, Nishant, et al. "Mortality in Puerto Rico after Hurricane Maria." *New England Journal of Medicine* 379 (2018): 162-70.

Kluijver, Maarten, et al. "Advances in the Planning and Conceptual Design of Storm Surge Barriers—Application to the New York Metropolitan Area." *Coastal Structures* (2019): 326-36.

Kocornik-Mina, Adriana, et al. "Flooded Cities." *American Economic Journal:*

Applied Economics 12 (2020): 35-66.

Kolden, Crystal. "What the Dutch Can Teach Us about Wildfires." *New York Times*, November 16, 2018.

Koslov, Liz. "Avoiding Climate Change: 'Agnostic Adaptation' and the Politics of Public Silence." *Annals of the American Association of Geographers* 109 (2019): 568-80.

Kremer, Michael. "Creating Markets for New Vaccines. Part I: Rationale." *Innovation Policy and the Economy* 1 (2000): 35-72.

Kumar, Hari, Jeffrey Gettleman, and Sameer Yasir. "How Do You Save a Million People from a Cyclone? Ask a Poor State in India." *New York Times*, May 3, 2019.

Kunreuther, Howard, and Michael Useem. *Mastering Catastrophic Risk: How Companies Are Coping with Disruption*. Oxford: Oxford University Press, 2018.

Lages Barbosa, Guilherme, et al. "Comparison of Land, Water, and Energy Requirements of Lettuce Grown Using Hydroponic vs. Conventional Agricultural Methods." *International Journal of Environmental Research and Public Health* 12 (2015): 6879-91.

Lakoff, Andrew. *Unprepared: Global Health in a Time of Emergency*. Berkeley: University of California Press, 2017.

Larcinese, Valentino, Leonzio Rizzo, and Cecilia Testa. "Allocating the US Federal Budget to the States: The Impact of the President." *Journal of Politics* 68 (2006): 447-56.

Laurent, Jose Guillermo Cedeño, et al. "Reduced Cognitive Function during a Heat Wave among Residents of Non-Air-Conditioned Buildings: An Observational Study of Young Adults in the Summer of 2016." *PLOS Medicine* 15 (2018): e1002605.

Leclerc, Rob. "How Sustainable Is the Agritech Venture Ecosystem?" *Forbes*, August 17, 2016.

Lee, Katy. "Singapore's Founding Father Thought That Air Conditioning Was the Secret to His Country's Success." *Vox*, March 23, 2015. https://www.vox.

com/2015/3/23/8278085/singapore-lee-kuan-yew-air-conditioning.

Lemmon, Zachary H., et al. "Rapid Improvement of Domestication Traits in an Orphan Crop by Genome Editing." *Nature Plants* 4 (2018): 766-70.

Lenton, Timothy M. "Early Warning of Climate Tipping Points." *Nature Climate Change* 1 (2011): 201-9.

Levy, Steben. "One More Thing." *Wired Magazine*, May 16, 2017.

Li, Zhiyi, et al. "Networked Microgrids for Enhancing the Power System Resilience." *Proceedings of the IEEE* 105 (2017): 1289-310.

Lippman, Zachary B. "Rapid Improvement of Domestication Traits in an Orphan Crop by Genome Editing." *Nature Plants* 4 (2018): 766-70.

Liu, Jia Coco, et al. "Future Respiratory Hospital Admissions from Wildfire Smoke under Climate Change in the Western US." *Environmental Research Letters* 11 (2016): 124018.

———. "Particulate Air Pollution from Wildfires in the Western US under Climate Change." *Climatic Change* 138 (2016): 655-66.

Livingston, Ian. "In Alaska, Climate Change Is Showing Increasing Signs of Disrupting Everyday Life." *Washington Post*, May 8, 2019.

Lo, Y. T. Eunice, et al. "Increasing Mitigation Ambition to Meet the Paris Agreement's Temperature Goal Avoids Substantial Heat-Related Mortality in US Cities." *Science Advances* 5 (2019): eaau4373.

Lopez, Steve. "It Wasn't Just the Rich Who Lost Homes in the Malibu Area; Is Fire California's Great Equalizer?" *Los Angeles Times*, November 14, 2018.

Lu, Xin, et al. "Unveiling Hidden Migration and Mobility Patterns in Climate Stressed Regions: A Longitudinal Study of Six Million Anonymous Mobile Phone Users in Bangladesh." *Global Environmental Change* 38 (2016): 1-7.

Lucas, Robert E., Jr. "Econometric Policy Evaluation: A Critique." In *Carnegie-Rochester Conference Series on Public Policy*, 1:19-46. Amsterdam: North Holland, 1976.

Ludwig, Jens, and Steven Raphael. "The Mobility Bank: Increasing Residential Mobility to Boost Economic Mobility." Hamilton Project, Brookings Institution,

October 2010.

Lueck, Dean, and Jonathan Yoder. "Clearing the Smoke from Wildfire Policy: An Economic Perspective." Property and Environment Research Center, July 21, 2016. https://www.perc.org/2016/07/21/clearing-the-smoke-from-wildfire-policy-an-economic-perspective/.

Lusk, Jayson L., Jesse Tack, and Nathan P. Hendricks. "Heterogeneous Yield Impacts from Adoption of Genetically Engineered Corn and the Importance of Controlling for Weather." NBER Working Paper No. 23519, June 2017.

Maciag, Mike. "Risky Waters." *Governing*, August 3, 2018. http://www.governing. com/topics/transportation-infrastructure/gov-flood-zone-floodplain-development-homes-zoning.html.

Madison, Lucy. "Elizabeth Warren: 'There Is Nobody in This Country Who Got Rich on His Own.' *CBS News*, September 22, 2011. https://www.cbsnews. com/news/elizabeth-warren-there-is-nobody-in-this-country-who-got-rich-on-his-own/.

Malmendier, Ulrike, and Stefan Nagel. "Depression Babies: Do Macroeconomic Experiences Affect Risk Taking?" *Quarterly Journal of Economics* 126 (2011): 373-416.

Malmendier, Ulrike, and Geoffrey Tate. "CEO Overconfidence and Corporate Investment." *Journal of Finance* 60 (2005): 2661-700.

Margaritoff, Marco. "Drones in Agriculture: How UAVs Make Farming More Effi-cient." *The Drive*, February 13, 2018. https://www.thedrive.com/tech/18456/drones-in-agriculture-how-uavs-make-farming-more-efficient.

Masood, Salmon. "Dozens Die in Karachi from Relentless Heat." *New York Times*. May 21, 2018.

Matchar, Emily. "This Concrete Can Absorb a Flood." *Smithsonian Magazine*, October 5, 2015.

McClure, Crystal D., and Daniel A. Jaffe. "US Particulate Matter Air Quality Im-proves Except in Wildfire-Prone Areas." *PNAS* 115 (2018): 7901-6.

McCright, Aaron M., and Riley E. Dunlap. "The Politicization of Climate Change and Polarization in the American Public's Views of Global Warming, 2001-2010." *Sociological Quarterly* 52 (2011): 155-94.

McGeehan, Patrick. "Report Offers 50 Ways to Avoid Chaos That Crippled Kennedy Airport." *New York Times*, May 31, 2018.

McMahon, Kelton W., et al. "Divergent Trophic Responses of Sympatric Penguin Species to Historic Anthropogenic Exploitation and Recent Climate Change." *PNAS* 116 (2019): 25721-27.

Meeuwis, Maarten, et al. "Belief Disagreement and Portfolio Choice." NBER Working Paper No. 25108, September 2018, rev. September 2019

Mervosh, Sarah. "Unsafe to Stay, Unable to Go: Half a Million Face Flooding Risk in Government Homes." *New York Times*, April 11, 2019.

Metcalf, Gilbert E. "An Equitable Tax Reform to Address Global Climate Change." Discussion Paper 2007-12. Hamilton Project, Brookings Institution, 2007.

_____. *Paying for Pollution: Why America Needs a Carbon Tax*. New York: Oxford University Press; 2019.

Miao, Qing. "Are We Adapting to Floods? Evidence from Global Flooding Fatalities." *Risk Analysis* (2018). doi: 10.1111/risa.13245.

Mika, Katie, et al. "LA Sustainable Water Project: Los Angeles City-Wide Overview." Working Paper, UCLA, February 2018.

Miller, Kimberly. "Startup Plans to Analyze Rising Sea Levels to Aid Florida Homeowners." *Palm Beach Post*, July 10, 2018.

Mims, Christopher. "The Scramble for Delivery Robots Is On and Startups Can Barely Keep Up." *Wall Street Journal*, April 25, 2020.

Minneapolis 2040. "Access to Housing." https://minneapolis2040.com/policies/access-to-housing/.

Molloy, Raven, Christopher L. Smith, and Abigail Wozniak. "Job Changing and the Decline in Long-Distance Migration in the United States." *Demography* 54 (2017): 631-53.

Moore, Frances C., et al. "Rapidly Declining Remarkability of Temperature Anomalies May Obscure Public Perception of Climate Change." *PNAS* 116

(2019): 4905-10.

Moore, Mark. "'Sensors Will Profoundly Change Agriculture Decision-Making.' *Successful Farming*, December 1, 2017. https://www.agriculture.com/technology/data/sensors-will-profoundly-change-agriculture-decision-making.

Moraga, Jesús Fernández-Huertas, and Hillel Rapoport. "Tradable Immigration Quotas." *Journal of Public Economics* 115 (2014): 94-108.

Morello-Frosch, Rachel, Manuel Pastor, and James Sadd. "Environmental Justice and Southern California's 'Riskscape': The Distribution of Air Toxics Exposures and Health Risks among Diverse Communities." *Urban Affairs Review* 36 (2001): 551-78.

Moreno-Cruz, Juan B., and David W. Keith. "Climate Policy under Uncertainty: A Case for Solar Geoengineering." *Climatic Change* 121 (2013): 431-44.

Moretti, Enrico. "Fires Aren't the Only Threat to the California Dream." *New York Times*, November 3, 2017.

_____. *The New Geography of Jobs*. New York: Houghton Mifflin Harcourt, 2012.

Moser, Susanne C., and Juliette Finzi Hart. "The Adaptation Blindspot: Teleconnected and Cascading Impacts of Climate Change in the Electrical Grid and Lifelines of Los Angeles." California Energy Commission, Publication No. CCCA4-CEC-2018-008. 2018.

Moser, Whet. "The Array of Things Is Coming to Chicago." *Chicago Magazine*, September 2, 2016.

Mufson, Steven. "Boston Harbor Brings Ashore a New Enemy: Rising Seas." *Washington Post*, February 19, 2020.

Mulligan, Casey B. *The Redistribution Recession: How Labor Market Distortions Contracted the Economy*. Oxford: Oxford University Press, 2012.

National Academies of Sciences, Engineering, and Medicine. *Enhancing the Resilience of the Nation's Electricity System*. Washington, DC: National Academies Press, 2017.

National Science Foundation. "The NSF 2026 Idea Machine!" https://www.nsf.gov/news/special_reports/nsf2026ideamachine/index.jsp.

Neal, Derek. "Industry-Specific Human Capital: Evidence from Displaced Workers." *Journal of Labor Economics* 13 (1995): 653-77.

Newman, Jesse, and Jacob Bunge. "Tariffs May Crown Corn King Again." *Wall Street Journal*, October 28, 2018.

New York State Sea Level Rise Task Force. "Report to the Legislature." December 2010. https://www.dec.ny.gov/docs/administration_pdf/slrtffinalrep.pdf.

Ngu, Ash, and Sahil Chinoy. "To Help Prevent the Next Big Wildfire, Let the Forest Burn." *New York Times*, November 29, 2018.

Nicas, Jack, Thomas Fuller, and Tim Arango. "Forced Out by Deadly Fires, Then Trapped in Traffic." *New York Times*, November 11, 2018.

Nobel Prize. The Sveriges Riksbank Prize in Economic Sciences in Memory of Alfred Nobel 1978: "Studies of Decision Making Lead to Prize in Economics." Press Release, October 16, 1978. https://www.nobelprize.org/nobel_prizes/economic-sciences/laureates/1978/press.html.

Nordhaus, William D. *The Climate Casino: Risk, Uncertainty, and Economics for a Warming World.* New Haven: Yale University Press, 2013.

____. "To Slow or Not to Slow: The Economics of the Greenhouse Effect." *Economic Journal* 101 (1991): 920-37.

Obradovich, Nick, et al. "Empirical Evidence of Mental Health Risks Posed by Climate Change." *PNAS* 115 (2018): 10953-58.

Oi, Walter Y. "The Welfare Implications of Invention." In *The Economics of New Goods*, ed. Timothy F. Bresnahan and Robert J. Goode, 109-42. Chicago: University of Chicago Press, 1996.

Olick, Diana. "Amazon's HQ2 in Queens Will Be 'Square in the Danger Zone for Frequent Flooding.'" *CNBC*, November 16, 2018. https://www.cnbc.com/2018/11/16/amazon-hq2-in-queens-will-be-in-danger-zone-for-frequent-flooding.html.

Olson, Mancur. *The Logic of Collective Action: Public Goods and the Theory of Groups.* Cambridge, MA: Harvard University Press, 2009.

O'Neil, Cathy. *Weapons of Math Destruction: How Big Data Increases Inequality and Threatens Democracy.* New York: Broadway Books, 2016.

OpenSecrets.org. Center for Responsive Politics. "Lobbying Spending Database." https://www.opensecrets.org/federal-lobbying.

Ortega, Francesc, and Süleyman Taşpınar. "Rising Sea Levels and Sinking Property Values: Hurricane Sandy and New York's Housing Market." *Journal of Urban Economics* 106 (2018): 81-100.

Ouazad, Amine, and Matthew E. Kahn. "Mortgage Finance in the Face of Rising Climate Risk." NBER Working Paper No. 26322, September 2019.

Özden, Çağlar, Matthis Wagner, and Michael Packard. "Moving for Prosperity: Global Migration and Labor Markets." Policy Research Report Overview, World Bank Group. June 2018.

Pacala, S., and R. Socolow. "Stabilization Wedges: Solving the Climate Problem for the Next 50 Years with Current Technologies." *Science* 305 (2004): 968-72.

Paradise Ridge Fire Safe Council. www.paradisefiresafe.org.

Park, R. Jisung, et al. "Heat and Learning." *American Economic Journal: Economic Policy* 12 (2020): 306-39.

Pashigian, B. Peter, and Eric D. Gould. "Internalizing Externalities: The Pricing of Space in Shopping Malls." *Journal of Law and Economics* 41 (1998): 115-42.

Pathak, Tapan B., et al. "Climate Change Trends and Impacts on California Agriculture: A Detailed Review." *Agronomy* 8 (2018): 25.

Peng, Bin, et al. "Benefits of Seasonal Climate Prediction and Satellite Data for Forecasting U.S. Maize Yield." *Geophysical Research Letters* 45 (2018): 9662-71.

Penrod, Emma. "Drought Forces Hard Choices for Farmers and Ranchers in the Southwest." News Deeply: Water Deeply, August 13, 2018. www.newsdeeply.com/water/articles/2018/08/13/drought-forces-hard-choices-for-farmers-and-ranchers-in-the-southwest.

Petkova, Elizaveta P., Antonio Gasparrini, and Patrick L. Kinney. "Heat and Mortality in New York City since the Beginning of the 20th Century." *Epidemiology* 25 (2014): 554-60.

Phelps, Edmund S. *Rewarding Work: How to Restore Participation and Self-Support to Free Enterprise*. Cambridge, MA: Harvard University Press, 2007.

Piketty, Thomas, and Emmanuel Saez. "Income Inequality in the United States, 1913-1998." *Quarterly Journal of Economics* 118 (2003): 1-41.

Pinsky, Malin L., et al. "Greater Vulnerability to Warming of Marine versus Terrestrial Ectotherms." *Nature* 569 (2019): 108-11.

Plumer, Brad. "Carbon Dioxide Emissions Hit a Record in 2019, Even as Coal Fades." *New York Times*, December 3, 2019.

Posner, Eric, and Glen Weyl. "Sponsor an Immigrant Yourself." Politico, February 13, 2018. www.politico.com/magazine/story/2018/02/13/immigration-visas-economics-216968.

Poterba, James, and Todd Sinai. "Tax Expenditures for Owner-Occupied Housing: Deductions for Property Taxes and Mortgage Interest and the Exclusion of Imputed Rental Income." *American Economic Review* 98 (2008): 84-89.

Prakash, Dhan, et al. "Risks and Precautions of Genetically Modified Organisms." *ISRN Ecology* (2011). doi: 10.5402/2011/369573.

Prescriptive Data. "About Us." https://www.prescriptivedata.io/about/.

Quigley, John M., and Steven Raphael. "The Economics of Homelessness: The Evidence from North America." *European Journal of Housing Policy* 1 (2001): 323-36.

Rabin, Matthew. "Inference by Believers in the Law of Small Numbers." *Quarterly Journal of Economics* 117 (2002): 775-816.

Rangel, Gabriel. "From Corgis to Corn: A Brief Look at the Long History of GMO Technology." Science in the News, Harvard University, August 9, 2015. https://sitn.hms.harvard.edu/flash/2015/from-corgis-to-corn-a-brief-look-at-the-long-history-of-gmo-technology/.

Rao, Khrishna. "Climate Change and Housing: Will a Rising Tide Sink All Homes?" Zillow, June 2, 2017. http://www.zillow.com/research/climate-changeunderwater-homes-12890.

Rappaport, Jordan, and Jeffrey D. Sachs. "The United States as a Coastal Nation." *Journal of Economic Growth* 8 (2003): 5-46.

Rappold, A. G., et al. "Smoke Sense Initiative Leverages Citizen Science to Address the Growing Wildfire-Related Public Health Problem." *GeoHealth* 3 (2019): 443-57.

Rathi, Akshat. "Why the New Nobel Laureate Is Optimistic about Beating Climate Change." *Quartz*, October 8, 2018. https://qz.com/1417222/why-new-nobel-laureate-paul-romer-is-optimistic-about-beating-climate-change/.

Rawls, John. *A Theory of Justice*. Cambridge, MA: Harvard University Press, 2009.

Refugees.AI. https://www.refugees.ai/.

Renthop. "Building Ages and Rents in New York." August 24, 2017. https://www.renthop.com/studies/nyc/building-age-and-rents-in-new-york.

Reiss, Peter C., and Matthew W. White. "What Changes Energy Consumption? Prices and Public Pressures." *RAND Journal of Economics* 39 (2008): 636-63.

Restuccia, Diego, and Richard Rogerson. "The Causes and Costs of Misallocation." *Journal of Economic Perspectives* 31 (2017): 151-74.

Ricepedia. "The Global Staple." ricepedia.org/rice-as-food/the-global-staple-rice-consumers.

Ringleb, Al H., and Steven N. Wiggins. "Liability and Large-Scale, Long-Term Hazards." *Journal of Political Economy* 98 (1990): 574-95.

Ritchie, Hannah, and Max Roser. "Natural Disasters." *Our World in Data*, 2014, rev. November 2019. https://ourworldindata.org/natural-disasters.

Roberts, Michael J., and Wolfram Schlenker. "Is Agricultural Production Becoming More or Less Sensitive to Extreme Heat? Evidence from US Corn and Soybean Yields." NBER Working Paper No. 16308, August 2010.

Rohwedder, Susann, and Robert J. Willis. "Mental Retirement." *Journal of Economic Perspectives* 24 (2010): 119-38.

Romer, Paul. "Technologies, Rules, and Progress: The Case for Charter Cities." Center for Global Development Essay, March 2010. https://www.cgdev.org/sites/default/files/1423916_file_TechnologyRulesProgress_FINAL.pdf.

Romm, Joseph. *Climate Change: What Everyone Needs to Know*. New York: Oxford University Press, 2018.

Rosen, Sherwin. "Austrian and Neoclassical Economics: Any Gains from Trade?" *Journal of Economic Perspectives* 11 (1997): 139-52.

____. "Markets and Diversity." *American Economic Review* 92 (2002): 1-5.

Rosenthal, Stuart S., and William C. Strange. "Evidence on the Nature and Sources of Agglomeration Economies." In *Handbook of Regional and Urban Economics*, ed. J. Vernon Henderson and Jacques-François Thisse, 4:2119-71. Amsterdam: Elsevier, 2004.

Rossi-Hansberg, Esteban, Pierre-Daniel Sarte, and Raymond Owens III. "Firm Fragmentation and Urban Patterns." *International Economic Review* 50 (2009): 143-86.

Roth, Alvin E. "Marketplaces, Markets, and Market Design." *American Economic Review* 108 (2018): 1609-58.

Rubin, Richard R., Mark Peyrot, and Christopher D. Saudek. "Effect of Diabetes Education on Self-Care, Metabolic Control, and Emotional Well-Being." *Diabetes Care* 12 (1989): 673-79.

Sabin, Paul. *The Bet: Paul Ehrlich, Julian Simon, and Our Gamble over Earth's Future*. New Haven: Yale University Press, 2013.

Saiz, Albert. "Immigration and Housing Rents in American Cities." *Journal of Urban Economics* 61 (2007): 345-71.

____. "Room in the Kitchen for the Melting Pot: Immigration and Rental Prices." *Review of Economics and Statistics* 85 (2003): 502-21.

San Diego Foundation. "San Diego's Changing Climate: A Regional Wake-Up Call." http://www.delmar.ca.us/DocumentCenter/View/1901/San-Diegos-Changing-Climate-Regional-Wake-Up-Call_Summary-of-Focus-2050-Report_The-San-Diego-Found.

Savvides, Andreas, et al. "Chemical Priming of Plants against Multiple Abiotic Stresses: Mission Possible?" *Trends in Plant Science* 21 (2016): 329-40.

Scheffers, Brett R., et al. "Microhabitats Reduce Animal's Exposure to Climate Extremes." *Global Change Biology* 20 (2014): 495-503.

Schlenker, Wolfram, and Michael J. Roberts. "Nonlinear Temperature Effects

Indicate Severe Damages to US Crop Yields under Climate Change." *PNAS* 106 (2009): 15594-98.

Schneider, Keith. "Chemical Plants Buy Up Neighbors for Safety Zone." *New York Times*, November 28, 1990.

Schwartz, John. "Canada's Outdoor Rinks Are Melting; So Is a Way of Life." *New York Times*, March 20, 2018.

Schwartz, John, and Richard Fausset. "North Carolina, Warned of Rising Seas, Chose to Favor Development." *New York Times*, September 18, 2018.

Severen, Christopher, Christopher Costello, and Olivier Deschenes. "A Forward-Looking Ricardian Approach: Do Land Markets Capitalize Climate Change Forecasts?" *Journal of Environmental Economics and Management* 89 (2018): 235-54.

Shelgikar, Anita Valanju, Patricia F. Anderson, and Marc R. Stephens. "Sleep Tracking, Wearable Technology, and Opportunities for Research and Clinical Care." *Chest* 150 (2016): 732-43.

Short, John R. "The West Is on Fire and the US Taxpayer Is Subsidizing It." *Conversation*, September 23, 2015. https://theconversation.com/the-west-is-on-fire-and-the-us-taxpayer-is-subsidizing-it-47900.

Shute, Nancy. "How an Economist Helped Patients Find the Right Kidney Donors." *NPR*, June 11, 2015. https://www.npr.org/sections/health-shots/2015/06/11/412224854/how-an-economist-helped-patients-find-the-right-kidney-donor.

Sieg, Holger, et al. "Estimating the General Equilibrium Benefits of Large Changes in Spatially Delineated Public Goods." *International Economic Review* 45 (2004): 1047-77.

Simon, Heather, et al. "Ozone Trends across the United States over a Period of Decreasing NOx and VOC Emissions." *Environmental Science and Technology* 49 (2014): 186-95.

Sinai, Todd, and Nicholas S. Souleles. "Owner-Occupied Housing as a Hedge against Rent Risk." *Quarterly Journal of Economics* 120 (2005): 763-89.

Singapore Government. Land Transport Authority. https://www.lta.gov.sg/content/

ltaweb/en/roads-and-motoring/managing-traffic-and-congestion/electronic-road-pricing-erp.html.

Sjaastad, Larry A. "The Costs and Returns of Human Migration." *Journal of Political Economy* 70 (1962): 80-93.

Smith, James P., John J. McArdle, and Robert Willis. "Financial Decision Making and Cognition in a Family Context." *Economic Journal* 120 (2010): F363-80.

SMUD. "Rate Information: Low-Income Assistance and Nonprofit Discount." https://www.smud.org/en/Rate-Information/Low-income-and-nonprofits.

Solow, R. M. *Sustainability: An Economist's Perspective.* The Eighteenth J. Seward Johnson Lecture. Woods Hole, MA: Woods Hole Oceanographic Institution, 1991.

Sorrel, Charlie. "This Quaint English House Can Jack Itself Up on Stilts to Avoid Floods." *Fast Company*, July 21, 2016. https://www.fastcompany.com/3065783/this-quaint-english-house-can-jack-itself-up-on-stilts-to-avoid-floods.

State of California. Seismic Safety Commission. "Homeowner's Guide to Earthquake Safety." 2005 ed. https://ssc.ca.gov/forms_pubs/cssc_2005-01_hog.pdf.

St. John, Paige, and Anna M. Phillips. "Despite Fire after Fire, Paradise Continued to Boom—Until California's Worst Wildfire Hit." *Los Angeles Times*, November 13, 2018.

St. John, Paige, et al. "California Fire: What Started as a Tiny Brush Fire Became the State's Deadliest Wildfire." *Los Angeles Times*, November 18, 2018.

Stensrud, David J., et al. "Progress and Challenges with Warn-on-Forecast." *Atmospheric Research* 123 (2013): 2-16.

Stigler, George J. "The Cost of Subsistence." *Journal of Farm Economics* 27 (1945): 303-14.

Sun, Cong, Matthew E. Kahn, and Siqi Zheng. "Self-Protection Investment Exacerbates Air Pollution Exposure Inequality in Urban China." *Ecological Economics* 131 (2017): 468-74.

Sun, Menggi, and Leslie Scism. "Even after Last Year's Terrible Hurricanes, Insurers Are in Solid Shape." *Wall Street Journal*, June 30, 2018.

Sweet, Rod. "Why China Can Build High-Speed Rail So Cheaply." *Global Construction Review*, July 14, 2014. https://www.globalconstructionreview.com/sectors/why-china-can-build-high-speed-rail34socheaply7365/.

Swegal, Hayden. "The Rise and Fall of Almond Prices: Asia, Drought, and Consumer Preference." Bureau of Labor Statistics, *Beyond the Numbers* 6, no. 12 (2017).

Syverson, Chad. "What Determines Productivity?" *Journal of Economic Literature* 49 (2011): 326-65.

Tabuchi, Hiroko. "Tokyo Is Preparing for Floods 'Beyond Anything We've Seen.'" *New York Times*, October 6, 2017.

Tesla. "Gigafactory." https://www.tesla.com/gigafactory.

Thaler, Richard H. *Misbehaving: The Making of Behavioral Economics*. New York: W. W. Norton, 2015.

Tiebout, Charles M. "A Pure Theory of Local Expenditures." *Journal of Political Economy* 64 (1956): 416-24.

Trafton, Anne. "Comparing Apples and Oranges." MIT News, Massachusetts Institute of Technology, April 30, 2012. news.mit.edu/2012/fruit-spoilage-sensor-0430.

Troesken, Werner. "Race, Disease, and the Provision of Water in American Cities, 1889-1921." *Journal of Economic History* 61 (2001): 750-76.

_____. *Water, Race, and Disease*. Cambridge, MA: MIT Press, 2004.

University of Pennsylvania. Wharton Risk Center. "Portland Flood Insurance Study." https://riskcenter.wharton.upenn.edu/incubator/upgrading-flood-insurance/portland-flood-insurance-study/.

US Army Corps of Engineers. New York District Website. "NY & NJ Harbor & Tributaries Focus Area Feasibility Study (HATS)." https://www.nan.usace.army.mil/Missions/Civil-Works/Projects-in-New-York/New-York-New-Jersey-Harbor-Tributaries-Focus-Area-Feasibility-Study/.

US Department of Agriculture. Economic Research Service. "Food Expenditure Series." https://www.ers.usda.gov/data-products/food-expenditures/food-expenditures/#Food%20Expenditures.

_____. Farm Credit Administration. "Crop Insurance Covers Most Major Crops." September 28, 2017. https://www.fca.gov/template-fca/download/Economic Reports/CropInsuranceCoversMostMajorCrops.pdf.

_____. National Agricultural Statistics Service. "Farms and Farmland Numbers, Acreage, Ownership, and Use." September 2014. www.nass.usda.gov/Publications/Highlights/2014/Highlights_Farms_and_Farmland.pdf.

US Energy Information Administration. "Air Conditioning in Nearly 100 Million U.S. Homes." RECS 2009, August 19, 2011. https://www.eia.gov/consumption/residential/reports/2009/air-conditioning.php.

_____. "Household Energy Use in Arizona." 2009. https://www.eia.gov/consumption/residential/reports/2009/state_briefs/pdf/AZ.pdf.

US Environmental Protection Agency. "DC Water's Environmental Impact Bond: A First of Its Kind." April 2017. https://www.epa.gov/sites/production/files/2017-04/documents/dc_waters_environmental_impact_bond_a_first_of_its_kind_final2.pdf.

_____. "Flood Resilience: A Basic Guide for Water and Wastewater Utilities." August 2015. https://www.epa.gov/sites/production/files/2015-08/documents/flood_resilience_guide.pdf.

US House Committee on Science, Space, and Technology. Hearing: "The Future of Forecasting: Building a Stronger U.S. Weather Enterprise." Testimony of Rich Sorkin, Chief Executive Officer of Jupiter Intelligence, May 16, 2019. https://science.house.gov/imo/media/doc/Sorkin%20Testimony.pdf.

USC Viterbi. Department of Computer Science. "Data Science." https://www.cs.usc.edu/academic-programs/masters/data-science/.

Velazco, Chris. "Arable's Mark Crop Sensors Give Farmers a Data-Driven Edge." _Engadget_, January 12, 2018. https://www.engadget.com/2018/01/10/arables-mark-crop-sensors-give-farmers-a-data-driven-edge/.

Voelker, Rebecca. "Vulnerability to Pandemic Flu Could Be Greater Today Than a Century Ago." _JAMA_ 320 (2018): 1523-25.

Wagner, Gernot, and Martin L. Weitzman. _Climate Shock: The Economic Conse-_

quences of a Hotter Planet. Princeton, NJ: Princeton University Press, 2016.

Waldfogel, Joel. "The Median Voter and the Median Consumer: Local Private Goods and Population Composition." *Journal of Urban Economics* 63 (2008): 567-82.

Wallace-Wells, David. *The Uninhabitable Earth: Life after Warming*. New York: Tim Duggan Books, 2019.

Walmart. "Enhancing Resilience in the Face of Disasters." https://corporate.walmart.com/2017grr/community/enhancing-resilience-in-the-face-of-disasters.

Walters, Joanna. "Plight of Phoenix: How Long Can the World's Least Sustainable City Survive?" *Guardian*, March 20, 2018.

Wang, Jin. "The Economic Impact of Special Economic Zones: Evidence from Chinese Municipalities." *Journal of Development Economics* 101 (2013): 133-47.

Weitzman, Martin L. "On Modeling and Interpreting the Economics of Catastrophic Climate Change." *Review of Economics and Statistics* 91 (2009): 1-9.

———. "What Is the 'Damages Function' for Global Warming—And What Difference Might It Make?" *Climate Change Economics* 1 (2010): 57-69.

Wibbenmeyer, Matthew, Sarah E. Anderson, and Andrew J. Plantinga. "Salience and the Government Provision of Public Goods." *Economic Inquiry* 57 (2019): 1547-67.

Wolak, Frank A. "Do Residential Customers Respond to Hourly Prices? Evidence from a Dynamic Pricing Experiment." *American Economic Review* 101 (2011): 83-87.

Wolfram, Catherine, Orie Shelef, and Paul Gertler. "How Will Energy Demand Develop in the Developing World?" *Journal of Economic Perspectives* 26 (2012): 119-38.

Wood, Matt. "World War I-Era Maps Help Track History of Kelp Forests in the Pacific Northwest." *Forefront*, December 20, 2017. https://www.uchicagomedicine.org/forefront/biological-sciences-articles/world-war-i-era-maps-help-track-history-of-kelp-forests-in-pacific-northwest.

World Bank. "World Bank Catastrophe Bond Transaction Insures the Republic of Philippines against Natural Disaster-Related Losses up to US$225 million." Press Release, November 25, 2019. https://www.worldbank.org/en/news/press-release/2019/11/25/world-bank-catastrophe-bond-transaction-insures-the-republic-of-philippines-against-natural-disaster-related-losses-up-to-usd225-million.

"The World Is Losing the War against Climate Change." *Economist*, August 2, 2018. https://www.economist.com/leaders/2018/08/02/the-world-is-losing-the-war-against-climate-change.

Wuebbles, D. J., et al. "Executive Summary." In *Climate Science Special Report: Fourth National Climate Assessment*, ed. D. J. Wuebbles et al., 1:12-34. US Global Change Research Program, 2017. doi: 10.7930/J0DJ5CTG.

Yan, Wu. "Chinese Team Succeeds in Planting Saltwater Rice in Dubai's Desert." *China Daily*, May 31, 2018. www.chinadaily.com.cn/a/201805/31/WS5b0fb51fa31001b82571d787.html.

Yeginsu, Ceylan. "KFC Will Test Vegetarian 'Fried Chicken,' Original Herbs and Spices Included." *New York Times*, June 8, 2018.

Zheng, Siqi, and Matthew E. Kahn. "A New Era of Pollution Progress in Urban China?" *Journal of Economic Perspectives* 31 (2017): 71-92.

Zheng, Siqi, et al. "Air Pollution Lowers Chinese Urbanites' Expressed Happiness on Social Media." *Nature Human Behaviour* 3 (2019): 237-43.

Zhu, Chunwu, et al. "Carbon Dioxide (CO_2) Levels This Century Will Alter the Protein, Micronutrients, and Vitamin Content of Rice Grains with Potential Health Consequences for the Poorest Rice-Dependent Countries." *Science Advances* 4 (2018): eaaq1012.

Zillow. "Home Values." https://www.zillow.com/mi/home-values/.

_____. "Paradise, California, Home Values." https://www.zillow.com/paradise-ca/home-values/.

Zivin, Joshua Graff, and Matthew E. Kahn. "Industrial Productivity in a Hotter World: The Aggregate Implications of Heterogeneous Firm Investment in Air Conditioning." NBER Working Paper No. 22962, December 2016.

감사의 글

사회과학협회연합(Allied Social Sciences Association) 연례 회의의 하이라이트는 전시장을 방문할 수 있는 기회다. 그 자리에서 모든 대학 출판사가 자사의 신간을 전시하며, 참석한 편집자들은 잠재적 저자들과 만난다. 2018년 1월에 열린 필라델피아 연례 회의에서 나는 예일 대학 출판사의 편집국장 세스 디치크(Seth Ditchik)와 초기 수준의 기후 변화 적응 집필 계획을 논의했다.

코로나19 팬데믹 와중에 기후 변화는 언론의 관심에서 잠시 뒷전으로 밀려난 상태다. 하지만 여전히 잔뜩 웅크린 채 우리 삶의 거의 모든 부문에 영향을 끼치고 있다. 지난 10년 동안 환경경제학자들은 극심한 무더위부터 가뭄, 해수면 상승에 이르는 기후 사건이 어떻게 우리의 경제, 건강, 삶의 질에 영향을 끼치는지 연구하는 데서 커다란 진척을 이루어왔다. 기후 변화가 기후 충격을 점차 악화할 위험이 있음을 감안할 때, 최근의 기후 사건이 어떻게 우리 경제에 관여하는지 더욱 잘 이해할 필요가 있다. 많은 환경경제학자는 이제 빅데이터를 이용해 이와 관련한 흥미로운 사실들을 밝혀내고 있다.

나는 세스에게 부상하는 이 분야에서의 핵심 아이디어와 연구 결과를 강조하는, 접근 가능한 책을 집필하는 게 목적이라고 밝혔다. 내 책의 핵심 골자는 우리가 기후 충격에 점점 더 잘 적응해가고 있다는 것이다. 세스는 그 이유를 설명하고 어떤 새로운 게임 규칙이 적응 진척을 가속화할지 조사해보라며 내 등을 떠밀었다.

세스는 내게 노벨상 수상자 로버트 실러(Robert Shiller)가 2004년 출간한 책 《새로운 금융 질서: 21세기의 리스크(The New Financial Order: Risk in the 21st Century)》를 읽어보라고 권했다. 그의 빼어난 책은 우리가 실업에서 주택·자산 가치 감소에 이르기까지 여러 위험에 노출될 가능성을 줄이는 방법에 대해 많은 새로운 아이디어를 제시한다. 실러는 우리의 전반적인 위험 노출을 낮추기 위해 새로운 시장과 새로운 규정을 도입하자고 제안한다. 기후 변화가 숱한 새로운 위험을 제기하고 있다는 점을 고려할때, 나는 어떻게 실러의 책이 담고 있는 구조를 참고해 내 책의 얼개를 개선할 수 있을지 곧바로 간파했다. 책의 전반부에서 나는 기후 변화가어떻게 핵심적인 경제 부문에 영향을 끼치는지에 관한 미시경제학을 탐구한다. 후반부에서는 어떻게 새로운 시장과 규제 개혁이 함께 기후 변화적응을 촉진할 수 있는지 논의한다. 정책 변경의 어려움을 인식하고 있는나는 관련 이익 집단의 정치에 대해 조심스럽게 다루었다.

나는 인적 자본과 시장이 적응을 촉진하는 데 맡은 주된 역할을 강조하며, 줄리언 사이먼과 빈곤·환경연구센터(Poverty and Environment Research Center, PERC) 싱크탱크의 핵심 주제로 돌아간다. 2016년과 2017년 여름동안 PERC에서 줄리언 사이먼 연구원(Julian Simon Fellow)으로 근무했는데, 테리 앤더슨(Terry Anderson), 리드 왓슨(Reed Watson) 그리고 PERC 세미나 참석자들과의 논쟁은 내 생각을 좀더 날카롭게 벼려주었다. 이 기획에 관대하게 자금을 지원해준 설 자유신탁재단(Searle Freedom Trust Foundation: 개인의 자유와 경제적 자유에 영향을 미치는 공공 정책 문제에 대한 연구와 교육을 촉진하기 위해 1998년 대니얼 C. 설이 설립했다—옮긴이)에 감사드린다.

책을 쓰면서 이 책의 편집자 세스 디치크, 원고 편집자 로라 존스 둘리(Laura Jones Dooley), 캐럴 칸(Carol Kahn), 맥 매코머스(Mac McComas) 그리고 스티브 올슨(Steve Olsen)에게서 받은 코멘트 덕을 톡톡히 보았다. 많은 공동 저자와의 작업은 이 책 전반에 커다란 도움을 주었다. 그들에게 깊이 감사드린다. 특별히 10장을 함께 쓴 공동 저자 브라이언 케이시와 놀런 존스에게 감사를 전한다. 수년 동안 많은 유능한 학부생에게 환경경제학을 가르쳐왔지만, 브라이언과 놀런은 그중에서도 단연 빼어난 학생들이었다. 그들에게서 많은 것을 배웠다.

옮긴이의 글: 우리는 어떻게든 기후 위기에 적응할 것이다

번역을 마무리할 즈음 한 신문에 실린, 《우리는 결국 지구를 위한 답을 찾을 것이다》라는 책을 출간한 김백민 교수의 인터뷰 기사를 보았다. 놀라움과 반가움을 동시에 느꼈다. 우선 많은 것을 담고 있는 제목에서부터 놀랐는데, 기사를 통해 이해한 바에 따르면, 그 저서의 주제 의식이 이 책 《우리는 기후 변화에도 적응할 것이다》와 대단히 흡사했기 때문이다. 구입해서 읽어본 그의 책은 과연 지금의 기후 변화 논의를 풍성하게 해주는 진지한 통찰이었다. 그는 "보이지 않는 것, 이해하지 못하는 것은 지나친 공포를 낳습니다. 그래서 우리는 보려고 노력해야 하고, 이해하려고 노력해야 합니다. 미래를 합리적으로 준비하기 위해서는 말입니다"라고 했다. 책은 그렇게 하기 위한 도약대라 할 수 있다. 그는 기후 위기는 현재 진행형이지만, 그럼에도 결국 인류가 그 위기를 넘어설 답을 찾아낼 거라며 희망 섞인 전망을 내놓는다. 그 책은 과학의 관점에서 지구와 인류의 공존을 모색한다. 하여 그가 영화 〈인터스텔라〉에 나오는 주인공의 대사, "우린 답을 찾을 것이다, 늘 그랬듯이"에서 제목의 힌트를 얻었듯이 나 역시 그의 책 제목을 참고로 "옮긴이의 글"의 제목을 달아보았다.

그런가 하면 내 책상에는 그 책과 나란히 《지구를 위한다는 착각(Apoca-lypse Never)》(마이클 셸런버거 지음)이 놓여 있다. 원제(Apocalypse Never)만 보아도, 책이 무슨 말을 하려는지 어렴풋하게나마 짐작할 수 있다. 우리가 기후 위기 담론에서 요즘 흔히 접하는 종말론적 환경주의의 위험을 고발한 책이다. 저자는 오늘날의 기후 위기 담론은 지나치게 과장되어 있고, 잘못된 경고를 남발하고, 불필요한 공포를 조장하고, 극단적인 생각과 행동을 부추긴다고 지적한다. 아울러 이 같은 선정주의와 더불어 지나치게 정치화한 기후 위기 이슈를 당파주의에서도 구해내야 한다고 주장한다. 그는 우리가 직면한 환경 문제는 중요하지만 관리 가능하고, 인류는 그렇게 할 수 있는 긍정적 잠재력을 지녔다며 낙관론을 펼친다. 김백민 교수는 글머리에 언급한 인터뷰에서, 마이클 셸런버거의 책에 대해 자신은 그보다는 기후 위기를 더 심각하게 보고 있으며, 무엇보다 그가 현존하는 최고이자 최선의 해법으로 내놓은 원전에 대한 생각이 자신과 다르다고 밝혔다. 마이클 셸런버거가 자신의 원전 지지 주장을 뒷받침하기 위한 논거로 선택한 논문들이 지나친 체리피킹의 결과처럼 보인다는 것이다.

나는 평범한 독자로서 기후 위기 담론에서 이런 논의가 펼쳐지고 있다는 것을 그저 이해하고 따라잡기에 급급한 처지다. 따라서 내 생각이 없지는 않지만, 거기에 내 의견을 보탤 만한 식견도 없고, 그럴 만한 위치에 있지도 않다. 다만 옮긴이로서 이 책 《우리는 기후 변화에도 적응할 것이다》가 어디쯤에 위치하는지 가늠해보기 위해 저자 매슈 E. 칸이 출발점으로 삼은 기후 위기 담론의 현주소를 대략 훑어본 것뿐이다. 그런데 저자는 《우리는 기후 변화에도 적응할 것이다》가 기후과학을 다룬 책이 아님을 분명히 하면서 출발한다. 그는 "나는 당연히 기후과학 공동체가 기후 예측 모델을 더욱 정교화하는 데 부단히 진전을 이루리라 믿는다"

는 전제 아래, 자신의 책은 기후과학이 아니라 기후경제학의 관점에 입각해 있다고 밝힌다. 기후 위기에 대처하는 개인·기업·정부의 적응 노력을 기후경제학적 관점에서 파헤치고, 기후경제학자들이 각 경제 주체가 새로운 위협에 어떻게 대처하는지와 관련해 알아낸 내용을 담아낸 책이라는 것이다.

전 세계가 2년 가까이 코로나19라는 미증유의 사태를 겪고 있다. 인류는 지금도 여전히 커다란 고통 속에서 헤어 나오지 못하고 있다. 우리는 어쩔 수 없이 현재의 생활 방식을 돌아보지 않을 수 없었고, 어떻게든 새로운 상황에 적응하기 위해 지혜를 짜내야 했다. 코로나19는 전혀 뜻하지 않았고, 당연히 대비 태세도 되어 있지 않은 커다란 충격이다. 하지만 그것은 다른 한편 세계가 그 같은 위기에 얼마나 발 빠르게 대처할 수 있는지를 똑똑히 보여주는 거대한 시험대이기도 하다. 경제와 일상이 당장이라도 무너질 것 같았지만, 인류사의 굽이굽이가 그래왔듯 우리는 그럭저럭 답을 찾아가고 있고, 세상도 나름대로 굴러가고 있다. 코로나19를 지나는 동안 재택근무, 비대면, 온라인 수업, 전자 상거래, 배달 산업 등 빠르게 자리 잡은 새로운 삶의 질서는 그 팬데믹이 물러나도 원상 복귀되지 않으리라는 전망이 우세하다. 무엇보다 코로나19는 신속한 백신 개발과 접종에서 보듯 인간의 창의성은 위기 시에 더욱 빛을 발하며, 인류는 어떻게든 답을 찾아낸다는 희망을 다시 한번 우리에게 심어주고 있다. 이는 이 책의 주제 의식과도 밀접하게 관련된다.

저자의 주제 의식을 간단히 요약하면 이렇다. 분명 당분간 기후 위기는 우리가 지금껏 경험해온 정도보다 더 심각해질 것이다, 우리는 기후 변화를 저지하는 노력에 진지하게 임해야 한다, 하지만 우리 환경 속에서 이미 진행 중인 그 변화에 어떻게든 적응하는 노력이 필요하다……. 코로나19 이슈가 다른 모든 이슈를 집어삼키면서 기후 위기 문제는 잠시 뒷전으로 밀려나는 듯했다. 하지만 그 문제가 사라진 것은 아니다. 그 와중에도 세계 곳곳은 기후 변화가 낳은 기상 이변으로 끊임없이 고통당하고 있으니 말이다. 비근한 예로, 올 7월 중순 서유럽에서 "1000년 만의 대홍수"라 불릴 정도로 심각한 기상 사건이 발생했다. 그 사건은 최악을 가정해서 구축해놓은 기왕의 재난 대응 시스템을 일거에 쓸모없는 것으로 만들어버렸다. 그뿐만이 아니다. 올여름 북미, 시베리아, 동북아시아 등지에서는 섭씨 50도("화씨가 아니다"라고 강조하는 기사도 보았다)를 오르내리는 살인적인 폭염과 폭우, 홍수, 산불이 동시다발적으로 발생했다. 기후 변화로 인한 온갖 극단적인 기상 이변이 앞으로도 더욱 기승을 부리리라는 것을 우리는 세계 곳곳의 기후 사건을 보면서 나날이 실감하고 있다.

저자는 우리가 이 같은 기후 변화 위기에 대처하는 두 가지 주된 전략은, 온실가스 배출량 저감(mitigation)을 통해 그 위협을 줄이는 것, 그리고 새로운 위협에 대응해 우리가 살아가는 방법을 바꿈으로써 그에 적응(adaptation)하는 것이라고 지적한다. 그리고 이 책은 그중 두 번째 전략에 초점을 맞춘다고 밝힌다. 기후 변화가 제기하는 도전이 점차 심각해질 때조차 우리가 삶을 어떻게 변화시킬 수 있는지, 그리고 개인·기업·정부가 기후 변화에 따른 새로운 위협에 어떻게 적응할 수 있는지 탐구하겠다는 것이다. "우리가 알고 있는 바에 따르면, 기후 위기가 상당할뿐더러 증가 일로인 상황에서 합리적 전략은 저감과 적응을 동시에 구사하는 것이다. 하지만 적어도 단기적으로는 세계의 1인당 소득이 증가함에 따라 전 지구의 온실가스 배출량도 덩달아 늘어날 것이다. 개발도상국에서 살아가며 더 나은 삶을 추구하는 수십억 명의 입장에서는 이러한 소득 증가가 반가운 일이다. 하지만 현재의 기술을 고려하건대 지속적인 배출은 기후 변화라는 도전을 더욱 악화할 것이다. 따라서 앞으로 사람들의 생활 수준 향상을 보장하는 데 적응은 한층 더 중요해진다."

저자는 그에 따라 기후 변화에 맞선 개인들의 경제적 선택이 어떻게 경제 체제를 변모시키는지 살펴본다. 구체적으로 미시경제학의 도구들을 이용해 기후 변화가 어떻게 우리가 어디서 살아갈지, 어떻게 우리의 식량을 재배할지, 그리고 새로운 유수 기업들이 어느 지역에 위치하기로 선택할지 따위에 관한 결정을 좌우하는지 탐구한다. 그는 빅데이터를 써서 농사를 돕기 위한 에너지와 물 부족 완화 방법을 새롭게 제안한다. 또한 공적 인프라, 재난 구조, 부동산 등과 관련한 정책적 변화를 촉구한다. 한마디로, 이 책은 자본주의가 어떻게 행동 변화를 촉진함으로써 우리로 하여금 기후 변화 문제에 적응하도록 돕는지에 초점을 맞춘다.

이 책에서 특히 주목할 만한 대목은 공공과 민간의 역할에 대한 저자의 관점이다. 그는 적극적인 공공 정책의 역할을 인정하되, 더러 선한 의도에서 출발한 공공 정책이 뜻하지 않은 부작용과 비효율을 낳는 다양한 실상을 꼬집는다. 그리고 사람들의 기후 적응을 돕는 민간 기업의 역할을 강조한다. 이윤 극대화를 추구하는 민간 기업은 다름 아닌 그 목적을 달성하기 위해 사람들의 총수요를 충족하는 혁신적 아이디어와 적응 제품을 내놓을 거라고, 그 점에 관한 한 공공 부문보다 비교 우위를 점한다고 진단하는 것이다. 한마디로 그는 시장의 힘을 믿는다. 또한 저자는 혁신의 연료로서 인간의 창의성, 인적 자본의 중요성을 강조한다. 1980년에 줄리언 사이먼은 "자원 등의 발견은 아마 무한할 것이다. 우리는 더 많이 발견할수록 더 많이 발견할 수 있게 된다"고 말했다. 이 책의 모든 장에는 개인적·집단적 회복 탄력성을 구축하는 데서 인간의 창의성과 인적 자본이 담당하는 역할에 대한 사이먼의 낙관이 깔려 있다.

　저자는 적응의 출발점은 '우리가 모르는 것이 있다는 것을 모르는 (unknown unknowns)' 상태에서 '우리가 모르는 것이 있다는 것을 아는 (known unknowns)' 상태로의 전환이라고 강조한다. 스스로도 인식하지 못하는 것에 대응하거나 그에 적응할 수는 없는 노릇이기 때문이다. 이 책은 우리가 그렇게 상태 전환하도록 거드는 책이다. 다만 본문에는 이따금 너무 뻔하게 느껴져서 지루한 대목도 없지 않다. 이를테면 연구자들이 내놓은 몇몇 연구 결과와 그에 따른 대책을 접할 때다. 기온이 상승하면 사람의 기분이 나빠진다는 것을 밝혀냈다, 부유한 사람일수록 광업처럼 죽거나 다칠 가능성이 높은 직종에 종사하길 꺼리는 경향이 있음을 알아냈다, 양질의 관리자를 둔 기업이 좀더 에너지 효율적임을 확인했다 등등. 이런 걸 꼭 연구를 해봐야 하나, 이렇게 실소를 자아내는 대목을 종종 만나게 된다. 하지만 돌다리도 두들겨보고 건너는 진지함으로 무장한 채, 상식에 기반한 우리의 직관이나 신념까지도 엄밀한 연구를 통해 재확인함으로써 올바른 정책으로 귀결 지으려는 연구자들의 노력에는 경의를 표할 만하다.

　누구라도 절망을 자청하는 사람은 없다. 미래 세대를 길러내는 우리는 어떻게든 희망의 끈을 붙들고 싶다. 다만 우리 모두는 그 희망이 근거에 기반을 둔 것이기를, 그리고 우리 각자가 올바른 지식에 입각해 그 희망의 일부가 될 수 있기를 바랄 따름이다. 이 책이 그런 우리에게 희망의 길잡이가 되어주었으면 좋겠다.

2021년 11월

김홍옥

찾아보기

가격에 민감한 소비자 241~248

가뭄

기후 난민과 - 341

농업 생산과 - 307, 310, 318~319, 322

농작물 보험과 - 334~335

빅데이터와 동적인 수도세 책정 231~
234

산불 위험과 - 83, 105, 291

- 예측하기 325

-으로 인한 피닉스의 붕괴 213~214

가전제품 109

→ 에어컨도 참조

가짜 뉴스 231

개발도상국

농업 생산과 - 320~321, 324~325, 327

송금과 - 345

-에서 발생한 기후 난민 341

-으로의 자본 이동 351~352

-의 배출량 9~13

-의 빈곤(가난) 완화 101, 116~119

→ 구체적 국가도 참조

갤브레이스, 존 케네스 246

《거주 불능 지구》(월러스 웰즈) 362

건강

공공 의료의 개입 227

기후 변화가 -에 미치는 영향 72~79

무더위와 기분 42~43, 73~74, 229~
230

보험과 - 235~236

-에 미치는 영향 완화 72~76

-을 위한 앱 226~230

자살 위험과 - 75~76

→ 사망률; 코로나19 팬데믹 참조

건물의 환경적 질 167

건조 지대(1930년대) 340

건축 법규 218~219

게이츠, 빌 94

경쟁
  공공 인프라와 - 138~140
  금융 시장과 - 172~173
  기업과 - 164~166
  노동 시장에서의 - 166~169, 342, 346
  부동산 시장과 - 204~206
  적응과 - 30~31
  지방 정부와 - 275~276
경제 생산성 → 생산성 향상 참조
경제협력개발기구(OECD) 349
계약 이행 보증 131~132
고용
  공공 인프라와 - 경쟁 139
  근무 환경 166~167
  노동 시장의 경쟁 166~169
  도시화와 - 116~119
  빈곤(가난)과 - 99~102
  연성 기술과 - 100
  이민자와 -을 놓고 벌이는 경쟁 342, 346~347
  임금 손실과 일자리 변화 161
  재택근무 70~71, 169~172, 311
  정보 기술과 - 70~71
  주택 소유와 - 264~265
  중년 노동자를 위한 직업 훈련 312
  코로나19 팬데믹과 - 71, 98, 311
  → 생산성 향상도 참조
공공 인프라 23~24, 123~148
  경제 활동 경쟁과 - 138~140
  공공-민간 생산성 인터페이스와 -
    147~148
  -를 위한 스트레스 테스트 127~128
  -를 위한 자금 조달 129~132
  -를 위한 투자 결정 124~126
  -를 통한 회복 탄력성 향상 136~137
  -에서 연방 정부·주 정부·지방 정부의 협력 146~147
  위험 노출과 - 132~135
  인적 자본과 - 141~144
  재난 계획과 - 144~145
  전력망 79
  - 프로젝트의 지연 126~127
공공 주택 114, 276
공급망 173~178, 338, 350
공유 경제 239~240
공유지의 비극 10
관개 시설 235
관광 산업 180~181
관리자의 자질 159~164, 321
관세 326, 348
교육 수준
  근무 환경과 - 168
  미래에 대한 기대와 - 52
  빈곤(가난)과 - 99~102
  새로운 농민 세대를 위한 교육 327~328
  성인 커플의 - 63
  소득 불평등과 - 52
  인적 자본과 - 14, 31, 60, 99, 360~361
  재택근무가 가능한 직종과 - 71, 169

교통 체증(혼잡)   69, 169, 302~303, 311

구글   238, 256~259, 360~361, 369

국가 홍수 보험 프로그램(NFIP)   269~270, 295~296

국내 이주
   개발도상국과 -   116~117
   - 비용   64~67, 115
   빈곤(가난)과 -   113~116
   삶의 질과 -   29, 61~64, 113~115, 340~341
   세금과 -   61, 275
   임대료와 -   263~264
   자연재해와 -   255

국립과학재단(NSF)   238, 250, 257~258, 336~337, 359

국방부   249~250

국제 이주   340~348
   기후 변화와 -   340~343
   난민과 -   30, 256, 341, 347
   -를 위한 이주 시장 설계   343~348

국제 자본 시장   193

규모의 경제
   계산력과 -   249
   공공 인프라와 -   133
   대중교통과 -   302
   실내 농업과 -   317
   에어컨과 -   18
   적응을 위한 제품들의 비용 감소   93
   해상 무역과 -   349

규정 → 적응을 위한 법률과 규정 참조

금융 부문   194~198

금융 시장   172~173, 328~332, 352

금융 위기(2008)   264

기계 학습 기법   241~249, 323

기술 습득   99~102, 361

기업의 적응 → 생산성 향상 참조

기온 상승 → 무더위(무더운 날) 참조

기후 난민   256, 341

기후 모델   35~36, 41, 203~204, 325

기후 변화 회의론자와 부인론자   52~54, 56, 93, 147, 192

기후 예측에 대한 미시경제학적 관점   33~57
   경제적 피해 예측   42~47, 73~74
   기후회의론자와 위험   52~54
   미래에 대한 기대와 -   49~52
   미래의 기후위험 예측   38~41
   예보의 발달과 -   35~38
   예상한 충격 vs. 예상치 못한 충격   47~49
   위험 회피와 -   54~56
   -의 권고 사항   56~57
   적응과 -   13~19, 22, 30

《기후와 도시》(칸)   16

기후 피해 함수   16

난민   30, 256, 341, 347

날씨 예측   35~38, 88

납에 의한 오염   100

낸텀 소프트웨어 221

네트워크 파괴 173~178

노년층 → 중년층과 노년층 참조

노덤, 랠프 206

노동 시장 → 고용 참조

노동조합 140

노드하우스, 윌리엄 15

노숙자 105~107

농부 → 농업 부문 참조

농부 대 농부 프로그램 327

농업 부문 29, 307~338

  국제 무역과 - 348~351

  금융 시장 접근과 - 328~332

  기초 연구에 대한 민간 투자와 공공 투
    자 335~338

  농민들 간의 차이와 - 312~314

  도시화와 기후 충격 117

  무더위와 - 308~309

  물 소비와 - 235, 318~319

  빅데이터와 - 322~326

  새로운 농민 세대를 위한 교육 327~
    328

  식품 소비와 - 89~91

  실내 농업 314~317

  -을 위한 공공 정책 332~335

  적응적 전환의 경로 310~312

  GMO와 - 318~322

님비 292

다가구 주택 287~290

다이아몬드, 재러드 357

단일 산업 도시 26

대기 오염

  - 모니터링 252

  산불과 - 8, 83~84, 226~227

  삶의 질과 - 83~85

  아동 발달과 - 99~100

  - 앱 227, 229~230

  -에 대처하기 위한 공기청정기와 마스
    크 72, 84~85, 230

  -의 완화 72~75

  인종 집단과 - 노출 111

  화재와 - 8, 83, 226~227

  → 자동차도 참조

대재해 채권 274

대중교통 124~125, 289

델 176

도덕적 해이 293

도시 슬럼 118

도시 오염 100

  → 대기 오염도 참조

도시의 교통 규칙 29, 302~304

도시의 용도 지역제 284~287, 310

도시화 116~119

독점 79

동료(또래) 집단 53, 56, 114

동물의 적응 363~366

두뇌 유출 16, 345

드론 176, 227, 235, 244, 323

《래디컬 마켓》(포즈너와 웨일) 346
러시아
  모스크바를 덮친 폭염(2010) 48~49,
  242
  - 투자자의 미국 부동산 투자 193
레드라이닝 195
레카용, 장바티스트 309
로머, 폴 18, 128, 143, 207, 336
로비 269~271, 333
로컬 루츠 316
롤스, 존 109
루커스, 로버트 46, 294
루커스 비판 46, 184, 294

매케인, 존 147
머스크, 일론 190~191
멕시코의 전기 소비 80
모레티, 엔리코 292
모른다는 것을(모르는 것이 있음을) 아는
  것 226, 362
무더운 날과 폭력 45~47, 112, 253
무역 120, 326, 348~351
  → 세계화도 참조
무임승차자 문제 10
《문명의 붕괴》(다이아몬드) 357
물 접근
  공공 인프라 과제와 - 143
  극심한 무더위와 가뭄 45, 83
  농업 생산과 - 315~316, 334~335

빅데이터와 동적인 수도세 책정 231~
  235
  사망률과 - 131
  -의 수요와 공급 214
  → 가뭄도 참조
미국 국제개발처(USAID) 327
미국 농무부 308
미국 주택도시개발부 249~250
미국삼림청 269
미국토목학회 128
미국해양대기청 236
민관 협력 135, 236, 336

바가지요금 200, 241, 245
반 에크, 조이스 336
배터리 저장 기술 11
버지니아 연안 회복 탄력성 기본 계획
  207
범죄율 45~47, 112, 253, 286, 290
베이조스, 제프 158, 165, 248~249
베커, 게리 152, 334, 343~346
보편적 기본 소득 98
보험
  농작물 - 308, 330~335
  대재해 채권 274
  부동산 시장과 - 199~202
  빅데이터와 - 228, 235~238
  산불과 - 200, 237, 294
  -에 관한 법령 295~297

-을 위한 연방 정부의 보조금 199, 238, 269~271, 293~297

-의 세계화 352~353

홍수 - 199~200, 228, 238, 248, 269~ 270, 295~297

부동산 관리 기업 272~278

부동산 시장 26~27, 183~223

관리 퇴각과 - 222~223

농경지에서의 부동산 개발 310~312

도시 간 경쟁과 - 204~206

보험료와 - 199~202

빈곤(가난)과 위험한 지역 16, 99~105, 129~130

삶의 질과 수요 61~62, 103

시장 역학과 기후 변화 185~189

신규 주택 건설과 - 213~217, 273, 279~281, 285~288, 291

-에 대한 기후 데이터 보고 228

-에의 위험 202~204

위험 완화와 - 208~210

이주와 주택 수요 117~119, 347

자산 가치에 대한 의견 불일치 190~ 194

정보의 공개와 - 298~301

젠트리피케이션과 기후 회복 탄력성 210~213

주택 개선을 위한 자금 조달과 - 198

주택 공급과 - 189~190

주택 담보 대출 자금 조달과 - 194~ 198, 264~266

회복 탄력성과 - 27, 78, 104, 206~ 208, 217~222, 278~281

→ 임대 부동산도 참조

부동산 투자 신탁(REITs, 리츠) 272~274

블룸버그, 마이클 148, 218

빅데이터 28, 225~261

-가 생성하는 적응 실험실 251~255

기업 분석과 적응 241~248

기후 회복 탄력적 보험과 - 235~238

노숙자의 위험 감소 107

농업 생산과 - 322~326

-를 이용한 CEO의 실적 모니터링 160

미시경제학적 관점과 - 15~19

범죄 모니터링과 - 290

사례 연구 255~256

신경제 기업과 - 238~241

실시간 데이터에 대한 수요 226~229

연방 기관과 - 249~251

-와 계산력의 시너지 효과 248~249

일상 속 - 229~231

임대 부동산 소유자와 - 267~268

재산권과 - 259~261

적응 관찰하기 369

전기세·수도세 책정과 - 231~235

주택 위치와 - 284

플랫폼 간 - 결합 256~259

빅데이터에 기반을 둔 연구 → 빅데이터 참조

빈곤(가난) 21~23, 97~121

가난한 이들의 회복 탄력성 개선 119~

121
  개발도상국의 - 116~119
  공과금에 대한 동적인 가격 책정과 -
  234
  공유 경제와 - 239
  노숙자와 - 105~107
  농업 생산과 - 320~321
  도시화와 - 117~119
  떠나는 이주와 - 340~341
  에어컨과 - 18~19, 107~110, 254
  -을 줄이기 위한 기술 습득 99~102
  자연재해와 - 97~98, 102~105
  적응 과제와 - 366~367
  주택과 - 97~98, 102~109, 113~114,
  276, 284
  - 지대 102~105
  지리적 이동성과 - 113~116
  혼잡 통행료와 - 303
  환경 정의와 - 111~112
  → 소득 불평등도 참조

사망률
  대기 오염과 - 83
  무더위와 - 77, 81~83, 106
  물 처리 시스템과 - 131
  빈곤(가난)과 - 97
사물 인터넷 323
사이먼, 줄리언 7~8, 32, 152, 272, 356~
  258

사이먼, 허버트 50~51
사이클론(2019) 307
사이클론 파니(2019) 119, 121
사하라 사막 이남 아프리카의 내전 45~
  46
사회 자본 66, 115, 268
사회적 비용
  대기 오염과 - 83~84
  에어컨과 - 80~81
  -을 줄여주는 적응 76
  정부 보조금과 - 199, 238, 269
  화석 연료 사용과 - 10
사회적 프로그램 98, 106, 114
산불
  건축 법규 개정과 - 218~219
  -과 대기 오염 8, 83~84, 227
  보험료와 - 200~201, 237, 294
  서비스 제공업체의 신뢰성과 - 178~
  180
  송전선 안전과 - 136~137
  -에 대한 대비 134~135, 144~145,
  202~203, 220~221
  -에 대한 적응 반응 305
  - 이후의 재건 104~105
  정부가 보조금을 지급하는 화재 보호
  와 - 269~271, 293~295
  토지 사용 규정과 - 291~295
산업 단지 154~155
살충제(농약) 사용 318, 320
삶의 질 21~22, 59~95

국내 이주와 - 29~30, 61~67, 113~115

국제 이주와 - 340~341

기업 위치와 - 157~158

기후 변화가 건강에 미치는 영향과 - 72~76

노동 시장 경쟁과 - 166~167

노숙자와 - 105~107

대기 오염 급증과 - 83~85

도시에서 - 유지하기 16, 24~26

무더위 속에서 건강 유지하기와 - 42~43, 73, 77~79, 226~227

변화 대처와 - 67~71

부동산과 - 26~27, 61~62, 102

식품 소비와 기후 변화 89~91

여가와 기후 변화 85~89

이상 기후에의 적응과 - 17~18, 81~82

자연재해 위험과 - 59~61

피드백 고리 79~81

- 향상 367~369

혁신과 - 91~95

→ 빈곤(가난)도 참조

생산성 향상 24~26, 149~181

관리자의 자질과 - 159~164

금융 시장 경쟁과 - 172~173

기상 이변 조건과 - 16~18

기업 경쟁과 - 164~166

네트워크 파괴와 공급망 173~178

노동 시장 경쟁과 - 166~169

대기 오염과 - 84~85

서비스의 신뢰성과 - 178~180

실외 경제와 - 180~181

아마존과 - 155~159

월가와 - 150~155

재택근무와 - 169~172

서비스의 신뢰성 178~180

선물 시장 329

세계은행 342

세계화 29~30, 339~353

국제 이주와 - 340~343

무역과 농산품 348~351

이주 시장 설계와 - 343~348

자본 무역과 - 351~353

자유 무역과 식량 접근 119~120

세금

고용주 인센티브와 - 138

공공 인프라를 위한 - 129~130

관리 퇴각과 세수 손실 223

노령 인구의 수혜 자격 342~343

부동산 가치와 - 16, 102~103

사회 복지 제도를 위한 - 106

이주와 - 61, 275

재산세 16, 102~103, 130~131, 267

재정 적자와 - 282

주택 소유주 인센티브와 - 28, 281~282

→ 탄소에 대한 가격 부과와 탄소세도 참조

센서 기술 227

셸링, 토머스 152~153

소득 불평등

  가정의 위험 적응과 - 21~23, 64

  공공 인프라와 - 129~130

  교육 접근과 - 52, 60

  근무 환경과 - 168~169

  대기 오염 저감 전략과 - 72~73

  대처 전략과 - 14

  세계화와 - 353

  식품 소비와 - 89

  에어컨 접근과 - 107~108, 254

  예상한 충격과 - 47~49

  위험 회피와 - 55, 60

  코로나19 팬데믹과 - 71, 339~340

  혁신 주도자와 - 94~95

  환경적 젠트리피케이션과 - 62, 104~105

  → 빈곤(가난)도 참조

소비 도시 215

소셜 미디어 → 인터넷과 소셜 미디어 참조

소수 집단

  주택 가격과 - 195

  환경 정의와 - 111~112, 252

솔로, 로버트 368

송금 345

수직 농업 314~316

숲의 화재 → 산불 참조

스마트폰 → 휴대폰 참조

스카이프 172

스키 리조트 205

슬랩, 앨버트 203

습지대 288

승차 공유 서비스 239~241, 303~304

시민 정신 267~268

시장

  미시경제학적 관점과 - 13, 57

  보험료와 - 200

  식량 대체물과 - 89~91

  적응 친화적 제품의 가격 하락 119~121

  혁신과 - 91~95, 115

  → 구체적인 시장도 참조

식수 오염 100

식품 소비

  국제 무역과 - 348~349

  농업 부문의 과제들과 - 308, 320~322

  도시화와 - 117

  빈곤(가난)과 - 119~120

  삶의 질과 - 89~91

신고전주의 경제학자 175, 188

신규 주택 건설 213~217, 273, 279~281, 285~288, 291

실내 농업 314~317

실외 경제 180~181

싱가포르

  부동산 시장과 에어컨 209

  -의 무더위 적응 215

  -의 혼잡 통행료 69, 302~303

아동
  빈곤(가난)과 - 99~101
  적응 가설과 - 17
  지리적 이동성과 - 113~114
  → 젊은이와 성인도 참조
아마존
  빅데이터와 - 241~249, 259~261
  -의 공공 인프라 의존 148, 310
  -의 물류 창고 위치 310
  -의 본사 위치 선택 24, 155~159
  적응 관찰하기 369
아메리칸드림 28, 264
아프리카
  -의 내전 45~46
  -의 농업 생산 325, 327~328, 330~331
  -의 도시화 116
아프리카 리스크 커패서티 325, 330
애러블 랩스 324
애컬로프, 조지 298
애플 167~168, 174
앱 226~227, 229~230
어업 180~181
언론
  가짜 뉴스와 - 231
  고위험 부동산으로서 피닉스에 대한 보
    도 213~214
  기후 변화에 대한 보도 355
  기후 연구에 대한 보도 45
  기후회의론자와 - 53
  -에 대한 대중의 요구 60

해수면 상승에 대한 보도 26
  → 인터넷과 소셜 미디어도 참조
에건, 티모시 68
에너지정보청 214
에를리히, 폴 7, 356~357
에어비앤비 240
에어컨
  건강 및 사망률과 - 77
  -과 온실가스 배출량의 피드백 고리
    79~81
  근무 환경과 - 168
  부동산 시장과 - 208~209
  빈곤(가난)과 - 18~19, 107~110, 254
  예기치 않은 폭염과 - 242
  -의 가격 하락 120
  -의 수요 18
  학교 시험 점수와 - 17
여가 활동 85~89
연구 투자 21~22, 335~338, 359~360
연방 기관 249~251
  → 구체적 기관도 참조
연방재난관리청(FEMA) 37, 199, 270,
    295
연방통신위원회 137
연성 기술 100
연안 인프라의 회복 탄력성 124, 127
  → 해수면 상승도 참조
예보의 발달 35~38, 88
오스터홀름, 마이클 244~245
오즈월드, 릭 307~308

오카시오코르테스, 알렉산드리아 355

오픈시크리츠 웹사이트 334

온실 314~317

온실가스 배출량

미래의 위험 예측 34, 38~41

위험 회피와 - 54

-의 영향 이해하기 52~53

-의 지속적 증가 9~13, 31, 356

인프라 개선과 - 133

재생 가능 청정에너지 대 - 11

- 저감 과제 9~10

적응이 -에 미치는 영향 15

- 증가에 따른 시나리오 50

피드백 고리와 - 79~81

→ 탄소에 대한 가격 부과와 탄소세도
참조

와자드, 아민 197

용도 지역제 법률 284~287, 310

우버 239~241

운송(수송) 부문

개발도상국과 이주 118

공유 경제와 자연재해 239~241

국제 무역과 - 349~350

농업 생산과 - 322

대중교통과 - 124, 289

도시의 교통 속도 302~304

식량 수송비와 - 90

-이 만들어내는 배출량 40

이주와 - 118

자동차 연비와 - 12

차량 소유 증가와 - 9~10

탄소세에 대한 반대와 - 12

혼잡 통행료와 - 69, 302~304, 311

→ 도시의 교통 규칙; 자동차도 참조

워런, 엘리자베스 147~148

월가 150~155, 204~205

월마트 176~177, 240~241, 277

웨일, 글렌 346

위성 227, 325, 330

위안룽핑 319

위험 평가 20, 34, 213

위험 회피 54~56, 60, 212, 219~220, 235

유심, 마이클 165

유전자 변형 유기체(GMO) 318~322

육체적 이동성 문제 115

이민 → 국제 이주 참조

이산화탄소 수치 11, 38~39

→ 온실가스 배출량도 참조

인공 지능(AI) 243

인구 증가 7, 39, 337, 356~360

인도

사이클론 파니 119, 121

-의 에너지 소비 9, 81

인적 자본 355~369

공공 인프라와 - 131~132, 141~144

관리자의 자질과 - 159~164, 314, 321

기술 습득과 - 99~102

농업 생산과 - 312, 321, 332

문제 해결과 - 31

미시경제학적 관점과 - 13

부동산 관리 기업과 – 272~274

생산성 향상과 – 16, 152

인구 증가와 희소성 356~360

적응과 – 360~362

회복 탄력성과 교육 52, 60, 277

인종과 인종차별주의 111, 195, 252

인터넷과 소셜 미디어

-로부터 얻는 위험 정보 225~226,
228~229

-를 통한 정보 확산 143

무더위에 대한 정서적 반응 42~43,
73~74, 229~230

자살 위험군 프로파일링 75

적응 관찰하기 256~257, 369

제품 구매에 대한 조언 238~239

플랫폼 간 검색 256~259

→구글; 트위터; 페이스북도 참조

인프라 →공공 인프라 참조

일본, 지진과 쓰나미(2011) 175

임대 부동산 28, 263~282

빈곤(가난) 지대와 – 102

에너지 효율과 노후 주택 109~110,
279~280

-을 위한 주택 바우처 113~114, 275~
276

-의 위험과 혜택 263~268

-의 전문적 관리 272~278

이주와 -의 가격 64, 117~119

인적 자본 투자와 – 272~274

자연재해와 무더위 185~188

주택 소유에 대한 세금 우대와 – 281~
282

주택 소유주 로비스트들과 – 269~271

지방 정부 경쟁과 – 275~276

회복 탄력성 기술 투자와 – 277~278

회복 탄력적 개발에 대한 수요 278~
281

자동차

교통 체증(혼잡)과 – 69, 169, 302~303,
311

– 연비 12, 109

자동화 차량 303~304

전기 – 11, 40, 80

중국의 – 9~10

혼잡 통행료 69, 302~304, 311

→온실가스 배출량도 참조

자동차 연비 12, 109

자본 시장 193, 351~352

자본주의 57, 119, 158, 268, 343

자산 가치 190~194

자살률 42, 73, 76

자선 단체 240

자연재해

-가 기업 생산성에 미치는 분배적 영향
177~178

개발도상국과 이주 선택지 116~117

공급망 붕괴와 – 174~178

농업 생산과 – 307

빈곤(가난)과 - 97~98, 102~105

삶의 질과 - 59~61

-의 지리적 패턴 37~38

적응 친화적 법률과 - 304~305

주택 소유와 - 60~61

→ 구체적인 사건도 참조

자유 무역 120, 348~351

장소 기반 애착 67, 70, 263~264

재고 확보 전략 244

재난 계획 144~145

재난 복구를 위한 지원 103

→ 보험; 연방재난관리청(FEMA)도 참조

재산/부동산 → 부동산 시장; 임대 부동산 참조

재산세 16, 102~103, 130~131, 267

재생 가능 에너지원 11~12, 40, 80~81, 220

재택근무 70, 169~172

저감(완화) 정책

개인적 노력을 추적하는 빅데이터 258, 267

건강 영향 72~76

- 과제 9~13

기업의 감독과 - 164~165, 172~173

농업 부문의 물 수요 235, 318~319

부동산 시장 효과 208~210

-에 대한 주택 소유자들의 동기 296

-에 따른 정치적 분열 147

-을 위한 경제적 동기 94~95

-의 정치적 결과 126

이주와 - 347

탄소 정책 38, 80

혼잡 통행료 311

홍수 위험과 - 278, 299~300, 304

적응 7~32

- 가설 17, 49, 121, 368

가정 차원의 - 21~23

공공 인프라와 - 23~24

기후과학과 기후경제학의 통합 19~21

농업 생산과 - 310~312

동물의 생존과 - 363~366

미시경제학적 관점과 - 13~19

부동산 시장과 - 26~27

빅데이터와 - 241~248, 251~255, 369

빈곤(가난)과 - 366~367

생산성과 - 24~26

위기에 대처하기 8~9

-을 위한 거대한 경주 31~32

-을 통한 사회적 비용 감소 76

인적 자본과 - 360~361

저감 과제와 - 9~13

- 진전의 가속화 27~31

→ 적응을 위한 법률과 규정도 참조

적응을 위한 법률과 규정 29, 283~305

다가구 주택 287~290

도시의 교통 속도 302~304

도시의 용도 지역제 284~287

적응 친화적 법률 제정의 호기 304~305

정보의 공개 298~301

홍수 보험법 295~297

화재 지대 291~295

전기

　-를 위한 재생 가능 에너지원 11~12, 40, 79~81, 220

　빅데이터와 동적인 전기세 책정 231~235

　빈곤(가난)과 - 사용 108~110

　서비스 공급업체의 신뢰성과 - 178~180

　선선한 지역에서의 주택 공급 제약과 - 285

　에너지 효율과 노후 주택 109~110, 280

　에어컨과 - 79~81, 108~109

　-의 수요와 공급 214~215

　전력망의 회복 탄력성 136~137

전기 자동차 11, 40, 80

전문가의 신뢰성 20, 34, 359

전미경제학회 171

전 세계의 이산화탄소 수준 11, 38~39

　→ 온실가스 배출량도 참조

젊은이와 성인

　기술 개발 277

　기후에 대한 우려 11

　노인에 대한 보살핌 69

　범죄율 112

　의료 보험과 - 235~236

　-의 유연성 14

　이주 노동과 - 342~343

이주 비용과 - 65

주택 선호와 - 287

학교 시험 점수 16~17

형성기와 어른이 되었을 때의 선호 55

정보 기술

　기업의 실적 모니터링과 - 162~163

　기후 변화 정보 접근과 - 225~226, 357~358, 361

　노동 시장과 - 70~71

　농업 생산과 - 323

　부동산 회복 탄력성과 - 221

　자연재해 경고와 - 119

　재택근무와 - 71, 169~172, 311~312

　코로나19 팬데믹과 인터넷 트래픽 148

　→ 빅데이터도 참조

정부 보조금

　고위험 지역과 부정적 동기로서 - 269~271

　공공 인프라 프로젝트 129~130

　공공 주택 114

　농작물 보험 332~335

　주택 소유와 세제 우대 281~282

　홍수 보험 199, 238, 269~270, 295~297

　화재 보호 269~271, 293~295

정신 건강 42~43, 73~76, 229~230

정치인 24, 124~126, 129~130, 333~334

정치적 양극화 20, 146~147, 192, 231, 359

정치적 책임 11, 252, 334

젠트리피케이션 62, 104~105, 210~213,

266

조립식 건설 기술 61, 222, 279

조립식 주택 290

존스, 놀런 307

주민 발의안 13, 캘리포니아주(1978) 130

주차장 304

주택

기후 적응과 - 82

농경지에서의 - 개발 310~312

다가구 - 287~290

도시의 용도 지역제와 - 284~287

빈곤(가난)과 - 97~98, 102~109, 113~
114, 276, 284

에너지 효율과 노후 주택 109~110

에어컨 접근과 - 107~109

-을 위한 조립식 건설 기술 61, 222,
279

젠트리피케이션과 - 62, 104~105,
210~213, 266

조립식 - 290

→ 부동산 시장; 임대 부동산; 주택 소유
주(자)/집주인도 참조

주택 담보 대출 자금 조달 194~198, 264~
266

주택 소유주(자)/집주인

-가 직면한 위험들 263~265

공공 인프라와 - 129~131, 138

사회 자본과 - 267~268

세금 우대와 - 28, 281~282

-에 의한 공공 정책 로비 269~271

용도 지역제 규정과 - 285~286, 289

자연재해와 - 61, 64~66

재산세와 - 16, 102~103, 130~131, 267

주택 개선을 위한 자금 조달과 - 198

주택 담보 대출 자금 조달과 - 194~
198, 264~266

→ 보험도 참조

주피터(위험 평가 기업) 192, 236, 273

줌 71, 169

중국

공급망 붕괴와 코로나19 팬데믹 174

무더운 날과 정신 건강 42~43, 73~74,
229~230

미국과의 무역 전쟁 326, 348

미국에서의 부동산 투자 193

-에서의 재택근무 171

-에서의 홍수 위험 감소 142

-의 대기 오염 72~73, 229~230, 252

-의 산업 단지 154~155

-의 에너지 소비 9, 81

-의 에어컨 설치율 78~79

중년층과 노년층

변화에 대처하기 67~71

-을 위한 직업 훈련 312

-을 지원하기 위한 과세 제도 343

이주 비용과 - 65

지방채 131

지속 가능성 141~142, 368

지속 가능성 전담 수석 관리 142

진흙 사태 202

질로　26, 183~184, 228, 300~301

처치 효과　150, 321
취약한 사람들　105~107, 144, 254~255
　→ 빈곤(가난)도 참조
친구
　-로부터 도움받는 적응　70
　-로부터 영향받는 지리적 이동성　114~
　115

카니, 마크　173
카터, 지미　233~234
칸디다 아우리스　366
커리, 주디스　41
케이시, 브라이언　307
코로나19 팬데믹
　공급망 붕괴와 -　174, 338
　국가 예산 적자와 -　124, 282
　- 기간 동안의 의료 공급 부족　245
　빅데이터와 -　258~259
　빈곤(가난)과 -　98
　삶의 질과 -　59
　생산성 과제와 -　25
　세계화와 -　339~340, 353
　-에 대한 대비　35, 144
　-에 대한 대응　7
　-의 예측 모델　41
　인터넷 트래픽 증가와 -　148

재택근무와 -　71, 169~172, 311
　- 적응　359~360
코스틸 리스크 컨설팅(CRC)　36, 203~
　204, 236, 273
쿤로이더, 하워드　165
클레멘스, 마이클　30

탄소에 대한 가격 부과와 탄소세　11~12,
　15, 40
탄소 집약도　10~11, 39
탈러, 리처드　50
태국에서의 공급망 붕괴　175~176
테슬라　138, 190~191
토지 수용권　223
토지 이용 규정
　농업 생산과 -　317
　다가구 주택　287~290
　도시의 용도 지역제　284~287
　적응적 전환의 경로와 -　311
　홍수 보험법　295~297
　화재 지대　291~295
　환경적 젠트리피케이션과 -　62
　→ 부동산 시장도 참조
툰베리, 그레타　11, 355
트럼프, 도널드　326, 348
트위터　42, 73~74, 228~229, 256, 258,
　369
티부, 찰스　275~276

《파괴적 위험을 제어하는 법》(쿤로이더와
　유심)　165~166
파라다이스, 캘리포니아 산불(2018)
　104~105, 135, 144~145
파리 협약(2015)　10
파키스탄의 에어컨　79
팬데믹　244~245
　→코로나19 팬데믹도 참조
퍼스트 스트리트 재단　157, 192, 200, 236,
　274, 300~301
퍼시픽 가스 및 전기(PG&E)　136~137,
　179
페이스북　75, 228, 230~231, 239, 369
편향
　위험 관리와 -　165, 359
　행동 -에 영향받는 부동산 투자 선택
　216
포즈너, 에릭　346
포 트웬티 세븐(427)　36, 173, 236
프랑스, 노란 조끼 시위　12
프리드먼, 밀턴　98
프리스비 그룹　220
피드백 고리　79~81

하수 정화조　133
하수 처리　23, 125, 133
해수면 상승
　관리 퇴각과 -　222~223
　기업의 위치 결정과 -　151~153, 158

민간 홍수 보험 수요와 -　295
부동산 가치와 -　26, 184, 187~189
-에 대비한 연안 인프라의 회복 탄력성
　124, 126~127, 218~220
-에 대한 예측　38
월가와 -　151~153, 204~205
하수 정화조와 -　133
　→홍수 위험도 참조
해수면 상승에 따른 관리 퇴각　222~223
행동경제학
　공공 인프라 업그레이드와 -　125~126
　기후 예보와 구매　243
　미래에 대한 기대　50
　생산성과 -　165~166
　위험 평가와 -　20~21, 214
　-의 시험대로서 자연재해　188
　전문가에 대한 불신과 -　358~359
　혼잡 통행료와 -　303
허리케인 마리아(2017)　97, 255~256
허리케인 샌디(2012)　138, 145, 151, 187,
　218
허리케인 카트리나(2005)　67, 115, 123,
　176, 240
허리케인 하비(2017)　93, 239, 270
혁신
　공공 인프라와 -　131~132, 141
　미시경제학적 접근법과 -　18
　보험과 -　296
　부동산 시장과 -　27, 208, 221
　빅데이터와 -　234~235, 251

빈곤(가난)과 - 115~116, 119

삶의 질과 - 84, 91~95

생산성과 - 165~166, 175~176

-에 대한 수요 21, 365

유도된 - 91~95, 115, 221, 234

-을 위한 연구 투자 335~338

인구 증가와 - 7, 356~358

인적 자본과 - 360~361

자유 무역과 - 동기 350~351

직장 선택과 - 70~71

흉작과 - 334~335

→ 농업 부문도 참조

호건, 래리 146

혼잡 통행료 69, 302~304, 311

홍수 위험

부동산 시장과 - 187~188, 209~210, 301

-에 맞선 회복 탄력성 218

- 예측하기 157

육체적 이동성 문제와 - 115

-을 위한 보험 199~200, 228, 238, 248, 269~270, 295~297

- 줄이기 141, 290, 304

→ 해수면 상승도 참조

화석 연료 9~12, 40, 355~357

→ 온실가스 배출량도 참조

화재 → 산불 참조

화재, 파라다이스(2018) 104~105, 135, 144

환경적 젠트리피케이션 62, 104

환경 정의 55, 63, 111~112

회복 탄력성

기후 변화가 건강에 미치는 영향과 - 76

농업 생산과 - 318~322, 327, 332~335

법률과 - 304~305

보험과 - 235~238

부동산 시장과 - 27, 78, 104, 206~208, 217~222, 278~281

빈곤(가난)과 - 119~121, 367

생산성과 - 150, 158, 161~164, 175~176, 178

-을 위한 기술 투자 277~278

-을 위한 주택 개선 198

인적 자본과 - 52, 272~274

정부 기관과 - 249~251

젠트리피케이션과 - 210~213

→ 공공 인프라도 참조

회복 탄력성 전담 수석 관리 250

휴대폰

건강을 위한 앱 227, 229~230

공과금에 대한 동적인 가격 책정과 - 234

기후 난민 추적하기 255~256

빈곤(가난)과 회복 탄력성 119

서비스 신뢰성과 - 178

자연재해에 대한 취약성 137

적응 관찰하기 369

정보 이용 가능성과 - 225~226

혁신과 적응 95

흑인 → 소수 집단 참조